中山大学图书馆学丛书第八种

No. 8 of the Library Science Series of Sun Yat-sun University

刘少雄 文集

Collected Works of Liu Shaoxiong

刘少雄 著　程焕文 编

·广州·

版权所有　翻印必究

图书在版编目（CIP）数据

刘少雄文集/刘少雄著；程焕文编. —广州：中山大学出版社，2023.11
（中山大学图书馆学丛书第八种）
ISBN 978-7-306-07398-3

Ⅰ.①刘…　Ⅱ.①刘…②程…　Ⅲ.①图书馆学—文集　Ⅳ.①G250-53

中国版本图书馆CIP数据核字（2022）第024157号

Liu Shaoxiong Wenji

出 版 人：	王天琪
策划编辑：	邹岚萍
责任编辑：	邹岚萍
封面设计：	林绵华
责任校对：	邱紫妍
责任技编：	靳晓虹
出版发行：	中山大学出版社
电　　话：	编辑部 020-84110283，84113349，84111997，84110779，84110776
	发行部 020-84111998，84111981，84111160
地　　址：	广州市新港西路135号
邮　　编：	510275　　　　传　真：020-84036565
网　　址：	http://www.zsup.com.cn　　E-mail：zdcbs@mail.sysu.edu.cn
印 刷 者：	恒美印务（广州）有限公司
规　　格：	787mm×960mm　1/16　31.5印张　730千字
版次印次：	2023年11月第1版　2023年11月第1次印刷
定　　价：	168.00元

如发现本书因印装质量影响阅读，请与出版社发行部联系调换

刘少雄先生肖像

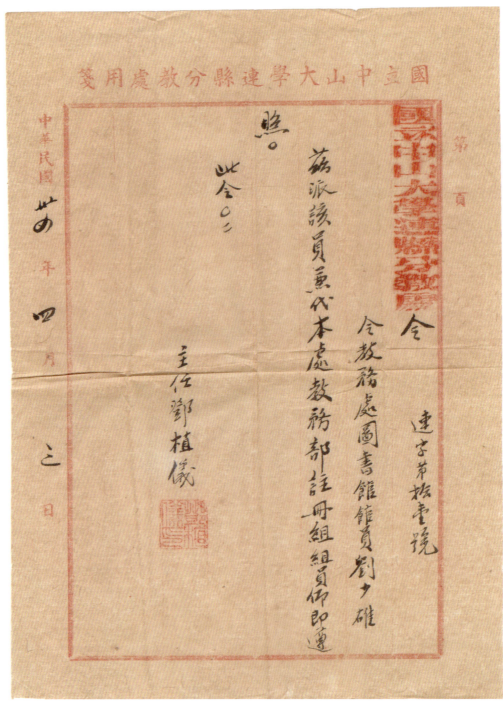

国立中山大学连县分教处令
[连字第11号，1945年4月3日]

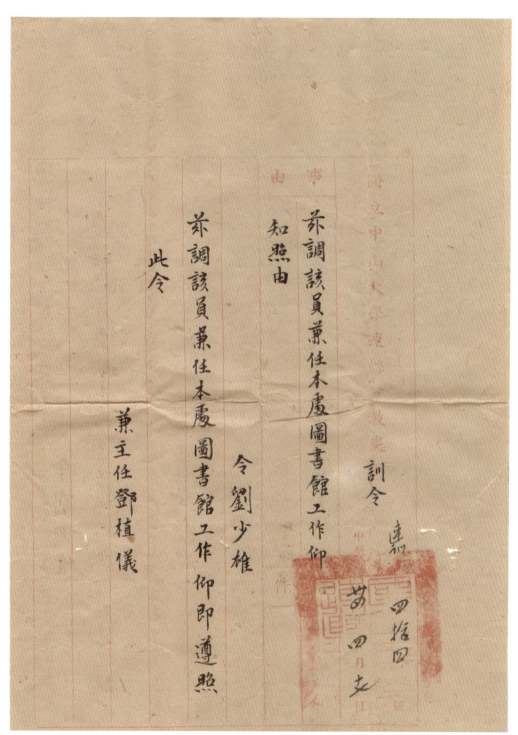

国立中山大学连县分教处训令
[连训第 44 号，1945 年 4 月 17 日]

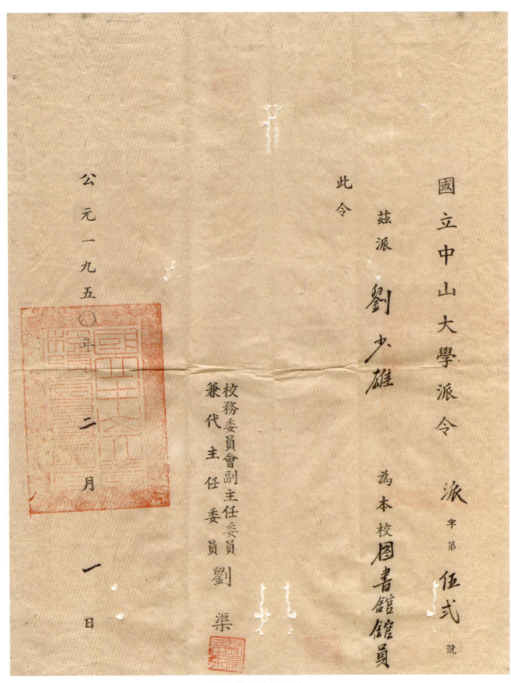

国立中山大学派令
[派字第 52 号，1950 年 2 月 1 日]

庆祝杜定友主任服务中山大学图书馆十周年纪念合影,摄于1944年4月4日。杜定友(前排居中),刘少雄(三排左三)

广东省市立及中山大学图书馆同仁暨省干训团图书馆班学员庆祝杜定友先生五秩寿辰合影,摄于1948年1月6日。杜定友(前排右七),刘少雄(后排右四)

1952年院系调整,中山大学图书馆同仁赴新岗位任职前游广州黄花岗合影,摄于1952年10月19日。左起:韦懿、何多源、何家新、梁家勉、刘少雄、何家荣

中国民主同盟中央主席沈钧儒、副主席胡愈之在民盟广东省主委、中山大学校长许崇清,副主委叶春陪同下在中山大学视察盟务合影,1959年1月7日下午摄于中山大学怀士堂前。前排左起:周誉侃、许崇清、沈钧儒、胡愈之、叶春、胡东立;第二排左起:朱焯群、陈世训、李峻聆、黄玩彩、李慰慈、桂灿昆、梁钊韬;第五排:右二,何多源;第六排:左一,刘少雄

中山大学纪念陈寅恪教授国际学术研讨会期间刘少雄先生等与陈氏后人合影，1988年5月29日摄于东莞虎门镇林则徐公园。左起：许苍山、陈美延、刘少雄、陈流求、董有松

刘少雄先生与周连宽先生（右）游广州南湖乐园合影，摄于1988年10月24日

中山大学信息管理系20周年系庆留影，2000年11月9日摄于中山大学永芳堂前。左起：李峻聆、连珍、刘少雄

银婚纪念全家福，2000年2月8日摄于中山大学乙丑进士牌坊前。中位：刘少雄先生与夫人钟来女士。左起三人：刘少雄先生的女儿刘玉珍、女婿施炎、外孙女施雅晴。右起三人：刘少雄先生的儿子刘纪元、儿媳王杏玲、孙女刘欣倩

刘少雄先生为中山大学图书馆服务六十周年暨八十华诞庆祝大会（以下简称"庆祝大会"），2002年9月14日摄于中山大学怀士堂。左起：李昭淳、陈汝筑、张世泰、刘少雄、连珍、谭祥金、李萍、程焕文

中山大学校长黄达人在庆祝大会前向刘少雄先生致贺，摄于中山大学怀士堂贵宾室。左起：黄达人、刘少雄、程焕文

中山大学副校长陈汝筑在庆祝大会上向刘少雄先生颁授"中山大学图书馆终身馆员"荣誉证书

广东图书馆学会理事长、中山大学图书馆馆长程焕文在庆祝大会上向刘少雄先生颁发广东图书馆学会"杰出贡献奖"

刘少雄先生的孙女刘欣倩、外孙女施雅晴在庆祝大会上献花

刘少雄先生在庆祝大会上讲话。左：张世泰，右：连珍

刘少雄先生为中山大学图书馆服务六十周年暨八十华诞庆祝大会全体合影。摄于中山大学怀士堂前

广东图书馆学会2002年学术年会"杰出贡献奖"颁奖礼后获奖者留影。2002年11月9日摄于广州松园宾馆学术报告厅。左起：商志馥、连珍、崔慎之、刘少雄

"梁方仲教授藏书捐赠仪式"迎宾留影,2002年11月23日摄于中山大学图书馆正门前。左起:程焕文、王贵忱、陆键东、刘少雄

"梁方仲教授藏书捐赠仪式"留影,2002年11月23日摄于中山大学图书馆三楼梁方仲教授藏书纪念室门前。左起:程焕文、刘少雄、王贵忱

陈寅恪铜像揭幕仪式合影，2004年11月7日上午摄于中山大学图书馆三楼陈寅恪藏书纪念室。左起：朱孔军、李延保（中山大学党委书记）、刘志伟、刘少雄、程焕文、戴月、陈春声

刘少雄先生与林明参加"戴镏龄教授藏书捐赠仪式"留影，2004年11月9日摄于中山大学图书馆大厅

中山大学图书馆80周年馆庆暨新馆开馆典礼合影，2004年11月8日上午摄于图书馆正门前。前排左起：谭祥金、王贵忱、刘少雄、赵希琢、梅海、陈珍广、连珍、周守任、孙琪、王峰。第二排左起：程焕文、林明、潘燕桃、赵燕群、邓美莲、陈汝筑（中山大学副校长）、黄达人（中山大学校长）、许景荣、罗公发、楼宏青、陈如好、廖海青、朱孔军

中山大学图书馆80周年馆庆暨东校区图书馆开馆典礼合影，2004年11月8日下午摄于中山大学东校区图书馆一楼大厅。前排左起：赵燕群、谭祥金、李昭淳、程焕文、周守任、连珍、陈汝筑（中山大学副校长）、刘美南（中山大学副校长）、罗公发、刘少雄、孙琪、王峰

中山大学校史展览剪彩仪式合影，2004年11月10日摄于中山大学图书馆一楼大厅。左起：林明、程焕文、吴定宇、陈汝筑（中山大学副校长）、黄义祥、刘少雄、李延保（中山大学党委书记）、易汉文

刘少雄先生与金雨燕先生（金应熙教授的之子）参加"金应熙教授藏书捐赠仪式"合影，2006年6月24日摄于中山大学图书馆三楼金应熙教授藏书纪念室金应熙铜像前

刘少雄先生在纪念杜定友先生诞辰110周年学术报告会上发言，2008年12月18日摄于中山大学图书馆聚贤厅

纪念杜定友先生诞辰110周年学术报告会留影，2008年12月18日摄于中山大学图书馆聚贤厅。左起：王子舟、刘少雄、高炳礼、程焕文

中山大学图书馆庆祝刘少雄先生九十华诞宴会合影，2012年9月15日中午摄于广州市海印桥炳胜酒家。前排左起：罗春荣、程焕文、钟来、刘少雄、赵燕群、谭祥金、秦剑；后排左起：王蕾、周纯、张丽园、颜少平、刘纪元、刘玉珍、刘欣倩、王杏玲、倪莉

目　录

序：坐拥书城七十年　安贫乐道不等闲 ·················· 程焕文　1

一、书城心语

一个老图书馆工作者的心声 ······································· 3
从业抒怀 ··· 6
往事回眸情未了，有生余热付芸编 ······························ 8
自娱吟草 ··· 13

二、书城人物

中山大学图书馆历任馆长（主任）名录 ······················· 29
缅怀图书馆界老前辈——杜定友先生 ··························· 34
忆杜老 ·· 38
缅怀杜定友先生 ·· 40
缅怀叶老 ··· 42
长守书城四十秋 ·· 44
何多源 ·· 46
何多源有关图书馆学著述目录 ···································· 48
陆华琛 ·· 50
与图书馆学研究生邢明旻关于周连宽先生一些情况的谈话 ···· 52
把心扑在集体事业上的人 ··· 53
在老馆长连珍邀请大家欢聚谈心会上的发言 ··················· 55

三、书城藏书

中山大学图书馆历年藏书统计（1923—1952） ················ 59
中山大学图书馆1938年广州沦陷后藏书损失情况 ············ 66
中山大学图书馆图书移交清单 ···································· 73
中山大学图书馆院系调整后（1952年11月—1980）增加图书统计表 ···· 74
中山大学图书馆分阶段藏书统计表 ······························ 77
中山大学图书馆历年应注销图书册数 ··························· 78
总馆外文图书清点后统计表 ······································· 79
中山大学图书馆和各系资料室藏书一览表 ······················ 83

中山大学图书馆撤销图书清册（20633 册）……………………………… 85
中山大学图书馆过去入藏图书的一些情况 ……………………………… 90

四、书城札记

中山大学图书馆大跃进以来工作总结提纲 ……………………………… 103
大跃进以来参考阅览流通工作总结 ……………………………………… 105
中山大学图书馆馆际互借工作总结 ……………………………………… 113
关于图书馆有关流通工作问题的几点说明 ……………………………… 122
图书馆与读者 ……………………………………………………………… 125
外借拒绝率问题 …………………………………………………………… 128
校史资料室征集资料函 …………………………………………………… 129
教授、副教授凭证入库通知 ……………………………………………… 130
中山大学图书馆珍本图书标准 …………………………………………… 131
剔除馆藏"滞留图书"试行办法 ………………………………………… 148
关于剔除馆藏"滞留图书"的几点说明 ………………………………… 150
熟悉馆藏 …………………………………………………………………… 152
致黄焕秋校长 ……………………………………………………………… 160
致连珍、饶鸿竞馆长（一）……………………………………………… 161
致连珍、饶鸿竞馆长（二）……………………………………………… 162
接待苏联社会科学院研究员情况汇报 …………………………………… 164
接待饶宗颐先生参观善本室 ……………………………………………… 169
关于容庚赠书 ……………………………………………………………… 170
关于《铁板数》的价值问题 ……………………………………………… 172
流通典藏部某些藏书简介 ………………………………………………… 173
国立中山大学出版部和出版物 …………………………………………… 175
介绍陈寅恪教授一则有关"敦煌学"的佚文 …………………………… 178
陈寅恪与中山大学 ………………………………………………………… 179
关于"图书馆"的金字匾额 ……………………………………………… 180
图书馆庭院中的一尊瑰宝——鲁迅雕像 ………………………………… 181
陈洵教授捐赠的《海绡词稿》…………………………………………… 182
《荔尾词存》读后的一点感想 …………………………………………… 183
汤锐祥老师科研成果《护法运动史料汇编》面世 ……………………… 184
《孙中山与海军护法研究》……………………………………………… 185

五、书城答问

何永顺致刘少雄答谢函 …………………………………………………… 189
答肇庆师范专科学校中文系陈大同同志 ………………………………… 190
答历史系硕士生陈春声同学 ……………………………………………… 192

答宁夏图书馆张先畴同志…… 194
答饶鸿竞副馆长…… 195
答甄松年老兄…… 197
答中山大学骆伟先生…… 199
答日本松见弘道教授…… 200
答河南图书馆学会陈方平同志…… 202
答图书馆郭慧同志…… 203
答外语系章鹏高教授…… 205
答项英杰教授…… 207
答北京天文馆…… 208
答图书馆李琳琅同志…… 210
答外文系章鹏高教授…… 211
答何贻赞、谢贤章同志…… 215
答图书馆赵希琢副馆长…… 217
答李静荷同志…… 218
答新加坡戴煜滨同学…… 219
答地质系丘元禧教授…… 222
答人类学系冯家骏教授…… 223
答图书馆馆长连珍先生…… 224
答中文系孙立老师…… 225
答图书馆赵燕群馆长…… 226
答武汉大学博士生王子舟同学…… 227
答地质系邓海泉教授…… 232
答化学系陈美延老师…… 233
答历史系研究生张军民同学…… 234
答信息管理系潘燕桃老师…… 236
答刘经富先生…… 237

六、书城著述

藏书建设…… 243
读者工作…… 261
实行图书资源共享　搞好馆际互借工作…… 326
中山大学图书馆《馆藏广东文献目录》…… 332
中山大学图书馆馆藏家谱目录…… 448

附录　书城礼赞

广东图书馆学会和中山大学图书馆隆重举行刘少雄为中山大学图书馆服务六十周年暨八十华诞庆祝大会……………………………………………… 邬和镒　459

向刘少雄先生学习　弘扬图书馆精神……………………………………… 程焕文　460

甘为人梯的服务精神………………………………………………………… 谭祥金　465

我校图书馆为终身荣誉馆员刘少雄先生庆祝九十华诞…………………… 图书馆　468

序：坐拥书城七十年　安贫乐道不等闲

芸芸众生，原本平淡无奇，或如沧海一粟，微不足道，淹没在滚滚的历史洪流中；或如过眼云烟，转瞬即逝，消失在茫茫的宇宙苍穹外。季羡林在《人生的意义与价值》一文中说："根据我个人的观察，对世界上绝大多数人来说，人生一无意义，二无价值。""如果人生真有意义与价值的话，其意义与价值就在于对人类发展的承上启下，承前启后的责任感。"① 诚然如是，一个人如果有责任感，一辈子忠于职守，尽职尽责，无论多么平凡，都会崇高伟大，并因此在事业的时空坐标上刻下痕迹，留下印记，成为永恒。

刘少雄先生，中山大学图书馆的一名普通馆员，毕生致力于图书馆服务，忠诚、执着、朴实、智慧，以平凡的图书馆工作，诠释人生的意义和价值，彰显图书馆事业的崇高和伟大，并因此成为中国图书馆界的一代楷模和珍贵记忆。

2002年9月14日，中山大学图书馆和广东图书馆学会在中山大学怀士堂举行"刘少雄先生为中山大学图书馆服务六十周年暨八十华诞庆祝大会"。中山大学校长黄达人教授、副校长李萍教授、副校长陈汝筑教授与广东图书馆界同仁集聚一堂，共同庆贺；广东图书馆学会向刘少雄先生颁发首届"杰出贡献奖"，中山大学图书馆向刘少雄先生颁授首个"中山大学图书馆终身馆员"荣誉称号，大会之隆重，褒奖之崇高，对一位普通馆员来说，在中国图书馆历史上绝无仅有。

怀士堂是中山大学的重要地标。2006年11月12日，国家邮政局发行2006-28"孙中山诞辰一百四十周年"纪念邮票一套4枚，邮票图案的名称（价格）分别为：孙中山故居（80分）、中山陵（80分）、中山纪念堂（80分）和中山大学（1.50元）。"中山大学"邮票的画面即为中山大学康乐园的怀士堂，可见怀士堂的标志意义之重大。在怀士堂正立面的外墙上镌刻着商承祚先生手书的"学生要立志做大事，不可做大官"两行小篆文字。② 这是孙中山先生1923年12月21日在此发表演说时对岭南学生的训诫。什么是"做大事"？孙中山先生训示："大概的说，无论那一件事，只要从头至尾，彻底做成功，便是大事。"③ 所以，"要立志做大事"就是"要有国民的大志气，专心做一件事，帮助国家，变成富强。这个要中国富强的事务，就是诸君的责任。要诸君担负这个责任，便是我的希望"。④ 刘少雄先生一生专心做图书馆工作这一件事，

---

① 季羡林：《人生的意义与价值》，《世纪行》2006年第12期，第41页。
② 孙文：《学生要立志做大事不可做大官——对岭南学生欢迎会演说辞》（1923年12月21日），见《中山演讲集》，广智书店1927年版，第196页。
③ 孙文：《学生要立志做大事不可做大官——对岭南学生欢迎会演说辞》（1923年12月21日），见《中山演讲集》，广智书店1927年版，第202页。
④ 孙文：《学生要立志做大事不可做大官——对岭南学生欢迎会演说辞》（1923年12月21日），见《中山演讲集》，广智书店1927年版，第218页。

肩负发展图书馆事业、服务广大师生以振兴中华的责任，正是忠实地遵循孙中山先生的训示。

1942年，20岁的刘少雄先生只身奔赴粤北山区，入职中山大学图书馆，投入到中山大学抗日救亡的事业之中。那时的中山大学，在经历了1938年10月西迁云南澄江和1940年10月迁返粤北山区的千辛万苦之后，正处在随时遭受日机轰炸和日寇进犯的分散办学的艰难时刻。杜定友馆长誓与中山大学图书馆共存亡的精神深深地感染了中山大学图书馆的每位同仁，刘少雄先生因此成为杜定友先生的忠实追随者，终其一生，矢志不渝。后来，刘少雄先生在回忆粤北抗战时曾言："1945年日寇为了打通粤汉铁路，中大首当其冲，我是最后一批随总务长撤退到连县三江的人。在撤离坪石的前一天，还冒险率职工二人赶回师范学院所在地管埠，将60箱图书迁离分馆。""抗战胜利后，众人急于复员南归，我本可以回穗，但考虑到坪石劫后图书工作艰巨，自愿与同事涂君接受分教处派回坪石办理图书馆善后事宜，搜集遗亡和迁移工作，历时半年。在此期间，货币贬值，物价飞涨，生活时有断炊之忧。1946年3月从北江迁运南旋，图书有4万余册600多箱，占全校公物三分之一。""我在杜定友先生培养下工作了8年，那8年都处于患难或困苦之中。我对杜先生的道德品质，为人处事和事业上的献身精神，一切为了读者的思想，极为崇敬。杜先生的言传身教，使我深受熏陶。50多年来，我能尽力于图书馆工作，甘为人梯，受杜先生热爱图书馆事业的思想影响最大。""我常常记着杜先生的教导，务必对读者有求必应，使他们乘兴而来，满意而去，而且去而复来，永远是图书馆的朋友。"[①]

新中国成立以后，刘少雄先生一直在图书馆工作，虽然曾经做过一段时间的部门负责人，但是，绝大部分时间都是一名普通的图书馆馆员。诚如刘少雄先生晚年自述："虽感慨无学历，又无后台，但不自卑。我热爱图书馆事业，以认真负责的态度，兢兢业业，埋头苦干，将勤补拙，做好本职工作。""改革开放后，我先后被评定为馆员和副研究馆员。有人说我是一个自学成才的图书馆专家。我说自学是真，成才则不敢当。我没有什么专长，只常常记着杜定友先生的学问方针：Learn Something about Everything & Everything about Something（门门都学点，一门点点都学），不断增进业务知识。有人又问：图书馆业务人员最紧要的是什么？我的感受是，有乐于为读者服务的思想；有善于为读者服务的本领。有的人先学后干（先学习图书馆专业，然后任职），有的人先干后学或边干边学（先任职，然后再学习图书馆学知识），只要树立为图书馆事业服务的决心，肯学肯干，都能从图书馆工作中做出成绩，做出贡献。"[②]

1986年，刘少雄先生退休，我则从武汉大学毕业分配到中山大学图书馆学系（今信息管理学院）任教。一个刚退休，一个刚入职，虽在同一所学校，但是不在同一个部门，原本不会有什么工作联系和个人际遇，但是，因为对杜定友先生的共同崇敬，我

---

① 刘少雄：《一个老图书馆工作者的心声》，《图书馆论坛》1997年第2期，第25～26、33页。
② 刘少雄：《一个老图书馆工作者的心声》，《图书馆论坛》1997年第2期，第25～26、33页。

们有了相识和相知的缘分。

1988年1月7日,广东图书馆学会在广东省立中山图书馆举行"杜定友先生诞生九十周年纪念会暨杜定友先生学术思想研讨会",我在会上做题为《筚路蓝缕　鞠躬尽瘁——试论图书馆学家图书馆学教育家杜定友先生对中国近代图书馆事业的卓越贡献》的主题发言。在下午的座谈会上,因为主持人商志馥会长和赵平副会长的介绍,我第一次对广东省立中山图书馆前辈张世泰先生和中山大学图书馆前辈刘少雄先生有了初步的了解。从张世泰先生和刘少雄先生的深情回忆中,我得知他们自抗日战争时起就一直忠实地追随杜定友先生,以杜定友先生为楷模,毕生致力于图书馆服务,并由此产生敬意。

1998年6月,中山大学任命我做图书馆馆长。到任以后,我才知道刘少雄先生自1986年退休以后一直在图书馆照常上班,负责陈寅恪藏书纪念室的管理工作。虽说是"返聘",可是,图书馆并无专门经费,因此也就没有任何薪酬。我问前任馆长赵燕群教授这是为何,赵燕群馆长告诉我:陈寅恪藏书纪念室是刘少雄先生一手办起来的,没有人能够接手,而且他是图书馆的"活字典",很熟悉馆藏,深受师生的喜爱,同时,他又十分热爱图书馆工作,所以,自愿做义工。这令我很感动,于是,我特地到他的办公室去拜访。说是办公室,其实是图书馆三楼一间大约60平方米的库房,里面堆满了民国时期的旧书刊,室内的书架、书橱、办公桌、办公椅、目录盒、中文打字机等也都是岭南大学留下来的民国旧物,看上去完全是一个杂物仓库。刘少雄先生就坐在靠墙的一张旧桌子旁,桌面堆满了卡片目录盒和泛黄的资料袋,看上去十分寒酸,给人恍如隔世的感觉。顿时,我颇有几分想帮他改善一下工作环境的念头,可是那时的中山大学图书馆破旧不堪,馆舍十分狭窄,因此也只能一声叹息,无可奈何。

我向刘少雄先生仔细询问他每天到图书馆的具体情形,特别是陈寅恪藏书纪念室创办和开放利用的情况,刘少雄先生向我详细讲解1988年5月中山大学举办纪念陈寅恪教授国际学术研讨会和中山大学图书馆陈寅恪藏书纪念室开放的经过,并展示当时季羡林先生等著名学者的亲笔题字和捐赠字画,以及他多年来收集的陈寅恪教授手稿、油印讲义、照片等等,令我惊叹不已。

1999年初,我结束在美国的半年学术访问后返校正式履行馆职。有一天,刘少雄先生来到馆长办公室,没有什么寒暄,便将怀揣的一个鼓囊囊的旧牛皮纸信封袋放在我的办公桌上。我问刘老这是什么,他说是资料。我打开一看是一摞手抄卡片目录和几页书目清单。我又问为什么给我这个目录清单,他说,这些是图书馆最珍贵的文献。我问在哪里?他说在他的办公室,并告诉我:这些是他在历次运动中多次从图书馆准备剔除而堆放在地面的旧书堆中收捡起来的,因为担心被追究,所以只好用废弃的旧报纸、牛皮纸包起来,或者用用过的旧信封袋装起来,藏在旧书库的旧书橱中,数十年来秘而不宣,无人知晓。又说,他多方了解和仔细观察后相信我是一个热爱图书馆事业、珍惜历史文献的馆长,所以决定将这个秘密告诉我,并将全部资料悉数交给我保管。这令我十分意外、十万分感动。于是,我带着疑惑、好奇和兴奋的心情,跟随刘少雄先生一起去他的办公室查看究竟。刘少雄先生按照目录清单顺序从破旧的书橱和书架中取出一个又一个牛皮纸包、旧报纸包和旧棉布包,其中既有明清刻本、稿本和钞本,也有文徵明、唐寅、刘墉等明清名人的字画、扇面,还有广东晚清鸿儒陈澧的手稿、竹雕对联和古琴等等。说实话,我很难相信眼前这个文弱瘦小的耄耋馆员,在人人自危、避之尤恐不及的动荡年代,竟然有如此敢于冒天下之大不韪的胆量,去偷偷地收藏这些有问题的文献,并且秘而不宣地守护数十年,默默地等待可信赖的传承人和合适的移交时机。那一刻,我从心底里产生了对刘少雄先生无比崇高的敬意,我钦佩刘少雄先生敬惜字纸、自觉自为、悉心呵护文献的中华传统文化精神,更钦佩刘少雄先生不顾个人安危、顶风冒险、竭力保护文献的图书馆专业精神。在逐一核对清点完毕之后,我将这批珍贵文献全部移交特藏部,锁进保险柜,永久保存,迄今鲜有人知。

从此以后,刘少雄先生一直是我的良师益友。凡是我不清楚的图书馆故事,我都会向刘少雄先生请教,每次他都悉心地告诉我,有时过几天后,他还会送给我一张纸签,用端庄的行书详细答复我询问的事项,一丝不苟的文字加上言必有据的注释,给人以十分严谨、极为认真的美好印象。这是老一辈图书馆人的作风,如今鲜有传承,仅可追忆。

从此以后,我一直把刘少雄先生奉为楷模。凡是图书馆举行各种仪式,我都会请刘少雄先生参加,并安排在前排就坐。每年重阳节,我都会请全体离退休馆员聚餐,每次都安排刘少雄先生在主桌就坐。每年春节前,我都会带领图书馆的主要负责人去每位退休老馆长的家里拜年和慰问,刘少雄先生虽然不是馆长,但是亦在拜贺名单之中。每次到刘少雄先生家拜年,他都会依照广东的年俗准备好柑橘、糖果、糕点,大家一起品茗叙话,好不开心。

那时,我既是中山大学图书馆馆长,又是广东图书馆学会理事长,因为一直被刘少雄先生的精神所感动,所以,我于2002年9月14日在中山大学怀士堂举行了"刘少雄先生为中山大学图书馆服务六十周年暨八十华诞庆祝大会"。在庆祝大会上,我曾言:①

> 为什么我们要为这样一位既没有任何官衔又没有任何高级学术头衔的普通图书馆员举行如此隆重的庆祝大会?这不仅仅是因为刘老已经为中山大学图书馆服务了整整60周年,创造了中国图书馆历史上鲜见的从业奇迹,而且是因为刘老已经不再仅仅是刘老自己,他代表着千千万万的普通图书馆员,代表着千千万万普通图书馆员的崇高的图书馆精神。所以,与其说我们今天在这里召开大会是为了庆祝刘老为中山大学图书馆服务60周年和80华诞,毋宁说我们是藉此机会在这里讴歌千千万万的普通图书馆员,颂扬他们的图书馆精神。
>
> 一个人从事图书馆工作并不难,难的是一辈子从事图书馆工作,难的是在退休以后还一如既往地从事16年的图书馆工作,难的是60年如一日始终兢兢业业、默

---

① 程焕文:《向刘少雄先生学习 弘扬图书馆精神——在"刘少雄先生为中山大学图书馆服务六十周年暨八十华诞庆祝大会"上的讲话》,2002年9月14日。

默无闻、充满激情地从事平凡的图书馆工作，难的是在平凡的图书馆工作中能够始终赢得读者和馆员的敬爱和颂扬！

为什么一位普普通通的图书馆馆员能够如此执着地追求图书馆事业，献身图书馆事业，服务士林学人？是因为图书馆工作职位高级、待遇优厚吗？不是，因为图书馆工作是平凡和清苦的，在图书馆既没有高官可做，更没有高薪可求。是因为图书馆地位崇高吗？不是，因为图书馆不过是普普通通的文化教育机构，图书馆太普通了，以至于普通得在中国难以引起社会的重视，甚至还常常被人误解。既然如此，那么，为什么有那么多的图书馆从业人员都心甘情愿地为图书馆事业奉献自己的毕生精力呢？答案只有一个，那就是精神，一种世代承传的图书馆精神，而刘老正是这种精神的代表之一。

这种精神就是"爱国、爱馆、爱书、爱人"的图书馆精神，正是因为许许多多的馆员具有这种精神，我们的馆员才在平常中显现出智慧和崇高，我们的图书馆事业才在平凡中凸现出价值和伟大。

2012年，为了庆祝刘少雄先生90华诞和为中山大学图书馆服务70周年，在征得刘少雄先生同意后，我决定亲自编辑出版《刘少雄文集》。那时，我在学校身兼多个要职，在校外同样兼任不少重要学术职位，没日没夜地疲于奔命，时常处在极度的时间恐慌之中。虽然我请图书馆的同仁和门下的研究生帮忙录入我收集整理的刘少雄先生文稿，但是，中山大学出版社排版后的16开本校样有近千页之多，我始终无法抽出时间完成二校的工作，因此，出版工作一直停滞不前。

2014年6月26日上午，刘少雄先生因病医治无效在中山大学附属第一医院仙逝，享年92岁。2014年6月30日（星期一）上午10时，刘少雄先生告别仪式在广州市殡仪馆3号厅举行，广东图书馆界同仁深切缅怀刘少雄先生，我作为中山大学图书馆馆长介绍刘少雄先生的生平：①

> 刘少雄先生，原名刘佛鑑，1922年9月25日诞生于广东增城石滩镇麻车村二境岗下坊一个贫寒家庭。1928年父亲早殁，母亲吴桂以手艺自给维持生计，抚养子女刘少雄先生和刘肖蔡。1929年秋，为生活所迫，母亲吴桂不得不将刘少雄先生和妹妹刘肖蔡分别寄养在乡里家中，远赴香港，在西人家中做雇工。
>
> 1930年，刘少雄先生在家乡读私塾，1931年至1932年在家乡读初小一、二年级。1932年秋离乡赴香港，1933年至1934年入香港增邑平民义学，读小学三四年级。1935年8月至1938年6月在香港私立大同中学读小学四年级至初中一年级，1938年8月至1939年2月在香港私立青华英文书院第七班读书，1939年3月至1939年7月在香港海军船坞（Dockyard）当木工学徒，1939年10月至1940年10月在香港私立建立英文中学第四班读书。

---

① 程焕文：《刘少雄先生生平》，2014-06-29，竹帛斋主（新浪博客），https：//blog.sina.com.cn/s/blog_4978019f0102uw80.html，2023-05-04。

1940年11月，母亲吴桂回增城家乡务农，刘少雄不得不辍学离开香港。1940年12月，刘少雄先生徒步至粤北坪石，入职国民党军政部第117后方医院，参加抗日战争，历任上士文书、准尉、少尉司书等职。1942年4月，经伤病兵政训员符笃初介绍，加入中国国民党。在工余有暇时，刘少雄先生常帮人抄写文稿，经朋友介绍曾帮助中山大学图书馆馆长杜定友先生抄写《抗战时期业余艺术》文稿，由此结识杜定友先生，并经杜定友先生介绍，于1942年9月转职中山大学图书馆，从此自动脱离中国国民党，开始毕生为中山大学图书馆服务。

1942年9月至1949年10月任中山大学图书馆馆员，1949年10月至1952年9月任中山大学图书馆流通股负责人、代理秘书，1952年10月至1955年10月任中山大学图书馆秘书、流通阅览股股长，1955年10月至1958年9月任中山大学图书馆阅览组主任，1957年1月经徐凤爱介绍加入中国民主同盟，曾任民盟中山大学总支部组织委员。1958年9月至1960年12月任中山大学图书馆期刊资料组主任。1960年12月至1972年4月任中山大学图书馆流通典藏组主任，其中1968年12月28日至1972年4月下放粤北天堂干校和英德干校。1972年4月从英德干校返回中山大学本部后，任图书馆流通典藏组副组长，1978年7月至1983年9月任流通组组长。1979年被评定为馆员职称，其后任中国图书馆学会会员、广东图书馆学会理事。1981年至1982年兼任中山大学图书馆学专修科大专班教员，讲授藏书建设和读者工作两门课程。1983年10月至1985年4月任流通典藏部主任。1985年5月创办陈寅恪先生研究室，并亲自负责研究室的研究工作，1986年3月退休后继续返聘在研究室工作，1987年5月晋升副研究馆员。退休后，刘少雄先生一直坚持每天到图书馆上班，义务服务20余年。

2002年9月，中山大学图书馆与广东图书馆学会在中山大学南校区小礼堂隆重举行"刘少雄先生为中山大学图书馆服务六十周年暨八十华诞庆祝大会"，广东图书馆学会授予刘少雄先生"杰出贡献奖"，中山大学图书馆授予刘少雄先生"终身馆员"荣誉称号，以表彰刘少雄先生竭诚服务中山大学图书馆的杰出贡献和崇高精神。

刘少雄先生一生以馆为家，70年如一日，勤勤恳恳，兢兢业业，默默奉献；勤于钻研，精通业务，见闻广泛，知识渊博，享有中山大学图书馆"活字典"的盛誉。

刘少雄先生一生笔耕不辍，著述丰富，曾参与《中国地方志联合目录》《中国古籍善本总目》的编撰，编有《中山大学图书馆馆藏广东文献目录》《中山大学图书馆馆藏家谱目录》等著作，其相关著述已结集成70多万字的《刘少雄文集》，将由中山大学出版社正式出版。

刘少雄先生与妻子钟来相濡以沫半个多世纪，辛勤抚养和培育子女刘纪元和刘玉珍，对孙女更是珍爱有加，在家是一位慈祥的父亲和祖父，在图书馆是一位德高望重的仁者和智者。

刘少雄先生仙逝后，我的行政管理工作担子比过去更重，因为错过了刘少雄先生90华诞纪念时，我只好将《刘少雄文集》的出版工作推迟到纪念刘少雄先生100年诞辰的时候。承蒙中山大学出版社社长王天琪的大力支持，责任编辑邹岚萍的悉心编辑，刘少雄先生的公子刘纪元、儿媳王杏玲热诚提供刘少雄先生的照片资料，我们终于共同完成了《刘少雄文集》的编辑工作，前前后后、拖拖沓沓十余年，我一直深感愧疚，对不起我尊敬的刘少雄先生。如今这部文集终于付梓，总算可以告慰九泉之下的刘少雄先生。

这部文集的正文原本分为书城心语、书城人物、书城藏书、书城日记、书城札记、书城答问、书城著述、（附录）书城礼赞八个部分，收录刘少雄先生的个人自述、抒怀诗词、学术论文、工作报告、工作日记、咨询记录、讲义文稿等各类文字著述，因时过境迁，十分珍贵的第四部分"书城日记"[刘少雄先生工作日记（1964.7—1997.12），原件有12本，排版后约200页]已经不宜出版，因此只能忍痛割爱，留作图书馆史和校史研究参考之用。尽管如此，这部文集仍然比较全面地记录了刘少雄先生70余年职业生涯中中山大学图书馆的基本情况，其中许多文字都是刘少雄先生的个人经历和亲身见证，真实而生动，从中不仅可以深切地感受到一位普通图书馆员的专业精神和事业情怀，而且可以深刻地体会到中山大学图书馆的感人故事和历史脉络。因此，这本著作与其说是刘少雄先生的个人文集，还不如说是一部珍贵的中山大学图书馆历史笔记，颇值得仔细品读和长久收藏。

谨以此文集纪念我们敬爱的刘少雄先生。

是为序。

程焕文

2023年5月4日

于中山大学康乐园竹帛斋

一、书城心语

一个老图书馆工作者的心声

我于1942年任职中山大学图书馆,1986年退休,退休后连续被返聘至今,算起来,服务中大图书馆已经55年了。

我幼年丧父,家境贫寒,随母奔波。抗日战争爆发后的1939年,母亲失业,生活日困,被迫辍学。1940年11月,随乡亲离港步行北上,历时一月,到达粤北坪石,就任于军政部第117后方医院,以一个初涉世面的青年,走向社会。曾以《离港抵坪有感》草成一律:

> 远离孤岛往寻春,千里来坪半为贫。
> 教子谆谆慈母泪,交朋恳恳故乡人。
> 家园遥望非如昔,祖国相期可革新。
> 起武那能惭力小,前途何惧尽征尘。

在坪石,由于一个偶然的机会,结识了中大图书馆主任杜定友先生,蒙他引荐到图书馆工作。初到图书馆时,职位和待遇都是最低的。虽感慨既无学历,又无后台,但不自卑。我热爱图书馆事业,以认真负责的态度,兢兢业业,埋头苦干,将勤补拙,做好本职工作。我在图书馆学知识,是从为杜先生缮校文稿开始的,对分类理论和分类法体系接触多了,又经过自学和工作实践,打下了初步基础。入馆第三年,居然有勇气承担当时问题较多、远在乳源管埠的师范学院分馆的主管工作。

在几十年图书馆工作中,我经受过不少磨炼和考验。1945年,日寇为了打通粤汉路而大举进攻,中大首当其冲,我是最后一批随总务长撤退到连县三江的人。在撤离坪石的前一天,还冒险率职工二人赶回师范学院所在地管埠,将60箱图书迁离分馆。迨回坪石,夜幕降临,惊悉吾侪回管埠之际,因战情剧变,时在坪石的乐昌县长及守备区司令匆匆离开。中大留坪人员,紧急研讨非常计划,总务长坚定西行,我侥幸及时赶回,随队向连县转进,否则不堪设想。抗日战争胜利后,众人急于复员南归,我本可以回穗,但考虑到坪石劫后图书工作的艰巨,自愿与同事涂君接受分教处派回坪石办理图书馆善后事宜,搜集遗亡和迁运工作,历时半年。在此期间,货币贬值,物价飞涨,生活时有断炊之忧。1946年3月从北江迁运南旋,图书有4万余册,600多箱,占全校公物的1/3。完成这项任务,固然受到领导的好评,但个人的经济损失是颇大的。在广州所发工资因为没有及时处理,待我回到广州时,已贬值过半了。1952年全国高等学校院系调整,图书相应调配,工作繁重,而馆秘书某君被发现有肺病,即请假疗养。在此期间,我也患肺病,带病工作。全部图书调配工作及随后的20万册图书从石牌迁运康乐,责任都落在我的肩上。结果任务完成了,病情也恶化了。虽然如此,我并无悔言。

我在杜定友先生的培养下工作了8年,那8年都处于患难或困苦之中。我对杜先生的道德品质、为人处世、事业上的献身精神和一切为了读者的思想极为崇敬。杜先生的言传身教，使我深受熏陶。50多年来，我能尽力于图书馆工作，甘为人梯，受杜先生热爱图书馆事业的思想影响最大。我的成长过程是从图书馆基础工作开始的，图书馆各项工作基本上我都担任过以至领导过，工作受到领导和读者的好评。或问：你在图书馆感到最愉快的是什么？我以为，读者来馆，急于要找某一本书或是一种资料，遍寻不获、显得焦灼时，我通过多方努力，为读者解决需要的资料，读者高兴，自己也感到心情愉快。此所谓想读者之所想、急读者之所急吧。问题一旦解决，皆大欢喜也。我常常记着杜先生的教导，务必对读者有求必应，使他们乘兴而来，满意而去，而且去而复来，永远是图书馆的朋友。70年代中后期，本校中文系接受注释新版《鲁迅全集·而已集》一书的任务。我们除提供馆藏有关参考资料外，值得一提的就是其中有两本重要参考书《国际劳动问题》（[日]浅利顺次郎著，张月澄译，1927年广州国际社会问题研究社出版）和《尘影》（黎锦明著，中篇小说集，1928年开明书店出版），此两种书我馆及广州地区各馆都没有收藏。随即函询北京图书馆（以下简称"北图"）、上海图书馆、南京图书馆，均无所得。北图主动寄来《国际劳动问题》的不同译本，我再三向北图说明版本详情，请求他们认真查对，后知该书已列入新善本，不能借出，最后以复制法解决了。而《尘影》一书上述三大馆均没有入藏。我又想，四川是抗日战争时期的大后方，解放战争时期又是和平解放地区，旧藏比较稳定，便向四川大学图书馆发信求援。结果不出所料，川大馆很快将书寄来。中文系得此书，如获至宝，解决了在《鲁迅全集·而已集》注释工作中两个棘手的难题。1977年，中央民族研究所研究员罗致平接受国家任务，查找论证我国西北边境某地区属于我国领土的问题的资料。他从北京、上海、昆明一直查到广州中山大学，最后我为他找到一些出版年代较早、较难找到的外文图书，比如德文《东亚史》、法文《从康熙到乾隆》、英文《中国纪录》、英文《中国图识》、英文《中国史》等。罗先生从这些珍贵图书中发现大量资料，有力地论证了这一边境地区自古以来就属于我国，揭露了某国企图霸占该地区的野心。他满意地说，我走了那么多地方，最后在母校图书馆获得这些珍贵资料，完成了国家交给我的任务，实在高兴。这样的例子还有不少，不赘列。

1981年，当我走向社会40年、服务中大图书馆亦已38年时，偶忆旧作，缓步原韵，聊成《40年感怀》一律：

书城长拥几多春，柱下薪传乐亦贫。
任事有肩非作客，交朋无佞喜为人。
卅年幻变寻常过，四化功成锦绣新。
漫道黄牛筋骨老，昔时豪气未成尘。

改革开放以后，我先后被评定为馆员和副研究馆员。有人说我是一个自学成才的图书馆专家。我说自学是真，成才则不敢当。我没有什么专长，只常常记着杜定友先生的学问方针"Learn Something about Everything & Everything about Something（门门都学一点，一门点点都学）"，不断增进业务知识。有人又问：图书馆业务人员最紧要的是什么？我的感受是，有乐于为读者服务的思想，有善于为读者服务的本领。有的人先学后干（先学习图书馆专业，然后任职），有的人先干后学或边干边学（先任职，然后再学习图书馆学知识），只要树立为图书馆事业服务的决心，肯学肯干，都能从图书馆工作中做出成绩、做出贡献。目前，在市场经济浪潮下，图书馆属"清水衙门"，对颇有才华而又不甘淡泊的人不易挽留。如果培养提拔那些具备基础知识、踏实肯干、愿意为图书馆事业奋斗的人，可能更有实效。古有一联："圣门弟子三千众，传道终归鲁钝人。"可资借鉴也。

作为一个初入馆的图书馆业务人员，应创造成为多面手的条件。其要求：①认识图书馆的作用；②熟悉图书管理程序；③掌握图书馆各项规章制度；④了解藏书，知道馆藏特点与馆里特藏；⑤熟记本馆各种藏书的分类体系；⑥明白编目原则和藏书目录的组织与使用；⑦懂得参考书、工具书的运用；⑧能查阅和编制一般书目索引与情报资料；⑨学会使用几种检字法；⑩关心出版情况、图书评介以及入藏动态；⑪具备多种技能，如书法、绘画、打字、电脑操作、复印、装订、修补、宣传、布置等。这些要求，只要有心，也不难掌握，解决工作问题就比较顺利了。当然，在此基础上，还须继续学习，尤其是步入信息管理时代，不断提高充实自己，则工作必能得心应手，左右逢源。

壬申（1992）之秋，吾生70，服务中山大学图书馆50年。喜看改革开放以来，新馆林立，图书馆事业蒸蒸日上，各行各业，硕果累累，国运兴隆，指日可待，感赋《七十抒怀》一律，表达一个老图书馆工作者的心声：

> 柱下薪传五十年，平生心力付芸编。
> 喜看新馆纷纷立，更感高楼片片连。
> 改革迎来丰硕果，翻番端赖倍加鞭。
> 小康指日惟稳定，国运兴隆众信然。

原载《图书馆论坛》1997年第2期

从业抒怀

——在"刘少雄先生为中山大学图书馆服务六十周年暨八十华诞庆祝大会"上的讲话

广东图书馆学会和中山大学图书馆举行本人为中山大学图书馆服务 60 周年暨 80 华诞庆祝大会,并分别为本人颁授"杰出贡献奖"和"终身馆员"荣誉称号,本人感到非常荣幸和兴奋。这是对我 60 年来在中大图书馆工作和对图书馆事业贡献的肯定,我表示衷心的感谢!对学会领导省馆李馆长,中大校领导陈校长、李校长,中大图书馆程馆长及各位嘉宾和图书馆界同仁的热情祝贺,表示衷心的感谢!这种光荣更激励我热爱图书馆事业,在今后的岁月中,在力所能及的条件下,我一定为图书馆事业,一如既往,尽心尽力,贡献自己的余热。

五年前,《图书馆论坛》编辑部约稿,我为《从业抒怀》栏目写了一篇题为《一个老图书馆工作者的心声》的文章,在《图书馆论坛》1997 年第 2 期发表,表达了 55 年从事图书馆工作的历程和感受。今天,大会安排我谈点什么,由于时间关系,仅就为读者服务工作中的一些问题,略谈感想。

中外图书馆办馆思想历来都强调服务工作。中山大学图书馆的馆训是"智慧和服务"。有人问,一个图书馆业务人员最要紧的是什么?我的感受是:有乐于为读者服务的思想,有善于为读者服务的本领。要确立乐于为读者服务的思想是需要克服许多思想障碍的,因为图书馆工作是平凡和清苦的,在目前还难以引起社会足够的重视,所以,从事图书馆工作,首先要树立为图书馆事业而努力工作的思想。我们要弘扬"爱国、爱馆、爱书、爱人"的崇高的图书馆精神。做这一行,热爱这一行。熟悉馆藏,熟悉图书,不是一朝一夕的事,这就要求图书馆业务队伍相对稳定,也需要有一点牺牲精神,才能做到,也才能世代薪火相传,不断将图书馆事业发扬光大。而要具有善于为读者服务的本领,就要有一个学习过程,通过学习并掌握图书馆学基础知识和基本技能。有的人先学后干(先学习图书馆专业,然后任职),有的人先干后学或边干边学(先任职,然后再学习图书馆专业知识和技能),无论哪种,只要树立为图书馆服务的决心,肯学肯干,都能从图书馆工作中做出成绩、做出贡献。作为一个初入馆的图书馆业务人员,都应该认识到并认真要求自己做到:①认识图书馆的作用;②熟悉图书管理程序;③掌握图书馆各项规章制度;④了解藏书,知道馆藏特点和馆里特藏;⑤熟记本馆藏书的分类体系;⑥明白编目原则和藏书目录的组织与使用;⑦懂得参考书、工具书的运用;⑧能查阅和编制一般书目索引与情报资料;⑨学会使用几种检字法;⑩关心出版情况、图书评介以及入藏动态;⑪具备多种技能,如书法、美术、打字、电脑操作、摄影、复印、装订、修补、宣传、布置等。这些要求,只要有心,也不难掌握,对解决工作问题就比较顺利了。当然,在此基础上,还须继续学习,尤其是步入信息管理时代,不断提高充实自己，则工作必能得心应手、左右逢源。

有人又问：你在图书馆感受最愉快的是什么？我以为，读者来馆，急于要找一本书或是一种资料，遍寻不获、显得很焦灼时，我通过多方努力，为读者解决需要的资料，读者高兴，我自己也感到心情愉快。此所谓想读者之所想、急读者之所急吧，问题一旦解决，皆大欢喜也。我常常记着图书馆老前辈杜定友先生的教导：务必对读者有求必应，使他们乘兴而来，满意而去，而且去而复来，永远是图书馆的朋友。

要做好读者服务的工作，还必须不断扩大知识面，我经常记着杜定友先生的学问方针：Learn Something about Everything & Everything about Something（门门都学一点，一门点点都学），不断增进业务知识，提高服务质量。至于服务过程中那些已解决或未能解决的问题，都应该有所记录。经验是靠长期积累的。人的记忆是很有限的，时间长了就记不清了，记不准确了。图书馆的一切工作，都是为读者服务做准备的，读者服务牵涉的问题很多，今天时间有限，不做详谈。

行年80，服务中山大学图书馆60年，在年初辞旧迎新全馆聚餐会上，厚承校领导、馆领导和图书馆同仁举杯祝贺，至深铭感。草成一律，略抒情怀。现录于此，再一次表达一个老图书馆工作者的心声：

> 薪传柱下业承师，六十年来有所思。
> 长守芸编甘淡泊，关怀读者贵坚持。
> 人梯常作情增厚，服务为先志不移。
> 今日欣逢双喜事，举杯酬贺酒盈卮。

原载《高校文献信息研究》2003年第1期

往事回眸情未了，有生余热付芸编

我于1942年任职中山大学图书馆，1986年退休，退休后连续返聘到2002年，算起来，服务中山大学图书馆已经60年了。

我出身于农村一个平民家庭，幼年丧父，家境贫寒，随母奔波，寄食各方。由于生活极度困难，母亲不得不忍痛抛雏寄子，远走香港，幸得同乡姐妹提携，为英人佣役。我在乡初读蒙馆及初小二年，11岁时，母亲把我接到香港教养，入读增城旅港同乡会所办的增邑平民义学，完成初小课程。后转入私立学校完成高小及初一课程。为了生计，经某英人介绍，入海军船坞（Dock Yard）当木工学徒。因工作繁重，暗自流过不少辛酸泪。又因体力不支，一次工伤被击破右手中指，乃辞工。鉴于在香港谋生，母亲不得不设法让我重读几年英文。抗日战争全面爆发后两年，母亲失业，生活日困，罗掘俱穷，被迫辍学。当时，日寇侵华，香港已成孤岛，加以欧战影响，香港景况日益萧条。1940年11月，适有乡亲离港北上，母亲毅然同意我随乡亲离港步行，北上谋生。历时一月，到达粤北坪石，就任于军政部第117后方医院，年方十八，以一个初涉世面的青年，走向社会。初生之犊，还有点投笔从戎的心态。曾以《离港抵坪有感》草成一律：

　　远离孤岛往寻春，千里来坪半为贫。
　　教子谆谆慈母泪，交朋恳恳故乡人。
　　家园遥望非如昔，祖国相期可革新。
　　起武那能惭力小，前途何惧尽征尘。

在坪石，工作之余为中大研究生抄缮学位论文的同时，亦曾为中山大学图书馆主任（馆长）杜定友先生抄缮书稿。结识杜先生后，蒙其引荐到图书馆工作。初到图书馆时，职位和待遇都是最低的。深感既无学历，又无后台，但不自卑，总是发愤为学。我热爱图书馆事业，埋头苦干，将勤补拙，做好本职工作。我的图书馆学知识，是从为杜先生缮校书稿开始学习的，对分类理论和分类法体系接触多了，又经过自学和工作实践，打下了初步基础。入馆二年，居然有勇气承担当时问题较多、远在乳源县管埠的师范学院分馆主管工作。在几十年的图书馆工作中，我经受不少磨炼和考验。1945年1月，日寇为了打通粤汉铁路而大举进攻，粤境坪石首当其冲。我远在乳源管埠师范学院分馆，信息不灵，17日出坪石探听消息，始知15日起，坪石已特急疏散，文、法、工三个分馆的图书，学院弃之不理，领导各自逃离。17日在坪石晤杜先生，立即参与抢运这三个分馆图书离坪的工作。18日晚送走杜定友主任，乘火车到乐昌。我是最后一批随总务长撤退到连县三江的人。在撤离坪石的前一天，还冒险率职工二人赶回师范学院所在地管埠办理疏散图书的任务。经水牛湾梯子岭时，已闻机枪声哒哒，似在罗家渡之间接火，回管与否，曾再三思量。经炼油厂，横水渡不肯接渡，几经利诱，始能过河，乃兼程回管，时已逾午。蒙方瑞濂先生协助雇工，将60箱图书迁离分馆。当时，师范学院在一日之内，已人去屋空，未撤走者仅教授钟仁正、李燮棠、吴宗函和讲师方瑞濂及四五老弱工友，驻师范学院的校警亦已离去。迨回坪石，夜幕降临。惊悉吾侪回管埠之际，因战情剧变，时在坪石的乐昌县长及守备区司令匆匆离开，中大留坪人员研讨非常计划，总务长坚定西行。我侥幸及时赶回，随队向连县转进，否则不堪设想。在仓皇撤退时，图书馆职工六人随行，仅有身上衣物。我年少身轻，愿挑难途生活义务，紧随前哨先行。每到宿地，迅速张罗膳食和宿位，同舟共济，患难相扶。中大抵连人员，在三江成立分教处，敦请教务长兼农学院院长邓植仪教授主持分教处工作。吾侪亦恢复馆务，并奉派到马蹄山晒书，从疏散在连县的存书中挑选10箱运回分教处，以供众览。数月后，日寇投降。

抗日战争胜利后，众人急于复员南归，我本可以回穗，但考虑到坪石劫后图书工作的艰巨，自愿与同事涂君接受分教处派回坪石办理图书馆善后事宜，搜集遗失及迁运工作，历时半年。在此期间，货币贬值，物价飞涨，生活时有断炊之忧。1946年3月从北江迁运南旋，图书有千万余册600多箱，占全校公物三分之一。完成这项任务，虽然受到领导的好评，但个人的经济损失是颇大的。当时学校在广州发的工资，因为没有及时处理，待回到广州时已贬值过半了。在这段不平常的日子里，曾就所存的一些资料和记忆所及，汇集成《图书馆在坪石乱离期间馆务赓续的一角落》一本小册，内附小诗五首：

一、抢运图书

抢运图书受命迟，机枪哒哒费三思。
完成任务归来晚，惊悉离坪已定时。

二、撤退坪石

撤退仓皇路向西，紧随前哨为同侪。
买柴籴米排宿位，寺过万安幸脱危。

三、安抵连县

凤头岭势甚嵯峨，星子催舟急溯河。
连县北楼寻大汉*，相逢问好慰言多。

* 即张世泰，原中山大学图书馆同事，时在连县任广东省立图书馆总务主任，因体型庞硕，咸称大汉。

四、三江分教

霏霏微雨入三江，分教门开馆务忙。
马蹄山中图籍晒，两声霹雳*敌投降。

* 指美国在日本广岛、长崎投放两枚原子弹。

五、图书南归

众人南下我朝东，搜集迁移苦也穷。
半载言旋书四万，顺流舟楫似游龙。

  新中国成立后不久，学校就图书馆干部薪酬做过一次群众性评议，以不记名方式评分。事后有谈及，我所得的评分是图书馆最高的。当然，这是当时民意测验的一种方式，我并不十分在意。1952年全国高等学校院系调整前进行过薪酬评议，经过群众认真讨论，我被评为一等，其余同属一等的有梁家勉（后为华南农学院图书馆馆长）、崔慎之（后为中山医学院图书馆馆长）、汤擎民（后为暨南大学中文系教授）。而某些同志强调自己亦应评为一等。领导一时不好处理，找我商谈，可否把我调下，作为样板，平息事态，我接受这个意见，不作计较。1979年流通典藏部被评为先进集体，按学校规定，先进集体可有一个提升一级工资，部里群众评议都同意给我。当时加薪名额有限，馆内争得很激烈，党支部对如何平衡感到为难，与我商量这个加薪名额，可否让给流通部内其他同志，我为了平息事端，同意把加薪名额让出。我的一再谦让，并不说明我的思想境界高，我只是感到只要对图书馆事业、对图书馆工作有所帮助，个人吃点亏又算得什么呢？1952年全国高等学校院系调整，图书相应调配，工作繁重，而馆秘书某君发现有肺病，即请假疗养。在此期间，我也患肺病，带病工作。全部图书调配工作及随后的20万册图书从石牌迁运康乐，及图书到达后的安排，责任都落在我的肩上。结果任务完成了，病情也恶化了。虽然如此，我并无悔言。

  我在杜定友先生培养下工作了8年，那8年都处于患难或困苦之中。我对杜先生的道德品质、为人处世和事业上的献身精神、一切为了读者的思想，极为崇敬。杜先生的言传身教，使我深受熏陶。60年来，我能尽力于图书馆工作，甘为人梯，受杜先生热爱图书馆的思想影响最大。我的成长过程，是从图书馆基础工作开始的。图书馆各项工作，基本上我都担任过以至主持过，工作受到领导和读者的好评。或问：你在图书馆感到最愉快的是什么？我以为，读者来馆，急于要找某一本书或是一种资料，遍寻不获、显得很焦灼时，我通过多方努力，为读者解决需要的资料，读者高兴，自己也感到心情愉快。此所谓想读者之所想、急读者之所急吧。问题一旦解决，皆大欢喜也。我常常记着杜先生的教导，务必对读者有求必应，使他们乘兴而来，满意而去，而且去而复来，永远是图书馆的朋友。

  1956年，周恩来总理做了《关于知识分子问题的报告》以后，广大知识分子迎来了可喜的春天，心情舒畅，教学科研热情很高，对图书资料的渴求十分迫切。就算中大图书馆是一个较大的老馆，但毕竟馆藏有限，都不可能满足这样各种需求，实行资源共享，开展馆际互借工作，就显得十分必要。我负责流通典藏组工作后，还亲自抓馆际互借工作。当年此项工作是颇有成效的，为馆内外提供大量难得的书刊，而且总结了一套既有效又稳妥的制度。1964年，广东图书馆学会曾就馆际互借工作在广东科学馆举行了一次交流研讨会，我代表中山大学图书馆做了馆际互借工作的中心发言，交流研讨会开得很有成效。当时广东图书馆学会会长杜定友先生亲临指导，并说：馆际互借只是图书流通工作中的一环,能作为一个专题交流研讨,很有新意。1981年,我与周石同志代表中山大学图书馆写成《实行资源共享,搞好馆际互借关系》一文,在全国高等学校图书馆工作会议上交流。除刊在会议论文集外,还被湖南《高校图书馆工作》1981年第4期选载。

20世纪70年代中后期,本校中文系接受注释新版《鲁迅全集·而已集》一书的任务,我除了提供馆藏有关参考资料外,值得一提的就是其中有两本重要参考书《国际劳动问题》([日]浅利顺次郎著,张月澄译,广州国际社会问题研究社1927年出版)和《尘影》(黎锦明著,中篇小说集,开明书店1928年出版),此两种书我馆及广州地区各馆都没有收藏。我随即去函北京图书馆(以下简称"北图")、上海图书馆、南京图书馆,均无所得。后北图主动寄来《国际劳动问题》的不同译本,我再三向北图说明版本详情,请他们认真查对。后知该书已列入新善本,不能借出,最后以复制办法解决了。而《尘影》一书,上述三大馆均没有入藏。我又想到四川是抗日战争时期的大后方,解放战争时期又是和平解放地区,旧藏比较稳定,便向四川大学图书馆发信求援。结果不出所料,川大馆很快将书寄来。中文系得此书,如获至宝,解决了在《鲁迅全集·而已集》注释工作中的两个棘手的难题。

1977年,中央民族研究所研究员罗致平接受国家任务,查找论证我国西北边境某地区属于我国领土的资料。他从北京、上海、昆明一直查到广州中山大学,最后我为他找到一些出版年代已久、较难找到的中外文图书,比如德文《东亚史》、法文《从康熙到乾隆》、英文《中国纪录》、英文《中国图识》、英文《中国史》、英文《蒙古帝国》、古籍善本《夷俗记》等,罗先生从这些珍贵图书中发现了大量资料,有力地论证了这个边境地区自古以来就属于我国,揭露了某国企图霸占该地区的野心。他满意地说,我走了那么多地方,最后终在母校图书馆获得这些珍贵资料,完成了国家交给我的任务,实在高兴。这样的例子,还有不少。

1981年,当我走向社会40年、服务中大图书馆亦已38年时,偶忆旧作,缓步原韵,聊成《四十年感怀》一律。

> 书城长拥几多春,柱下薪传乐亦贫。
> 任事有肩非作客,交朋无佞喜为人。
> 卅年幻变寻常过,四化功成锦绣新。
> 漫道黄牛筋骨老,昔时豪气未成尘。

改革开放以后,我先后被评定为馆员和副研究馆员。有人说我是一个自学成才的图书馆专家,我说自学是真,成才则不敢当。要做好读者服务工作,还必须不断扩大知识面。我没有什么专长,只常常记着杜定友先生的学问方针:Learn Something about Everything & Everything about Something(门门都学一点,一门点点都学),不断增进业务知识,提高服务质量。中外图书馆历来的办馆思想都强调服务工作。现在中山大学图书馆的馆训是"智慧和服务",充分体现了这种宗旨。有人又问:对于一个图书馆业务人员,最要紧的是什么?我的感受是,有乐于为读者服务的思想,有善于为读者服务的本领。要确立乐于为读者服务的思想,是需要克服许多思想障碍的。因为图书馆工作是平凡和清苦的，在目前还难以引起社会足够的重视。所以，从事图书馆工作，首先要树立为图书馆事业而努力奋斗的思想。我们要弘扬"爱国、爱馆、爱书、爱人"的崇高图书馆精神。做这一行，热爱这一行。熟悉馆藏，熟悉图书不是一朝一夕的事。这就要求图书馆业务队伍相对稳定，只有这样才能世代承传，不断发扬光大。而要有善于为读者服务的本领，就要有一个学习过程，通过学习掌握图书馆基础知识和基本技能。有的人先学后干（先学习图书馆学专业，然后任职），有的人先干后学或边干边学（先任职，然后再学习图书馆学知识和技能），只要树立为图书馆服务的决心，肯学肯干，都能在图书馆工作中做出成绩、做出贡献。

壬申（1992）之秋，吾生七十，服务中山大学图书馆50年。喜看改革开放以来，新馆林立，图书馆事业蒸蒸日上，各行各业，硕果累累，国运兴隆，指日可待，感赋《七十抒怀》一律：

> 柱下薪传五十年，平生心力付芸编。
> 喜看新馆纷纷立，更感高楼片片连。
> 改革迎来丰硕果，翻番端赖倍加鞭。
> 小康指日惟稳定，国运兴隆众信然。

随后，《图书馆论坛》编辑部约稿，我为《从业抒怀》栏目写了一篇题为《一个老图书馆工作者的心声》，表达了几十年从事图书馆工作的历程和感受。

壬午（2002）九月，广东图书馆学会和中山大学图书馆举行本人为中山大学图书馆服务60周年暨80华诞庆祝大会，并荣获广东图书馆学会和中山大学图书馆分别颁授的"杰出贡献奖"和"终身馆员"荣誉称号。本人感到非常荣幸和兴奋，这是对我60年在中山大学图书馆工作和对图书馆事业贡献的肯定。对广东图书馆学会领导、中山大学校长、馆领导和广州地区高校图书馆党政领导以及图书馆界同仁光临大会和热情祝贺，表示衷心的感谢！

60年，在人的一生中，算是漫长的岁月，我身为图书馆从业人员，应自觉弘扬图书馆精神，兢兢业业，做好本职工作。组织和群众给我的殊荣，实在既感且惭。我只是在平凡的岗位上恪尽厥职而已。这种光荣也应属于具有崇高图书馆精神、为图书馆事业辛勤耕耘的众多的普通图书馆馆员。在今后的岁月中，在力所能及的条件下，我一定为图书馆事业，一如既往，尽心尽力。往事回眸情未了，有生余热付芸编。草成一律，聊以述怀。

> 薪传柱下业承师，六十年来有所思。
> 长守芸编甘淡泊，关怀读者贵坚持。
> 人梯常作情增厚，服务为先志不移。
> 今日欣逢双喜事，举杯酬贺酒盈卮。

原载舒宝明主编：《校影》（中山大学80周年校庆丛书），中山大学出版社2004年版

自娱吟草

（代序）

余幼丧父，家境贫寒。随母奔波，寄食各方。
走向社会，每有感触。为抒衷曲，偶哼数语。
班门弄斧，有违大雅。岂敢言诗，自娱云耳。
八十年来，耄耋已至。壬寅岁虎，志于端节。

七　律
离港抵坪有感
（1941 年）

民国二十九年（1940），母失业经年，家贫辍学。11 月，乡亲二人偕我，离港步行北上，路途崎岖，历时一月始抵坪石。旋即就任于军政部第 117 后方医院，年方十八。

远离孤岛往寻春，千里来坪半为贫。
教子谆谆慈母泪，交朋恳恳故乡人。
家园遥望非如昔，祖国相期可革新。
起武那能惭力小，前途何惧尽征尘。

七绝五首
坪石乱离吟
（1946 年）

民国三十四年（1945）11 月，敌寇南侵，15 日起，坪石特急疏散。17 日晚送走杜定友主任后，18 日率职工林锦堃、余康龄赶回管埠师院，抢运未疏散图书。经水牛湾梯子岭时，多次听闻机枪声哒哒，似在罗家渡之间接火，回管与否，曾再三思量。后下定决心，鼓起勇气，赶回师院。蒙方瑞濂先生协助雇工，把 60 余箱图书迁离分馆。追回坪石，夜幕降临。惊悉当吾侪回管之际，时在坪石的乐昌县长詹菊似及守备区司令林廷华撤退坪石。中大留坪人员在总务长何春帆带领下，决计西行，向连县转进。

在仓皇撤退时，图书馆职工六人随行，仅有身上衣物。我年少身轻，愿挑难途生活义务，紧随前哨先行。每到宿地，迅速张罗膳食和宿位，大家同舟共济，患难相扶。

撤退大致沿连坪公路行进，过万安寺后，心稍宽。跨越凤头岭时，山势嵯峨，约一个多小时始过。抵大路边后，队伍分作两路，大抵校警队随何老总连夜步行，其余则经星子乘船也。抵连后，访省图张世泰，会于北城楼。

中大抵连人员，在三江成立分教处，吾亦恢复馆务。旋奉派到马蹄山晒书，并就疏散在连县的存书中挑选10箱运回分教处，以供众览。数月后，日寇投降。

抗日战争胜利后，众人争相复员南归。我本可以回穗，但考虑到坪石劫后图书工作的艰巨，自愿与同事涂君接受分教处派回坪石办理图书馆善后事宜，搜集遗失和迁运工作，历时半年。在此期间，货币贬值，物价飞涨，生活艰苦，时有断炊之忧。民国三十五年（1946）3月从北江迁运南旋，图书有4万余册，600多箱，占全校公物的1/3。

一、抢运图书

抢运图书受命迟，机枪哒哒费三思。
完成任务归来晚，惊悉离坪已定时。

二、撤退坪石

撤退仓皇路向西，紧随前哨为同侪。
买柴籴米排宿位，寺过万安幸脱危。

三、安抵连县

凤头岭势甚嵯峨，星子催舟急溯河。
连县北楼寻大汉*，相逢问好慰言多。

*张世泰，原中山大学图书馆同事，时在连县任广东省立图书馆总务主任。因其人体型庞硕，咸称大汉。

四、三江分教

霏霏微雨入三江，分教门开馆务忙。
马蹄山中图籍晒，两声霹雳*敌投降。

*指美国在日本广岛、长崎投放两枚原子弹。

五、图书南归

众人南下我朝东，搜集迁移苦也穷。
半载言旋书四万，顺流舟楫似游龙。

七　绝
入石牌

民国三十五年（1946）5月，图书馆从旧校区平山堂迁入石牌，仍借机工楼下开馆。旋即筹办文理法农医工师七个分馆。

> 劫后黉宫破未残，机工楼下摆书摊。
> 精神粮食呼声急，分馆齐开莫等闲。

七 绝
迎解放
（1949 年 11 月）

> 解放军临暗转晴，曙光初照五羊城。
> 同心护校书全在，中大新生永放明。

七 绝
院系调整
（1952 年）

1952 年 10 月，全国高校院系调整，原石牌中大校区分作华南工学院和华南农学院；原康乐岭大校区为中山大学，图书也随即调配。本馆迅速扩大开架阅览，深受广大同学欢迎。

> 石牌康乐不相邻，院系调成一校亲。
> 开架图书供众览，为民服务感情真。

七 绝
北上参观
（1959 年）

1959 年 5 月 15 日，随广东省中心图书馆委员会参观团北上，参观六省（市）三大系统图书馆，历时一月，虽走马观花，还是颇有收获。

> 武汉京津宁沪杭，参观求教向同行。
> 取经一月归来后，整理芸编跃进忙。

七绝三首
下放吟
（1972 年）

1968 年冬至 1972 年夏，三年半干校生涯，感触不少。追怀往事，聊成三绝，以志这一段难忘岁月的回眸。

一、天堂山

罗家渡上有天堂，负米肩柴为口忙。
半载撑持难硬顶，转移英德喝茶汤。

二、红桥曲

红旗小驻到红桥，拾粪堆肥把土烧。
做饭采茶还种地，牛猪放养菜勤浇。

三、下放生涯

下放生涯不好过，重新学习奈谁何。
书门深锁遗余蠹，一去归来三载多。

词一首
水调歌头
——缅怀周总理逝世周年
（1977 年 1 月）

少有凌云志，为国走天涯。五十余年奋斗，伟绩众同夸。相业史传百世，磊落胸怀四海，马列拯邦家。逝者周年祭，重悼泪如麻。

风雷动，旌旗举，见飞霞。齐鸣鼓乐鞭炮，四害已擒拿。中央决策实现，总理九泉含笑：卫我好中华。真理光芒射，永放自由花。

七律二首
酬甦斋
庚申（1980）猴年小雪日

甦斋老兄以去国吟二律见示，三十年相处，一朝惜别，能不依依！爰步原韵奉和，笑球夫人并乞教正。

昔归报国不曾迟，共理芸编事可思。
面壁心坚忘故我，向阳春暖发新枝。
雨云翻覆惊时变，岁月苍黄念友师。

三十年光长亦短，喜看梁孟乐相随。

云天遥望是西墙，他日言归认故乡。
往事莫追余白发，旧情如梦但黄粱。
胸怀坦荡应长健，寰海遨游任远航。
信道桑榆霞景美，前途放眼自宽量。

（刘禹锡有句云：莫道桑榆晚，为霞尚满天。知甦斋当能放眼宽量也。）

七　律
谢甦斋

庚申（1980）大寒后七日，念慈持甦斋诗及画册到赠，旋步原韵奉和。
　　南园小唱别筵歌，情谊长深酒淡何。
　　喜接华章偿梦寐，愧无佳句答吟哦。
　　知君去国心潮急，枥骥离乡脚印多。
　　但得有缘重聚首，相逢盛世沐风和。

七　律
四十年感怀
（1980年冬）

1940年离港走向社会，于今40年矣。1942年任职中山大学图书馆以来，亦已38年。回忆过去，瞻望未来，感想实多。偶忆旧作，爰步原韵，聊成一律，略抒衷曲。
　　书城长拥几多春，柱下薪传乐亦贫。
　　任事有肩非作客，交朋无侫喜为人。
　　卅年幻变寻常过，四化功成锦绣新。
　　漫道黄牛筋骨老，昔时豪气未成尘。

七　律
题张郁芳《郑樵在中国目录学上的地位》硕士论文
（1982年）

　　柱下薪传一脉真，郑樵研究得斯人。
　　校雠评述多高识，图谱阐明握要津。
　　特色艺文诠通录，专题金石创奇新。
　　三年为学辛劳甚，百尺竿头端赖勤。

七绝三首
贺 岁
（1983年元旦）
致甦斋

久仁西间信息迟，苍茫云海隔相知。
金猪值岁年光好，遥祝平安慰夕思。

致陈萍茜

陈萍茜同志从本馆调英语培训中心，1982年去美国学习，以圣诞老人卡贺岁，回双鹊贺年卡答谢。

圣诞老人贺节卡，西来信息念娘家。
成才有赖辛勤学，双鹊飞来祝岁华。

致涂祝颜

旧同事老友涂祝颜兄以水仙花卡贺岁，回喜鹊贺年卡答谢。

地大春回气象新，芳辰佳节倍思君。
平安是福虔诚颂，喜鹊飞临如见人。

七 绝
查目录

1983年为辅导同学使用图书目录而作。

书海茫茫何处藏，为舟目录作梯航。
参研导学南针指，如沐春风探锦囊。

七 律
喜相逢

李汉雄学长，五十余年前香港大同中学同窗也。赋别三十年，丙寅（1986）夏从港来穗欢叙，快何如之，偶成俚句，奉呈教正。

五十韶光瞬眼过，羊城叙旧话蹉跎。
常思世事棋为局，难得人生酒当歌。
坦荡胸怀君实健，遨游书海我殊多。
大同理想吾侪愿，长注清流盼满河。

词一首
西江月
（1987年3月）

1942年起，在粤北坪石与梁家勉兄共事于中山大学图书馆，1952年院系调整分家。1987年接待家勉兄偕其助手查阅中大图书馆所藏陈澧著作，寻觅科研所需资料，相叙甚欢。不揣谫陋，聊成俚句，以志喜悦之情。

粤北坪连共事，岭南康乐逢迎。知交如水见真情。东塾遗篇觅证。俚句难登大雅，芜词未尽心声。芸编长守竭忠诚。四十丹忱耿耿。

1987年4月27日收到家勉兄撰赠条幅。

  学邃校雠继祖风，宣劳簧舍竭诚衷。
  全心服务为群众，不避艰辛善处穷。
  鱼水相谐四十春，他山玉石各存真。
  久而弥笃交能谈，品格如君素所珍。

拙诗两首，聊表葵衷，敬呈少雄吾兄指正。梁家勉撰句，侯晓昌书字。

七　绝
参观梅山糖厂
（1982年冬）

番禺梅山糖厂，1982年集资和向银行贷款兴建，不怕风险，没有向国家要一分钱。投产五年来，以制糖业为中心，目前已发展到十多个厂，资产已达2亿。现已组成梅山实业总公司，这是开放改革政策带来的丰硕成果。1988年冬日随民盟中大总支部前往参观，深有感触，仅以梅山糖厂为首字，喜成俚句。

  梅花香自苦寒来，山下田畴甘蔗栽。
  糖美心甜千万户，厂房林立业弘开。

词一首
西江月
（1989年冬）

己巳（1989）冬，甦斋偕夫人从三藩市（旧金山）来穗，假华侨大厦欢叙。在座六人，皆全拥书城数十年，已先后退休，尚喜眼明身健，畅谈甚欢。俚句奉呈甦斋老兄教正。

忆昔依依话别，至今款款浓情。相谐鱼水把杯倾，华夏同怀尽兴。喜极偶成俚句，欢余聊表心声。平生南面拥书城，柱下薪传共永。

七 绝
参观花县洪秀全故居
（1990年夏）

庚午（1990）之夏，随民盟中大总支部参观花县洪秀全故居及纪念馆。图展中关于太平天国失败，语焉不详。聊成俚句，不胜感慨系之。

太平遗恨事堪哀，天国春秋付劫灰。
君臣内讧难图治，徒令苍生哭夜台*。

（*夜台，意谓于长夜之中不复见明。后以夜台指坟墓。）

七 律
再酬甦斋
（1991年11月）

辛未（1991）十一月，甦斋远道归来，参加岭大校友日纪念钟荣光校长诞生125周年。有赋赠康乐故人，并邀南园小酌，谨步原韵奉和。

莫逆论交不计年，故人重叙倍欣然。
薪传柱下惭愚鲁，学蕴胸中仰俊贤。
盛况往还情切切，豪怀谈笑语连连。
南园小酌桑榆美，心得休闲景自妍。

七 律
七十抒怀
（1992年秋）

壬申（1992）之秋，吾生七十，服务中山大学图书馆50年。喜看改革开放以来，新馆林立，图书馆事业蒸蒸日上，各行各业，硕果累累。国运兴隆，指日可待。感赋一律，略抒情怀。

柱下薪传五十年，平生心力付芸编。
喜看新馆纷纷立，更感高楼片片连。
改革迎来丰硕果，翻番端赖倍加鞭。
小康指日惟稳定，国运兴隆众信然。

五 绝
癸酉迎春小唱*
（1996 年）

向阳花早发，姹紫与嫣红。
报晓鸡先唱，遥闻一响钟。

* 为中山大学退休协会墙报撰稿。

五 绝
丙子迎春小调*
（1996 年）

金猪才送别，锦鼠复来投。
春意枝头闹，呼朋草地游。

* 为《中大盟讯》撰稿。

词一首
忆江南
——庆祝中大退协十周年
（1998 年）

香港方润华先生，热心祖国教育事业，爱心敬老，捐资兴建方润华楼——中山大学老人活动中心。

退协好，十载庆今天。干部辛劳扶众庶，方楼活动得颐年。敬老有时贤。

词三首
忆江南
——中山大学校庆七十五周年志庆
（1999 年）

中大好，校庆攘熙熙。七五春秋逢盛世，万千学子典深基。重教又尊师。
中大好，花木四时春。日出课间齐受教，灯明窗下共修文。温故而知新。
中大好，桃李满园栽。珠海云山笼毓秀，石牌康乐出英才。继往又开来。

七　律
幸会达庭学长
（1999 年）

香港建立英文中学同窗宋君，赋别六十年，己卯（1999）在穗幸会，喜从天降。不揣谫陋，草成一律，并乞赐正。

六十年光转眼过，他山玉石各雕磨。
随缘世事心宽乐，重谊人生友总多。
坦荡胸怀君练达，泓深书海我耕锄。
同窗但愿身常健，晚岁晴天意畅和。

七　绝
祝珠海校区开学
（2000 年）

唐家湾畔耸群楼，教改新型第一流。
学子荟萃初聚首，校区珠海谱鸿猷。

七绝五首
庆祝建党八十周年
（2001 年）

一、星火燎原

星星之火可燎原，赤焰神州处处燃。
喜得牺牲多志士，忘身舍命奋冲前。

二、解放胜利

红旗不倒志弥坚，反剿长征路万千。
抗战仇摧歌解放，大山三座一齐掀。

三、拨乱培元

建国迎来建设忙，征程坎坷足悽怆。
残民祸党兴"文革"，拨乱培元治创伤。

四、改革辉煌

三中全会事难忘，邓老小平设计忙。
二十年来增长猛，翻番国力创辉煌。

五、党的恩情

奋斗艰辛八十年，小康后继富相连。
得来硕果非容易，党的恩情说不完。

七 律
八十述怀
（2002年秋）

壬午（2002）之秋，行年八十，服务中山大学图书馆60年，广东图书馆学会和中山大学图书馆为本人举行庆祝大会。本人亦荣获学会和图书馆颁授"杰出贡献奖"和"终身馆员"荣誉称号。厚承学会领导、中大校长、馆领导和广州地区高校图书馆党政领导以及图书馆界同仁光临大会和热情祝贺，至深铭感。草成一律，聊以述怀。

薪传柱下业承师，六十年来有所思。
长守芸编甘淡泊，关怀读者贵坚持。
人梯常作情增厚，服务为先志不移。
今日欣逢双喜事，举杯酬贺酒盈卮。

昔蒙杜定友先生引荐到中大图书馆工作，在其亲自指导下工作八年。杜先生既是好领导，更是良师。其道德品质，专业精神，一切为了读者的思想，言传身教，使我深受熏陶。

原载《中山大学校报》（新）第7期，2002年2月28日

七绝二首
癸未新春习作
（2003年）

策马腾飞又一年，小康初到着先鞭。
桑榆五有情堪慰，百事随缘心泰然。

紫气东来国运新，家家欢乐叙天伦。
康宁恭祝人增寿，酒饮葡萄味最醇。

五 律
赞木棉
（2006 年 11 月 17 日）

友以木棉为题索句，屡辞未果，勉为五律一首酬之，工拙不计也。

木棉三丈直，挺拔冠群芳。
老干迎风傲，虬枝逐日刚。
开苞红似火，飘絮白如霜。
穗宝英雄树，市花美誉扬。

词一首
忆江南
——庆祝香港回归十周年
（2007 年）

香港好，十载庆回归。两制方针同一国，港人治港显声威。成就骇东西。

七 律
谢黄锦瑶同志赏饭
（2007 年 12 月）

锦瑶同志从加拿大远道归来，诚邀老朋在康乐园赏饭，畅谈甚欢。急就俚句，奉呈教正。

别后重临再隔年，逢迎握手叙康园。
书城长拥兼劳乐，编目薪传有俊贤。
远道归来情更切，盛筵谈笑语连绵。
今朝小酌人皆健，处世宽容顺自然。

晚年情趣

退休后，多年来，从日常生活中并吸取别人的经验，逐渐养成个人的生活方式，对身心和工作学习都有一定的好处。以四言体概括为晚年情趣。

依时作息，饮食有度。
经常沐浴，坚持散步。
夜观电视，日览书报。
诗词欣赏，书法爱好。

棋牌弈玩，慎勿过劳。
栽花养鱼，助理家务。
回忆杂记，学习到老。
处世宽容，做人厚道。
闲坐凝思，为善最乐。
宁静致远，桑榆非普。

二、书城人物

中山大学图书馆历任馆长（主任）名录

一、草创时期主其事者

陈文耀（只是一般职员，不是馆长级人物）

二、高师以迄广东大学时期

黄希声，1922—？

民国十三年度《国立广东大学概览》中《全校教职员一览》第5页：任教育系教授兼哲学系主任，而其兼长图书馆，应在高师时期。

吴　康，1923—？

1. 《民国人物大辞典》第336页，"吴康"条：1922年任广东高等师范文史部教授，1924年任广东大学文科教授，1925年秋兼文科学长（即院长）。

2. 民国十三年度《国立广东大学概览》中《全校教职员一览》：任中国文学系教授兼图书馆主任。

3. 兼任图书馆主任应由高师至广大初期。

三、广东大学时期

张申府，1924年初—？

1. 《民国人物大辞典》第911页，"张申府"条：1924年2月赴广州，参加黄埔军校筹建工作，并任蒋介石英文、德文翻译，又应广东大学校长邹鲁聘请，任该校图书馆馆长。1924年5月被委任为黄埔军校政治部副主任，6月辞职，专门从事广州大学（应为广东大学）工作。1925年1月，在上海脱离中共党组织，从事翻译和著述工作。

2. 梁山、李坚、张克谟编著：《中山大学校史1924—1949》第4页：1924年初，李大钊推荐刚从德国经苏联回来的共产党员张申府到广东大学任教授兼图书馆馆长，张于2—3月间受到孙中山的热情接见。

3. 民国十九年二月编印的《国立中山大学一览》（以下简称"《一览》"）第267页，《图书馆（一）概述》中谈及："自高师以迄广大，其间主任数易，若黄希声、吴康、徐甘棠、袁同礼、童冠贤诸先生，均曾长馆。"《一览》不提张申府，但据有关资料查证，吴康之后，应是张申府，是否因为张申府个人历史的原因，以后编《一览》者，对张申府有意回避不提了？

徐甘棠，1924—？

1. 《民国人物大辞典》第706页，"徐甘棠"条：早岁赴美国留学，回国后，曾任国立广东大学理科学长兼图书馆主任。

2. 民国十三年度《国立广东大学概览》，《全校教职员一览》第1页：徐甘棠是数学系教授兼理科学长。

3. 民国二十一年度《国立中山大学概览》，第11页，《历任理工学院院长栏》记载，民国十三年八月至民国十五年八月第一次在中山大学任职，其兼长图书馆当在这段时间，但任期不长，原因是其后还有袁同礼、童冠贤。

袁同礼，1924年下半年

《民国人物大辞典》第649页，"袁同礼"条：1924年下半年归国，任广东岭南大学（"岭南"二字应删去）图书馆馆长，1925年改任北京大学目录学教授兼图书馆馆长。

四、国立中山大学时期

童冠贤，1926—？

《民国人物大辞典》第1168页，"童冠贤"条：1926年归国，历任北京政治分会委员，国立中山大学教授。

何思源，1927—？

《民国人物大辞典》第389页，"何思源"条：1926年回国，1927年任广州中山大学教授，代理经济系主任兼图书馆馆长。

杜定友，1927—1929年

杜定友《我与中大》（一）《南返》（广西《图书馆界》1986年1月第1期）。

民国十六年（1927）春至民国十八年（1928）秋，杜定友以教授的名义襄理馆务（专任）（见民国二十四年出版《国立中山大学图书馆概览》、《棠棣集》、杜定友《十年忆语》）。

高廷梓，1929—1930年

《民国人物大辞典》第739页，"高廷梓"条：1929年复兼中山大学图书馆主任。

民国十九年二月《国立中山大学一览》，第335页，"本校教职员名表"。任法科政治学系教授兼系主任、图书馆主任（民国十六年四月来校）。

范　锜，1931—1932年7月

《民国人物大辞典》第586页，"范锜"条：留美回国后，1936年以前历任……国立中山大学图书馆主任（时间不具体）。但从其前后任时间来看，范锜掌图书馆当在1931—1932年期间。

邹善群，1932年8月—1935年2月

民国二十一年度《国立中山大学一览》第343页：1932年8月到馆。

谢明章，1935年3月—1936年6月

《国立中山大学图书馆概览》第3页，"谢明章序"：1935年3月到馆。

杜定友，1936年7月—1950年1月

杜定友《我与中大》（一）《南返》（广西《图书馆界》1986年1月第1期），《棠棣集》（《杜定友先生服务中大图书馆十周年纪念特刊》），1944年杜定友《十年忆语》。

五、新中国成立初

吴江霖，1950年2月—1951年4月

副教务长，分管图书馆（图书馆当时未定领导人）。

吴文辉，1951年5月—1952年10月

（副馆长何多源。何虽为兼任，实以中大工作为主）。

（吴文辉1952年2月去北京学习，由社会系教授董家遵代）。

六、院系调整后

何多源，1952年10月—1953年10月

院系调整初期，何为领导小组三个召集人（工作小组另外的成员为李峻聆、黄玩彩）之一。

陈一百，1953年—1956年

（副：何多源）

叶启芳，1956年—1957年8月，广东大学

（副：何多源、陆华琛、黄闰科）

连　珍，1958年8月

（副：何多源、陆华琛。陆1963年移居香港，何于1969年2月27日受迫害致死。）连以副馆长代行馆长职务，1969年12月下放干校，1972年7月回馆恢复副馆长职务。

杨彩萍，1971年7月—1978年

（杨以副馆长、党支部书记代行馆长职务）

（副：梁超伍兼党支部副书记）

（副：连珍，1972年7月从干校回馆，恢复副馆长职务。这段时间，工宣队的危、刘先后当过副馆长）

连　珍，1978年—1983年

（副：黄汉华、饶鸿竞、赵希琢）

李燮均，1983年3月—1987年

［副：纪经纬（兼党支部书记）、赵希琢］

纪经纬，1987年—1988年8月

（李燮均调任广州师院院长后，纪以副馆长兼党支部书记代行馆长职务）

（副：赵希琢）

陈珍广，1988年9月—1992年5月

（副：赵希琢、赵燕群、林云寰）

赵燕群，1992年6月—1998年5月

（副：林云寰）

程焕文，1998年6月—

（副：林云寰、罗春荣，林副馆长同年底调数学系）

2001年10月整理

补充说明：

根据民国二十四年（1925）《国立中山大学现状》和民国二十六年（1927）《国立中山大学现状》图书馆馆史概述：自高师以还，始设主任，如黄希声、吴康、徐甘棠、袁同礼、童冠贤、何思源、杨振声、李泰初、高廷梓、范锜、邹善群、谢明章诸先生，皆尝主理斯馆，现主任为杜定友先生。这是中山大学从高师至抗日战争时期历任图书馆主任（馆长）的名单和次序。但要指出的是，在吴康之后，应还有一个张申府。现存中大校史"概览"和"现状"都没有提张申府。然而《民国人物大辞典》和梁山、李坚、张克谟编著《中山大学校史》（1924—1949）都有张申府任广东大学图书馆馆长的文字记载。

高师以至广大初期，时间虽短，而图书馆主任数易，且文字记载不具体，时间亦有一些含混，比如黄希声，任图书馆主任排在最前。民国十三年度《国立广东大学概览》中《全校教职员一览》第5页记载，黄希声任教育学系教授兼哲学系主任。但从校史资料看，黄希声兼长图书馆应在高师时期。

1950年1月，杜定友没有续聘，离任后，图书馆未定领导人。当时，馆员何家新（参加地下学联）与大家商定，他负责总务与采购图书工作，崔慎之负责编目工作，刘少雄负责阅览流通工作。图书馆重要馆务请示分管图书馆工作的副教务长吴江霖。

1951年5月，学校任命农经系教授吴文辉为馆长（从此恢复馆长称号），何多源为副馆长。何当时是华南联合大学图书馆主任、副教授。在中大是兼任，工薪仍由华南联大支付，但其工作以中大为主。吴文辉接任馆长后，聘任崔慎之为秘书，其余分工照旧。何副馆长亲自抓采编工作。1952年2月，吴文辉去北京社会主义学院学习，学校任社会学系教授董家遵代馆长。当时学校处于"三反"及思想改造时期，馆务处于停顿状态。

1952年10月，全国高等院校、院系调整，各校图书馆原任人员分散调配。何多源被任命为新中大图书馆领导小组召集人，另两个小组成员为原岭南大学图书馆的李峻聆和黄玩彩。

1953年，学校任陈一百教授为图书馆馆长（陈一百来中大前是广西大学文教学院院长；解放战争时期曾任中大师范学院教授、院长），何多源任副馆长。

1956年，陈一百调任新成立的教育学教研室主任。1956年秋，学校任命中文系教授叶启芳为馆长，何多源、陆华琛（原岭南大学图书馆馆长）、黄闻科（原岭南大学法商学院教授、图书馆主任）为副馆长。1957年，叶启芳被划为右派后离任。1958年7月，黄闻科调任暨南大学图书馆副馆长。

1958年1月，学校任命连珍为副馆长（代行馆长职务），副馆长为何多源、陆华琛。1963年，陆华琛离职。

参考书目

[1]《国立广东大学概览》（民国十三年度），邹鲁序，民国十四年（1925）六月一日。
[2]《国立中山大学一览》，戴传贤序，朱家骅序，民国十九年（1930）二月，第267～274页："图书馆"。

［3］《国立中山大学二十一年度概览》，邹鲁序，民国二十二年（1933）8 月：第 219～232 页："图书馆设备"（包括各系室所藏书刊数量）。

［4］民国二十三年十月《国立中山大学现状》，民国二十三年（1924）十一月十一日，邹鲁序，第 22～34 页，"图书馆"，其中第 27 页："本馆与全国各大学图书比较表采自教育部全国高等教育统计，藏书量以中山大学为最多。"

［5］《国立中山大学现状》，"民国二十四年十二月"，"民国二十四年十一月十一日"，邹鲁序，第 45～58 页，"图书馆"："馆史概述分三个时期：（一）草创时期——两广优级师范至高师（清光绪三十二年至民国元年），（二）改进时期——高等师范至广东大学（民国元年至十三年），（三）发展时期——广东大学至中山大学（民国十三年至现在）。本馆草创时期，并无主任之设，当时主事者为陈文耀先生。自高师以还，始设主任，如黄希声、吴康、徐甘棠、袁同礼、童冠贤、何思源、杨振声、李泰初、高廷梓、范锜、邹善群诸先生，皆尝主理斯馆，现主任为谢明章先生。"

［6］《国立中山大学现状》，"民国二十六年"，第 35～60 页，"图书馆"，馆史概述与民国二十四年"现状"相同，只是最后一句：现主任为杜定友先生。

［7］《国立中山大学现状》，"民国三十二年六月"，"民国三十二年六月二十二日"，金曾澄序，第 31～32 页："（戊）图书馆"（广州沦陷后，由澄江迁回粤北坪的时期）。

［8］梁山、李坚、张克谟：《中山大学校史（1924—1949）》，上海教育出版社 1983 年版。

［9］《国立中山大学图书馆概览》，"民国二十四年"。

［10］《棠棣集——杜定友先生服务中大图书馆十周年纪念特刊》，1944 年版。

［11］杜定友：《我与中大》，《图书馆界》，1986 年版，第 1～2 页。

［12］徐友春：《民国人物大辞典》，河北人民出版社 1991 年版。

缅怀图书馆界老前辈——杜定友先生

杜定友先生生于 1898 年,从 1921 年学成归国、踏上图书馆工作的岗位以后,一生为祖国的图书馆事业辛勤劳动,是我国现代图书馆事业的开拓者之一,1967 年因病逝世。这样一位毕生为中国图书馆事业披荆斩棘的老园丁离开我们已经 14 年了。

粉碎"四人帮"以来,党中央拨乱反正,落实各项政策,平反了一系列冤假错案。其中知识分子(包括已去世的在内)政策的落实,在文教科技界产生了很大的影响。知识分子的人格、地位重新得到尊重,他们的才能也继续得到发挥,都希望以有生之年为四个现代化贡献自己的一份力量。在"文革"期间去世的知识分子也受到人们的缅怀,杜定友先生就是其中的一个。杜先生的事业心,他对祖国的热爱,他的治学精神和辛勤劳动,都是值得我们景仰和学习的。

一

在杜先生从事图书馆工作 50 年的漫长岁月中,遍尝了甜酸苦辣的滋味。想当年,他学有成就,风华正茂,有许多机会可以离开当时图书馆这张"冷板凳"去高就,但他热爱祖国,要把学到的专门知识为祖国服务,为人民大众服务。为了图书馆事业,不慕虚荣,勤勤恳恳,孜孜不倦,一直到心脏停止了跳动。

1921 年杜先生在菲律宾大学毕业,获得了文学学士、教育学士和图书馆学士三个学位,这在过去来说,是难得的。当时,菲律宾有些机关出高薪聘请他留菲工作,但他立志要为祖国的图书馆事业服务,一一谢绝,毅然回国。

回国后,当时的粤汉铁路督办聘请他当秘书,由于他为图书馆事业服务心切,不愿做官,也婉辞谢绝了。1938 年夏秋之间,抗日战争的局势紧张,菲律宾大学聘请他赴菲讲学。当时,广州正在疏散人员,如果他从个人利益和安全出发,可以乘机一走了之,逍遥国外,但他说:"眼见国家多难,如我只身逃避国外,苟存性命于乱世,而同胞在国内吃苦,于心何忍!我爱中大,我爱中国!"断然谢绝了邀请。

1949 年 10 月,广州解放前夕,国民党当局命令他离开原岗位,前往台湾。但他以不做官为理由,推辞不去,并说:"这不是我个人问题。我服务于省图书馆,书在哪里,我个人就在哪里。"当时,反动当局还准备了交通工具,要他把珍贵的图书运走,他拒绝了。后来,他们还威胁他说:"你只奉命疏散,谁叫你留守?你若不走,非但不能保存图书,恐怕连你这条老命也不能保!"他坚决表示:"我与图书共存亡,个人生命已置之度外。"

当时,他在香港的妹妹为了他的安全,来信要他赴港,一些馆员也劝他赴港暂避,表示自愿承担馆务。他都一一谢绝,断然表示:"在最后关头做最后决定,我决不走!"随着解放战争的胜利,我国图书馆事业、杜先生和广大图书馆工作者也迎来了新生。

二

  杜先生的学术思想是值得我们研讨和学习的。他在《图书馆学概论》一书中谈道："图书馆的设立，有三大要素：（一）要能够积极地保存。（二）要有科学的方法，以处理之。（三）要能够活用图书馆，以增进人民的知识和修养。"他认为，设立图书馆不外是为了积极保存图书，科学地管理图书，发挥图书的作用。这是设立图书馆的一般规律。对这些规律，每个图书馆必须结合自身的方针、任务加以运用，才会卓有成效。为了保存图书，必先购置图书，杜先生在《图书馆通论》中主张：图书馆购置图书，不论古今中外，不论流派，凡属学术论著、有关文化的书都要选购，务求多而齐备，使读者根据正反两方面的资料得到正确的判断，有如水乳交融，城府全消，互相取长补短，则一国的文化，一定会迅速发展的。杜先生在同书中进一步发挥他的观点："图书馆之置书也，必取其善而去其恶，采其正而黜其邪，使阅者咸知判别清浊。"在1951年写的《新图书馆手册》一书中，杜先生指出："图书馆为人类保存文献，对于图书，不论新旧，一律选存。"他主张兼收并蓄，而突出一个"选"字。图书馆购置图书必须有所选择。但是有人却把这些一般原则作为资产阶级的"超阶级、超政治、客观主义、中间立场"而大加批判。其实，不同类型的图书馆，各有其方针、任务，应该根据本身的方针、任务，运用这些一般原则，选购图书（包括反面材料），哪些要选，哪些不选，哪些宜多，哪些宜少，都要在一个"选"字上下功夫。杜先生这种选购图书的思想是一般原则，用今天的"双百"方针来衡量，也是没有违背的。

  "要有科学的方法，以处理之"——科学管理。杜先生对中国新图书馆学的创立与发展有很大的贡献，他与我国图书馆界的前辈沈祖荣、刘国钧、李小缘、洪有丰等介绍了现代化的图书馆技术，改变了藏书楼式图书馆的面貌。为了对现代图书馆"要有科学的方法，以处理之"，他在图书馆科学管理和技术上做了很多研究，比如图书管理制度、设备、用品与表格等，为图书馆的科学管理创造了许多条件，有些方法今天还为我们所沿用。

  要能够活用图书馆，以增进人民的知识和修养，这是充分利用图书问题。杜先生在《我与图书馆》一文中写道："图书馆的功用，首在公开。若是藏而不用，何异藏石？"杜先生是一贯主张图书直接与读者接触的，对中小图书馆尤为切要。至于大图书馆，因为书的数量和收藏地方的限制，虽然不能全部公开，但至少有一部分是应公开的，即使由于公开而有些损坏或遗失，也是划得来的。杜先生在同一文中又写道："本来图书馆的书也不完全是公开的。凡是贵重的和参考书，自当慎重保存，概不借出。其余普通书籍，就是失了一两本，也不算什么一回事。"杜先生在《新图书馆手册》中说："新书新杂志，应随时另架陈列，以供阅览。""部分书志，得放在阅览室内，自由取阅。"这种书与读者直接接触的思想，在杜先生的很多著作和讲演中都有反映。图书直接与读者接触，目的是充分利用图书，发挥图书的有效作用。

三

  在从事图书馆事业的一生中，杜先生对图书馆学上的大小问题差不多都接触到了，而且有很多创见，对于图书馆的技术、检字法、明见式目录、颜色书标、表格设备尤有所发明。然而，他在从事图书馆工作的 50 年当中，遇到的阻力是很多的。他从菲律宾回国后，当时的广东图书馆掌握在一班腐师宿儒的手里，他们自认为懂得目录学就懂得办图书馆，杜先生的图书馆学新理论——主张图书馆公开给群众，打破四库分类法，等等，是"离经叛道"，极力反对，甚至呈控省长，要免他的职和杀他的头。杜先生于是著《校雠新义》一书，凡十万言，对中国古书之分类、编目、校雠及处理方法做了详细的叙述、确切的批评；介绍最新图书馆学，以融汇中西学说，主张打倒主观的分类编目方法；历举七略、四部之利弊，从理论上批判陈旧的图书馆学说，同当时的顽固势力展开了针锋相对的斗争。《校雠新义》一书被学术界认为是一本富有革命性的著作。

  杜先生在搜集保存文献资料方面做过大量的工作，仅以搜寻南海诸岛史地资料为例，杜先生是有功绩的。抗日战争胜利后，我国政府收回西沙、南沙群岛，恢复主权，但接收后，法国人提出异议。当时杜先生兼任广东省政府西沙、南沙群岛志编纂委员会委员，负责资料组工作。他积极搜罗南海诸岛史地资料，在获得的资料中，意大利前驻粤领事罗斯（G. Ros）所藏资料尤为丰富；复得台湾省立图书馆和台湾大学影赠资料一批，共计 500 余件。他编成《东西南沙群岛资料目录》一册，根据中外文大量资料，证明南海诸岛主权在我，不容异议，为维护国家主权做出了贡献。新中国成立后，这批资料和"资料目录"受到人民政府和科研工作者的重视。

  杜先生在图书分类问题上花的心血和时间也是很多的。他初期编撰的《世界图书分类法》《铁道图书分类法》，继而《杜氏图书分类法》，以及新中国成立后参加文化部召开的图书分类法座谈会，编辑《中小型图书分类表》，等等，都付出了极大的辛勤劳动。杜先生早已认识到图书分类不统一给图书馆事业带来巨大的困难，因而极力寻求统一图书分类的途径。1922 年，他已主张中外文图书统一归类，这在国内是第一次提出的。至于图书需要统一分类政策，在民国时期谈何容易。1948 年，杜先生曾慨叹地说："我国图书分类，自民国以来，因为旧有的四库分类法不适用，于是纷纷改编，各树一帜。其趋势较前更为纷乱。这种现象，在过渡时代，自不能免。但不能长此下去。""作者提倡统一（指图书分类）政策，现虽未获各方响应，政府亦置之度外，但过数十年后，当知言之不谬也。"新中国成立后几个月，杜先生经过对马列主义、毛泽东思想的学习，认识到社会基础改变了，作为意识形态的图书分类法必须根本改变。他首先提出应该遵照毛主席关于知识分类的指示，把它作为图书分类体系的根据，获得了全国图书馆界的支持。1956 年 4 月，杜先生出席文化部召开的图书分类法座谈会，参加编制统一分类法的工作。《中小型图书分类表》的编制，为以后大型分类法——《中国图书馆图书分类法》打下了基础。虽然实现我国图书分类的统一看来还有一个过程，但大型分类法的诞生，标志着我国图书分类的新方向。

四

杜先生爱书如命，但不从事个人收藏，个人每有收获，都移赠图书馆，公诸同好，处处为读者着想。1946年，杜先生在《广东文化论丛》中《广东图书复员报道》的文章中说："作者个人绝不藏书，但愿终身为读者服务，尽力搜集各馆图书，以供全省人士之用，馆内多一读者，人人多读一书，即为作者辛勤之无上酬报。"

杜先生热爱读者，千方百计、全心全意为读者服务，他经常教导工作人员，务使来馆者乘兴而来，有求必应，满意而去，并且去而复来，永远是图书馆的朋友。

今天，我们缅怀杜定友先生，要学习他热爱祖国、热爱社会主义的思想；学习他竭力于我国的图书馆事业的可贵精神；学习他不断探索图书馆学新知识、新技术的科学态度；学习他理论与实践相结合的学风。我们坚信，在向四个现代化迈进的今天，在去年中共中央书记处通过的《图书馆工作汇报提纲》和建议改变图书馆的领导体制的精神鼓舞下，图书馆工作者同心同德，坚守岗位，做好本职工作，一定能够做出成绩，对国家现代化有所贡献。我们要为促进我国图书馆事业、极大地提高全民族的科学文化水平而努力奋斗！

原载《广东图书馆学刊（创刊号）》1981年第1期

忆 杜 老

杜定友先生逝世不觉已经 20 年了。去年钱亚新先生父子整编了杜老的部分自传，分章在好几个图书馆学会的学刊上发表，借以纪念这位令人景仰和怀念的我国图书馆事业的先行者。

我是 1942 年进入中山大学图书馆的，在杜老身边工作了多年，对他的自传《治书生活》之七《我与中大》那一段的记述感受尤其亲切；其中许多往事，耳闻目见，记忆犹新。

新中国成立前，中大图书馆已有 25 年的历史，而杜老前后两次主持馆务，凡十六年。可以说，他与它的关系是非常密切的，何况大部分时间是处于战乱中（抗日战争和解放战争）。杜老热爱中大，新中国成立前，学校处境困难，他不忍离去；新中国成立后，迎来一片光明，杜老本想大展宏图，实现他对中大图书馆事业的未竟之志，终老于此。不料事与愿违，接管之初，他竟不能留在中大；惜别时，欲言又止，彼此黯然神伤。

杜老热爱图书馆事业，毕生贡献于图书馆事业；他也希望同仁热爱图书馆事业，安心工作。对那些以图书馆为传舍、见异思迁的人，他是十分不满的。1943 年，他为了使图书馆工作者在此岗位上做长久之计，从而培养他们的事业心，曾采取断然措施，规定馆员到任，一律填写志愿书，任期不满一年而辞职者，不论任何理由，扣发最后一个月薪水，移作购书费用。杜老的用心良苦，却遭到一部分同事的反对，事态一度闹得颇僵。我作为他身边的工作人员，对此措施也觉得欠妥，但未能事先向他进一言，至今尚感内疚。

杜老除爱书如命外，对下属也很关心，深受大家爱戴。在战时困难条件下，他多方设法丰富全馆职工的业务学习和文化生活，比如，经常举行训练集会、音乐晚会、演剧、联欢聚餐、远足、运动比赛等。对同仁的疾苦，他更是关怀备至，如馆员伍时本因公受伤、何锡积劳成疾，他都大力代为解决各种困难，使同仁及其家属深感温暖。

杜老严于律己，对馆员也要求颇严，随时督促大家勤勉从事，做好工作。1943 年，中大师范学院图书分馆规模较大，投入人力最多（当时总馆下设五室和八个分馆，全馆有干部 30 人，师院分馆 5 人，占全馆人力的 1/6），但管理和服务都很糟，师院师生意见很大，纷纷批评分馆馆员严重失职。杜老查明情况，对此五人作了一番语重心长的谈话之后，采取断然措施，全部予以解职（其中包括一名他一手从练习生培养走来、已工作了七八年的馆员）。杜老对事不对人，公私分明，没有因为某人是自己心爱的学生而例外宽恕。抗日战争胜利后复员返穗，在省市图书馆界庆祝杜老 50 寿辰的那天，曾被解职的人也回来团聚，大家相见甚欢。当年因失职而去职的人，回首前尘，不仅毫无怨言，而且自觉有负杜老的厚望，深感内疚。

我在杜老培养下工作了八年，那八年都处于患难之中，我对他的道德品质，为人处世和事业上的献身精神,一切为了读者的思想,极为崇敬。杜老的言传身教,使我深受熏陶。45年来,我能尽力于图书馆工作,甘为人梯,受杜老热爱图书馆事业思想的影响最大。杜老既是一个好领导,又是一位好师长。他对我国图书馆事业的创建和发展无比忠诚、淡泊明志、奋斗终身的精神,感人肺腑之事甚多。缅怀杜老,他永远是我们后辈学习的典范。

原载《杜定友先生逝世二十周年纪念文集》,广东省立中山图书馆1987年版

缅怀杜定友先生

——纪念杜定友先生诞辰一百一十周年学术报告会上的发言
(2008 年 12 月 18 日)

杜定友先生是著名的图书馆学家,是我国现代图书馆事业奠基人之一。今年是杜先生诞生一百一十周年,举办这个纪念大会,有重大的意义。

1942 年一个偶然的机会,我幸蒙杜先生引荐到中大图书馆工作。在杜老的亲切关怀和培养下,我亦稍有长进。初次接触杜先生时,深感他颇为严肃;但相处久了,知道他待人接物是很随和的,对员工的困难疾苦尤为关切。如馆员伍时本因公受伤,馆员何锡积劳成疾不幸去世,他都大力代为解决各种困难,使同仁及其家属都深感温暖。在非常时期,流离凄苦的岁月中,杜老认为,应多关心同仁疾苦,同舟共济,患难相扶,以渡时艰。

杜老严于律己,对馆员的要求颇高,纪律颇严,随时督促大家勤勉从事,做好工作。1943 年,中大师范学院图书分馆规模较大,投入人力 5 人(其他分馆往往只 2 人),占当时全馆干部 30 人的 1/6,但管理和服务工作都很差,师院师生意见很大,纷纷批评分馆馆员严重失职。杜老查明情况,在对这五人作了一番语重心长谈话之后,采取断然措施,全部予以解职(其中包括一名他亲手从练习生培养起来、已工作七八年的馆员)。杜老对事不对人,公私分明,没有因为某人是自己心爱的学生而例外宽恕。抗日战争胜利后复员返广州。1947 年省市图书馆和中大图书馆同仁庆祝杜老 50 寿辰的那一天,曾被解职或意见不合而去职的有 4 人,也回来团聚,使杜老感到无上快慰。他们离馆多年,但无时不怀念当年杜老的关心和在馆时的愉快生活。杜老曾说,我在工作上是严肃的,但在生活上亲如家人子弟。我生平知己,就是图书馆的同志而已。

杜老热爱图书馆事业,毕生贡献于图书馆事业。他也希望同仁热爱图书馆事业,安心工作。杜老曾规定,一个新进馆员,有一个半月到各部轮流参观实习,而实习的时候,还要一个旧馆员陪着,因此,每一个新馆员进馆,要花 3 个月的时间。如果不到几个月,他又走了,这 3 个月的损失谁负责呢? 有鉴于此,1943 年秋,杜老规定,各馆员任期须填写志愿书,以一年为最低限度,不满一年而辞职者,不论任何理由,扣发最后一个月薪水,移作购书费用。这个规定遭到一部分同事的反对,事态一度闹得颇僵,有几个馆员因此辞职。杜老的这项措施,用心虽然良苦,却未能服众,收不到预期的效果。我作为他身边的工作人员,对此措施也觉得欠妥,但未能及时向他进言,至今尚感内疚。事后,杜老曾自责说,我于事前,没有获得校长同意,没有同群众商量,独断独行,这种作风也相当恶劣。这表现了杜老严于律己、知错则改的高尚品质。

杜老除爱书如命外,对下属也很关心,深受大家爱戴。在战时困难条件下,他多方设法丰富全馆职工生活。比如经常举行集会,以提高职工的文化生活水平,有联欢聚餐、旅行运动等文娱活动,使职工心情愉快。周末的音乐晚会,吹拉弹唱,热闹非常,杜老还献唱几段京剧，声韵不减青年。为了准备1944年11月11日校庆，杜老担任校庆游艺部主任，由图书馆同仁独力演出三幕话剧《如此后方》（杜老据《皆大欢喜》改编），他亲自担任导演。我对这次演出工作剧，也很投入，还受到杜老的赞许。

杜老曾提出11月11日为图书馆节，"十一"合为一个"士"字，士可指为读书人，图书馆有为读书人服务的含义。同时，鼓励图书馆同仁募捐图书，以充馆藏。当时农学院院长张巨伯教授得知有此举措，特用樟木制成一个小书箱，以奖励募捐图书最多的人。经过同仁的努力，募捐得书500余册。现在几百册图书当然是一个微不足道的数字，但在抗日战争时期困难条件下，这也是一个可喜的收获。

杜老在图书馆学分支领域中，对图书分类学耗去的精力和时间是最多的，尤其是对图书馆统一图书分类更是他一生最大的心愿。为此，他孜孜不倦，不断钻研，身体力行，直至晚年。我入图书馆之初，在他身边工作，校《三民主义化图书分类法》。他经过多年探索，认为三民主义作为图书分类中心思想是最合适的。从最初的简本，至1948年编印成《三民主义中心图书分类法》的50万言。新中国成立后，杜老经过马列主义、毛泽东思想的学习，提出应以毛泽东有关知识分类的论述及唯物主义史观来作为编制新分类法的指导思想。这一观点一经发表，很快就得到全国图书馆界的认同，成为50年代至今指导我国编制图书分类法的理论依据，为建立全国统一适用的《中国图书馆图书分类法》做出了巨大的理论贡献。

杜先生的一生，是为图书馆事业奋斗的一生，也是艰苦卓绝的一生。杜定友的精神，也正如程焕文教授提出的，是"图书馆精神"。杜老的图书馆学才华，固然在各个方面都做出了很多的建树，但一生的黄金年华是在抗日战争十四年和解放战争三年中度过的。由于战争年代和环境的制约与困难，虽惨淡经营，仍然很难施展更大的抱负。新中国成立后，也曾奋力拼搏，在图书馆事业上力图发展，对分类法的理论依据（中心思想）做出过较大贡献。但精力毕竟有限，更兼老病困扰，很多抱负也难实施。

新中国成立前，中大图书馆已有25年的历史，而杜老前后两次主持馆务凡16年，可以说他与中大图书馆的关系是非常密切的。何况大部分时间是处于战乱中（抗日战争与解放战争）。杜老热爱中大，新中国成立前，学校处境困难，他不忍离去；新中国成立后迎来一片光明，杜老本想大展宏图，实现他对中大图书馆事业的未竟之志，终老于此。不料事与愿违，接管之初，他竟不能留在中大。惜别时，欲言又止，彼此默然神伤。

我在杜老培养下工作了八年，那八年都处于患难之中。我对他的道德品质，为人处世和事业上的献身精神，一切为了读者的思想，极为崇敬；杜老的言传身教，使我深受熏陶，获益良多，终生难忘。60年来，我能尽力于图书馆工作，甘为人梯，受杜先生热爱图书馆的思想影响最大。杜老既是一个好领导，又是一位好师长，他对我国图书馆事业的创建和发展无比忠诚，淡泊明志、奋斗终身的精神，感人肺腑之事甚多。缅怀杜老，他永远是我们后辈学习的典范。

缅怀叶老

——纪念叶启芳先生诞辰110周年

我认识叶启芳先生是在1956年暑假后,叶先生接任中山大学图书馆馆长。由于我是图书馆一名中层干部,负责图书流通典藏、参考阅览等方面的工作,与叶馆长的接触多了一些。可惜1957年叶先生被划为"右派",从此不能再来馆视事,我也没有机会再聆听他的教诲,殊感惋惜。叶先生掌馆时间不到一年,我与叶先生相处的时间不长,但对叶先生的印象还是颇为深刻的。叶先生平易近人,学问渊博,知识面广,经验丰富,工作能力强,谈吐有时还带点谐趣,是一位仁厚的长者。他虽然不是学图书馆专业的,但喜欢读书,也喜爱藏书。就其藏书而言,多属精品,这说明他对书的知识是丰富的,选择藏书是比较严谨的。

今天,佛山市三水区人民政府和中山大学出版社联合举办"叶启芳先生诞辰110周年纪念会"暨《叶启芳传》首发式。据了解,在中山大学众多的名教授中,有分量的单行本传记问世者为数很少。今天的纪念会是一次来之不易的盛会。现就记忆所及,写下一些片段,以缅怀叶老与中大图书馆的情缘。

叶老接掌中大图书馆之时,正是图书馆继续整理旧书的最后阶段。叶老对这项庞大工程十分重视,指示务必尽力做好工作,完成任务。经过大家的努力,整理旧书的工作胜利完成,并先后编印成书本式目录12本,统计中外文书刊凡327000余册,解决了自1952年广州地区高校院系调整以来,本馆大量藏书存在的有书无目、有目无书的问题,方便了广大师生的使用和借阅;还可以与校外有关单位交流馆藏书目信息,便于了解我馆藏书情况和提供参考。这一旧书整理任务的完成,叶老亦做出了不少的贡献。

叶老来馆工作初期,四川大学图书馆来函请中大馆为其抄录《四川志》,叶老对此请求十分重视,亲自寻找毛笔字写得好的人抄录。中大馆所藏的《四川志》为〔明〕熊相纂《明正德刻嘉靖增补本》,37卷12册。遍查海内外书目,除中大馆外,都未见别馆入藏,属传世孤本,极其珍贵。川大馆收到抄本后表示衷心的感谢,我们也为有此一部抄录副本感到欣慰。

为了提高业务人员的水平,叶老积极支持图书馆组织业务学习。他与几位副馆长研究决定,1957年业务学习采用专题报告结合小组讨论的方式进行,由图书馆邀请广东省立中山图书馆馆长杜定友先生和专家金敏甫先生分别讲授图书分类法和图书编目法。校内邀请哲学系丁宝兰教授讲授哲学概论,中文系容庚教授讲授金石书目录,历史系刘节教授讲授史部目录,而叶启芳馆长则亲自讲授外国文学专题。这一学期的学习和讨论丰富了大家对图书馆学、目录学和科学文化的一些知识的储备。

1957年春节,何多源副馆长约盟员同事数人(我本人亦在内)到广州叶府拜年,叶老十分高兴,热情接待,畅谈甚欢。在其客厅有四五个玻璃书柜,大略看了一下,其入藏早期文学名著译本不少,堪称难得。在线装古籍中有一部大书,明版《文苑英华》

1000卷（宋四大名书之一），十分珍贵。

　　叶老除爱好藏书之外，有时还将珍贵所藏赠送需用的人。当年我在整理陈寅恪教授遗赠中大的藏书时，发现一部世界书局影印阮刻《十三经注疏附校勘记》民国二十四年十二月初版，精装两厚册，正文共2784页，定价14元。在上册书名页前一页空白处有几行叶老题字：寅恪先生惠存，弟叶启芳敬赠，一九五四年五月三十一日。这两厚册书的首尾处都盖有叶启芳和陈寅恪的印章。叶老赠书的目的，是让陈先生的助手在查找这方面的资料时更加方便。此书现藏中山大学图书馆四楼大厅陈寅恪纪念室。

长守书城四十秋*

——纪念何多源先生逝世 14 周年

何多源先生（又名何观泽），广东番禺县人。中国民主同盟盟员。1909 年生，1969 年去世，终年 60 岁。先生于 1926 年毕业于广州宏英英文学校，毕业后当过小职员和小学教师。1929 年考入中山大学图书馆为学习员，从此，四十年如一日地为图书馆事业辛勤工作。在中大前三年期间，从学习员提升为事务员以至馆员。1934 年 9 月，岭南大学聘任其为图书馆中文部主任。在岭大数年间，先后担任过图书馆总务部主任兼参考部主任而至代理馆长。先生勤奋好学，博闻强记，虽未经历过高等教育阶段，但通过自学和工作实践，业务有长足进步，对书的知识较为丰富，长于采编和书目参考咨询工作，是自学成才的图书馆专家，深受岭南大学图书馆馆长谭卓垣博士的器重。先生从 1933 年开始发表著作，前后达 30 多年。目前知道的著作有 12 种，论文 26 篇，其中《中文参考书指南》是先生用了许多年时间、收集大量材料、悉心钻研而编成的近千页颇具质量的中文参考工具书。此书先后由岭南大学图书馆和商务印书馆出版，为当时我国图书馆书目参考工作作出了较大的贡献。

广州沦陷前，何先生随岭大迁到香港，未及回到内地。太平洋战争爆发后，因香港失陷而回到广州，在伪"广东大学"图书馆任职。抗日战争后期，受国立北平图书馆意旨，注意收集沦陷区典籍，以图保存文献。

抗日战争胜利后，在国立北平图书馆驻香港办事处任编辑，后任北平图书馆秘书。由于北方天气严寒，身体不适应，患严重坐骨神经痛，于是返回广州，任广州大学图书馆副主任、主任。

新中国成立后，华南联合大学成立，先生任该校图书馆主任兼副教授。1951 年 5 月，受中山大学之聘兼任中山大学图书馆副馆长。1952 年 11 月院系调整时，为中山大学图书馆领导小组召集人，以后一直任中山大学图书馆副馆长。60 年代前期，正值我国克服三年经济困难之时，各条战线都得到恢复和发展。社会主义图书馆事业正是需要充分发挥老专家的作用，更好地以书刊资料服务于教学、科研和生产建设的时候，孰料史无前例的十年"文革"开始了。先生于 1969 年 2 月 27 日受迫害致死。粉碎"四人帮"以后，党中央拨乱反正，落实各项政策，先生得到平反昭雪。

新中国成立后，多源先生热爱党，拥护社会主义。在 1952 年院系调整后的思想改造运动中，痛下决心与旧我决裂，受到党的肯定和群众的欢迎。

在院系调整之初，中大馆藏书来自多所院校，分类体系各不相同，很多书没有正式编目，使用十分困难和不便。在学校的大力支持下，先生与馆内外同志一道，领导和组织了大批人力，以二三年时间，整理了约 30 万册古旧书刊，解决了有书无目的问题，

---

* 本文与李峻聆合撰。

而且印成了 10 种书本目录，及时而又较好地满足了教学、科研工作对书刊资料的需求，使积压的图书资料得到了广泛的使用，并以此与校外单位进行了书目交换工作，因此，深受校内外学术界的欢迎和好评。在 1956 年全国高等学校图书馆工作会议上，多源先生代表中山大学图书馆做了关于整理积存图书经验的专题报告，为当时各高等学校整理旧书工作提供了有参考价值的经验。

多源先生是主管业务工作的副馆长。长期以来，在馆长的领导下，分工合作，共事得很好，是馆长的得力助手，并亲自抓采编工作，多年来对中山大学的藏书建设等工作做出了较大的贡献。

多源先生热爱图书馆事业，热爱社会工作。远在 20 世纪 30 年代前期，在业务工作之余，抽暇兼任了广州市立第一职业学校图书管理科教员和广州市立师范学校图书馆学教员，为广州地区早期培养图书馆专业人才贡献了力量。1958 年广东省中心图书馆委员会成立，被选为副主任。1962 年广东省图书馆学会成立，被选为副会长。在兼任这些社会职务期间，他与大家一起，为本地区图书馆事业做了很多有益工作。其中为广东省中心图书馆业余大学培训本地区在职干部花了许多心血，除亲自担任教研室主任外，并讲授中文工具书使用法、西文编目等课程，深受学员欢迎。几年来，造就了一大批具备图书馆学专业知识的人才，今天都已成为本地区各图书馆的业务骨干。

党的十一届三中全会以后，春回大地，社会主义祖国欣欣向荣。图书馆事业得到党和政府前所未有的关怀，新建扩建馆舍如雨后春笋，拔地而起。图书馆队伍日益扩大，图书馆学专业纷纷设立，藏书量激增，图书情报一体化已纳入图书馆工作日程，图书馆先进设备的装置和使用，都把图书馆事业推进了一大步。多源先生盼望多年的中山大学新图书馆亦已落成。国运昌隆，形势大好，逝者有知，定当欢慰。在庆祝学会成立 20 周年纪念之际，创建、领导和推动学会工作的老前辈是永远值得我们怀念、景仰和学习的。

原载《广东图书馆学会成立二十周年纪念大会暨一九八二年科学讨论会论文选集》，1983 年 7 月

何 多 源[*]

何多源（1909—1969），男，广东省番禺县人。1926 年毕业于广州宏英英文专门学校，在图书馆工作 40 年，曾任岭南大学图书馆中文等部主任而至代理馆长，广州大学副教授、图书馆主任。新中国成立后，历任华南联合大学副教授、图书馆主任；中山大学副教授、图书馆副馆长；广东省中心图书馆委员会副主任；广东图书馆学会第一届副会长。编著《中文参考书指南》（增订本）（商务印书馆 1939 年版）等书 12 种，发表图书馆学等文章 26 篇。其中《中文参考书指南》受到图书馆界和学术界的好评。

附录：

何多源履历表

1916 年	广州河南小港村潘氏私塾读书
1917 年	广州河南龙尾导李少仿私塾读书
1918—1920 年	广州河南私立宏英小学读书
1920 年 8 月—1926 年 7 月	广州宏英英文专门学校读书
1926 年？月—1927 年？月	广州国民政府财政部会计传习所学习
1927 年？月	广州建设委员会统计训练班学习
1927 年？月—1928 年？月	钦县马屋盐务局牛岗卡书记（文书工作）
1928 年 7 月—1929 年 10 月	番禺钟秀乡小学教员
1929 年 11 月—1932 年 8 月	广州中山大学图书馆学习员、事务员、馆员
1952 年 11 月—1953 年 10 月	中山大学图书馆领导小组召集人（院系调整期间）
1953 年 11 月—1969 年 2 月	中山大学图书馆副馆长
1930 年 11 月—1937 年 8 月	广州市立第一职业学校图书管理科教员（兼任）
1932 年 2 月—1933 年 7 月	广州市立师范学校图书馆学教员（兼任）
1932 年 10 月—1939 年 6 月	香港广州大学图书馆主任（兼任）
1933 年 8 月—1934 年 7 月	广州勤勤大学师范学院附中图书馆学教员（兼任）
1933 年 9 月—1934 年 8 月	广州大学教授（兼任）
1938 年 11 月—1939 年	岭南大学中文系兼教目录学

---

[*] 此文为送《广西图书馆学会人名录》所撰稿。

续上表

1932 年 9 月—1934 年 8 月	广州私立岭南大学图书馆中文部主任
1934 年 9 月—1937 年 8 月	广州私立岭南大学图书馆总务部主任兼参考部主任
1937 年 9 月—1938 年 10 月	广州私立岭南大学图书馆代馆长
1938 年 11 月—1941 年 12 月	香港私立岭南大学图书馆代馆长
1942 年 2 月—1945 年 8 月	广州伪"广东大学"图书馆主任兼目录学讲师
1945 年 9—10 月	失业在家（广州）
1945 年 11 月—1947 年 9 月	香港国立北平图书馆驻港办事处编辑
1947 年 10 月—1948 年 4 月	北平国立北平图书馆秘书
1948 年 4—7 月	广州私立广州大学图书馆副主任
1948 年 8 月—1850 年 3 月	广州私立广州大学副教授兼图书馆主任
1950 年 4 月—1952 年 10 月	华南联合大学副教授兼图书馆主任
1951 年 5 月—1952 年 10 月	中山大学图书馆副馆长（兼任）（虽称兼任，实以中大工作为主）
1951 年 9 月—1952 年 1 月	中山大学中文系兼教图书馆学
1958—1966 年	广东省中心图书馆委员会副主任（"文革"开始后停止活动）
1962—1966 年	广东图书馆学会副会长（"文革"开始后停止活动）
1963—1964 年	中山大学中文系兼教中文工具书使用法

1987 年 10 月 24 日

何多源有关图书馆学著述目录

何多源先生从 1933 年开始发表著作，前后达 30 余年。目前已知的出版图书 12 种，发表文章 26 篇。其中在香港报刊发表的文章，是据何先生生前列报，但由于我馆缺藏，有些一时未及查证，仍按序编入。本目录分图书和报刊文章两部分，按出版年月为序（新中国成立前文章则略按内容分类、时序编排）。

一、图书部分

1. 《中文参考书指南》，岭南大学图书馆，1936 年。
2. 《中文参考书指南》（修订本），商务印书馆，1939 年。
3. 《图书编目法》，广州大学图书馆，1933 年。
4. 《岭南大学图书馆馆藏善本图书题识》，岭南大学图书馆，1936 年。
5. 《海南岛参考书目》，广州大学图书馆，1937 年。
6. 《战时经济参考书目》，岭南大学图书馆，1938 年。
7. 《战时参考资料目录》，岭南大学图书馆，1938 年。
8. 《中国书目要籍解题》，《岭南学报》，第 6 卷第 4 期，第 163～220 页，1941 年 6 月。
9. 《国学书目举要》，《广大学报》复刊，第 1 卷第 1 期，第 88～114 页，1949 年 3 月。
10. 《土地改革参考资料目录》，广州大学政治课教学委员会，1950 年。
11. 《新民主主义论参考资料目录》，广州大学政治课教学委员会，1951 年。
12. 《中文工具书使用法讲义（初稿）》，油印本，第 1～2 册，中山大学，1963；第 3 册，油印本，广东省中心图书馆委员会业余大学，1964 年。

二、报刊文章部分

1. 《图书登记法》，《广州大学图书馆》（季刊），第 1 卷第 1 期，1933 年 6 月。
2. 《增修杜定友图书分类法一部分之商榷》，《广州大学图书馆》（季刊），第 1 卷第 1 期，1933 年 6 月。
3. 《图书分类之两难》（译文），《广州大学图书馆》（季刊），第 1 卷第 4 期，1934 年 9 月。
4. 《卡片目录使用法》，《广州大学图书馆》（季刊），第 1 卷第 1 期，1933 年 6 月。
5. 《书目使用法》，香港罗富国师范学院《教与学》，1947 年。
6. 《论"目录学"及"参考书使用法"应列为大学一年级必修课程》，《教育杂志》，第 29 卷第 8 期，1939 年 8 月。

7. 《支那书籍解题》（书目书志之部）（书评），《岭南学报》，第 6 卷第 4 期，1941 年 6 月。

8. 《中文参考书指南·新书介绍》，《学觚》，第 1 卷第 10 期，1936 年 11 月。

9. 《中文参考书指南·新书介绍》（与练佳合写），《大公报·图书副刊》（天津版），第 163 期，1936 年 12 月。

10. 《图书馆参考事务之一——用电话答复阅者咨询之问题》（编译），《广州大学图书馆》（季刊），第 2 卷第 2～3 期合刊，1937 年 3 月。

11. 《广东研究参考资料叙录史地篇初编序》，李景新：《广东研究参考资料叙录史地篇初编》，岭南大学图书馆，1937 年。

12. 《介绍几本关于南洋问题的书》（书评），香港《华侨先锋》，第 1 卷第 24 期，1940 年 6 月。

13. 《杂志管理法》，《广州大学图书馆》（季刊），第 1 卷第 1 期，1933 年 6 月。

14. 《抗战时期的文艺期刊》，香港岭南大学学生会：《南风》，1940 年。

15. 《我国参考书出版状况略述》，商务印书馆《出版月刊》，第 21 期，1939 年 6 月。

16. 《战时图书聚散考》，香港《星岛日报》，1947 年。

17. 《广州图书馆事业概述》（①国立中山大学图书馆概况；②岭南大学图书馆概况；③广州市立中山图书馆概况；④广东省立图书馆概况），《广州大学图书馆（季刊）》，第 1 卷第 2 期，1933 年 9 月；第 3 期，1934 年 6 月。

18. 《香港三大图书馆》，香港《星岛日报》，1940 年。

19. 《广州香港各图书馆近况》，《中华图书馆协会会报》，第 20 卷第 4～6 期，1946 年 12 月。

20. 《广州图书馆协会概况》，《广州大学图书馆》（季刊），第 2 卷第 1 期，1935 年 4 月。

21. 《祝广州市立图书馆》，《广州大学图书馆》（季刊），第 1 卷第 2 期，1933 年 9 月。

22. 《广东藏书家考》，《广州大学图书馆》（季刊），第 1 卷第 2 期～第 2 卷第 3 期，1933 年 9 月—1937 年 3 月。

23. 《整理积存图书的经验》，《高等学校图书馆工作会议专刊》，高等教育出版社，1957 年版。

24. 《中山大学图书馆与苏联学术机构交换图书情况》，《广东图书馆通讯》，第 4 期，1957 年 12 月。

25. 《谈字典、辞典的使用》，《光明日报》，1962 年 12 月 22 日，第 2 版。

26. 《工具书杂谈》（1～8），《羊城晚报》，《晚会》专栏，1963 年 2 月 23 日—4 月 24 日。

陆华琛*

陆华琛（1903—1986），男，广东中山人，教授。1926年毕业于武昌华中大学，同年毕业于武昌文华图书馆专科学校。1937—1939年在莱比锡德国图书馆及柏林普鲁士邦立图书馆为交换馆员。历任国立北京图书馆馆员，南开大学图书馆、南京伪铁道部图书室、国立中央图书馆等馆（室）馆长（主任），国立西安图书馆筹委会委员兼执行秘书。1948年任岭南大学图书馆馆长。新中国成立后，任中山大学图书馆副馆长。1963年移居香港后，任香港中文大学联合书院图书馆馆长。曾任天津市立师范学校图书馆学教员，重庆文华图书馆专科学校和国立社会教育学院兼任教授，香港中文大学校外课程部图书馆学兼任讲师，中华图书馆协会执行委员会委员，广州图书馆协会监察委员，美国佛罗里达州立大学图书馆学院国际顾问委员会委员，香港图书馆协会教育小组委员。1965年应英国文化委员会、德国学术交换及美国国务院邀请赴各该国考察图书馆事业。1972年退休。

附录：
(1)《香港年鉴》第二十二回 《人名辞典》（1969）。
【陆华琛】广东中山人，1903年生。武昌华中大学文学学士，武昌文华图书馆学专科学校毕业。"二战"前曾在莱比锡德国图书馆及柏林普鲁士邦立图书馆为交换馆员。历任天津南开大学图书馆主任，北平师范大学图书课课长，广州岭南大学图书馆馆长，中山大学图书馆副馆长（主任），南京伪铁道部专员兼图书室主任，国立中央图书馆阅览部主任，重庆文华图书馆主任，国立西安图书馆筹委会委员兼执行秘书，香港中文大学联合书院图书馆馆长，天津市立师范学校图书馆学讲师，武昌文华图书馆学专科学校兼任教授，香港中文大学校外课程部图书馆学讲师，中华图书馆协会永久会员及执行委员会委员，广州图书馆协会监察委员，美国图书馆协会会员，美国佛罗里达州立大学图书馆学院国际顾问委员会委员，香港图书馆协会会员暨该会教育小组委员。1965年应英国文化委员会、德国学术交换及美国国务院邀请赴各该国考察图书馆事业。
(2) 陆华琛家庭情况。
父：陆乾初，铁路工人，已退休，残疾。
母：许月池，家庭妇女，1956年2月16日去世。土改前后靠个人工资维持生活。
妻：刘泽芳，家庭妇女，主持家务。基督教徒。
孙：陆熙杰，学生，中山大学附属小学就读。
陆本人1952年10月院系调整后在中山大学图书馆工作。

---

* 送广西《图书馆学会人名录》稿。

（3）陆华琛简历表。

时　间	经　历	证明人
1913—1916 年 6 月	私立汉口致忠小学学习	校长徐奇
1916 年 9 月—1922 年 6 月	私立武昌文华中学学习	校长陈宗良，同学徐家麟
1922 年 9 月—1926 年 6 月	私立武昌华中大学学习	校长章卓民、骆传芳
1923 年 9 月—1926 年 6 月	私立武昌文华图书馆专科学校学习	校长沈祖荣，同学汪长炳
1926 年 9—11 月	国立北京图书馆编目员	同事汪长炳
1926 年 12 月—1930 年 7 月	私立南开大学图书馆主任	姜立夫
1930 年 9 月—1931 年 2 月	天津市立私立学校图书馆学讲师	校长时作新
1931 年 8 月—1932 年 9 月	北平师范大学图书课课长	校长徐炳昶、李蒸
1932 年 5 月—1933 年 2 月	南京伪铁道部图书室主任	夏昌世、金敏甫
1933 年 6 月—1937 年 6 月	国立中央图书馆职员	常希孟
1937 年 8 月—1939 年 8 月	莱比锡德国图书馆交换馆员	周誉侃、严梅和
1938 年 10 月—1938 年 11 月	德国普鲁士柏林邦立图书馆志愿实习员	周誉侃、严梅和
1939 年 11 月—1946 年 8 月	国立中央图书馆阅览部主任	彭逼真、毛宗荫
1945 年 11 月—1946 年 1 月	重庆文华图书馆专科学校兼任教授	沈祖荣
1946 年 2 月—1946 年 7 月	重庆社会教育学院兼任教授	汪长炳
1946 年 10 月—1948 年 6 月	西安图书馆筹委会秘书	张知道、郑德国
1948 年 7 月—1952 年 7 月	私立岭南大学图书馆馆长	周连宽
1952 年 10 月—1963 年？月	中山大学图书馆职员、编目主任、副馆长	

（4）中原大学政法学院政治研究班第三期学习鉴定，第一班第九组陆华琛，1953 年 7 月 11 日，小组签章 14 人。

（5）中南政治学院政治研究班第三期学员审查处理意见表（1953 年 7 月）。

1987 年 12 月 17 日

与图书馆学研究生邢明旻
关于周连宽先生一些情况的谈话

(2008 年 4 月 28 日)

周连宽先生 1948 年离开上海南返广州时,广东省立图书馆馆长杜定友建议他留在省馆工作。他经过考虑后,认为岭南大学图书馆条件较好,遂入岭大图书馆工作(时任岭大图书馆馆长的是陆华琛先生)。周连宽先生到岭大图书馆任职后,为岭大馆的藏书建设贡献了较多力量。比如向徐信符南州书楼搜购的图书,获得珍本不少,最著名的为《粤大记》(〔明〕郭棐纂,明万历刊本),周先生鉴定为"岭南文献之瑰宝"。后经考证,《粤大记》传世只有两部,一在本校,一在日本,彼此都有缺卷。后来,我馆与香港大学冯平山图书馆交换它们,从日本复印此书中大馆所缺的数卷。可惜《粤大记》第一册中大馆与日本都缺。(关于补缺情况可参阅黄国声、邓贵忠点校《粤大记》一书,中山大学出版社出版。)

1952 年 10 月院系调整以后,新中大馆藏书来自多间院校,各馆原用分类法不同,藏书无法统一归类上架,查借颇难。学校及时抽调一些人力协助图书馆整理图书,先后编成书本目录 10 种,既提供校内使用,也用于对校外书目交流,整理工作受到校内外的称赞。周连宽先生初期曾参与这些工作,主编馆藏古书目录甲、乙、丙编三部。

因教学和科研需要,各系纷纷提出成立资料室。周连宽先从总馆调任历史系资料室主任。双目失明的史学大师陈寅恪教授,为了著述的需要,提名周连宽先生兼任其高级助手(经学校批准同意),另一专职助手为黄萱先生。陈寅恪晚年的重要著作《论再生缘》,尤其是《柳如是别传》所需难得的资料,都得到周连宽先生极大的帮助,周连宽这种无私的奉献精神往往被人忽略。

党的十一届三中全会以后,本馆为了适应新形势的需要,提请学校将周连宽先生调回总馆当顾问,主编本馆所藏善本书书目。随后,本馆为了将来新馆落成后专业业务人才的准备并为广州地区高校图书馆提供业务人才,因而以馆办班的形式,招收了两年制的图书馆学大专班。周连宽先生初时参与图书馆学大专班的教学工作。与此同时,为了继承和发扬老专家的学术,学校批准周连宽先生招收了目录学三届研究生,第一、二届各一人,第三届三人。从此,周先生全心全力投入培养研究生的工作,认真规划,精心培育,倾注了全部心血。这五个研究生都学有所成,受到用人单位的好评,担负重任。这些都是周连宽先生以 80 多岁的高龄,为祖国的文化事业、图书馆学、目录学做出的卓越贡献。

把心扑在集体事业上的人
——饶仲华同志事迹介绍

　　随着社会主义革命和建设事业的蒸蒸日上，精神文明之花在康乐校园中亦不断绽开。我校广大教职工在"高尚职业道德，为人师表，忠诚党的教育事业"的号召下，人人以蒋筑英、罗健夫和张海迪等优秀共产党员、优秀共青团员为榜样，展开了竞赛活动，涌现出不少先进分子和模范人物。这里介绍的是一位普普通通的同志，然而他做得比我们要多，他处处严格要求自己，以身作则，在群众中起了表率作用，人们都说他是"把心扑在集体事业上的人"，他就是饶仲华同志。

　　饶仲华同志现在是中山大学图书馆流通典藏部副主任。他 1980 年调到我馆期刊组工作。他不计较个人得失，在负责期刊组装订工作期间，积极肯干。他是 20 世纪 50 年代中大毕业生，但没有架子，与工人同劳动，并积极想办法、提建议，改进装订操作技术。例如，他与工人一起研究改进手工打孔的繁重体力劳动，购置了一台打孔机，使工作效率提高了一倍多，受到工人和群众的称赞。在调任流通典藏部副主任之前，有段时间本馆期刊组由于有关同志生病，新的同志又未来，领导要求他再帮忙搞一段时间的期刊订购工作，他亦很乐意地接受了这一工作。他还利用自己的休息时间帮助订购的同志做好 1984 年的订刊工作。这种协作精神也受到同志们的好评。

　　除了这些之外，老饶同志更突出的表现还是在这次图书馆的搬迁工作中。我校图书馆中区馆、东区馆所藏书刊有 100 多万册，要在短时间内完成这么大量图书的搬迁工作确实是一件不容易的事。然而，老饶却承担了这次搬迁的指挥工作。哪里有需要他便到哪里去；他和大家一起搬书架、抹书架、搬书、拆包、上架、顺书……样样都做，而且什么事都带头干。只见他：上上下下，从一楼到八楼，从东区到中区，哪里没有他的踪迹？哪里没有他的汗水？饶仲华同志不仅工作任劳任怨，实干苦干，而且平易近人，对同志既严格要求，又关心体谅，对公共财产和图书刊物亦十分爱护。例如，他和学生一起搬书时，发现有人马虎了事乱抛乱放的，便会制止。对工会工作也十分关心，经常为工会把补助金等发到同志们手中。老饶家住的市区离学校较远，然而，他却经常上班早到下班晚走。下班也总是巡查一遍门窗，又看电灯有没有关好，然后才放心回家。中午常利用自己的休息时间一个人在书库里排书和顺书。他还为图书馆守夜、加班，事事负责。这些方面就足以说明饶仲华同志有多么可贵的革命精神，值得我们大家学习和敬佩。他所做的好事，大的不用说，小的也不是人人都知道的。然而，他却不宣传自己。他所做的都是为了整个集体利益，而不是为了个人的名誉地位。他努力为教学和科研服务，甘当为人民服务的无名英雄。

　　饶仲华同志不仅劳动上积极肯干，以身作则，而且对业务也熟悉。他毕业于中山大学中文系，由于所学专业不同，故对图书馆业务经历了一个从不懂到懂、从懂到熟悉的过程。他有文化基础，有专业知识，因而能较快地熟悉业务，在本单位工作中能起较大的作用。自被调到流通典藏部当副主任之后,由于他处处以身作则,带头苦干,并参加第一线的借还书工作,经常受到干部和职工的好评。人人都称赞老饶工作认真负责、任劳任怨、人品直率、熟悉本行、服务质量好、工作效率高,能够在群众中起模范带头作用。他一心扑在集体事业上,不愧为流通典藏部的好带头人。饶仲华同志是我们学习的榜样。

图书馆工会

1984 年 3 月

(刘少雄综合编写)

在老馆长连珍邀请大家欢聚谈心会上的发言

日期：2002年8月24日上午。

地点：康乐园餐厅二楼。

参加人数：除因故未到者，参加聚会的有47人，加上老馆长伉俪，共49人。现任馆长程焕文教授亦欣然前来参加欢聚。

今天老馆长连珍同志热诚邀请大家一起见面喝茶谈心，这是老馆长酝酿已久的心愿。在名单和日期由老馆长审定后，得到本馆离退协分会几位同志的协助，分工通知被邀请的同志，并推举我在会上先说几句。

这次邀请的同志是在老馆长任内（1958—1983）在图书馆工作一直做到离退休的和未退休现在仍在馆工作的同志（其中包括一些在其离任后还对他帮了很多忙的同志）。

老馆长连珍同志1936年在燕京大学就读时加入中华民族解放先锋队，即参加革命工作。1937年冬进入闽浙边革命根据地，加入中国共产党。他是我校仍在世的最早的一位老红军。1942年毕业于中山大学外文系，并留校任教。广州解放伊始，奉命担任多项教育行政管理工作。1958年起任图书馆副馆长、馆长，直到1988年离休。最后八年兼任图书馆学大专班、专修科主任及图书馆学系筹备组组长。

连珍同志在后半生的工作中，把全部精力都奉献给了图书馆事业和图书馆学教育事业。他主持中山大学图书馆馆务26年，成绩显著。主要抓了三件大事：一是团结、任用了一批有真才实学的人才，这些人逐渐成为本馆业务骨干。二是争取领导重视，终于在20世纪80年代初期兴建了一座面积达14500平方米、在当时全国高校中尚属先进的图书馆大楼。解决了中山大学图书馆长期使用一座课室楼和一座学生宿舍做馆舍，既不够用，又不合适，而且负荷过重、险象百出的问题。三是创办了中山大学图书馆学教育。早在1958年到馆任职后，他就建议在中山大学创办图书馆学专业，终于在1980年招收目录学研究生，同时，为解决本馆新馆舍建成后所需要增加的业务人员而开始举办两年制图书馆学大专班。翌年，接受广东省高教局委托，为本省高校培养图书资料工作人员而增办两年制图书馆学专修科。1984年，经教育部批准，设置四年制图书馆学本科专业，成立图书馆学系。系筹备时，他亲赴全国各地，广聘专业师资。至今，该系已发展成具有图书馆学、情报学和档案学三个专业的信息管理系。在这里附带一句，图书馆现有馆舍，今天已远远不敷应用，幸喜在现任馆长程焕文教授的努力下，学校已决定在现馆旁边扩建15000平方米的新馆舍。据悉，建筑图纸已审定，工程招标后就可动工兴建。这是学校对图书馆工作重视的表现。我们的图书馆事业是很有希望的，前途是光明的。

连珍同志除长期担任中山大学图书馆馆长外，还历任广东图书馆学会理事长、广东省中心图书馆委员会副主任、广东省高等学校图书馆工作委员会副主任等职。他从事图书馆工作与研究 30 年，长期为发展中山大学和广东省的图书馆事业辛勤耕耘。他为之奋斗的图书馆事业终于获得很大的发展，培养出一大批专业人才，为图书馆事业做出了巨大的贡献。

老馆长离休后，今天以 89 岁高龄，仍然很关心图书馆事业和图书馆学教育事业，并非常挂念在他任内一起勤奋工作的同志，满怀热情，欢聚谈心。这种深厚情谊是非常宝贵和十分令人感佩的。

在这里，敬祝老馆长伉俪健康长寿，心情快乐，家庭幸福。

三、书城藏书

中山大学图书馆历年藏书统计
（1923—1952）

（1）《国立中山大学一览》，"民国十九年度（1930）2月"。戴传贤任校长，载有全部教职员工（包括各部门行政人员）及1～3届毕业生名录及在读生名录。

（2）《国立中山大学一览》，"民国二十一年度（1932）"，只载教员名录，不登职员名录，登载毕业生1～6届名录。

（3）《国立中山大学现状》，"民国二十三年度（1934）"，报道中大藏书为全国高校藏书之冠，登载教员名录，不登职员名录。

（4）《国立中山大学现状》，"民国二十四年度（1935）"，报道图书馆（六）名著善本之购订（谢明章任内），今年邹校长亲自购买之桂林唐氏藏书，善本3000余册，皆海内外不可多得之书。

（5）《国立中山大学》，"民国二十一至二十四年度（1932—1935）"，教职员名录（只登教职工，不登一般行政人员）。

（6）《国立中山大学现状》，"民国三十二年（1943）5月"，金曾澄序，（戊）图书馆（见第31页），羊城之变，仓皇抢救，除善本图书共199箱，事前移存九龙外，临地复迁出211箱，计图书53847册，随校西迁。其余不及迁运者，近10万余册。1929年7月16日，奉命迁回粤北，总馆344箱，分馆433箱，8月29日首批迁出澄江。两年来共计运到393箱，待运384箱，仅运回31799册。各分馆在澄江时，并未归总馆统筹办理，留澄图书，确数未详。

1. 国立中山大学图书馆工作报告（第二次）
民国二十五年度（1936年8月—1937年6月）

本馆清查全馆图书统计表
［民国二十五年（1936）10月前清查］

	现存册数					遗失册数					
	中文、日文	西文	中文古书	善本书	合计	中文、日文	西文	中文古书	善本书	借失	合计
总馆	16834	15186	120596	10668	163295	5009	323	5118	41	357	13268
分馆	—	—	—	—	—	—	—	—	—	—	—
合计	40096	24761	120596	10668	196121	5674	941	5118	41	2517	

历年藏书统计表

年度 文别（册）	十三至十五	十六	十七	十八	十九	二十	二十一	二十二	二十三	二十四	二十五 十一—十二月	二十六 一—六月
中文、日文	15706	82390	142307	205442	213198	218470	221508	233206	243656	171576	172169	182679
西文	3799	6528	9928	17303	21000	24159	25227	25781	27706	216761	25670	27654
合计	49505	90918	152235	222745	234198	242629	246753	259987	271362	196337	197539	210333
增加	—	41413	61317	70510	11453	8431	4106	13252	11375	—	1502	12494
											13996	
减少	—	—	—	—	—	—	—	—	—	70525	—	—

注：民国二十四（1935）、二十五（1936）两年度之图表及未整理书籍均未列入该年度统计，故数目减少，但二十五年度（1935—1936）之图书减少者则因该年度杜主任接事时，除点查得以上实数外，其余均为民国二十五年（1935）以前失去。

2. 国立中山大学图书馆工作报告（第三次）

民国二十六年度（1937 年 7 月—1938 年 6 月）

（杜 1936 年 7 月到职）

中大图书馆图书移存统计表

善 1～86 箱	11368 册
古 1～80 箱	26562 册
志 1～44 箱	13279 册
杂 1～23 箱	1061 册（全套杂志）
碑 1～8 箱	30000 张
碑 9～19 箱	
参 1～68 箱	18559 册
共 320 箱	70829 册

注：1938 年 8 月 10 日装箱呈校。9 月 24 日冒险迁至××，计 176 箱。善本 86 箱移存××，志书及碑帖 63 箱移存××，杂志 23 箱移存××，其他 148 箱移存××。将善本书及医学院图书共 113 箱寄存××，其余分别贮藏××等室。共计 320 箱 70829 册，另碑帖约 30000 张。

3. 中山大学图书馆工作报告（第五次）

民国二十八年度（1939 年 7 月—1940 年 6 月稿本，何锡抄）

澄江时期

藏书统计表

	类别	原藏	新增书	统计书
总馆	中文古书	41487 册	320 册	41807 册
	中文新书	7085 册	2156 册	9241 册
	战时图书	1752 册	1020 册	2772 册
	西文	2950 册	263 册	3213 册
	小计	53274 册	3759 册	57033 册
分馆	小计	17228 册	3091 册	20319 册
合计	—	70502 册	6850 册	77352 册

注：含杂志约 3000 册，另存港图书 25708 册。

4. 国立中山大学图书馆工作报告（第六次）

民国二十九年度（1940 年 7 月—1941 年 6 月）

澄江—坪石时期

离澄前藏书 111560 册，装 777 箱（总馆 344 箱，分馆 433 箱）。

《民国三十二年坪石"现状"》（油印本）：10 月 29 日第一次运到坪石 283 箱，第二次运到坪石 110 箱，共 393 箱（31799 册），占 16%，留澄待运 38.4 箱（34920 册），另寄存香港图书 25708 册。

民国二十八年二月迁澄江，民国二十九年七月十六日奉令迁回粤北，八月十九日图书首批运出，总馆于十月二十九日首批运到。111560÷777＝143.5778。离澄前藏书 111560 册，装 777 箱。以此分析，每箱平均装 143.58 册，可作每箱装 150 册计算（当时的木箱设计不大，适应战时交通不便，以骡子、人力挑担为度）。

5. 国立中山大学图书馆工作报告（第七次）

民国三十年度（1941 年 7 月—1942 年 6 月）

（油印本）

表 3 中第二次从澄江运到坪石箱数（已加入民国二十九年度报告）（以后虽有继续

再运的计划，但未见实施，据在坪石出版的"现状"，民国三十五年5月）。

藏书表

图书	中文	46315 册
	外文	8528 册
	合计	54843 册
杂志	中文	10846 册
	外文	5956 册
	合计	16802 册
合　　计		71645 册

注：新增 39846 册，师专款购入约 9000 册未计，留澄 384 箱（34920 册）。总馆香港存书近 25708 册，其中，善本书及志书各占约半数，另有碑帖 3 万张。

急运箱号表：总急 33 次 22 册，文急 5 次 3 册，法 15 次 3 册，农 23 次，工 17 次，师 13 次 8 册，但以后未见搬到，似没有再运来。

6. 国立中山大学图书馆工作报告（第八次）

民国三十一年度（1942 年 7 月—1943 年 6 月）

（油印本）

现存图书馆藏书表

	中文	外文	合计
图书	56766 册	10028 册	66794 册
杂志	16157 册	6861 册	23018 册
合　　计			89812 册

图书新增 20068 册，师专款购入 7852 册未计，其中，医分馆，中文书 777 册，外文书 130 册，合计 907 册。中文杂志 556 册，外文杂志 69 册，合计 625 册。图书、杂志共计 1532 册。

7. 国立中山大学图书馆工作简报（复2号）

民国三十五年度（1946年8月—1947年7月）

（复写存铅笔底本）

图书原有 65681 册，增加 42320 册，合计 108006 册，残本 27795 册，总计 135801 册。

藏书情况

类　别	图　书	杂　志	合　计	
参考室	26555 册	286 册	26841 册	民国三十六年二月二十一成立
特藏室	11815 册	—	11815 册	民国三十六年二月三十一成立
各分馆	—	—	—	
合　计	96811 册	11195 册	108006 册	—

本年日本岩波书店赠书 217 册。1946 年国民政府教育部拨来图书 69 箱 33037 册。敌伪清理处拨来图书 66 箱 93 装约 13000 册。

8. 国立中山大学图书馆工作简报（复3号）

民国三十六年度（1948年7月—1949年6月）

藏书情况

年度	民国二十五年度（1936）	二十六（1937）	二十七（1938）	二十八（1939）	二十九（1940）	三十一（1942）	三十三（1944）	三十五（1946）	三十六（1947）	三十七（1948）
图书	197839 册	210333 册	212761 册	103060 册	116431 册	119006 册	37011 册	124006 册	147023 册	182712 册
杂志	90542 册	92994 册	97086 册	4714 册	11516 册	23018 册	8107 册	11195 册	35895 册	45712 册
合计	288381 册	303327 册	309847 册	107774 册	127947 册	142024 册	45118 册	135201 册	182918 册	228424 册
备注	杜接任前	杜接任后	广州沦陷前	迁澄江后	离穗后一年	迁坪石后	坪石沦陷后	复员后第一年	复员后第二年	复员后第三年

9. 国立中山大学图书馆工作简报（复4号）

民国三十七年度（1948年7月—1949年6月）

各室分（馆）藏书情况

类别	图书	杂志	合计	小册	损破
参考室	30546 册	1154 册	31700 册	253 册	179 册
特藏室	16936 册	1424 册	18360 册	80 册	—
医分馆	5317 册	7474 册	12791 册	239 册	304 册
各分馆	—	—	—	—	—
总计	182712 册	45712 册	228424 册	23383 册	2630 册

13150 种，3 万余件。

10. 中山大学图书馆概况

1951 年 10 月（稿本）

（吴文辉任内）

抗日战争前全馆藏书 30 万册，抗日战争第二年学校西迁，随馆运出图书只有 54000 册。

新中国成立后，清点结果，全馆图书 308032 册，各学系研究所和附中图书尚不计在内。各系所中，以植物研究所藏书最多，且多为植物学珍本；文科研究所有大批碑帖，亦极珍贵。

截至本年 9 月底，全馆藏书如下表。

全馆藏书情况

类别	文别	总馆	分馆	合计
图书	中文	60085 册	114469 册	174554 册
	外文	2637 册	39369 册	42006 册
	合计	62722 册	153838 册	216560 册
杂志	中文	21205 册	11990 册	33195 册
	外文	8773 册	46439 册	55212 册
	合计	29978 册	58429 册	88407 册
书志合计		92700 册	212267 册	304967 册
小册子		2694 册	24889 册	27583 册

上表所列藏书数字，图书方面，中文 174554 册，外文 42006 册，中外文图书共 216560 册。杂志方面，中文 33195 册，外文 55212 册，中外文杂志共 88407 册，另有小册子 27583 册。总计中外文图书、杂志连小册子共 332550 册。

11. 中山大学图书馆工作总结
1952 年度第二学期（3—8 月）
（稿本）

自去年 10 月院系调整新中大成立后，来自四院校（中山大学、岭南大学、华南联合大学、广东省立法商学院）藏书有 70 余万册之多。

根据广州区高等学校、院系调整委员会所决定的调配原则，将工程、农业、教育、心理以及文史复本图书分别列册移交华南工、农、师三院（当初估计图书 10 余万册，包括大部头）。上学期清点结果，本馆藏书有 798171 册，本学期执行决定，调出图书予华师 12177 册，华农 4376 册，华工 1630 册，合计 18183 册。

中山大学图书馆 1938 年广州沦陷后藏书损失情况

1938 年 10 月 21 日广州沦陷后，中山大学图书馆损失的藏书，经常说的是损失惨重，这无疑是对的。为了求得一个比较可靠的损失数字，需要做一些研究分析，作为可靠的依据。

下列为主要参考资料：①杜定友遗著《治书生活》之七《我与中大》，载广西图书馆学会《图书馆界》1986 年，第 1～2 页[杜定友时任中大图书馆主任（馆长）]；②《棠棣集——杜定友先生服务中大图书馆十周年纪念特刊》，中山大学图书馆同仁编，1944 年 4 月 4 日，油印本；③《陈君葆日记》上下册（陈君葆时任香港大学冯平山图书馆馆长），香港商务印书馆，1999 年（参考"日记"1946 年 1 月 14 日至 3 月 15 日）；④《国立中山大学图书馆历年工作报告》（或简报）（存中大校史文献馆）。

为此，首先明了以下数字：①原来藏书的数字；②广州沦陷前移存香港图书的数字；③撤退广州时抢救出来图书的数字；④坪石、乐昌沦陷时图书损失的数字；⑤抗日战争胜利后，复员返广州，通过各种渠道收回图书的数字。对这些数字经过认真分析、加减之后，就能得出比较可靠的损失数字。

杜定友《我与中大》第 3 章《痛别》谈到：①当时全馆藏书 21 万册，杂志 9 万册，号称 30 万册。②鉴于 1938 年（下半年）的时局形势，为了安全，"将全部善本书、志书二万余册，碑帖三万张，移存香港九龙货仓"。（注：据《棠棣集》之杜定友《十年忆语》附表，移存香港图书为 25708 册。）③1938 年时局吃紧，"学校只批准 200 元木箱费，按当时只能买 67 个木箱，于是发动全馆职工把书桌、书架、黑板改装成木箱，在三天之内，装出 299 箱，抢救图书 5 万余册，留在学校的图书 16 万册。1938 年 10 月 21 日广州沦陷，10 万图书化为灰烬"。（注：留在学校的图书 16 万册，数字不确，因为事前已将 25708 册图书移存香港，这个数字要减去。至于 9 万册杂志，却应加入留校图书之列。"广州沦陷，10 万图书化为灰烬"，这只是一时说说，数字并不准确。）

在《我与中大》第 8 章《巨厄》中，"1944 年秋，传闻敌寇北犯。本校图书仪器，移存连县东陂（等地）。其后，未见有何动静，校中纷纷复课，命将图书运回坪石，不待我的答允，将图书运回，不及一星期，坪石告急矣！"

在坪石的文、法、工三个分馆的图书 130 余箱仓促间运往乐昌，但留在乐昌未能运出。而师院分馆的图书已来不及运往乐昌，只能在附近疏散。坪石沦陷后，师院分馆图书亦遭损失。（坪石沦陷前三个分馆图书的抢运及疏散师院分馆图书，刘少雄都曾参与。）

"坪石存书（指疏散在湖南坛斗等地）由馆员涂祝颜负责看守。"连县存书，由馆员伍时本负责看守（坪石沦陷后的安排）。"乐昌存书，胜利后，即派何家新兼程前往搜辑遗亡。"（据何家新第一次来信说已搜集到 5000 余册，第二次来信说已有 7000 余册，云云。杜定友推测乐昌存收损失大半。）原师分馆图书由青洞自卫大队长廖介操搜集到 2000 册（后备款领回）。（注：中大师范学院 1938 年秋才成立，很快撤离广州，其图书当在 1939 年起才陆续购置，其图书损失不在从广州抢救出来的图书部分。）坪石、乐昌沦陷，图书损失多少，没有确切统计。抗日战争胜利后，从在乐昌收回的 7000 册来看，其损失暂作 2 万册统计，其中 5000 册作为从广州抢救出来的那一部分（补充说明附后）。

在《我与中大》第 10 章《胜利》中："中大图书馆在离校前，来不及抢救的图书约 7 万册（数字不确），杂志 9 万册。沦陷期间，因敌军驻校，荡然无存。为了追踪这些图书，跑了不少腿。除在东亚研究会收集 2000 余册、伪广大（广东大学）收回 18000 余册、连新路日人货仓收回 3300 余册外，幸香港存书，由我亲自赴港，全部收回。"

对收回寄全香港图书，应作一注释：香港大学冯平山图书馆馆长陈君葆先生为中山大学寻回寄存图书用力最多、贡献最大。杜定友先生赴港将寄存书全部取回，是水到渠成之便。但杜定友没有提到寄存图书是否有所损失。现摘录几段《陈君葆日记》作为参考：

(1) 1946 年 1 月 16 日，过海去看太古仓的书，在第 6 号仓的 100 箱，竟是中国古籍书，有许多明版的。有一本《萧室殷契类纂》似盖的是中大图书馆的印。其余有些是仲元图书馆的，也有中山图书馆的。（第 858 页）

(2) 1 月 22 日，今天上午到永源货仓一看，发现所存的 171 箱东西正是中山大学的书，其中的（应"有"字）碑帖，也有英文书。据那里的管理员说，东西是去年 7 月间左右才从九龙搬过来的，中大原有 199 箱，这样失去的已 28 箱了。急写信先报告中大图书馆馆长杜定友。（第 860 页）

(3) 2 月 22 日，写了一封信与杜定友，说明九龙仓两批书事，我主张宜运粤，而不以运台为近理，希望饶士磐（广东省教育厅督学，派赴香港联系交涉收回图书事）能坚同此主。（第 864 页）

(4) 2 月 23 日，与饶士磐再往见李宗，他已同意书籍以寄广州为宜一办法。（第 864 页）

(5) 3 月 10 日晨早，省图书馆林君来，说杜定友来了，约时间来会。（第 865 页）（注：省馆林君不确，应该是中大馆林君。当时中大馆职员林君因家居香港之便，陪同杜先生赴港办理此事。）

(6) 3 月 15 日，杜定友请客，我因认识洪太的丈夫，这便是杜的妹夫。饶士磐与杜明早乘西安船回省，中大的书，这样合浦珠还了。（第 866 页）

杜定友赴港收回的除 171 箱外，还应加入太古仓第 6 号仓 100 箱中属于中大的那一部分。杜虽说全部收回，但没有说有否遗失。据《陈君葆日记》1946 年 1 月 22 日所载失去的已 28 箱。当香港存书运回石牌、开箱整理时，因为总馆没有自己的馆舍，寄人篱下，暂借机工系楼下两个房间办公，及后筹设两个小得可怜的参考室和特藏室。由于缺乏馆舍，又无原来寄存书目录核对，只得将香港运回的碑帖交回学院文科研究所管理；志书分到文学院分馆管理；善本书，总馆成立特藏室管理。（至于有些其他图书，则按类别分到有关分馆管理。）

约1946年，国民政府从日本追回国立中山大学所属图书147箱，有图书目录清册，计中日文之部8347册，外文2833册，共11180册。所列目录中，有些属善本书（已归入总馆特藏室善本书库），由此足以证明《陈君葆日记》所说缺28箱有了一定的佐证。寄存香港的书，照上述情况分析，有些损失，但后来有些从日本追回。这样，对于寄存香港的书，仍作全部收回统计。（但碑帖有否损失依然存疑，附后。）

从日本追回的书，在杜定书《我与中大》的叙述中未见反映，可能不是亲自经手而忽略遗漏了。

在《我与中大》第10章《胜利》中，还谈及从澄江运回3万册。（注：澄江运回的书，应属于撤退广州时抢救出来的一部分及在云南时期征集到的一部分，不属沦陷损失收回的书。）

《棠棣集——杜定友先生服务中大图书馆十周年纪念特刊》，集里有杜定友《十年忆语》附《十年来中大图书馆藏书及馆员人数比较统计图》，其中所列：

  民国二十六（1937）年藏书212761册，民国二十六应作年度看（1937—1938），这个数字代表原藏图书数字（21万册）。但杂志没有列入，加入9万册杂志，即原藏号称30万册了。（对于杂志册数的理解，应包括单本杂志在内。）
  对于寄存香港的书，统计图列为25708册。1941年香港沦陷，曾估计遭受损失。（当然，抗日战争胜利后收回了。）

综合上述种种分析，中山大学图书馆于1938年广州沦陷后损失图书的数字，可以这样的方式统计：

（1）将原藏书数212761册，减去事前移存香港的图书25708册，再减去撤退广州前抢救出来的5万余册，便是当时图书的损失数。

212761 − 25708 − 50000 = 137053册，加杂志9万册，合计损失227053册。

（2）1945年坪石、乐昌沦陷损失图书估计5000册（指其中属于广州抢救出来部分）。

两次图书损失 137053 + 5000 = 142053 册
杂志损失   90000 册
   合计232053 册

但是，抗日战争胜利后，复员返广州，通过各种渠道，收回部分图书，应在损失中减去。

收回图书：
东亚研究会   2000余册
伪"广大（广东大学）" 18000余册
连新路日人货仓   3300余册

日本追回　　　　　　　　　　11180 册
　　共收回 34480 册
图书损失　　142753 - 34480 = 108273 册
杂志损失　　　　　　　　　　90000 册
　　合计 198273 册

概括来说，图书损失 11 万册，杂志损失 9 万册，合计损失 20 万册，对比原藏 30 万册，损失占了 2/3。

刘少雄　2006 年 4 月 15 日

〔注：有些资料参考刘少雄《国立中山大学图书馆坪石乱离期间馆务赓续的一角落》(稿本)〕

复查有关资料，在坪石、乐昌沦陷后图书的损失，再作如下的分析：

据中大图书馆民国二十九年度工作报告（第六次）1940 年 7 月—1941 年 6 月油印本所载：离澄（云南澄江）前总馆藏书 111560 册，装 777 箱。以此分析，每箱平均装 143.5 册，可作每箱装 150 册计算。（当时的木箱体积不大，适应战时交通不便，以骡子、人力挑担为度。）

坪石危急时，抢运到乐昌的图书 130 箱。（注：这只是复课时文、法、工 3 个分馆运回的一部分，并不是早期疏散到湖南及连县的全部。复课时未运回的图书还很多。）以每箱装 150 册计，共 19500 册，可作 20000 册计算。抗日战争胜利后，在乐昌收回 7000 余册，损失只是 13000 册，其中 5000 册作为从广州抢救出来的图书。

师分馆（在乳源管埠）复课时运回图书 60 箱，每箱按 150 册算，有 9000 册，抗日战争胜利后收回 2000 余册，损失 7000 册（不含从广州抢救出来的图书）。在乐昌和坪石（实际是在管埠的师分馆）两地损失的图书合计为 2 万册。

附录一：

关于碑帖的损失问题

碑帖问题谈论较少，过去谈得多的是图书的损失。中山大学过去所藏碑帖 3 万张，数字是确实的，也见诸多种文献。抗日战争以前，保存完整。广州沦陷前，将碑帖视为珍贵文献，为了安全，与善本书、志书等移存香港九龙货仓。

据中大图书馆工作报告（第三次）民国二十六年度（1937 年 7 月—1938 年 6 月）表 1 所载，当时碑帖装 19 箱（3 万张）。

抗日战争胜利后，从香港收回时，碑帖交由文学院文科研究所管理。院系调整后，20 年代前期，文学院把碑帖交归图书馆管理。由于人力及水平所限，图书馆一直没有整理，也没有清点过，只能放在书柜里保存。这批碑帖在文学院期间，由历史学系教师及高年级学生（现哲学系退休教授李锦全，当时是毕业班）曾参与整理工作，并以练习本登记碑帖目录有16本。2003年，特藏部据练习本的碑帖目录做过点录工作，除有一些空号外，碑帖统计有13150种，估计约3万件。过去图书馆所写的概况都以原藏3万张为底线，加上后来入藏的，把碑帖说成有3.5万张。2001年《图书馆读者手册》第10页仍列碑帖3.5万件。而2003年编印的《中大图书馆概况》第14页，碑帖已改为2万件。这种数字的改动，因而引出寄存香港的碑帖3万张是否有所损失的问题。如果特藏部能把中大馆过去有封套的碑帖，每套检查其张数，把数字统计出来，碑帖有否损失就比较清楚了。

附录二：

中山大学图书馆特藏部碑帖清点总结报告（摘要）

特藏部碑帖组

2007 年 4 月 17 日

清点时间：2006 年 12 月—2007 年 4 月，经过 3 个月（寒假未清点）的时间，清点工作完成。

主要清点人员：施安昌、马德鸿、钟稚鸥、丁春华、李卓、李景文、张雄豪。

清点后现有 37519 张（某些品种有复份，仍作单张统计）。

清点的碑帖分：①购买。以当年顾颉刚先生从江浙等地购买经整理有袋装的部分，据原文献统计有 33999 张。此次清点后有 30780 张，与原总数 33999 张相去不算太大，中大馆经历多次搬迁、劫难，有所损失在所难免。②捐赠。馆内外学者捐赠及"文革"被抄家无人认领的碑帖，其数字是：37519 - 30780 - 197 = 6542 张。③新拓。197 张。

2008 年 5 月 18 日摘录

参考资料

（1）《陈君葆日记》（上下册），香港商务印书馆 1999 年版（书号 K825.46/912，书藏本馆台湾文献馆。此馆在图书馆四楼，面对大钟楼，原总办公厅）。

（2）王子舟：《杜定友和中国图书馆学》，北京图书馆出版社 2002 年版。

第 251 页引杜定友《国难杂作》（第 76 页）：1 月 28 日复弟杜定德函……现馆中贵重图书装箱移安全地点，即指馆内全部善本书、志书 20000 余册，整套杂志 1000 余册，碑帖 30000 余张，共装 199 箱，移存香港九龙货仓。（注：复弟杜定德函，即指后的内容，为王子舟引证杜定友有关资料的诠释。）

第 259 页引黄梁《中大图书馆》（载《先驱》8 月 20 日）：该馆馆藏在石牌时，计有 264681 册，抗日战争移存香港图书总有 70829 册，碑帖 3 万余张。广州沦陷后，损失图书 169364 册。后运至澄江有 69609 册。[注：黄梁文引用移存香港图书的数字是中大图书馆第三次工作报告（1937 年 7 月—1938 年 6 月）表 1 的数字。当时，装箱 320 箱 70829 册，碑帖 3 万张。但并没有按原定计划实施。后来寄存香港的图书是 199 箱，25708 册，碑帖 3 万张。]

第 270 页：广州沦陷前，中大图书馆曾移存香港珍贵图书 200 余箱，香港沦敌手后则不明去向。日本投降后，杜定友托港大图书馆主任陈君葆、北平图书馆办事处（驻港）何多源查访。不久闻《香港政府公报》载：九龙仓有中国古书等约 320 箱，定于 1 月 18 日由敌产管理处招商开投。杜定友旋托陈君葆、何多源前往接洽，暂缓开投。经抽查，这批图书有广东省立图书馆印章者甚多，亦为杜定友追踪数月之久一批书。据报载，当时有意大利领事罗斯，借日军之力，带数部卡车四处搜刮古物古书，满载而归。其后因欧战爆发，该领事经济断绝，乃将此批图书以 150 万军票（日本占领期货币）

转售予台湾总督府。1月21日，陈、何二人又在香港永源仓发现图书173箱，图书上有中大图书馆印章，此即为当时中大寄存九龙仓者。去年（1945）7月，经敌发现，由其兴发运营团移至西环永源仓存放。这两批图书之重现，使杜定友欢忻若狂。经省港双方交涉，杜定友赴港进行接收运回。两批图书计有35686册，古物等721件。归省图书馆的有27466册，320箱，归中大图书馆的善本书、志书、碑帖有173箱。3月16日，中大173箱图书经西安轮船廉价代运抵于广州。省馆320箱不久也转广九路由同安公司昌盛运输行代运回省。杜定友回广州时，将中英文化教育董事会赠中大西文书8大包、美国图书馆协会赠该校图书6包一并运回［参见：香港《新生晚报》3月11日（1946），广州《大光报》3月18日（1946），杜定友《广东文化论丛》，天成印务局1949年版，第70～77页］。（注：王子舟此书对中大收回寄存香港图书的叙述，可与《陈君葆日记》互相印证，以了解更多曲折的情况。）

　　（3）《国立中山大学现状》，民国三十二年（1943）五月，金曾澄序。教务处（戊）图书馆（见第31页）（摘录）：羊城之变，仓皇抢救，除善本图书共199箱、事前移存九龙仓外，临时复迁出211箱，计图书53847册，随校西迁，其余不及迁运者几十万余册。民国二十九年（1940）七月十六日，奉命迁回粤北，总馆344箱，分馆433箱（在澄江共装箱777箱）。八月二十九日，首批迁出澄江。两年来共运到393箱，待运384箱，仅运回31799册。各分馆在澄江时，并未归总馆统筹办理，留澄图书，确数未详。［注：此报道：①广州沦陷抢救出图书211箱53847册，与杜定友《我与中大》一文299箱，5万余册，箱数有出入，册数则更具体；②明确指出寄存香港图书为199箱；③在澄江装箱图书777箱，运返坪石仅393箱31799册（分馆图书，在澄江并未归总馆统筹管理）。］

2006年7月

中山大学图书馆图书移交清单

(1952 年院校调整)

1953 年 8 月列表

院校调整后中山大学图书馆图书移交清单

类别	数量 单位	原有藏书（册）	移出（册）						移入（册）
			移交南京大学天文系	移交中南矿冶学院地质系	移交华南师范学院	移交华南工农学院附小	移交华南农学院	移交华南工学院	移出合计	移交新中山大学
图书	中(日)文	190272	91	1015	14885	841	17480	13949	48261	142011
	外文	66248	168	558	4378	—	20566	6358	32028	34220
	共计	256520	259	1573	19263	841	38046	20307	80289	176231
杂志	中(日)文	35737	—	443	3292	223	1995	1461	7414	28323
	外文	53320	285	1703	7193	—	3592	11669	24442	28878
	共计	89057	285	2146	10485	223	5587	13130	31856	57201
书志合计		345577	544	3719	29748	1064	43633	33437	112145	233432
图表		1086	34	524	89	36	68	48	799	287

注：医分馆员工和藏书，原属图书馆建制。1951 年 10 月，中大医学院改归中南区教育部、卫生部直接领导，脱离中山大学建制。归改制后的医学院领导。医分馆的藏书，在改制后已核减，此表没有列入。医分馆员工和藏书，归改制后的医学院领导。

中山大学图书馆院系调整后（1952 年 11 月—1980 年）增加图书统计表

（1981 年 4 月 22 日制）

年份	中文书 册数	中文书 登记号	日文书 册数	日文书 登记号	西文书 册数	西文书 登记号	俄文书 册数	俄文书 登记号	东方文书 册数	东方文书 登记号	合计（册数）
1952（1—12）	6727	0001～6727	—	—	—	—	—	1952 年 11 月 9 日起至 1954 年 3 月 31 日止俄西文同簿登记	—	—	这 4 年俄西文合簿登记不再分年计出，中外文合计如下数：134109
1953	44032	6728～50759	—	—	7823	—	14886		—	—	
1954	34243	50760～85002	—	—	—	—	—	00001～22350（另重号 466）	—	—	
1955	26104	85003～111186	—	—	—	—	107	14994～15100	—	—	
1956	43338	111187～155564	1040	（九）282,（十）700,（十一）58	3090	56,1,26 按西文数重新编号 7824～10913	5558	15101～20658	—	—	53026
1957	28172	155565～184880	1144	（4）128,（5）694,（6）174,（8）25,（9）68	7236	10914～18149	7188	20659～27746	2	（6）1,（7）1	43742
1958	21693	187001～204219, 187001～327（重号），300000～301062,184881～187327,400000～76,500000～500701	142	（9）10,（10）65,（11）42,（12）25	5681	18150～23830	6949	27847～34795	2	（12）2	34467
1959	40170	204220～235972,240001～240753,243001～244146,301063～306453,400074～401718,500702～501841	1673	（14）2,（16）378,（17）55,（18）47,（19）1146,（25）23,（26）3,（27）19	9109	23831～32939	6405	34796～41200	—	—	57357

续上表

年份	中文书 册数	中文书 登记号	日文书 册数	日文书 登记号	西文书 册数	西文书 登记号	俄文书 册数	俄文书 登记号	东方文书 册数	东方文书 登记号	合计（册数）
1960	29028	235973~240000,240754~243000,244147~263000,295001~295825,275001~277125,(277630~278873 重号)	295	(23)1,(24)100,(25)16,(26)58,(27)45,(28)6,(29)57,(30)12	3144	32940~36083	8152	41201~49352	—	—	40619
1961	16676	263798~264467,295826~298857,279474~293233	786	(29)481,(30)305	4592	36084~40675	6710	49353~56062	11	(29)11	28775
1962	24424	264468~269757,277126~278873,293234~295000,298858~299999,306454~316713,401719~403657,(277126~278873 重号)	470	(29)96,(30)45,(32)171,(40-1)158	8364	40676~49039	13363	56063~69425	3	(40-1)3	46624
1963	18330	269768~273604,316714~330174,403658~405113	434	(32)61,(33)68,(34)193,(40-1)110	8537	49040~57576	181	69426~69606	—	—	27482
1964	23531	273605~275000,330179~350480,405114~406898,501842~502729	840	(35)63,(36)519,(37)34,(40-1)224	11554	57577~69130	3713	(内特刊723)69607~74042	—	—	39638
1965*	17253 (373801)	350481~366329,406899~408103,502730~503554	626* (7450)	(31)171,(38)158,(40-1)291	6854* (75984)	69131~75984	3706* (77025)	74043~77748*	(18)	—	28439* (534278)
1966	5231	366,330~370810,408104~408747,503555~503901	241	(38)94,(40-1)147	2693	75985~78677	2252	77749~80000	—	—	10417
1967	6150	370811~370917,370918~371175,408???~408872,503902~503937	360	(39)270,(40-1)90	3648	78678~82325	1725	80001~81725	16	(39)7,(40-1)9	11899
1968	757	377176~377833,408873~408991	160	(39)20408992~409131	3631	82326~85956	×	—	—	—	4548
1969	1032	377834~378979	114	(39)114	×	—	×	—	—	—	1146

续上表

年份	中文书		日文书		西文书		俄文书		东方文书		合计
	册数	登记号	册数	登记号	册数	登记号	册数	登记号	册数	登记号	(册数)
1970	5300	378980～384538	154	(39)154	×	—	×	—	105	(39)105	5559
1971	13493	384539～398184	228	(40)4849132～409311	3139	85957～89095	3	81726～8	1	(40)1	16864
1972	18675	398185～401539, 501842～517193	1449	(40)3240 9312～410728	4535	89096～93630	739	81729～82467	—	—	25398
1973	22426	517194～539619	614	410729～411342	3165	93631～96795	612	82468～83079	—	—	26817
1974	24821	539620～547186, 7400001～7417254	1027	411343～411477, 7450001～7450892	2701	96796～97396, 7470001～7472100	835	83080～83252, 7490001～662	—	—	29384
1975	29447	00001～29347, (05201～5300 重号)	730	0001～730	3085	0001～3085	850	0001～850	3	001～3	34115
1976	25400* (152738)	29348～54753	377* (5454)	731～1107	2338* (28935)	3086～5423	1003* (8019)	851～1853	11* (136)	004～14	29135* (195282)
1977	21217	54754～75970	671	1108～1778	2976	5424～8399	888	1854～2741	4	015～18	25756
1978	41115	75971～115629, (0)0001～1456	873	1779～2651	5851	8400～14250	1191	2742～3932	17	019～35	49047
1979	57197	115630～171606, (0)1457～2676	1237	2652～3888	9049	14251～23299	568	3933～4500	8	036～43	68059
1980	54371* (173900)	171607～224747, (0)2677～3906	1503* (4284)	3889～5391	11376* (29252)	23300～34675	2400* (5047)	4501～6900	4* (33)	044～47	69654* (212516)
合计	700439	—	17188	—	134171	—	90991	—	187	—	942076

注：据图书登记簿统计，杂志不计入内。＊表示分阶段增加累积数。日文、东方文登记号栏（）内数字是登记簿编号，数目字则是册数。

中山大学图书馆分阶段藏书统计表

1952年10月院系调整起至1980年12月
(1981年4月29日制表)

图书部分（报刊另作统计）

年份	数量	中文（册）	日文（册）	西文	俄文	东方文	合计	共计（册）
新中大图书来源为1952年10月院系调整后	石牌中大	132871	9140	31407	2813	—	43360	176231
	岭大	166719	403	40000	—	—	40403	207122
	华南联大	106277	—	7301	—	—	7301	113578
	法商	16000	—	—	—	—	—	16000
	合计	421867	9545	78708	2813	—	91064	512931
1952年11月—1965年累积增加数		373801	7540	75984	77025	18	160477	534278
1965年应有数		795668	16993	154692	79838	18	251541	1047209
1952年11月—1965年累积注销数		26454	—	964	577	—	1541	27995
1965年实藏数		769214	16993	153728	79261	18	250000	1019214
1966—1976年累积增加数		152738	5454	28935	8019	136	42544	195282
1976年应有数		921952	22447	182663	87280	154	292544	1214496
1966—1976年累积注销数		45080	—	17155	5169	—	22324	67404
1976年实藏数		876872	22447	165508	82111	154	270220	1147092
1977—1980年累积增加数		173900	4284	29252	5047	33	38616	212516
1980年应有数		1050772	26731	194760	87158	187	308836	1359608
1977—1980年累积注销数		5000	—	—	—	—	—	5000
1980年实藏数		1045772	26731	194760	87158	187	308836	1354608

中山大学图书馆历年应注销图书册数

1951 年 11 月—1979 年
(1981 年 4 月 28 日制表)

	项　目	中文（册）	西文（册）	俄文（册）	合计（册）
1	1952年11月—1957年2月公开阅览室四次清点遗失	744	—	—	744
2	1958年调给暨南大学	25496	916	577	26989
3	1960年调给暨南大学（经济统计类）	—	48	—	48
4	1960年1月调给广州外语学院	107	—	—	107
5	1961年调给暨南大学（新闻学类）	24	—	—	24
6	1962年调给内蒙古大学	83	—	—	83
7	1965年以前注销数	26454	964	577	27995
8	1966年5月5日出让给《羊城晚报》	746	—	—	746
9	1969年调去广州外语学院	(5244)	(16155)	(4169)	(25568)
10	1973年2月21日大庆油田	62	—	—	62
11	1974年5月调给本省各高等院校	5576	—	—	5576
12	1975年交广州古籍书店处理	(20000)	—	—	(20000)
13	1976年11月调给唐山市图书馆	280	—	—	280
14	1976年11月调给开滦煤矿党校	172	—	—	172
15	1976年以前历年借失、遗失、损坏	(13000)	(1000)	(1000)	(15000)
	1966—1976年注销数	45080	17155	5169	67404
	1978年调给经济系回暨南大学	(5000)	—	—	(5000)
	注销图书合计	76534	18119	5746	100399

注：( ) 内数字为估计数，估计方式另作说明，其余数字都有清册为凭。

总馆外文图书清点后统计表

截至1980年12月
（1981年7月制表）

	西文		俄文		日文		
	种	—		种	—		种	—
0	442	539	0	733	753	0	280	319
1	1075	1342	1	426	467	1	427	580
2	1300	1540	2	109	135	2	137	208
3	5103	10064	3	4585	6484	3	589	753
4	699	1127	4	859	2427	4	647	873
5	6750	9825	5	4676	5732	5	1290	1830
6	3540	4507	6	3049	4493	6	65	82
7	625	724	7	590	663	7	637	982
8	812	1340	8	2439	3546	8	1606	2967
9	3521	4916	9	1622	2021	9	247	279
合计	23867	35924	合计	19088	26721	合计	5925	8873
杜威分类法			杜威分类法			刘国钧分类法		

续上表

		西 文		俄 文		日 文	
		—	种	—	种	—	种
简 编	0	—	—	—	—	—	79
	1	875	971	—	—	125	252
	2	1037	1194	—	—	1359	68
	3	4340	5323	—	—	379	57
	4	526	733	—	—	267	62
	5	1277	1681	—	—	628	902
	6	1297	1706	—	—	4256	185
	7	521	571	—	—	222	176
	8	3441	4883	—	—	752	—
	9	2168	2756	—	—	746	—
	合计	15482	19818	—	—	102	1781
		种		种	合计		
Chi 中国问题	—	1321	1798	1353	8836	—	—
特藏	—	278	279	伏老	种	—	—
202善本	—	354（包括各国文学）	437	—	849	1309	—
新分类法	A	—	—	—	8	22	—
	B	—	—	—	198	209	—
	C	—	—	—	9	10	—

续上表

	西文		俄文			—	日文		
	种	册	种	册	—		种	册	—
D	—	—	—	—	—	—	122	133	—
E	—	—	—	—	—	—	4	5	—
F	—	—	—	—	—	—	72	75	—
G	—	—	—	—	—	—	56	60	—
H	354	5854	—	—	—	—	—	—	—
I	674	1122	—	—	—	—	—	—	—
J	19	24	—	—	—	—	—	—	—
K	207	343	—	—	—	—	—	—	—
N	23	29	—	—	—	—	—	—	—
O	293	1082	—	—	—	—	—	—	—
P	43	97	—	—	—	—	—	—	—
Q	28	103	—	—	—	—	—	—	—
R	17	38	—	—	—	—	—	—	—
S	13	13	—	—	—	—	—	—	—
T	134	277	—	—	—	—	—	—	—
Vu	5	11	—	—	—	—	—	—	—
X	7	9	—	—	—	—	—	—	—
合计	1817	9002	—	—	—	—	469	514	—
孔安道 —	415	497	—	—	—	—	—	—	—

新分类法

孔安道

续上表

		西文			俄文			日文		
		种			种			种		
工具书	中区2楼	1875	3228	—	556	799	—	511	715	—
	东区2楼	318	514	—	—	—	—	—	—	—
	东区4楼	734	1201	—	—	—	—	—	—	—
	合计	2927	4943	—	556	799	—	511	715	—
总计	—	52732	72698	—	20997	28913	—	7754	22028	—
工具书	—	3994	6457	—	—	—	—	—	—	—
外文书	—	81483	123639	—	—	—	—	—	—	—

中山大学图书馆和各系资料室藏书一览表

（截至 1980 年 12 月）

	图书(册)							期刊(册)					报纸(份)		合计
	中文			西文	日文	俄文	其他文	中文	西文	日文	俄文	其他文	中文	外文	
	善本	线装	一般书												
总馆	22565	264140	492810	126513	24498	34316	—	54518	21285	1307	3254	56	7955	1515	1054742
中文系	—	16267	46383	156	130	—	—	5646	—	—	—	—	1587	—	70169
历史系	—	18672	34964	5711	806	4661	—	3569	1659	367	367	—	1033	285	72094
哲学系	—	1147	25757	440	154	640	—	1948	81	11	180	—	2644	—	33002
外语系	—	—	11032	31853	2016	4149	—	487	1554	79	414	—	—	2062	53646
经济系	—	—	14789	914	403	125	—	1015	636	68	112	—	720	—	18782
法律系	—	—	4250	—	—	—	—	84	10	—	—	—	—	—	4334
社会系	—	—	659	664	5	—	—	56	—	—	—	—	—	—	1394
人类系	—	—	1311	67	20	—	—	287	200	12	12	—	—	—	1909
东南亚历史所	—	407	3049	1956	223	349	176	596	807	57	74	118	1575	479	9866
人口理论室	—	—	377	560	—	—	—	90	30	—	—	—	—	—	1057
数学力学系	—	—	20387	11807	949	6550	—	1437	5428	324	1074	—	—	—	47956

续上表

	图书(册)							期刊(册)					报纸(份)		合计
	中文			西文	日文	俄文	其他文	中文	西文	日文	俄文	其他文	中文	外文	
	善本	线装	一般书												
总馆	22565	264140	492810	126513	24498	34316	—	54518	21285	1307	3254	56	7955	1515	1054742
物理系	—	—	32560	14251	3332	8586	—	2783	10172	423	1759	—	—	—	73866
化学系	—	—	12089	12185	1889	4556	—	2078	12580	1447	3296	—	—	—	50120
地理系	—	1500	28930	4881	376	8990	—	2488	3522	236	1285	—	—	—	52208
生物系	—	—	23855	7855	520	6210	—	5723	10393	705	1834	—	—	—	57095
中山纪念室	—	—	150	50	—	—	—	—	—	—	—	—	—	—	200
1981—1982年10月购进	—	—	78640	7723	1460	2295	57	—	—	—	—	—	—	—	90175
1981—1982年10月赠阅	—	—	3258	7601	—	—	—	—	1768	—	—	—	—	—	12627
合计	22565	302133	835242 (835250)	235197 (235187)	36651 (36781)	81557 (81427)	233	82805	70125	5036	13661	174	15514	4341	1705232

注：①总馆及各系资料室已清点书刊共约1336000册；②各系资料室未经清点书刊共约37000册；③总馆未经清点书刊共约332000册。其中，①1981—1982购进和赠送书刊共约103000册；②女生宿舍楼顶估计存书刊共约116000册；③旧生物楼顶估计尚有、未清点图书：7000册；④东区馆估计存书刊约21000册；⑤西文特刊约25000册；俄文特刊（东馆202）约2000册。中外报纸：593份；中外文期刊：18830册；毕业论文：11285份；碑帖：13248册；东文共约13836册。

中山大学图书馆撤销图书清册（20633 册）

1982 年 6 月 25 日经副校长刘嵘批准，1982 年 9 月 20 日由康灿然押送到纸厂化浆处理。

校长：

50 年代由于政治课教学需要，我馆购入毛泽东著作小册子一大批（主要是《毛泽东选集》第一卷各篇），每种从 100 本到三四百本，以供学生作为课本借用。选购这些小册子在当时是必要的。后来《毛泽东选集》第一、二、三、四卷和四卷合订本以及《毛泽东著作选读》甲乙种本大量印行，我馆亦购入相当数量，已足供学习之用。因此，对于大量重复的毛著单行本小册子，除每种酌留少量（五册）做版本保存外，其多余复本拟撤销。撤销后，如赠送不出去，则送去纸厂妥善处理。是否可行？请批示。

图书馆
1982 年 6 月 15 日

表 1 《毛泽东选集》（主要是第一卷）单行本过多的小册子

索书号	书　名	册　数
A4222603	中国社会各阶级的分析	631
A4222703	湖南农民运动考察报告	600
A4222810	中国的红色政权为什么能够存在？	600
A4222912	关于纠正党内的错误思想	92
A4223001	星星之火　可以燎原	622
A4223005	反对本本主义	441
A4233401	关心群众生活，注意工作方法	73
A4223512	论反对日本帝国主义的策略	619
A4233612	中国革命战争的战略问题	638
A4233705	中国共产党在抗日时期的任务	644
A4243707	实践论	172
A4233707－2	反对日本进攻的方针、办法和前途	411
A4243708	矛盾论	162
A4233708－2	为动员一切力量争取抗日战争胜利而斗争	400

续上表

索书号	书 名	册 数
A4243709	反对自由主义	25
A4243711	上海太原失陷以后抗日战争的形势和任务	357
A4243805	论持久战	379
A4243805-2	抗日游击战争的战略问题	33
A4243810.2	中国共产党在民族战争中的地位	30
A4243811	统一战线中的独立自主问题	356
A4243811-2	战争和战略问题	400
A4243905	青年运动的方向	613
A4243905-2	被敌人反对是好事而不是坏事	447
A4243910	《共产党人》发刊词	418
A4243912	中国革命和中国共产党	646
A4244001	新民主主义论	597
A4244002	新民主主义的宪政	18
A4244003	目前抗日统一战线中的策略问题	414
A4244012	论政策	305
A4244103	《农村调查》的序言和跋	67
A4244105	改造我们的学习	401
A4244111	在陕甘宁边区参议会的演说	10
A4244202	反对党八股	215
A4244202-2	整顿党的作风	325
A4244205	在延安文艺座谈会上的讲话	11
A4244306	关于领导方法的若干问题	19
A4244311	组织起来	300
A4244404	学习和时局	262
A4244504	论联合政府	354
A4244508	抗日战争胜利后的时局和我们的方针	371
A4244510	关于重庆谈判	466
A4244608	和美国记者安娜·路易斯·斯特朗的谈话	472
A4244712	目前形势和我们的任务	563
A4254801	关于目前党的政策中的几个重要问题	468

续上表

索书号	书　名	册　数
A4254804	在晋绥干部会议上的讲话	437
A4254809	关于健全党委制	476
A4254812	将革命进行到底	471
A4254903	在中国共产党第七届中央委员会第二次全体会议的报告	500
A4254906	论人民民主专政	881
A4254908	评白皮书	479
A4255006	在中国人民政治协商会议全国委员会第一届第二次会议上的讲话	321
A4255006-2	为争取国家财政经济状况的基本好转而斗争	69
A4265306	最伟大的友谊	12
A4265507	关于农业合作化问题	12
A4265604	论十大关系	12
A4266509	中国共产党第八次全国代表大会开幕词	64
A4265702	关于正确处理人民内部矛盾的问题	20
A4265703	在中国共产党全国宣传工作会议上的讲话	422
A4265711	在苏联最高苏维埃庆祝伟大的十月社会主义革命四十周年会议上的讲话	16
A4265804	介绍一个合作社	166
A4265810	毛泽东同志论帝国主义和一切反动派都是纸老虎	9
A4266201	在扩大的中央工作会议上的讲话	11
A4266305	人的正确思想是从哪里来的	444
A4266308	全世界人民团结起来，打败美国侵略者及其一切走狗	66
A4266312	加强相互学习，克服固步自封、骄傲自满	21
A4266804	中国共产党中央委员会主席毛泽东同志支持美国黑人抗暴斗争的声明	1
A4267005	全世界人民团结起来，打败美国侵略者及其一切走狗	5

表 2　其他版本过多的小册子

索书号	书　名	册　数	
571236	论国家	78	仍保留用或做交换赠送
576.8L36-1	社会民主党在民主革命中的两个策略	52	
576.818S81	在联共（布）第十四次代表大会上关于中央委员会政治工作的总结报告	44	
576.818S81	在联共（布）第十五次代表大会上关于中央委员会政治工作的总结报告	33	
576.818S81	在第十七次党代表大会上关于联共（布）中央工作的总结报告	52	
576.818S81	在第十八次党代表大会上关于联共（布）中央工作的总结报告	41	
119.1L36-5	马克思主义的三个来源与三个组成部分	35	
119.2S81-8	辩证唯物主义与历史唯物主义	122	
119.1S81-11	论列宁主义基础，论列宁主义的几个问题	18	
571.11S81-6.1	马克思主义与民族问题	11	
574.4833S81-4	在莫斯科城斯大林选区两次选民大会上的演说	29	
748.283S81-4	十月革命的国际性质	85	
	再论我们党内的社会民主主义倾向	2	
	社会民主党在民主革命中的两个策略	3	
	苏联社会主义经济问题	35	
	列宁斯大林论中国	12	
	民族问题与列宁主义	66	
	论苏联伟大卫国战争	2	
	共产主义的"左派"幼稚病	1	
	在联共（布）第十六次代表大会上中央委员会的政治报告与结论	5	
	在中国人民政治协商会议第一届全国委员会第四次会议上的政治报告（周恩来）	137	
	中国共产党第八次全国代表大会关于发展国民经济的第二个五年计划（1958—1962）的建议——关于发展国民经济的第二个五年计划的建议的报告（周恩来）	20	

续上表

索书号	书　名	册　数
	政治工作学习文件（关于纠正党内错误思想；中共中央军委扩大会议关于加强军队政治工作决议）	53
	干部学习文选（列宁主义万岁）	20
	政治学习文选（21）（当时《人民日报》社论三篇）	15
	政治学习文选（31）（当时社论三篇）	5
	基层学习辅导（1）（学习《毛泽东选集》二篇）	39
	基层学习辅导（11）（学习《新民主主义论》）	1
	假四清真复辟	15
	更大规模地展开热烈的拥军爱民运动	11
	无产阶级专政下进行革命的理论武器	23
	伟大毛泽东时代的英雄集体——32111钻井队的光辉事迹	21
	《修养》的要害是背叛无产阶级专政	20
	毛泽东思想威力无穷（黄山洞农民学毛著经验）	8
	伟大的战略措施	
	为加强无产阶级专政而斗争（上海市革委会1967年6月2日决议）	13
	伟大领袖毛主席亲自领导的无产阶级文化大革命形势空前大好；成绩最大最大最大	13
	中共中央给全国农村人民公社贫下中农和各级干部的信 中共中央给全国厂矿企业革命职工革命干部的信	14

表1、表2中图书累计共105种，21516册。

中山大学图书馆过去入藏图书的一些情况

一、各校入藏图书要目

（一）中山大学

1. 顾颉刚教授为中大藏书购入古籍 8 万余册。
2. 购入桂林唐氏藏书。
3. 1946 年，国民政府教育部拨来古籍 33000 余册，其中不少善本。
4. 1946 年，日本岩波书店开始向中大赠书，连续至今。
5. 陈公睦赠送陈澧遗书、遗稿、遗物。
6. 商衍鎏赠书。
7. 岑仲勉赠书及手稿。
8. 容庚赠书。
9. 冼玉清遗书。
10. 陈寅恪遗书。

（二）岭南大学

1. 社会人士赠书。
2. 校友赠书。
3. 徐甘棠赠书古籍 2 万余册，其中善本 14 种（传世孤本明正德刊嘉靖增补本《四川志》极其珍贵）。
4. 王亦鹤赠杂志 100 种 1000 册。
5. 梁少文赠积存数十年的报纸全份。
6. 购入温氏所藏曾钊面城楼旧藏。
7. 选购徐信符南州书楼藏书 102 种 280 册（珍本《粤大记》在内）。

（三）广州大学

1. 《学津讨原》20 集 120 种 200 册，丛（丙）38 一箱。
2. 《渊鉴类画》450 卷 120 册，子（丙）259 一箱。
3. 《九通》9 种 1000 册，史（丙）260 分装 5 箱。
4. 秦庆钧教授向广州大学赠送"二十四史"等大部头古籍数部（书箱装载，现存古籍部）。
5. "二十四史" 24 种 850 册，史（丙）259 分装 5 箱。
6. 四部大书共 2170 册。

（1952年院系调整）后，校外大批（或重要）赠书，采购部门都有纪录可查。

2003年11月18日

二、中山大学图书馆过去入藏图书的一些情况

1. 据国立中山大学图书馆民国十六年度（1926—1927）年报所载：顾颉刚前往京沪杭宁各处采购各种旧籍8万余册，共装150余大箱。

2. 据国立中山大学图书馆民国十七年度（1927—1928）年报（载《图书馆周刊》3，第6页），1928年7月22日：顾颉刚赴沪杭添购中文87187册。

以上两报所载都是同一件事，后者册数更具体。

3. 据《图书馆周刊》6，第1～4期合刊（1929年2月1日出版）：本期为《本馆旧书整理部年报专号》，其中有卷头语（顾颉刚）。这是总结购书过程，从拟定购书计划、经费预算、购入书刊数量、用去时间等，都做了说明（摘要见背面）；旧书整理部一年来办理之经过（蒋径三），本馆所藏善本图书目录（黄仲琴、顾颉刚），本馆所藏碑帖目录（黄仲琴）。

当时所藏善本书和碑帖，基本上都能保存至今。广州沦陷前，中大馆所藏善本书和碑帖已移存香港太古仓，香港沦陷时受一定影响，抗日战争后取回广州。（后来据香港大学冯平山图书馆馆长《陈君葆日记》，有些存书遗失。）

4. 据《图书馆周刊》6，第5～6期合刊（1928年2月15日出版）：国立中山大学图书馆北平抄书部计划书（李泰初）。当时抄书部所抄者目前能见到的是《蒙古车王府曲本》，这大批曲本亦因与善本书、碑帖一起移存香港以保存至今。

5. 购入桂林唐氏藏书（情况另列）。

三、卷头语（顾颉刚）

摘录：

去年夏间，我来广州，承本校邀我到江浙一带购买图书，当时曾经拟过一个计划书，分应购求的图书为十六类：一、经史子集及丛书；二、档案；三、地方志；四、家族志；五、社会事件之记载；六、个人生活之记载；七、账簿；八、中国汉族以外各民族之文籍；九、基督教会出版之书籍及译本书；十、宗教及迷信书；十一、民众文学书；十二、旧艺术书；十三、教育书；十四、古籍简集；十五、著述稿本；十六、实物之图像。

这是希望把各方面的材料都粗粗搜集完备的，所以，计划书上曾说分为12期，每期6万元，于10年内完成。实在说起来，以中国这样大又这样古的一个国家，用了这些钱来搜集这些材料，只能说过省，不能说过奢。

这样做了5个月（从5月中到10月中），第一期6万元尚未用完，而学校已连电促归。总计买到的书约有11万册，碑帖约有3万张（其实图书87000余册，其余应为报刊资料）。

回到广州之后，为本校功课牵制，不能继续工作。……之后，本校经费大受打击，

亦不容继续购求。

国立中山大学《图书馆周刊》6,第1～4期合刊（本馆旧书整理部年报专号），1929年2月1日

四、国立中山大学图书馆购入桂林唐氏藏书

购入桂林唐氏藏书经过和册数，因尚未找到文字记载，情况未译，但时间应在30年代上半期邹鲁校长任内。①

唐岳，原名启华，字仲方，唐仁次子，桂林人。道光二十年庚子乡试第一，总办通省团练，叠保郎中，加鸿胪卿衔。藏书数千卷，手自批校。著有《涵通楼师友文钞》、《鹦鹉赋》12首。弟启萌，字仲实，亦勤于学问。

唐氏藏书，善本不少。当时，校长邹鲁对唐氏藏书颇感兴趣，曾借去部分阅览，并在卷端正文页盖有［邹鲁］印章。据新中国成立前图书馆老馆员何恩泽先生介绍，唐氏藏书盖有［邹鲁］印章的，并非邹鲁所有，而是他借去阅过后的一个标志而已。1978年本馆所编《古籍善本书目》仍可看到桂林唐氏藏书多种，移录于下：

0002 《易传》，十卷，附录一卷（B229/8），四册
0055 《诗外传》，十卷，二册（I222.2/1.1）
0102 《(新定)三礼图》，二十卷，二册（K892.9/3）
0253 《路史》，四十七卷（存三十七卷），八册（K204.2/9）
0266 《史记评林》，一百三十卷，三十册（K204.2/4）
0373 《吴越春秋》，六卷（存三卷一册）（K225.4/38.1）
0375 《越绝书》，十五卷，二册（K225.45/1.1）
0376 《越绝书》，十五卷，四册（K225.45/1）
0438 《晏子春秋》，六卷，二册（K827.25/1.1）
0725 《新语五卷与素书》，合一册（B828/3）
0730 《帝范四卷》，一册（B828/10）
0780 《南华经》，十六卷，八册（B222.362/3）
0788 《列子冲虚真经》，八卷，四册（B222.232/1.1）
0789 《文子》，三卷，二册（B222.131/1）
0801 《韩非子》，二十卷，四册（B221.411/1）
0932 《吕氏春秋》，二十六卷，四册（B222.421/1）
0255 《史记》，一百三十卷，六十一册（K204.2/2）
0342 《元经薛氏传》，十卷，三册（K235.4/1）
0938 《论衡》，三十卷（存六卷一册）（B234.181/1）
0939 《刘子新论》，十卷，二册（B828/2）
0970 《白虎通德论》，二卷，二册（Z429/1）

---

① 《国立中山大学现状》，"民国二十四年度，图书馆"之"六、名著善本之购订"谈道："今年邹校长亲自购买之桂林唐氏藏书善本凡三千余册，皆海内外不可多得之书。"

1035 《王子拾遗记》，十卷，二册（I242.1/9）
1036 《述异记》，二卷，一册（I242.1/8）
1063 《杨子太玄经》，十卷；《太玄图》，一卷；《说玄》，一卷，合四册（B992.1/3）
1145 《初学记》，二十卷，十八册（Z221/2）
1446 《杜工部集》，二十卷，附录一卷（I214.22/9.2），六册
1468 《韩文》，四十卷；《外集》，十卷；《遗文》，一卷；《集传》；一卷（I214.22/13.1）十九册
1469 （朱文公校）《昌黎先生文集》，四十卷；《外集》，十卷；《遗文》，一卷；《集传》，一卷（I214.22/13.3），十一册
1474 （唐大家）《韩文公文钞》，十六卷（I214.22/13.9），存六卷，三册
1500 《重订李义山诗集笺注》，三卷；《集外诗笺注》，一卷；《年谱》，一卷；《诗话》，一卷，缺卷中一卷，存三册（I222.742/36.1）
1526 《元丰类稿》，五十卷，八册（I214.42/13.1）
1531 《嘉祐集》，二十卷，四册（Z422/2）
1532 （新刻）《临川王介甫先生文集》，一百卷，目录二卷，缺失多，存五册（I214.42/14）
1533 《苏文忠公全集》，一百一十卷，四十八册（I214.42/17）
1537 《苏文忠公策论选》，十二卷，三册
1555 《淮海集》，四十卷，八册（I214.42/23）

五、抗日战争胜利后从日本追回的国立中山大学图书

（注：据所附书目清册核对，在古籍中有一些善本书，这些善本书应是中大图书馆寄存香港的善本书中遗失的。）

中日文 8347 册，西文 2833 册，共 11180 册。

六、《国立中山大学图书馆民国三十五年度工作简报》

1946 年，国民政府教育部拨来图书 69 箱 33037 册（线装古籍），其中善本书不少，如：

1. 元版：《五朝名臣言行录》等多种。

2. 明版不少，《大明一统志》90 卷，明天顺五年内府刻大字本，60 册。

据本校信息管理系骆伟教授当年参加全国善本汇总工作所知，中大馆所藏此书是全国最好最完善之本（全国所藏此书不多，都有残缺）。

3. 稿本：（济宁）"李氏靡墨亭丛书" 114 册，"师石山房丛书" 48 册，等等。

4. 抄本：〔清〕《五峰集》，鲍迂博手抄并校，《劳格朱墨笔再校本》等。另外，朝鲜刻本、日本刻本也有一批。

教育部拨来的书，属善本的已编入目录，并盖有"国立中山大学图书馆珍藏印"

的半月形印章。未入善本的线装书分配到文学院分馆（院系调整时运来康乐，已编入油印本目录）。

七、《国立中山大学图书馆民国三十五年度工作简报》

1. 敌产清理处拨来图书 66 箱 93 袋约 13000 册。
2. 日本岩波书店赠书 217 册。民国三十六年度 303 册。民国三十七年度 194 册。

关于岩波书店，新中国成立前已赠书给中山大学共 714 册。新中国成立后继续赠书，至今不断。据连珍馆长提及，当年冯乃超副校长参加以郭沫若为团长的中国科学访日代表团访问日本时，曾到岩波书店访问。据岩波书店老板说，岩波书店创办人与孙中山先生十分友好，并嘱其后人，有岩波书店一天，所出版的书都要送一本给中山大学。

何少佳同志在 1987 年（或 1988 年初）岩波书店老板岩波二雄将访问中山大学时，馆领导嘱他查找岩波二雄的资料。何从日文书刊中找到岩波二雄资料后并翻译成中文交给馆领导。岩波二雄访问中山大学时，应参观过本校图书馆。

岩波二雄查证应是岩波雄二郎。

八、从《中山大学校报》登载的有关藏书和赠书的一些情况

1. 《中山大学校报》第 68 号第 1 页（1954 年 6 月 12 日）和第 94 号第 1 页（1955 年 2 月 19 日）：图书馆整理馆藏图书发现不少有价值的革命书刊（据所知，这些革命书刊多为岭大旧藏，未做入藏处理者）。
2. 《中山大学校报》第 189 期第 4 页（1957 年 2 月 23 日）：图书馆收到两批赠书。一是陈公睦赠陈澧遗书遗物凡 50 余种共 705 册，连同字画、印章、古琴等。二是商衍鎏赠书，图书碑帖 475 种共 2443 册。
3. 同上第 189 期第 4 页（1957 年 2 月 23 日）：冼玉清《陈澧遗书》（文章）。
4. 同上第 423 号（1962 年 1 月 6 日）：岑仲勉（历史系）遗书、手稿等赠图书馆（手稿等珍贵资料，在善本室专柜保存。图书已编目，部分存历史系资料室）。
5. 《中山大学校报》（复）第 2 号第 1 页（1980 年 7 月 5 日）：容庚教授（中文系）捐献珍贵文物图书（综报），文物捐献广州美术馆，图书捐献本校图书馆。

九、广东省中山图书馆特藏部供稿中记载的关于容庚藏书

容庚先生（当代岭南四大家之一）藏书很有特色，金石文字和书画艺术的收藏比较齐全。大多数虽属普通版本，但保存完好，缺卷不多，虫口很少。在今天来说，能收集到这种程度，殊非容易，有些版本还是很难得的。

打倒"四人帮"后，容庚先生处理藏书，最初是卖书，上海古旧书店捷足先登，已选购二次。据所知，所购走的书多属新中国成立后出版的精装本画册等。后来古文字研究室曾以学校名义去函提出退款索回，但书店不肯，说书到后已转售出去了。本馆得知容庚卖书后，十分着急，与容先生协商，容同意由本馆先选购。本馆与古文字研究室都选购了一些，按质论价，都已登编入藏。校长黄焕秋知道此事后，即通知图书馆停止选购，说容先生藏书，我校全部都要，并征得容先生同意，其把藏书全部捐献，学校给

予奖励金（人民币1万元），容先生欣然接受。容先生提出，图书馆收到赠书后，开列赠书目录清册一份给他。可惜馆没有把任务落实到部门或人，没有抓紧造出赠书清册，有负容先生期望。不久新馆建成，忙于大搬迁及整理工作，而容先生腿伤骨折卧床，1983年3月6日去世，编造赠书清册一事便淡忘了。

容庚藏书绝大部分是线装古籍，只有少量中文平装书，平装书已按刘国钧法编入书库。线装古籍按中图法陆续编入古籍书库。在编容书时，曾提请多做一张卡片，另外排列，以凭将来作为容庚赠书清册之用，可惜此建议未为古籍部采纳。容庚藏书中，有一部××丛书（丛书名记不清，似是容家自定），这部丛书实为"十三经注疏"之类，由于馆藏这种书不少，这部丛书，采访部、古籍部都没有收编，后来已做复本转送校外了。

容庚的收藏中（不属图书）尚有一些珍贵资料，比如友朋名家的书信、未发表的文稿等，容生前未做出处理意见。容去世后，其亲属经过研究考虑，把这些珍贵资料赠送广东省立中山图书馆。本馆事前不知，事后程焕文馆长感到十分遗憾。

在本馆扩建完成，有宽裕馆舍，把容氏藏书从大库中抽出，成立容庚纪念室，很有必要，工作仍有线索可凭，但工作量及难度都较大。

《图书馆论坛》1999年2月第2期（封二）载广东省中山图书馆接受容庚先生手稿藏品捐赠（展览）。

摘要如下：

时间：1999年1月29日。

地点：该馆三楼。

数量：460种2149册（件）文献。

内容：主要分为手稿和藏品两大部分。手稿中有8种已刊行，未刊书稿数百万字和大量论文手稿。藏品以辑藏的近200位名家尺牍最为引人瞩目。此外，藏品中的明刻善本《容台别集》以及《毛公鼎》全形拓片轴等都是极其珍贵之文献。

文化部评估小组、中山大学（曾宪通、张振林、黄光武、张荣芳、姜伯勤、骆伟）、暨南大学以及王贵忱等专家学者都前来参观展览，对展品都赞不绝口。容庚后人的这批捐赠，其文献数量之多、文物价值之高、社会影响之大，就全国而言也是极为罕见的。

十、中山大学校报报道

1. 《中山大学校报》（复）第151号（1988年5月21日）：邓泽民将梁钊韬（人类系）藏书4000册捐赠人类学系。

2. 《中山大学校报》（复）第187号（1989年11月1日）：方淑珍将许淞庆（数学系）遗书约400册、笔记、手稿等捐献数学系。

3. 《中山大学校报》（复）第189号（1989年12月1日）：郑妙娟将郑曾同（数学系）遗书680多册捐献数学系。

4. 《中山大学校报》（复）第237号（1992年6月27日）：朱杰勤家属将朱杰勤（原历史学系）遗著17种20册捐赠人类学系。

5.《中山大学校报》（复）第 291 号（1995 年 9 月 28 日）：黄锦瑶将汤明燧（历史系）藏书 1000 余册捐赠历史学系。

6.《中山大学校报》（复）第 297 号（1996 年 1 月 22 日）：赵静容将李永锡（东南亚所）遗书捐赠东南亚所。

十一、关于陈寅恪教授遗书赠书经过

1969 年 10 月 25 日历史系向校革委保卫办报告：

1. 陈寅恪家属唐篔根据陈的遗嘱，要求将陈寅恪的全部书籍、资料送交学校。

2. 校革委保卫办 1969 年 10 月 25 日批请图书馆派同志协助清查。图书馆派人到陈宅清理遗书并接收运回，并由何少佳同志（当时临工）在匆忙的情况下，开列清册一份（偶有重列）。

3. 陈书运回后，图书馆陆续登记编目，时间断续长达 9 年之久。经办人员业务不熟，工作粗疏，登录或有不确，偶把陈书错注为"文革"书。更离谱的是，把一部平装本《太平广记》竟然分到历史系、人类系和总馆都有。

4. 1979 年 7 月 10 日，历史系（黄汉华）向校统战部提出对陈书作折价补助 1500～2000 元。

  当时折价计算是：线装书 1327 册，依每册 5 角计，共 664 元。
         平装书 258 册，依每册 1 元计，共 258 元。
         精装书（大本）64 册，依每册 3 元计，共 192 元。
         精装书（小本）57 册，依每册 1 元计，共 57 元。
         总计 1171 元。
         再加期刊 172 本，约 35 元。
         书刊总计 1206 元。

对折价旁有一意见（似为周连宽先生手笔）："有些书实际价值高于估价平均数很多，如精装《册府元龟》《佩文韵府》及有关考古报告等，可否补给 1500～2000 元，请考虑。"

5. 1980 年 2 月 27 日校统战部（陈逸之）向曾桂友同志（校党委副书记）报告："是否按 1500 元作为补助其家属的经济困难，请批示。"

6. 桂友同志 2 月 27 日签署意见："请常委同志一阅，此事早已议定，但迟迟未办，我意如同意折价，可从高，即 2000 元。"

党委常委张幼峰、黄水生、刘嵘、黄佳耿等签署同意曾桂友同志意见，按 2000 元折价。

7. 1980 年 2 月 1 日，黄汉华（当时已调任图书馆副馆长、党支部书记）批给李峻聆的意见："峻聆同志，党委已同意给 2000 元补助，现将书单退存图书馆。"

连珍（签名）阅，1980 年 2 月 1 日。

在陈遗书中有两种指定送北京大学东方语言系：

（1）《大宝积经迦叶品梵藏汉六种合刊》，钢和泰著，商务印书馆，294 页。

（2）《梵文楞枷经梵汉藏书索引》。

另，陈寅恪以前向北京大学历史系借的陈垣著《陈氏中西回史日历》一夹5册。

以上三种书1970年4月5日由图书馆通过邮寄北京大学图书馆查收，分别代赠或交还，并希函复。

在陈遗书中还有一部《花随人圣庵摭忆》，黄浚著，绿面，16开本，此书是陈寅恪向武汉大学历史系石泉所借。在编目部公务字顺目录中一卡片上注有："此书为武汉大学历史系石泉，交办公室处理。"1987年筹建陈寅恪纪念室时，陈美延（陈寅恪之三女）同志说：石泉没有收到此书。（当时办公室如何处理此书，是否寄回给石泉，无从查考。）

十二、筹建陈寅恪纪念室

1988年，在中山大学主办"纪念陈寅恪教授国际学术讨论会"的同时，图书馆负责筹建"陈寅恪纪念室"的任务。首先收集陈氏遗书及资料，但陈遗书到馆后，没有集中管理，分存总馆及历史系等资料室。总馆曾召开有关工作人员会议，定出由各系资料室负责将陈氏遗书抽出送回总馆，但各系迟迟没有照办，由于时间紧迫，只得亲到各系资料室书架上将书检出，而历史系还有少量借出或一时未能找到。

据陈氏遗书清册所列（偶有重复）线装书1327册，平装书258册，精装书121册，精（平）装书合379册，散本期刊172本，合计书刊1878册。但散本期刊馆藏已有，期刊室已作淘汰处理，不保存。另外，陈著《元白诗笺证稿》初版线装几十册复本亦不登编，实际入藏约1670册（另有碑帖数10张）。至于陈氏原存上海的外文图书，遗嘱蒋天枢教授赠送复旦大学。

筹办陈寅恪纪念室之意旨，不只是陈列赠书纪念，更重要的是继续收集整理有关陈氏书刊资料，为研究陈寅恪学术思想提供参考方便。15年来，陈室资料不断补充，于今已初具规模，对校内外学人利用陈室资料研究陈先生学术思想和生平事迹都有较大的帮助。

纪念室陈列的资料分四个部分：陈先生著作的各种版本及搜集到的部分书稿、墨迹和他的生平照片；今人写的传记、回忆录以及其家族有关的部分著作；研究陈先生学术思想的论著；陈先生留赠中山大学的中文藏书。

筹建时间，从1986年7月21日遇赵希琢谈及筹建陈纪念室事。8月28日上午参加陈纪念馆（室）工作规划意见。1986年12月正式展开筹建工作，查到陈赠书目。1988年5月25日，陈纪念室建成预检，26日学术讨论会开幕后，接待与会代表到纪念室参观。筹建时间历时一年又10个月。

十三、本校教师赠书

1. 历史系教授陈竺同赠书图书馆（退休准备回浙江原籍前）。

2. 外语系退休教授张掖先生一套《古今图书集成》（楠木书箱），但一部分已为虫蛀。（此书图书馆已有，由古文献所黄国声建议转拨中国古文献研究所使用。）

3. 数学系姜立夫教授所藏少量线装数学书，由其夫人胡芷华捐赠数学系。

4. 中文系冼玉清教授去世后，她在马岗顶住宅所遗图书，学校清理时拨归图书馆（图书馆已登编入库）。

5. 历史系郭威白教授去世后，遗书由学校拨归历史系（后来其女儿提请学校统战部要回一部精装本"二十四史"）。

6. 地理系杨克毅教授遗书由其遗属捐赠图书馆。并声称，留与不留任由图书馆处理（但用得上的数量不多）。

7. 外语系钟日新教授（已调广州外语学院）遗书，由其夫人邓佩璋女士捐赠外语系。

8. 信息管理系商志馥副教授将其所藏图书馆学书籍250余册捐赠信息管理系。

9. 哲学系李日华教授遗书，由其遗属捐赠哲学系。

10. 历史系戴裔煊教授，由其遗属捐赠历史系（2002年底）。据曾做戴先生助手的章文钦教授说，其遗属处理遗书时，曾通知他选用，但他没有要。捐赠给历史系的遗书比原藏少了很多。书刊大概有五个半书架。

11. 地理系教授吕逸卿（曾任副教务长）遗书赠送地理系（地理系黄进语）。

12. 社会系何肇发教授遗书分别赠给社会系、东南亚所及历史系，赠给历史系的书刊大概有六格（约一个多书架），时间当在2002年上半年。

13. 中文系教授王起遗书赠给中文系（部分在戏曲研究室），部分赠给暨南大学（黄天骥语：王起教授藏书不多）。（苏寰中语：王起生前遗嘱，其藏书赠给中文系戏曲研究室）有赠书目录清册，分为三类（除1种1册外文外，其余全属中文）。A. 文史哲类873种2534册｛其中，平装815种963册，线装57种1570册［四部丛刊初编，"二十四史"都作1部（种）计，外文1种1册］｝。B. 戏曲类391种797册（其中，平装358种525册，线装33种272册），另外，录音带12种14套。C. 其他类平装227种250册。合计图书1491种3581册（其中，平装1400种1738册，线装90种1842册，外文书1种1册，录音带12种14套）。

十四、岭南大学图书馆藏书来源的一些情况

1.《岭南大学图书馆一览》，民国二十五年（1936）九月编印。

1936年6月以前的大宗赠书及一些名人赠书都有所报道。

本国人士之捐赠大宗典籍者有孙中山先生、莫幹生先生、甘翰臣先生、陈翘学女士（将其尊翁陈子褒之遗书尽赠本馆）、冯定一先生、陈炳谦先生等。

同学之大宗图书捐赠者，个人以周钟岐君、卓有亨君、吴汉光君、吴景奇君为最著。团体方面则有：

精社捐赠"四库全书"珍本初集1960册（后改装247册）。

辛社捐赠"四部丛刊"（后改装267册）。

萃社捐赠"万有文库"。

鸿社捐赠《宛委别藏》40 种 150 册（后改装 15 册），《天禄琳琅》。

··········

陈炳谦先生捐赠《古今图书集成》800 册。

徐甘棠夫人罗秀云医生将其夫君徐先生遗藏共 2 万余册慨赠本馆。赠书举要：

《玉海》120 册（后改装 20 册）　　　《通志堂经解》432 册（后改装 71 册）
"广雅"丛书 600 册（后改装 100 册）　《岭南遗书》78 册（后改装 17 册）
《越缦堂日记》51 册（后改装 8 册）　《子书百家》100 册（后改装 13 册）
"粤雅堂"丛书 240 册（后改装 40 册）《船山遗书》120 册（后改装 20 册）
"昭代"丛书 172 册（后改装 24 册）　《大学衍义补》40 册（后改装 8 册）
《瓯北全集》40 册（后改装 7 册）　　《洪北江集》60 册（后改装 10 册）
《函海》146 册（后改装 24 册）　　　······

（徐甘棠藏书中的善本另做介绍）

王亦鹤先生以 30 余年所存中国杂志 100 种（共 1000 册）尽数捐赠。

老革命家梁少文先生将民国以来数十年积存之中文报纸全份惠赠本馆。

王、梁两先生所赠旧报刊，基本上都保存至今。据说梁少文先生当年是每天零购若干报纸，从时间上说，没有中断，但报纸品种则或有中断。本馆 1985 年编印的《馆藏新中国成立前中文报纸目录》已予收录。但这部分旧报纸已过了几十年，纸质变脆，"文革"期间，旧报损残尤甚。

2. 《岭南大学图书馆善本题识》，何多源编，民国二十六年九月岭南大学图书馆出版。收录善本书 176 种（复 2 部），其中选购自：

温氏所藏曾钊面城楼旧藏 67 种。如《中兴礼书》存 325 卷；稿本《大清全书》；明版《纪录汇编》；等等。面城楼以旧抄本著名。

徐甘棠捐赠 14 种，其中尤以传世孤本明正德刊嘉靖增补本《四川志》最为珍贵。

潘明训捐赠 5 种，其中为元刊明修《冲虚至德真经》（列子）；明本《荀子》《扬子法言》；《唐宋文醇》为清乾隆三年五色套印内府刻本 58 卷 32 册等。

徐国卿捐赠 5 种，其中有明天启《资治通鉴》294 卷 120 册等。

甘翰臣捐赠 3 种（都是大部头书），明版《册府元龟》1000 卷；清康熙四十九年内府刊本《渊鉴类函》450 卷，清嘉庆十九年殿版初印《（钦定）全唐文》1000 卷 400 册。

3. 选购徐信符南州书楼藏书。选购时间在 1950 年，由周连宽到南州书楼选购，书单经冼玉清、容庚两教授审定。（这份书单是从废弃堆中捡获的，从中也可以反映本馆某些人对业务的无知，认为过时已久的档案资料，弃之可也。）

选购中文线装古籍 80 种 213 册，每种以港币定价。汰出廉让 22 种，67 册，每册港币 2 元。合计 102 种 280 册，港币 1448 元（照算人民币 3700 元支付）。

这批书全部为广东地方文献、广东乡贤著述，其中最珍贵的是明本《粤大记》20 册，定价港币 300 元（购入时已缺卷 1、2、30、31、32 五卷）。

［1983年本馆与香港大学冯平山图书馆交换《粤大记》彼此所缺各卷，除第一卷外，本馆所缺的四卷，由冯平山图书馆以静电复印补来卷二、卷三十、卷三十一和卷三十二共四卷（冯平山图书馆所藏的是从日本复制的，本馆所给冯平山补缺的是摄影胶卷）。据目前信息所知，《粤大记》一书，存世的只有二部，一存本馆，一存日本，彼此都有缺卷，但都没有第一卷。《粤大记》一书已由黄国声、邓贵忠点校，1988年中山大学出版社分上下册出版。］

宽予（周连宽）《羊城访书偶记》（《中国科学院图书馆通讯》，1958年第10期）谈及此事。

高炳礼在《图书馆论坛》2003年第6期发表《"南州书楼"聚散史略》，对南州书楼聚散报道颇详。

四、书城札记

中山大学图书馆大跃进以来工作总结提纲

(1961年2月8日)

一、一年半以来主要工作成绩

1. 1958年8月起至1959年12月,本馆做了哪些主要工作;思想和工作方面有哪些显著变化的地方;有哪些新气象。如,①干劲有无提高;②团结互助是否进一步搞好;③工作有哪些改革。

2. 在贯彻开门办馆、一切为了读者的方针下,各组提出了哪些办法来改进自己的工作。

(1) 流通阅览工作:①修订借书规则;②送书上门;③预约借书;④延长开放时间;⑤图书展览;⑥馆际互借;⑦读者人数比上年增加了多少;⑧借书人数比上年增加了多少;⑨设置毛主席著作阅览室、伏罗希洛夫主席赠书阅览室、缩摄图书阅览室;⑩其他流通阅览工作。

(2) 参考咨询工作:①解答了多少读者提出的问题;有哪些是比较主要的;②为教师、国外专家提供了哪些文献资料;③复制了多少参考文献;④编制了哪些专题目录。

(3) 编目工作:①清理积压新书和旧书工作;②中外图书的编目完成了多少种、多少册,比上年增加了多少;劳动效率提高了多少;③有哪些工作方法改进;④参加编制全国联合目录情况。

(4) 采访工作:①1958年整风运动中批判了过去采购工作中的浪费现象后,工作有哪些改进;②国际交换书刊工作有哪些主要成绩,1959年对苏联交换书刊工作有哪些改进,1959年增加了多少交换单位,加上之前共有多少单位;③书刊采购工作,一年半来增加了多少,加上之前的共有多少;④统一采购制度建立后取得了哪些成绩;⑤图书的调拨工作。

(5) 期刊工作:①期刊订购工作有哪些改进;②期刊日报资料索引卡片使用情况;③中日文期刊目录出版后对教学和科学研究工作有哪些帮助。

(6) 干部培养工作:①业务学习及业余大学图书馆学学习班取得了哪些成绩;②代外校培养干部取得了哪些成绩。

(7) 建立统一管理全校各系室图书后取得了哪些成绩。

(8) 修订了哪些规章制度,新的规章制度执行后,对工作有哪些好处。

二、主要经验

1. 政治挂帅、党的领导是做好图书馆工作的根本保证,有哪些具体事实来证明这一点。

2. 贯彻总路线精神、走群众路线是取得工作成绩的重要因素，有哪些具体事实来证明这一点。

3. 贯彻开门办馆，一切为了读者的方针是图书馆工作取得成绩的主要关键，有哪些具体事实来说明这一点。

三、工作缺点

1. 政治思想工作方面。
2. 业务方面。
3. 生产劳动方面。

四、今后工作方面

1. 加强政治思想工作。
2. 开展参考文献工作。
3. 提高目录质量，改进分类目录。
4. 加强采购工作和期刊工作。
5. 培养干部，重视新生力量，提高他们的政治和业务水平。

大跃进以来参考阅览流通工作总结

(1958年8月—1960年12月)

一、主要工作整顿改革的成绩与缺点

(一) 开门办馆送书上门

经过反右斗争和整风运动，党委加强了对图书馆的领导，确定了"开门办馆、一切为了读者"的方针。1958年，在大跃进形势的推动下，我馆工作从被动逐渐走向主动。通过新书陈列、图书评介，主动地争取和吸引读者，比如推荐优秀文艺作品，深受广大读者的欢迎。根据"开门办馆"的精神，送书下厂下乡，送书上门，适应了热火朝天的大跃进形势。生物系师生在新滘人民公社劳动锻炼的时候，及时多次送去他们需用的书刊；文科学生到东莞人民公社参加劳动生产时，曾寄去一批书刊。此外，在校内炼钢厂、印刷厂等工地，流动借还图书，特别是在各系设立借书预约箱，每日按时收取借书条，次日送书，方便了教师和学生科学研究小组。为了便利读者还书，实行了每星期两次由总馆派人到外语系分馆办理收回图书的工作，同时带去一些文艺作品和政治读物给西区学生选借。根据工作的可能，从总馆和东区分馆所借书刊都可以在总馆或东区分馆任何一处交还，大大节省了读者还书的时间。

在延长阅览和借书时间，改进图书出纳工作和书库管理工作上都采取了积极的措施。上午提早半小时开馆，消灭了以往开馆前读者在门前排长龙的现象；星期天办理借还图书；换发了手折式的借书证，可以随到随还。消灭了还书拥挤的情况，还可以统一全校借书手续；指定专人管理书库，克服了公开书库的凌乱现象。

从以上情况看来，做了不少工作，基本上赶上了形势的要求，是整顿改革工作中的重要部分。目前，由于节约劳动力支援农业和适应劳逸结合的要求，有些工作和措施已经进行了调整和压缩，但成绩是必须肯定的。当然，工作还存在不少缺点和不够的地方，未能满足读者进一步更多更高的要求。这就鞭策我们不能满足这一些成绩，应该争取更大更多的胜利。

(二) 改进教师借书制度

1959年4月，我馆修订了借书制度，重新规定了教师借书的册数和期限，改换了手折记账式的借书证。这一新制度建立后，不但改变了长期以来允许教师无限期和不限制册数的借书办法，把大批积压在教师手中的书刊收回了，提高了图书流通率，减少了订购不必要的复本图书，节省了国家经费。但更重要的是，由于这一制度的执行，有效地帮助和改变了教师借书的旧观点和旧习惯。过去，教师借书，超过几十册、百多册、几百册，个别的在千册以上，而且久借不还，长期积压。这种旧的借书观念和传统习惯在我们学校里是长期存在而且问题是十分严重的。

改进教师借书制度是一项重大的改革，成绩很大。但我们的工作同志对这项具有重大意义的工作认识还很不足，贯彻得不够积极主动，更没有及时总结工作经验，以促进和保证这一制度的完整和实行。根据目前的实际情况，我们还未能有效控制教师借书的过期问题，从借书证上也不能了解教师所借阅的书刊内容。这件工作如何改进，还有待于我们今后的努力。

（三）指导阅读，管书也管人

1957年整风反右派斗争以来，我馆开始注意图书对学生读者思想的影响。除了展览和推荐好书外，1960年"三反"期间，对阅览室和开架书库的图书根据是否推荐性的、优秀的和学习上常用的三个标准进行了全面的彻底的检查，把不适宜青年学生阅读的文学作品和过时的图书移存闭架书库或东区分馆。同时，建立了书藏划分制度，对内容性质对象不同的图书有了正确的借阅和管理办法，提高了优秀图书对读者的思想影响。这一制度的建立，奠定了管书也管人的可靠基础。在图书流通的过程中，对学生和教工子女借阅不适宜他们阅读的书加以指导，同时推荐同类优秀的图书给他们，逐渐扭转了管书不管人的作风。但我们对这一项工作的认识的提高并不是一开始就很明确的。长期以来，我馆认为，凡是新书都值得参考，没有考虑图书的内容对不同读者的使用和影响。因此，纵使公开阅览和开架书库方便了读者，取得了一定的成绩，但目的性不明确，片面性很大。以毛泽东著作阅览室为例，这个阅览室的成立对推动全校学习毛主席著作的意义和作用来说都是很大的，成绩是主要的。但指导思想不正确，追求形式，好大喜功，广求版本，不考虑版本的质量，因此把一些质量很低或对内容解释有错误的版本都陈列出来，这就影响了这个阅览室的政治性、思想性和战斗性。版本是要讲求的，一般说来，应该是把最新的、最好的、最正确的版本推荐给读者，要注意质量，不能客观主义，不问效果和影响。

这个问题在整顿改革的过程中已取得了相当的成绩，但还要不断提高。目前还存在不少缺点和困难，比较突出的是对读者宣传指导推荐好书等工作做得不够。其原因，一方面，我们的干部在政治上、思想上、文化知识方面水平都不高，对馆藏情况和业务工作还不熟悉，这些情况都给我们做好工作带来很大的困难。另一方面，我们的干部刻苦努力学习不够，没有钻研业务的兴趣，干劲还不够大，缺乏当家做主的精神。前者的条件，必须通过后者的主观努力来解决。以此情形，我们抓紧干部培养特别是新生力量的培养，提高水平，是做好工作极其重要的一环。

（四）参考阅览工作

1. 剪报资料工作。为了适应我校教学、科学研究、政治理论学习和政治运动的需要，我馆于1959年恢复了剪报资料工作。

两年来，剪报资料给教工和同学带来很大的方便。在政治学习上，不少同学反映，剪报资料室是政治学习不可缺少的阵地。党团学生会干部和各系学生学习小组都经常利用剪报资料。剪报资料对教学和科学研究的作用让文科先生颇感满意。历史系董家遵先生说，图书馆有此剪报工作，于我们教师来说可谓功德无量；中文系谭达先生也来信表扬。两年中为教学与科学研究提供资料较多、帮助较大的有：

中文系谭达先生对民间文学、口头创作所需的资料；

中文系高华年先生对毛主席的语言理论研究资料；

中文系同学研究小组对《三家巷》及批判巴人、李何林等的文学修正主义观点的资料；

历史系董家遵先生对历史分期、封建社会制度、历史人物评价等资料；

历史系杨荣国先生对封建社会土地所有制问题的资料；

历史系李淑璧先生对中苏友谊研究资料；

历史系李永锡先生对东南亚经济（印尼）资料；

历史系李坚先生对"五四运动"和国内外工人运动史的资料；

历史系同学研究小组对反帝斗争和批判尚钺修正主义观点与曹操问题的资料；

哲学系施荫民先生对经济基础与上层建筑的资料；

此外，文科各系先生也有不时通过资料员来代借用的。

总的说来，剪报资料工作便利了读者，已收到相当的效果，但利用率还是不够高，其原因是宣传推荐工作做得不够，广大读者印象还不深，因而未能引起更广泛的使用。

2. 参考咨询工作。参考咨询工作是高等学校、图书馆配合教学和科学研究的极其重要的一环。两年来对此工作也有发展，特别是为配合师生国庆 10 周年献礼和迎接全校全省国文教战线群英会的献礼工作提供了丰富的资料。比如，为配合中文系三、四年级 40 多个同学整理研究蒙古车王府辞典的献礼工作，在馆内特辟专室，提供馆藏资料 1000 余册，并向广东中山图书馆借回有关资料，同时，指派专人为同学晚上的奋战而延长服务到 12：00 闭馆。由于提供了大量的图书资料，又保证了时间的要求，同学们在整理研究车王府辞典工作上，经过辛勤劳动，终于取得了很大的成绩。编好了一本包括全部曲本题记共约 20 万字的《车王府曲本总目》，整理好第一批共 360 本总计 174 万字的曲本，并已被出版社接受出版。

至于为校内外的科学研究和教学改革而提供的资料工作也是很多的。比如，中文系易新农同学研究小组对瞿秋白文学著作的研究，历史系黄义祥同学研究小组对中山大学学生运动史的研究，广东文史馆黄实求先生等关于省港大罢工的研究，苏联科学院中国学研究员施明德同志对瞿秋白的研究，等等，我馆都提供了大量和难得的资料，满足他们科研和教改工作上的要求。读者们都表示满意，认为对他们的科研和教改工作很有帮助。

但是，我们在这一方面的工作，力量还是很薄弱的，水平不高，人力也不够，被动性很大。为了适应我校日益发展的教学和科学研究的要求，今后加强和提高参考咨询工作的力量和水平就显得异常迫切和重要。

3. 展览宣传工作。图片展览工作除了在"中苏友好之窗"和"中孟友好之窗"，经常展出新到的图片外，还配合重要节日的宣传，在馆内举办中型的图片展览。大规模的还在学校党委宣传部指导下联合哲学系或历史系一起举办，如庆祝国庆 10 周年所举办的"伟大的十年"大型图片展览。

图书资料展览工作，除一般性的图书推荐评介外，举办过"教学改革""学习中共八届六中全会决议""十年来本校教师著作""列宁90周年诞展""革命回忆录""《毛泽东选集》第四卷"等的图书资料展览工作。

在展览宣传工作中，除"伟大的十年"图片展览和"《毛泽东选集》第四卷"图书展览在学校党委宣传部直接指导下，有较高的思想政治水平和艺术水平、收到效果比较显著外，其他展览工作水平都不够高，工作一般化，这就反映了我们干部的政治思想水平和艺术水平的面貌。由于水平不高，图书推荐工作质量就很有问题，当《读书书评》（半月刊）停刊后，这个推荐工作就显得办法不多。起桥梁作用的"图书馆与读者"的宣传板，虽然已出了11期，介绍了本馆规章制度、馆藏情况、目录组织、图书评介、问题答复等，作用和效果是有的，成绩也是肯定的，但办起来异常吃力。本来图书馆与读者之间的问题和要做的工作是很多的，因为水平不高，缺乏挖掘问题的能力，原定半月出一次，后改为每月出一次，还感宣传材料不足。由于资料不足，同时版面呆滞而又缺乏艺术性，因而吸引力不大。这一件原本很有意义的工作，因为受水平的限制，加上主观努力不够，导致了信心不足而不能坚持办下去。

在读者工作中，指导阅读、管书管人、参考咨询工作、宣传展览工作等都要求有高度的政治性、思想性和文化知识水平，在一定程度上还要求具备艺术的才能。根据这些条件，对比我们的工作，的确距离还很大。客观条件的限制，需要逐步改善，但主观努力的不够，就会失去将勤补拙的可能。不及时或缺乏基本统计工作，不善于总结经验，这是我们过去工作存在的巨大缺点，因此，工作的盲目性就很大，水平也不易提高，给做好工作带来极大的困难。

读者工作是第一线的工作，这项工作的好坏，对办好图书馆有决定性的意义。目前，我们的干部各方面的水平都不够高，以读者工作为纲，带动其他就很难实现。因此，在读者工作中，加强党的领导，让具备相当水平、有一定工作能力的党员直接参加和领导这项工作，对我们图书馆来说是十分需要和迫切的。

4. 馆际互借工作。两年来，馆际互借工作有相当大的发展。1960年，我馆向57个图书馆和科学研究机构借书313次，借到书刊543册，比1959年的240册增加了126%。要求代借的读者中，文理科各系教师和同学都有。如物理系高兆兰先生等，地理地质系叶汇、徐俊鸣先生等，生物系蒲蛰龙、江静波、高琼珍先生和研究生林平等，化学系陈永兆先生等，数学系陈坚强先生等，中文系容庚先生、刘志光同学和越南留学生梁维茨等，历史系杨荣国、董家遵、李永锡、谭彼岸先生等，外语系徐庆修先生等，共313人次。通过馆际互借，解决了不少师生在教学和科学研究中资料不足的困难。地理系徐俊鸣教授认为我馆代他向北京图书馆借到《粤地全图》，对他研究广东古代地理有很大帮助。生物系研究生林平同志对我馆代他向校外借到或摄制所需要的大批资料，使他能够完成他的论文表示满意。此外，在馆际互借中，为校外82个单位借出148次，书刊595册，比1959年的483册增加了23%。

馆际互借是一项重要的工作，通过互借，双方都可以解决馆藏资料不足的困难，扩大了图书流通率，为教学和科学研究工作贡献很大。我们在这项工作中，做出了一定的成绩，但是缺点还不少。首先，借来资料往往很慢，不少师生迫不及待。其次，借不到的（缺藏或不能外借）也很多。1960 年，我馆申请借入 313 次，其中有 114 次借不到，拒绝率占 36%。对外借出拒绝率虽然比较少一些，但在 190 次中亦有 42 次，占 22%。至于工作上的粗枝大叶，如互借不到的未能及时通知读者或对方，过期的没有及时向读者或对方催还，等等，都说明了我们对这项工作的责任心不强。此外，借来的资料收到什么效果，解决了师生教学和科学研究工作哪些问题，一向都很少注意。如果做了工作而不明白效果，对进一步提高工作质量是很困难的，今后必须注意纠正。

二、借书拒绝率与服务态度问题

下列三类图书拒绝率问题比较突出：
1. 外文图书（西文、俄文）自然科学类有 80% 左右借不到。
2. 优秀文艺小说经常借不到。
3. 理科作为教本用的图书经常难借到。

这主要有下列种种原因：
1. 根本没有买。
2. 有目无书：①书是系购的，总馆没有入藏；②书是总馆的，但已被系调去。
3. 复本不足，或第一次入藏的数量太少。
4. 书因损坏正在修补。
5. 书库乱，找不到（本身排乱，读者搞乱）。
6. 搬动书库时搞乱。
7. 还书后，排架不及时。
8. 积压在采编组里，还未入库。
9. 积压在读者手上，久借不还。
10. 遗失，调出后没有及时补充或注销。
11. 取消了预约制度，借不到也很少再为留意。
12. 人为的垄断。
13. 服务态度不够。

在这些种种原因中，根据初步检查的一部分材料来看，存在读者人为的垄断与服务态度问题。

新出优秀小说，馆内同志往往有近水楼台先借得的情况，严重的还表现在新书入库先行收起（"打埋伏"）的恶劣行为。据馆内借阅优秀文艺小说的调查，16 人（流通组占 9 人）借去 46 部，不过期的只有 7 部，过期一年以上的有林健祥借《青春之歌》（1959 年 6 月 1 日），黄锦瑶借《敌后武工队》（1959 年 12 月 1 日）。问题最突出的是《创业史》。这部书总馆购入 15 部（不计系室），除 1 部陈列阅览室外，有 14 部流通。在流通的 14 部中，本馆工作人员借去 7 部，占 50%。在所借 7 部中，李□□一人便借去 2 部。

从李□□所借的图书情况看来，问题很大。全部借书 30 册，其中，文艺小说 24 册，属于优秀小说的有 12 册，同一种借两部的有《林海雪原》和《创业史》，文艺小说同一种借三部的有《隋唐演义》。这种不遵守借书制度、借书没有借书证、超过册数很多，甚至滥用职权、为所欲为的问题是严重的，事例也是十分典型的。其他同志也有不同程度的行为。

图书馆人员借阅优秀文字作品，原本无可厚非，但如果先满足自己的要求而忘记读者的迫切需要，特别是滥用职权和过期不还，就有很大问题，是服务态度很差的表现。千方百计、一切为了读者的方针就要落空。事实上存在着人为垄断（不管有意的或无意的，《创业史》事实的反映就是这样），这就不得不引起我们严重的警惕和坚决的纠正。

两年多以来，我们的服务态度是有改进的，成绩是主要的。但应该认识到缺点还很多，首先是不耐烦的工作态度，特别是当工作忙而读者要求多的时候，很难做到百拿不厌、百问不烦。其次，积极性、主动性不够。有个同志说，有时读者写了很多张借书条，往往一本都借不到，读者很难过，自己也很难过，但没有办法解决。拒绝率的存在，固然有一定的客观原因和困难，但如果服务态度好，积极地为读者设想，化难过为力量，采不获结果誓不罢休的态度，拒绝率是一定可以大大降低的。而人为的垄断，先满足自己不顾读者的需要，那就更不应该了。

至于期刊借阅情况，拒绝率是不高的，在几次教学改革和大搞科学研究、频繁地大量需要资料的情况下，基本上能够满足这个需求，其原因是闭架管理和保存本发挥了作用，因此，保存本是一个好制度。

三、团结问题的基本估计

流通组的团结问题是长期存在的，矛盾集中在领导与被领导之间的关系上，同志与同志间的矛盾也是贯穿在里面的。其原因，一方面是组领导的思想作风和工作方法有缺点；另一方面是有一部分同志的思想作风和工作态度有问题，还不安心工作。而流通工作有很大的敏感性，一天不清理，问题就要暴露。由于有些同志的自觉性还很差，工作问题比较多，同时，组领导的思想方法和工作方法不对头，不能作有效的帮助和解决，所以流通组的团结问题是长期存在的。

自1958年我馆加强了党的领导后，一开始就进行了人与人之间关系的教育；1959年2月间开展行政改革运动，进一步提高了同志间的思想感情；1960年反右倾学习和"三反"运动节约劳动力支援农业的学习，在团结问题上都进行了大量的工作，揭露出严重问题。矛盾的盖子基本揭开了，彼此有意见也能谈了。虽然批评的态度和接受批评的态度还有问题，而改正缺点尚有待于更大的努力。当然，个别同志的问题还是严重的，但总的趋势是好的。今后的任务，是必须逐步巩固提高。过去的毛病就是不巩固，运动过后，以为问题解决了，太平无事了，其实政治思想工作绝不是那么简单，团结教育是政治思想工作的一环，根据流通组的具体情况，抓紧团结教育还是十分重要的。

四、阅览流通统计

1. 1960年，阅览人数375049人次，开放357天，每天平均1051人次。
2. 1960年图书流通统计（见下表）。

1960 年图书流通统计表

类　别	册　数	
总类	78	253
哲学	4684	4886
宗教	129	167
自然科学	35640	35637 + 1000 = 36637
应用科学	3768	3683
社会科学	2382	2479 + 100 = 2579
史地	9706	10000 + 200 = 10200
语言	8075	8110 + 200 = 8310
文字	40851	41066 + 3002 = 44068
艺术	484	550
合计	111333	106831 + 4502 = 111333
实际借书 260 天，每天平均	428 +	411（-）

3. 1960 年期刊借阅统计（见下表）。

中山大学图书馆期刊借还数量统计表

（1960 年 1—12 月）

数量 类　别	馆内借阅		借出馆外		还书 册数	备　注
	人次	册数	人次	册数		
教　师	437	2251	1148	5361	—	—
学　生	6230	31240	4737	20987	—	—
研究生	31	122	112	355	—	—
职　工	5	38	93	396	—	—
合　计	6703	33651	6090	27099	25214	另，校外单位借书 7 次，16 册

1960 年馆内借阅册数为 1958 年的 3.93 倍，即增加 293%。
1960 年馆内借阅册数为 1959 年的 1.73 倍，即增加 73%。
1960 年馆外借阅册数为 1958 年的 3.31 倍，即增加 231%。
1960 年馆外借阅册数为 1959 年的 1.70 倍，即增加 70%。
1960 年馆内外借阅册数为 1958 年的 3.62 倍，即增加 262%。
1960 年馆内外借阅册数为 1959 年的 1.71 倍，即增加 71%。

4. 1960年入藏期刊分类统计表（见下表）。

中山大学图书馆1960年1—12月入藏期刊分类统计表

文别	类别	哲学社会科学 种	哲学社会科学 册	自然科学 种	自然科学 册	技术科学 种	技术科学 册	其他（综合性）种	其他（综合性）册	共计 种	共计 册
中文	杂志	—	13782	—	5527	—	2123	—	2169	—	23751
中文	合订报纸	—	16	—	1	—	—	—	540	—	557
俄文	杂志	—	2190	—	4966	—	1176	—	1146	—	9478
俄文	合订报纸	—	—	—	—	—	—	—	103	—	103
西文	杂志	—	3078	—	5703	—	1517	—	1496	—	11794
西文	合订报纸	—	—	—	—	—	—	—	153	—	153
日文	杂志	—	183	—	162	—	14	—	67	—	426
日文	合订报纸	—	—	—	—	—	—	—	11	—	11
其他外文	杂志	—	35	—	12	—	14	—	36	—	97
其他外文	合订报纸	—	—	—	—	—	—	—	—	—	—
合计	杂志	—	19268	—	16070	—	4844	—	5364	—	45546
合计	合订报纸	—	16	—	1	—	—	—	817	—	834

中山大学图书馆馆际互借工作总结[*]

一、一般情况

1956年1月周总理在《关于知识分子问题的报告》里说:"为了实现向科学进军的计划,我们必须为发展科学研究准备一切必要的条件。在这里,具有首要意义的是要使科学家得到必要的图书、档案资料、技术资料和其他工作条件。"周总理的报告使我们认识到图书馆千方百计地为科学家搜集和提供必要的图书资料是执行国家向科学进军计划的重要措施。为了贯彻执行周总理的指示,文化部于1956年7月召开全国图书馆工作会议,并向会议做了题为《明确图书馆的方针任务,为大力配合向科学进军而奋斗》的报告。他在报告中指出:全国图书馆必须加强馆际互借工作,"为了解决馆藏不足和研究人员的特殊需要,必须改进互借制度,扩大互借关系。"同年12月,高等教育部也召开了全国高等学校图书馆工作会议,并讨论了馆际互借问题,制定出《高等学校图书馆馆际互借办法(草案)》。为了执行文化部和高等教育部的决定,我馆自1957年起,开始加强馆际互借工作,其具体措施如下。

(一) 修订馆际互借办法

1957年,我馆根据高等教育部颁发的《高等学校图书馆馆际互借办法(草案)》,拟定了我馆馆际互借办法。在条文中规定出借书刊的范围,明确珍贵的图书不能借出时应尽可能用复制的方法予以解决。此外,还订定了借出的办法,简化了一些手续。

(二) 扩大互借关系

1957年以前和我馆建立互借关系的图书馆只有北京图书馆、广州市各高等学校图书馆和广东省中山图书馆。1957年开始,我馆与国内各高等学校图书馆、中国科学院图书馆建立互借关系。1958年以后又把互借馆的范围扩大到各地区中心图书馆以及科研机构的图书馆(室)。1959年与我馆有互借关系的有48个图书馆,1964年已增加到308个馆。

(三) 积累各馆藏书目录

全国图书馆藏书联合目录和各种专题书目索引作为馆际互借的基本建设。各馆藏书目录、全国图书馆藏书联合目录和各种专题书目索引是探索参考文献收藏单位的工具,是馆际互借的指南,我馆对此特别注意收罗。我馆目前搜集到的全国图书馆藏书联合目录有24种,地区图书馆联合目录有31种,各馆藏书目录有333种,专题书目索引有

---

[*] 刘少雄编写,并于1964年12月24日在大会上代表中山大学图书馆做中心发言。

850 种以上。由于搜集比较系统与完整，检索图书文献的下落就比较容易。例如，历史系何竹淇教授要参考明代何乔远所编《闽书》，我馆没有入藏。通过检查福建师范学院图书馆专类目录：《福建地方文献及闽人著述书目》，很快就查到福建师范学院图书馆有此书入藏。又例如，中文系李伟江同志急需参考殷夫（1909—1931）（"左联"时期革命诗人）在《列宁青年》所发表的作品，但不知道这种罕传的革命文献的下落。由于全国图书联合目录编辑组编印的《中文期刊联合目录》未收革命期刊，不易查出《列宁青年》的入藏单位，最后我们在专题索引——《中国史学论文索引》所附的《所收杂志一览表》查到北京"中央政治研究室"有入藏。这些例子说明了要做好馆际互借工作，必须先将上述各种目录索引搜集齐全。

（四）寄赠馆藏图书期刊目录给建立互借关系的图书馆

为了使馆藏书刊能为与我馆有互借关系的单位的教师和科学工作者使用，我馆寄赠馆藏图书期刊目录给建立互借关系的图书馆。其中以《馆藏中日文期刊目录》《馆藏外文期刊目录》《馆藏古书目录甲乙编》《馆藏保存本图书目录》四种最受欢迎，因为这四种目录所反映的藏书都有不少是目前难以找到的书刊。

（五）在教师学生中宣传馆际互借的作用和方法

图书馆采用馆际互借这一服务方式来为读者借到所需用的资料，并不是所有读者都知道的，因此，在全校师生中宣传馆际互借的作用和方法是非常必要的。我馆除在校刊和我馆的"图书馆与读者"黑板报进行一些宣传外，在"中文工具书使用法"课程中讲到联合目录的作用时，也大力宣传馆际互借的作用和方法。此外，当教师学生在我馆借不到他们所需的参考资料时，我馆工作人员经常主动提出代他们到馆外借用，使他们知道有馆际互借这一种为读者服务的方式。有一外语系教师说："原来图书有这一种好的办法，我现在才知道。"

几年来，我馆把互借工作作为我们业务上重要的一部分。1956—1958 年互借书刊共 1046 册，1959—1964 年互借书刊共 5797 册。从下表统计数字来看，互借册数从 1959 年以后，每年是有很大增加的。

馆际互借情况统计表

时　间	借出册数	借入册数
1956	28	9
1957	333	143
1958	351	182
1959	483	240
1960	595	543
1961	769	404

续上表

时　间	借出册数	借入册数
1962	583	312
1963	614	483
1964（1—9月）	471	300
合计	4227	2616

二、初步效果

我馆几年来的馆际互借工作，收到如下的效果。

（一）提高了图书的流通率，争取了更多的读者，降低了借书的拒绝率

从上述馆际互借的统计数字，可以看出图书的流通率是逐年提高的（1962年以后流通数字亦相当稳定），读者也随之增加。由于从馆外借来的图书从1956年的寥寥9册增加到1963年的483册，也可以看出借书拒绝率是逐年降低的。

（二）节约了图书购置费

有了馆际互借，我馆可以少买或不买比较罕用而又难买到的书刊，至于本校教学或研究任务关系不大的图书，更可以不买。教师和科学研究人员所需参考的书刊有不少是罕用而又难以买到的，即使偶有机会能在古旧书店找到，其价格又极其昂贵。对于这类书刊，我们未入藏的，尽可能通过馆际互借予以解决，不花巨款向国内外书店搜求。例如，容庚教授需用《日本搜储支那古铜器精华》（日本梅原末治著，1961年大阪山中商会出版）一书，价值人民币3000元（外汇），我馆原拟代向国外订购的。后来知道北京中国科学院图书馆有入藏，经征得容庚先生同意，为了节约外汇，不向国外订购，如需用时再由我馆向中国科学院借用。只此一书就节省了国家外汇3000元。此外，我校地理系徐俊鸣教授需要参考杨守敬所编的《历代舆地沿革图》凡34巨册，价值人民币400元以上，而且不易买到。本馆入藏的残缺不全，原拟在国内旧书店搜购，后来知道广州中国科学院中南分院图书馆已有入藏，可以通过馆际互借借用，因而停止搜购。这些例子都说明，有了馆际互借的好办法，互通有无，是可以节约各馆的购书经费的。

（三）为本校师生找到我馆缺藏而他们又急需的资料

以下是我们针对教学和科学研究需要开展服务工作所取得这方面效果的一些例子。

1. 生物系蒲蛰龙教授因科学研究需要资料较多，三年来（1962—1964）申请馆际借书23次。共借得书刊21种25册，对蒲先生科研工作中的昆虫鉴定工作和农业上的害虫防治问题都很有帮助，蒲先生感到很满意，并表示感谢。

2. 历史系戴裔煊教授撰写《希腊的奴隶与奴隶起义》和《澳门史》等论文，我馆从北京图书馆、建筑工程部建筑科学研究院和浙江图书馆等多次借回或蒙抄寄难得的资料，解决了研究工作的需要。据戴先生表示，如果缺乏这些资料，研究工作就难以下手。

3. 外语系朱白兰（K. Blum）教授因撰写《一位伟大的黑人学者——杜波依斯》的论文，我馆从北京、上海、南京借回多种资料，并得到这些兄弟馆提供有关杜波依斯的生平传记等中外文资料索引。在使用过程中，还蒙北京图书馆和华东师范大学图书馆的大力支持，延长半年多的借期。这些图书是朱白兰教授撰写这篇论文必不可少的参考资料，朱先生十分高兴。当使用完毕归还这些图书时，朱先生对兄弟馆的大力支持一再表示衷心的感谢。

4. 化学系1962年底购到当时国内尚少有的精密仪器一部，急需有关参考资料，才能开箱安装。我馆从北京、上海、大连借到所需书刊，并由本馆工作人员把部分日文文献译成中文，以便参考，及时解决了化学系安装这部精密仪器的参考需要。

5. 各系研究生如林来、方思明、李文盛、卢爱平、彭统序、李兆华、谭惠霞等撰写或完成其研究论文所需资料很多，每年我馆都为他（她）们向校外借到或摄制所需要的大批参考资料，有力地帮助了他们的研究工作。

其他如许校长，罗雄才副校长，历史系陈寅恪、金应熙等教授，中文系容庚教授，哲学系杨荣国教授，物理系高兆兰教授，化学系龙康侯教授，生物系江静波教授，地理系徐俊鸣教授和各系青年教师、高年级同学等，通过馆际借来的书刊，对研究工作都很有帮助。

（四）使馆藏书刊能为全国科学工作者利用，充分发挥书刊的作用

我校藏书经常为国内高等学校、科研单位、机关和学术团体所利用。9年来（1956—1964），我校为校外235个单位提供了中外文书刊4227册（来馆参考的不在此数内），满足了它们的迫切需要。比如：

华东师范大学生物系诸南山先生说：你校所藏杂志丰富，尤其是法文生物学杂志，国内图书馆几乎很难借到，这部分杂志对科研帮助很大。你馆馆际借书工作做得仔细，又很迅速。表示十分感谢。

上海第一医学院卫生系温廷桓先生说：你馆历史悠久，藏存许多较长时间的书刊，有些是国内特藏的单本，所以得益匪浅。你馆协作精神很好，使我们能查到许多第一手原著材料，非常感谢。

上海图书馆因编《中国近代期刊总目》，中华书局编订《蒲松龄集》《读杜随笔》和《饮冰室集补编》，我馆都提供了不少罕传的报刊和善本图书，大力支持了这些工作。

北京图书馆、中国科学院图书馆和广东省科委等单位为兄弟国家复制资料，我馆都提供了难得的图书。

其他如解放军系统、高等学校、公共图书馆、科研单位和机关团体等对我馆提供或不断提供的书刊，有利于它们完成各项工作，均表示深切的谢意。

三、几点体会

（一）做好政治思想工作是做好馆际互借工作的根本保证

馆际互借工作是一项服务工作，对提高教学质量和促进科学研究的发展有很大的作用。因此，我们必须加强服务观念，端正服务态度。在工作作风上，由于馆际互借工作要求严格、认真、迅速、细致，因此，要求担任馆际互借工作的人员具有为教学和科学研究服务的热情、互助协作的精神、严肃认真的工作态度、严密细致的工作作风。我馆九年来的工作经验证明了这一点。凡经办馆际互借的工作人员具有认真踏实的工作作风的，就能做出成绩，受到读者来信表扬；那些干工作马马虎虎、责任心不强、精神不集中的，工作就不断出现差错、拖拉，不及时去函代读者借书，不按时催还借出的珍本期刊，甚至丢失了借来的图书，等等不良现象。因此，搞好馆际互借工作必须首先做好政治思想工作，使工作人员认识这一工作的重大意义，是一项无名英雄的工作，以提高他们的政治热情，加强他们的责任感。

（二）搞好馆际互借工作必须具有共产主义大协作的精神

1956年以前，我馆工作人员对馆际互借工作的重大意义是认识不足的。我们思想上存在许多问题，例如，怕丢失，怕影响本校师生的使用，善本图书固然不能外借，整套的科学期刊、大部头的丛书也不愿意借出。此外，我馆是大馆，藏书多，借出去的书多，借入的书少，有的同志怕吃亏，怕增加工作量，怕麻烦，怕借失图书受批评。这些不正确的思想大大妨碍了馆际互借工作的开展，所以1956年全年借出的图书只有28册，借入的只有9册。1957年初学习了文化部和高教部关于全国图书馆必须加强馆际互借工作的文件，又经1958年广东省中心图书馆委员会再三开会讨论大力开展馆际互借问题，批判了本位主义思想和其他不正确的思想，初步树立了共产主义大协作的思想，因而互借工作得以逐步开展，互借册数至1961年都是逐年递增。几年来，工作实践证明了馆际互借好处很多，大家的认识又提高了一步，因此，借书范围比前扩大了，以前规定善本图书是不外借的，现在经过双方协议出防止丢失的办法，由馆负责同志保证，有特殊需要的善本图书也可以借出了。例如，我馆曾借出善本《聊斋诗文集》与中国科学院图书馆，借出孤本期刊《中国日报旬刊》等与上海图书馆，借出孤本《粤大记》与广东省中山图书馆，等等，这些书刊现都安全寄回，并无损失。这些都说明了以前的思想顾虑是没有必要的。

（三）健全制度，防止图书丢失

馆际互借的书刊，一般是比较难得、罕见或价值较昂的珍贵书刊。为了保证图书安全到达读者手上和安全寄回借出馆，我们除了教育经办人员加强政治责任感外，还建立一系列严密的收发制度，设立签收簿、传送单、寄回时必须挂号邮递或专人送还，并向读者宣传教育，加强他们的责任心，做到不遗失、不污损。

为了加强馆际互借工作，我馆指定流通典藏组主任亲自办理，并由馆长室对经办人员进行教育,出现较大差错时,严肃处理。自1960年起健全了制度之后,我馆未出现过丢失图书的事情。

(四) 怎样才能更有效地借到图书

要有效地借到图书,必须有的放矢。而有的放矢,就必须充分利用联合目录或各馆藏书目录。根据历年的经验,凡通过联合目录或馆藏目录借书的,线索明显,查找方便,多数都能借到,而且比较迅速及时。同时,对几个地区大图书馆的历史沿革和藏书特点应有一些了解,哪些馆入藏哪方面的资料较多,哪些馆协作关系较好,都要心中有数。这样放出去的"矢"(借书函),才能收到较好的效果。

同一种期刊而几个图书馆都有入藏的,借用时,应做不同的选择。比如:①向缺期较多的馆借(只要有自己需要的那一期,其他缺期是没有关系的)。因为整套杂志有其一贯性和完整性,管理上要求比较严格。但不大完整或缺期较多的杂志,一般是容易借出的。②向一般馆借,不向大馆借。因为大馆工作多,任务重,经常是全国借书之地,书刊容易被别人借去。因此,如果华东师范大学、南京大学或福建师范学院图书馆等有入藏的,我们就不向北京图书馆、中国科学院图书馆或北京大学图书馆借了。③向大专院校借,不向科学研究机构借。因为大专院校需用该种期刊往往没有科学研究机构需用的多,借出就比较容易。以上是根据不同的情况选择不同的借书单位,是一种"避重就轻"的方法。当然,考虑这种方法的时候,并不排斥向大馆或科学研究机构借用,而且事实上有很多书刊亦只能向大馆或科学研究机构借用。但是,在工作中善于选择借书之地(单位),可以帮助我们提高工作的效果是无可怀疑的。

此外,在馆际互借关系中,每一个馆都应该选择若干个与自己单位专业比较密切的馆,加强协作。比如我们与南京大学、华东师范大学和厦门大学等关系都很密切,互相关心,彼此都是尽可能做到有求必应。例如,我们向厦门大学借 Sarawak Museum Journal, Aug., 1928(生物系研究生彭统序借),当时没有找到,过了一段时间,他们清理发现这本杂志后,即主动补寄给我们。如果彼此没有密切的协作,这种关心是往往容易被忽略的。

在借书方法上,更应该区分不同情况采用不同的借书方式。因为读者申请馆际借书,虽然都是出于需要,但程度总有轻重缓急的不同。对于不同的要求,应该采取不同的借书方式。一般的借书,可以用普通印备的借书函件,但要求迫切或要求较多或估计不易借到的图书时,就不能一概用印刷函件处理,而应向别人专函详细说明情况,甚至包括借者的身份和工作任务,这样容易引起别人的注意和关心,才能有效地解决借者的需要。比如,我们为历史系戴裔煊教授向建筑工程部建筑科学研究所借 Ljungstedt, S. A. *An Historical Sketch of the Portuguese Settlements in the China*, 1836, 此书出版已120余年,国内很少入藏,已属难得的书籍。但我们详细说明了借者的需要,即蒙惠予借用。又如,中文系陈寂教授因受中华书局的委托,标点"三谢诗",我们将情况反映给北京图书馆,即得到北京图书馆的支持,一些明代的版本亦能借给我们。又比如,外语系教授朱白兰(K. Blum)因研究撰写《一位伟大的黑人学者——杜波依斯》论文向外借用图书时,我们把借者的要求,甚至借者和身份(朱教授原是德国人,已入中国籍)

都反映给兄弟馆，因此很快就得到兄弟馆的大力支持，寄来了图书。北京图书馆和南京图书馆还为朱先生编列有关杜波依斯的生平传记中外文资料索引，以供参考。这样的例子很多，不能一一尽述。但总的说来，向外借书，如果只限于一种简单的方式（比如一律做印刷函件）是肯定不能收到较好的效果的。

（五）调查效果，有利于改进工作

图书馆为读者从外馆借来书刊，读者使用后，有些什么帮助，收到哪些效果，解决了什么问题，这些情况馆里往往很少留意。这种"只问耕耘，不问收获"的"照章办事"方法，不能提高馆际借书的质量。因为"照章办事"，工作往往陷于被动，借到与否、迟与早，都无所谓，但求应付过去就算了。我们认为，调查借书效果，不是为了追求别人的表扬，而是为了改进工作。借书效果的调查，在一般借书中本来就应该留意，在馆际互借里则更应重视，而且是能够做到的。因为读者申请馆际借书，一般都比较重视，对使用效果进行调查比较易办。但这项工作，不少图书馆都往往忽略了，这是不应该的。调查借书效果不只可以帮助我们了解那些图书发挥了什么作用，对熟悉图书是有好处的。同时，可以帮助我们进一步认识馆际互借工作的意义和作用，鼓舞工作热情，有利于改进工作。

四、缺点和存在问题

我馆馆际互借工作虽然初步取得了一些成绩和经验，但普遍开展馆际互借工作，历史还不算长，总的说来，经验是不足的。我馆初期的馆际互借工作，制度不够健全，缺乏正确记录，因而直至现在还残留着一些已经很久的难以查对的手尾。同时，由于手续混乱，还曾犯过失书的严重错误。比如，1959年我馆为物理系向紫金山天文台借用俄文期刊一册，由于当时制度还不健全，缺乏妥善手续，结果这一册刊物下落不明。这一事件发生后，我馆领导十分重视，认为是一个严重的教训，除向紫金山天文台作深刻检讨，并表示负责赔偿外，还对干部展开了教育，并建立一套比较完备的制度。从此以后，我馆的馆际互借工作才慢慢健全起来。

下面着重谈谈带有普遍性的四个问题。

（一）借书过期

馆际借书期限，一般规定图书一个月，期刊半个月（邮途时间除外）。这个规定是比较合理的，参考时间一般是够用的。但不少图书馆对借书期限往往掌握不严，过期不还，又不办理续借。在我馆方面，有一段时期，由于经办人员的变动，对期限也有所忽略。比如，我们为历史系向北京图书馆借了外文书 *Radha Krishan*: *Brahma Sutra* 等三种迟迟没有归还，该馆来函指出，如今后不依期归还，将停止向我馆借书，这是一个极其严重的警告。而我馆借出去的书刊，虽然属于珍本，自己也不够注意，比如，我们借出珍本期刊给上海图书馆就没有按期催还，直至省文史馆副馆长郑彼岸先生来馆查阅《中国日报旬刊》，才发觉这批珍本期刊借出了两个多月，仍未收回。在兄弟馆方面，借书过期亦属严重。比如，我们于本年5月29日借出 *Naturwissenschaften* 第44～45页，

1957—1958 一册（华南农学院，原只要第 44 卷第 15 期第 426～427 页，1957，文章只有两页）为期半月，但过期七倍时间，曾函催几次才归还。这件事例固然比较突出，但借书过期问题却是比较普遍的。机关团体借书过期更严重。这个问题如不引起应有的注意，对馆际互借工作有严重的影响。

（二）借书要求过多

借者因科学研究的需要，可能要参考的书刊很多，但读者使用图书亦应当有一定的计划，不可能在很短时间内同时读十几种书刊。对待这些问题，有些馆但求自己方便，只要借者提出，便不加考虑地把一大串书目开列出来，这些情况并不是个别的。比如，有个兄弟馆将一位先生需要参考的 15 种外文期刊书单一并寄来，很显然，这位先生是不能同时在半个月内把 15 种外文期刊看完的。对待这些情况，应区分先后缓急，分次来借，这样，既能解决借者的需要，又不至于造成书刊积压在一个人手里而妨碍别人参考和管理工作的情况。对于一次要求借书过多的读者，只要我们加以劝说，他们是能够明白事理的。如果把困难推给别人，把方便留给自己，简单了事，这对馆际互借工作是有很大妨碍的。

（三）制度不完备，责任心不强

馆际互借虽然同属图书馆流通范围，但管理上与一般图书的流通应有所区别。比如申请馆际互借时，书刊的各项著录要详细具体，线索要清楚，尤其是外文期刊，更要详细清楚。但是有些馆开列书单很随意，查对浪费了很多时间而不能解决问题，只得退回原处。例如，有一个馆要借 1953 年全年的《苏联科学院通报》（Докладф Академип Наук СССР），此刊一年却包含第 88～93 卷，每卷 6 期，分订成 6 厚册。当将原单退回、经他们向借者问清楚后，其实借者所要的只不过是 1953 年第 90 卷的一期。又如，同一种外文期刊分有 Section A、B、C、D 的，而开列的书单却没有注明。更有个别馆，有时把馆际互借工作交给不懂外文的工友去做，他们填写的外文书单错漏很多，甚至连字母也不会写。有些馆寄递图书有时过于大意，忘记挂号。（我馆收发室由于我馆交代不够明确，亦有一次没有用挂号寄还图书，同样受到原借单位的批评。）而某馆顺从交换转递站不负责任的做法，竟在邮件上注明"不用签收"的字样，这种做法是极为不安全的。我们除向该馆提出意见外，并向学校领导和省中心图书馆委员会积极建议，馆际互借图书必须签收或挂号递送，均得到各级领导的重视和支持。至于借到图书后，有些馆使用时不够爱护、邮寄时包装不牢固等所造成的一些污损也不是个别现象。凡此种种，连同上面所说的借书过期、借书过多的问题，都反映了不少图书馆馆际互借的制度不够完备，工作人员对这项工作的责任心不强。我馆虽然建立了比较好的制度，但担任这项工作的干部前后有几人，执行这项工作亦因人而有所不同，因此，同样存在不少问题。要更好地提高馆际互借的质量，健全制度和加强责任心是十分迫切的。

（四）复制设备缺乏

书刊使用频繁，必然有所损耗折旧。对普通版本来说，补充较易，问题还不大。但是，对一些年代久远、目前较为难得的书刊，经常借出是存在一定困难的。而珍本特藏，更规定不准外借，但这些书刊毕竟还是要用的，要解决这些问题，非有复制设备不可。历年，我馆藏书经常被校外单位的借用，数量不少，今后，随着形势的发展，更会增加。添置复制设备，既可延长这些难得的书刊的使用年限，又能满足别的单位的需求，是解决保管和使用的重要手段。但目前本地区复制设备不足，又不够方便，我校添置较大型的复制设备是十分必要的。

  上面谈到的问题反映了几年来馆际互借工作的基本情况。通过总结检查工作，肯定成绩，找出缺点，互相交流经验，对进一步做好馆际互借的工作有一定的帮助。但是，我们的水平不高，经验有限，对党的文教事业方针政策体会还不够深入，在馆际互借工作的认识和做法上可能存在不够正确的地方。因此，我们必须更加努力，遵从领导的指示，并吸取兄弟馆的先进经验，做好我们的馆际互借工作。

1964 年 9 月 30 日

关于图书馆有关流通工作问题的几点说明

一、关于善本书库问题

1. 善本书应该保管好一些。善本书不同于一般图书的保管和使用，怎样对待和处理祖国的文化遗产（糟粕和精华），要慎重考虑。

2. 藏书的地方要好，不只是善本书库。这也是我本人一贯的意见。但往往不为各级领导重视，常因条件限制，做出无可奈何的安排，言之痛心。

3. 善本书库原由林同志管，在林同志下乡期间，由于我是流通组的负责人，只能兼管一下。同时，旧中大的善本书，抗日战争胜利后是我经手整理的，略知底细，管起来有一个谱。

4. 东区馆扩建后，馆务会议决定，将善本书搬到 301 室。后来由于地方有不少变更，比如期刊部分、剪报部分、公开书库、历史系较多退书等都是后来出现的。后来馆务会议上照顾期刊组的需要，才把善本室从 301 室搬到 204 室。总的来说，有计划不周之处，但也有实际困难的问题，这与原报东区馆所藏期刊数量和实际数量不符（数字报少了），以及期刊组对期刊的搬迁规划考虑不周亦有关系。

5. 善本室原来的藏书，除旧中大和岭大的顺序较少混乱外，其他都比较乱，因为善本室一搬再搬，从总馆到教学楼，从教学楼搬到东区馆三楼，又从三楼搬下二楼，由此种种原因，造成乱上加乱。因此，我不得不亲自处理善本室工作（当然也有其他同志协助）。

6. 善本室地方比其他书库宽裕一些。既然是善本特藏室，非这类图书又不能放在那里，否则就会不伦不类。

7. 善本书只为专家权威所利用的问题。总的说来，善本书的利用率是不高的。但也要具体分析，看是否有实际需要，并不只为专家权威所利用，有些学生和研究生也能使用。

二、关于开架书库问题和毛选小册子问题

1. 院系调整后，有目的、有计划、有选择地公开一部分图书，在阅览室方面很快地实行了，但公开书库当时还没有加以考虑。1961 年我重掌流通工作时，对开架问题尤其是图书对读者的思想影响引起注意。1965 年，把过去开架过宽的如古旧和外国某些文艺作品做了一些收缩，改为闭架。但改为闭架后，怎样借，不大明确。所谓"批判地阅读"，只能与工作同志讲，做一些说明，问题较明显的适当控制，在学生方面要区分文科与理科、中文系与外文系。

2. 公开书库的条件，空间一向主张宽敞一些。在总馆时也曾做过一些努力，但毕

竟空间有限，而且图书不断增加，书架饱和，自然科学类存放空间尤其窘迫。

全组在讨论公开书库时，都主张留在中区，但不为馆领导和各组所支持，但把公开书库搬到东区馆的条件实在不够理想。

3. 推荐什么、不推荐什么是根据大原则和现有水平办事，对于有不良影响的图书，采取随时抽走改入闭架的处理方法。

4. 突出马列主义、毛主席著作，选择最显眼的位置放置最新最好的版本，这是一贯的指导思想。对于管排公开书库的个别人员存在的缺点问题，我检查督促不够，我应该检讨。

5. 对毛著甲、乙种本和单行本小册子没有尽到最大努力去做宣传出借工作，造成大量积压的问题。具体情况还须具体分析，想过办法尽过力的，比如出墙报、发通知到各系班、在借书处张贴海报鼓励借阅等，做了许多工作，但借阅的人依然不多。分析起来，原因是大多数学生都自己备有毛著甲种本。至于毛著单篇小册子，是1953年为配合中国革命史的学习，作为课本借给学生的。后来这项课程减少了，借的人也相对减少了。供过于求，造成大量积压也就难免了。

据长时间以来的观察，读者最需要的是毛选四卷本，此书长期供不应求。当时我馆购入200部，在广州地区来说是入藏毛选卷本最多的。虽然如此，但仍然不能满足读者的需要。馆领导曾想办法增购一批，但此书当时是计划预约发行，想增购亦无办法。

《毛主席语录》也是读者所迫切希望能借阅的，但我馆旧版有两部，新版也只有三部，更无法满足需要了。

毛著甲种本供应四清队员借用问题。有一天我在中区馆学习后回到东区馆，廖棣兰同志告诉我，党委会冯达文问毛著甲种本可借多少，请我与冯联系。在下班前我即打电话告诉冯达文同志，他起码可借150部，乙种本可借40～50部，请即到东区馆借用。如仍不够，还可再加。但冯达文同志没有来借，以后亦没有再联系此事。

现存毛选小册子和毛著甲、乙种本如何发挥作用，还是一个大问题。

三、关于特种借书证问题

1962年马肖云副校长提出在我校要重点培养骨干教师，连珍听了以后回馆传达此事。经过讨论决定，由何多源起草一个《特种借书和入库证办法（草案）》，经研究修改后，报校长批准施行。我根据这个办法，拟制了这种特种借书证。刘铁峰秘书向师资培养科取来重点培养师资名单（第一次只有49人，发给特种借书证47人，2人因外出进修未发）。发证时，图书馆以密件形式发出，并由图书馆召开了一次各系资料员和流通组、期刊组、东区馆部分工作人员参加的会议，宣布发给特种借书证问题。在会上谈了不宣布重点培养教师名单的原因；谈了凭证借书和入库都要依照图书馆的规定办理。并说明这种特种借书证没有相片也不会发生问题，因为这种特种借书证的编号和本人原来借书证的编号是相同的，借据排在同一户口，离校时有据可查，不会发生遗漏。

这个办法实行三年以来，利用特种借书证借书的很少（或没有借过），对重点培养骨干师资作用不大；相反地，却为少数持证人所滥用，并有恃无恐，造成极坏的影响。"反浪费运动"后期，已呈准校长撤销这个办法，收回特种借书证。我没有上门收过，在路上遇见托交的有两三人。

  特种借书证是马肖云据上面精神所谓培养"尖子"路线在图书馆的一种反映。连珍忠实地贯彻了这个指示，我是发出特种借书证的执行者。根据《教育部直属高等学校暂行工作条例》60条，在第29条中也有重点培养师资的规定，因此，60条的问题，也很需要广大师生员工进行认真的分析批判。

1966 年 9 月

图书馆与读者[*]

最近，不断有读者询问有关工具书及如何使用工具书的问题，现简略介绍如下。

一、什么叫工具书

工具书是把关于一定问题的资料汇集在一起，并用一种便于检索的方法，如按类别、主题、字顺、地区、年代或表式图形等把它们组织起来的特种类型的图书，其编纂的目的在于帮助读者迅速地查得问题的答案或找得所需要的参考资料的线索。工具书中有些是定期连续出版的，即以期刊形式印行，这可使新的资料得到不断的补充。工具书是治学的工具，它的作用大致可以概括为四方面：检索参考文献，解答疑难问题，辅导读书，增长知识。

二、工具书的种类

古今中外的工具书，大致有下列类型：第一种是解释文字的声音、意义、形体结构和它的用法的字典，如《新华字典》《中华大字典》《康熙字典》等是。第二种是解释事物单词和复词概念与意义的辞典，如《辞源》《辞海》等是。第三种是汇辑古代文献，分门别类，以便搜集资料、查考文章典故的类书，如《太平御览》《册府元龟》等是。第四种是记录各个历史时期的图书出版情况，提示图书内容，提供材料线索，指导阅读的书目，如《汉书·艺文志》《四库全书总目提要》《全国新书目》等是。第五种是提示图书报刊的内容（包括篇名、人名、事物名称以至书刊的论点）的图书报刊索引和文摘，如《列宁全集索引》《毛泽东选集索引》《全国主要报刊资料索引》《化学文摘》等是。第六种是历史事件分年排比、便于专考史实的年表，便于查考时代、年月日和历代国号、帝号、纪元的历表，如《中外历史年表》《中西历史日历》等是。第七种是专供查考数据、资料文献的手册，如《试剂手册》《物理学手册》等是。第八种是辑录统计数字的统计资料汇编，如《世界经济统计资料汇集》等是。第九种是综述各科知识和事物原委的百科全书，如《英国百科全书》《苏联大百科全书》等是。第十种是记载每年发生的大事，概述一年内政治、经济、文化、科学、重要事件的年鉴，如《世界知识年鉴》《人民手册》等是。第十一种是以图形揭示文物形象的图谱，如《中国历史参考图谱》等是。第十二种是表示自然地理要素、社会经济、政治现象和人类历史时期发展情况的各种地图集，如《中华人民共和国地图集》《历代舆地与沿革图》等是。

---

[*] 本文参考了各家论著，由刘少雄执笔，完成于1977年。

三、怎样掌握和使用工具书

（一）工具书的鉴别

鉴别工具书要从分析它的内容和形式两方面入手。

分析工具书的内容时，要注意到它的思想性、科学价值和现实意义。研究工具书的形式，要考查它的版本源流，检查它的印刷装订和编排是否简明易查。

鉴别工具书时，首先要注意工具书具有鲜明的阶级性这一特点。古今中外的工具书都反映了编撰者的阶级立场和政治态度。特别是旧社会遗留下来的和苏联、资本主义国家出版的工具书所辑录的资料，有正面的，也有反面的，使用时，要采取历史唯物主义的批判的态度。

（二）熟悉工具书的方法

由于每种工具书的服务对象不同，所收的资料范围不同，编纂的时代不同，编排方法不同，编者的水平不同，因而都有不同的特点，这些特点我们必须掌握，才能用其所长，互相补充，发挥它们的作用。熟悉每种工具书的内容、评价、特点、作用，可以通过下列方法：

1. 注意工具书的范围或内容。我们要利用一种工具书，先得明白这种书所编述的内容是什么，它所搜集的范围怎样。要解答后一个问题，在书名上可以看出一个大概；要解答前一个问题，普通在序文、凡例或说明中都有所说明。

2. 检查工具书的材料是不是可靠。有些工具书由于受各种条件的局限，有些材料不大正确，运用时应注意查对本书以外的材料，如报刊上所载的书评或质量较高的书目提要。这样可以提高自己评价图书的能力，判断本书材料的可靠性。

3. 留心工具书的出版日期。工具书出版日期的远或近，是利用工具书时必须留心的。假使新的材料要在一本出版已久的工具书上去找，是找不到的。比如，你要想知道广州解放的情形及其前后的变化，就要翻检 1949 年 10 月 14 日以后出版的期刊、年鉴或索引，才能查得一些资料。

4. 明白工具书中特用的符号。在工具书上，为节省篇幅起见，常常采用各种符号以代替某一些字或用某一些单字代替若干句子等。例如，在普通字典中用"文"代表文法，"史"代表历史，在期刊索引中用"："代表"卷"字，这些符号和短缩字没有统一的规定，一般在每本书上的例言里或用法举例里都有说明。

5. 知道工具书的编制方法。普通工具书的编制方法，有的依照历史时期的前后，用年代或日期排列的；有的依照地域划分的不同，用国别或省别排列的；有的依照某一些学术系统，用分类方法排列的，最普通的方法，是依照字顺的次序排列。这些排列方法的不同，留心翻翻各书就可以知道。工具书后面如果有索引，我们不要忽略掉，因为有时在整套十数册或数十百册的巨著中，利用索引是最经济的办法。还有补遗附录，也应该注意，里面常有很好的材料。

6. 通过实践来了解。只有经常使用查阅，才能深入了解它的内容和使用价值。

编　后

一年来，全校革命师生员工响应毛主席"认真看书学习，弄通马克思主义"的伟大号召，努力攻读马列的书和毛主席著作，认真读书，蔚然成风。为了促进读书活动，这一期，我们选编了革命导师读书的故事，以学习革命导师勤奋刻苦学习的精神。

这一期还有中文系王起教授、团委会许炳城同志的文章，他们以自己的切身体会，阐述学习的重要性，读书的目的、方法；生物系一年级学员张亚卫总结了这学期政治课学习的体会，从理论上认识无产阶级专政的必要性，认真领会马列主义的国家学说。这些是一年来我校认真看书学习的一个侧面。在此，我们预祝全校师生员工在回顾、总结一年宝贵的读书经验、学习心得、体会中取得更大的收获，为迎接新的一年不断前进！

外借拒绝率问题

这个问题一直都存在,平时没有记录,要做记录亦很困难(应对一般借书工作人力已感不足),拒绝率占多少很不好推算。现就两个流通口借书拒绝情况简述如下:

1. 外文专业书多藏于系图书资料室,而总馆总目录有所反映,但开列索书条时,读者不明情况,在总馆很难借到。这是对入藏不了解所致,可不算拒绝,但如何改进,有关部门有待研究。

2. 原藏总馆的书,已给系调去,目录上很难反映,情况有如上述。

3. 有些书(复本较少的),目录有反映,但已借失或遗失、损坏,因长时间没有清点藏书,所以书与目录不符,读者要借无书,便成拒绝。

4. 有些书经已借出(亦属复本较少的),后至者再借便已没有了。

5. 近年来(过去情况也基本相同)拒绝数多的是公共课专业书,如数理课程用书和政治课用书(尤其是政治经济学方面),本来有一定的复本,但大家都需要,而且往往多集中在某一段时间内,所以有些书极度供不应求。有些需求量较多的书,在预订时较少调查研究,没有按比例订购,亦带来供应困难。

6. 在专业书方面因入藏较少,而借阅拒绝较多的是:

数学类。概率论及实变函数方面。

气象学。流体气象学方面。

化　学。化学计算方面。

生物学。鸟类方面。

哲　学。心理学、伦理学方面。

经济学。资本主义经济方面。

法律学。品种奇少,全面性不够。

文学类。如《雪莱诗选》《拜伦诗选》《普希金诗选》,所存复本很少,很难借到。

《勇往直前》(汉水)只存一本,仅供馆内参考,此书借出(原有的已失数本,"文革"前党委调借三本,但"文革"时散失了,追不回来)。

"反特""推理"小说以及一些外国文学名著如《简·爱》《红与黑》等,入藏都较少,能供流通的往往只有二三数本。

艺术类。虽不属专业用书,但带有普遍需要,近来(尤其是开展"四美"活动以来)借阅的人较多。这类书有一定的品种,但复本很少,而且往往久借不还,以美术、乐理、书法、钢笔字、绘画(速写、素描)等类别的拒绝率为高。

1981 年 5 月 13 日

校史资料室征集资料函

_____同志：

根据《中华人民共和国高等学校图书馆工作条例》关于各校图书馆应"注意收藏本校的出版物和学术文献"的规定，我馆决定设置"校史资料室"，专门收藏本校铅印出版的书刊资料，教工在校工作期间的著作、翻译及编辑的专书，以及有关校史的其他资料如照片等，以展示及保存本校教学科研成果，促进学术交流。

今年是我校校庆60周年，校史资料室正在积极搜集、整理资料，定于校庆期间开放。这一工作，希望得到全校有关单位和教师职工的大力支持和帮助。

目前校史资料室已入藏您的专书有下列____种：

据知您尚有后列专著，而校史室尚未入藏，特函请您在可能的条件下，惠赠各一册，并请亲笔签题，以为纪念。所列如有遗漏，请补赠。又，今后有新著出版，亦请惠赠。是为至感！

此致

敬礼

中山大学图书馆
校史资料室
1984年6月

拟请惠赠大著：

（刘少雄主稿）

教授、副教授凭证入库通知

_____系（所、室）：

  我馆搬入新馆后，鉴于书库楼层多，面积大，管理人力不足，各项工作亦未就绪，曾暂停入库。现图书基本上架，按新修订"入库规定"，除教授、副教授可凭借书证入库外，其他教师须持有入库证连同借书证才能进入闭架书库。入库证发放办法是参考教研室数量并按教师人数（副教授以上除外）每10人发入库证一个。入库证由系（所、室）统筹掌握（如能交给资料室管理则较好），视需要给予使用。但必须建立登记领用制度，限定时间交回，不应长期停留在一个人手上。入库证发到各系（所、室）后，必须妥善管理，遗失（一年内）不补发。

  凡已提升为副教授以上的教师，原借书证未改职称者，请持原借书证到我馆一楼目录大厅后流通部发证室更改职称。

  你系（所、室）发入库证_____个，请派人到发证室领回使用。

图书馆

一九八四年九月　日

中山大学图书馆珍本图书标准

（现代精、平装书）

（初稿）

现代精、平装珍本图书（珍贵的图书），应是具有较高学术价值、出版较早或印刷精良的初版本或罕见本。（可参考张静庐《中国近代出版史料》初、二编和《中国现代出版史料》甲、乙、丙、丁、补等编以及有关资料。）过去我馆已将革命文献和印刷精良、有较高学术价值的版本列入珍本图书保存。这些珍本图书，在其意义来说，带有新善本的含义。但新善本的标准，由于参考文献不足，其标准一时难定，如作为珍本图书，则可以概括一些。根据本馆藏书情况，凡具备下列条件之一者，统一作的珍本图书皮藏，以"D"字母为冠号。馆内借阅仿照古籍善本管理办法办理：

一、新中国成立前我国各革命历史时期出版的马、恩、列、斯著作的中译初印本或罕见本，毛泽东及老一辈无产阶级革命家著作的初印本或罕见本。

二、新中国成立前各革命历史时期党的各级组织的出版机构、中央苏区及解放区出版的各种著作的初印本或罕见本。

三、清末（光绪、宣统年间）、北洋军阀统治时期出版的著名学者、作家的学术著作、文艺创作（或译作）的初印本或罕见本。

四、国民党统治时期出版的著名学者、作家的学术著作、文艺创作（或译作）的罕见本。

五、近现代以来著名学者、作家的手稿本、批校本、著者题赠本。

六、各革命历史时期著名藏书家和著名学者的优秀藏书。

七、各革命历史时期反动派查禁的进步图书。

八、广东地方文献的各种稿本、抄本和印制精良的初印本。

九、近现代出版的印制精良、有较高学术价值的有代表性的珍贵版本。

注：三、四、五条原则都应是著名学者、作家较早或罕见的著译。

第一条举例。

1.	A12/4906	《工钱劳动与资本》，马克斯（现译为马克思）著，袁让译 广州国光书店，民国十五年（1926）（原版1921年由广州人民出版社出版，但国光1926年翻印本亦是珍贵）
2.	A12	《社会主义发展史纲》，因倪斯（现译为恩格斯）著，六利彦译，黄思樾重译 上海泰东图书局，民国十七年（1928）八月初版

续上表

3.	A123/670.7.7 1.1	《资本论》（第一卷第一分册），马克思著，陈启修译 上海昆仑书店，1930年（据1928年德文版译一、二、三章）
4.	A124 7806.5	《反杜林格论》，恩格斯著，钱铁如译 上海昆仑书店，1930年。上册（绪论、哲学）（此书即《反杜林论》）
5.	A122 5901-2.5	《政治经济学批判》，马克思著，郭沫若译 神州国光社，1932年再版（此书初版是1931年）
6.	A123 670.7.5	《资本论》（全译本）3册，马克思著，郭大力、王亚南译 读书·生活出版社，1938年
7.	A122 4801.3	《共产党宣言》，马克思、恩格斯著，成仿吾、徐冰译 中国出版社，1938年8月
8.	A121 4310.2	《论犹太人问题》，马克思著，郭和译 上海亚东图书馆，民国二十八年（1939）一月
9.	A22 1704	《讨论进行计划书》，列宁著，成则人（即沈泽民）译 广州人民出版社，1921年（此书即《论策略书》）（列宁全书第二种）
10.	A22	《帝国主义浅说》，列宁著，李春蕃（即柯柏年）译 上海新文化书社，1925年（原版不署译者，只署沈泽民校） 《帝国主义浅说》，列宁著，李春蕃译，高尔柏校，署中国经济研究会，不署年月（此二本版式完全一样，只是版权页略有不同）
11.	A22	《列宁读战争论的笔记》，列宁著，杨作材译，何思敬、曹汀校 生活书店，民国二十九年（1940）三月初版，58页
12.	A32	《论民族问题》（即《马克思主义与民族问题》，斯大林著），1937年群众书店版。此书版本，封面和书名页省去"马克思主义"字样，印"史达林"而不印"斯大林"（书内引文注却作斯大林），不署译者名，不印版权页，凡此种种，都可以说明出版者避开反动派查禁检扣的意图。 这个译本与张仲实1939年生活书店版，唯真1949年解放社版，1950年莫斯科版和新中国成立后中共中央马恩列斯著作编译局、人民出版社版都不相同，是国统区比较早的中译本，也可能是最早的中译本，实是珍贵。但译者是何人，一时未能查证
13.	A32	《列宁主义之理论及实施》，斯德林（现译为斯大林）著，汤澄波译 广州丁卜工场发售，民国十五年（1926）十月初版
14.	A319	《列宁主义问题》（精装），斯大林著，莫师古译 民国二十七年（1938）六月初版，不印出版处，936页
15.	A41	《毛泽东选集》（五卷，精装本） 大连大众书店，民国三十六年（1947）二月再版

续上表

16.	A424 3710	《论抗日战争的形势及其教训与胜利的关键——毛泽东与梅杰堡脱兰的谈话》 高原出版社，1937年12月初版（新中国成立后收录至《毛选》时题目是《和英国记者贝特兰的谈话》）
17.	B02	《辩证法唯物论》 中国出版社，民国三十五年（1946）三月（原书不印作者，经考证，作者是毛泽东，此书是据原丘引社版排印）
18.	K02	《社会进化史》，蔡和森著 上海民智书局，民国十五年（1926）六月三版
19.	K262.23	《省港罢工概观》，邓中夏著 中华全国总工会罢工委员会宣传部，1926年7月
20.	K262.23	《省港罢工中之中英谈判》，邓中夏著 中华全国总工会罢工委员会宣传部，1926年7月
—		（类似这样的版本还有，在大库旧藏中亦有）

第二条举例。

1	D411	《国际劳动运动中之重要时事问题》（马克思全书），季诺维埃夫（G. Sinowjiw）著，李墨耕译 广东人民出版社（此书版权页脱去，查证是1921年出版）（"康民尼斯特丛书"第三种，汉译应为"共产主义丛书"）
2	D01	《阶级斗争》［德］柯祖基著，恽代英译 新青年社，民国十年一月初版
3	D422	《农村工作讲话》（原名《怎样动员农民大众》），陈毅著 上海扬子江出版社，1938年1月修订三版
4	D252	《论群众运动》，邓子恢著 中共中央中原局办公厅，1948年
5	D67	《潮梅、东江的政权建设》，刻印本 粤桂边区人民报社编印，1949年9月
6	D165	《一九三五年的国际——季米特洛夫在共产国际第七次全世界代表大会上关于第二次议事日程的报告和结论》，1935年8月
7	D165	《世界之动向——共产国际第七次全世界代表大会底决议案》
	—	以上两书是1935年9月由法国巴黎 Asie Librairie Editions 出版。类似这样的版本还有，在大库旧藏中亦有

第三条举例。

1	782.851 935	《中国六大政治家》（精装），第五编（王荆公），梁启超著 上海民智书局，清光绪三十四年（1908）十月初版，302页
2	782.88 425	《西学东渐记》，容闳著（英文原著），徐凤石、恽铁樵译 商务印书馆，民国四年（1915）十二月初版，148页
3	120.9 92	《中国哲学史》精装，谢无量著 民国五年（1916）十月初版
4	1-0233	《东西文化及其哲学》，梁漱溟著 商务印书馆，民国十一年（1922）一月初版，386页
5	5-3053	《杨杏佛演讲集》，杨铨著 商务印书馆，民国十六年（1927）六月初版，369页
6	920.8 2	《徐霞客游记》精装2册，丁文江编 商务印书馆，民国十七年（1928）十一月初版，附图1册
7	080 671	"严译名著丛刊"：①《天演论》；②《原富》；③《社会通诠》；④《群己权界论》；⑤《孟德斯鸠法意》；⑥《群学肄言》；⑦《名学浅说》；⑧《穆勒名学》 商务印书馆，民国二十年（1931）重排本，精装8册 严复，聪慧过人，英文与古中文程度都很高，所译诸书都经过精心研究，译文一字不苟，译品质量很高。严译9种，其中《中国教育议》商务没有收入"丛刊" 据本"丛刊"例言一所述："兹特重加排印，汇成一套，并将严先生之译著，向由他处出版者，亦征得原出版处同意，一律加入，以臻完备。并精校精印，版式一律，既易购置，尤便收藏。"作为整套严译，当以此版可贵。如属完整的一套，可列为珍本收藏。如属少量或个别品种，则作普通本处理。至于严译初版印本，仍列为珍本为宜 关于严复译著的评价，可参考贺麟《严复的翻译》一文，载《中国近代出版史料》第二编，第104～119页

续上表

8	813.7 7621	"说部丛书",商务印书馆编译所编辑,林纾等译述,商务印书馆出版 初集 100 编,130 册,清光绪三十一年至民国三十四年(1905—1908)初版 二集 100 编,161 册,清光绪三十一年至民国四年(1905—1915)初版 三集 100 编,清光绪三十一年至民国九年(1905—1920)初版 本馆入藏整部的初、二集是民国二至四年(1913—1915)再版版本。这两集本馆于 1963 年 4 从上海旧书店购进,当时整部齐全,可惜没有保存好,在长期流通中,已略有损残和遗失,殊属可惜(这部初集缺一种,二集 10 种有缺) 此丛书本馆还有旧藏初、二、三集若干种,多是初印本。第三集有 20 多种 "说部丛书"都是译述,以言情、侦探、义侠、社会、伦理、述异等为内容取材,多属短篇,是面向社会的消闲小说。虽然如此,这 300 编(种)却是我国早期(清末民初)译作,在介绍外国文艺作品方面起启蒙作用。如整部齐全或比较齐全,实是颇为可贵的,可列为珍本。如属少量或个别的初印本,也应作珍本或保存本处理

第四条举例。

1	848 909.1-3	《鲁迅全集》,鲁迅先生纪念委员会编印 复社 1938 年 8 月出版。精装 20 册,甲种纪念本(非卖品)封面皮脊烫金装楠木箱,预约价每部国币 100 元,只印 200 部。本部编号为第 12 号(存鲁迅研究资料室)
2	—	《民权主义》,孙文著 广州中国国民党中央执行委员会,民国十三年(1924)八月初版,16 开大字本
3	—	《民生主义》,孙文著 广州中国国民党中央执行委员会,民国十三年(1924)十二月初版,16 开大字本
4	D B251.71 1	《总理全集》,孙文著,胡汉民编 上海民智书局,民国十九年(1930)八月再版(初版是 2 月),精装 1 厚册(约 2400 页)
5	8-2284	《廖仲恺集》 民国十五年(1926)春,281 页
6	802.41 326	《古音系研究》,魏建功著 国立北京大学出版组,民国二十四年(1935)五月初版,精装 16 开,一大册

续上表

7	1-0435	《中国哲学史》,冯友兰著 神州国光社,民国二十年(1931)二月初版,458+13页,精装(此书附印陈寅恪、金岳霖对本书的审查报告)(国立清华大学丛书)
8	5-3042	《马寅初经济论文集》,第一集 商务印书馆,民国二十一年(1932)十二月初版,731页
9	802.99 941	《爨文丛刻 甲编》,丁文江编 商务印书馆,民国二十五年(1936)一月初版,8开,一大册 (中央研究院历史语言研究所专刊之十一) (商务、中华等20世纪三四十年代出版的"大学丛书""大学用书"等,多属著名学者的学术著作,不少虽属初版,但比较常见,不作珍本收藏,但应选择一部完整的做保留本,保证馆内参考,其余仍可照常流通)
例:	802.4 941	《中国音韵学》,王力著 上海商务印书馆,民国二十六年(1937)八月初版,2册,精装("大学丛书") 此书比较常见,复本也较多,不做珍本庋藏,余类推

第五条举例。

1	D 089.8 693	《岑仲勉教授遗稿》,98种,218册 中山大学图书馆整理入藏,1962年
2	D 121.62 977	《商君书解诂定本》,朱师辙著,岑仲勉读校批注 国立中山大学出版组,民国三十七年(1948),102+13+30页(国立中山大学丛书)
3	D 443.6 227	《治河论丛》,张含英著,岑仲勉读校批注 国立编译馆,民国二十六年(1937)再版,250页
4	D 544.35 632	《中国收继婚之史的研究》,董家遵著,岑仲勉读校批注 岭南大学西南社会经济研究所,1950年5月,106页
5	D 623.7 568	《隋唐五代史上篇》,蓝文征著,岑仲勉读校批注 商务印务馆,民国三十六年(1947)二月初版,174页(部定大学用书)

著者题赠本

1	821 52-2.1	《戏的念词与诗的朗诵》，洪深著 重庆美术出版社，民国三十二年（1943）十二月初版，土纸112页 [民国三十三年（1944）三月十五日洪深题赠中大]
2	802.58 941-2	《江浙人学习国语法》，王了一著 正中书局，民国三十六年（1947）十一月版，88页
3	879.57 K	《时间呀，前进!》，[苏]卡达耶夫著，林淡秋译 作家出版社，1954年5月，406页（卡达耶夫1957年访问中大时亲笔题签）（登记未编）
4	879.48 O88	《奥斯特洛夫斯基演讲、论文、书信集》（第3版），[苏]尼·奥斯特洛夫斯基（Островский, Н.）著，孙广英译 中国青年出版社，1952年9月，332页 （作者夫人1957年访问中山大学时亲笔题签）
5	D 761.9 D71	《在金字塔的国家里》，[苏]尼·德拉钦斯基（Драчинский, Н.）著，蔡国华译 中国青年出版社，1956年12月，87页（作者1958年访问中山大学时亲笔题签）

第六条举例。

这是著名藏书家和著名学者的优秀藏书，其标准是"优秀的"。属于优秀部分，大都可以划入其他八条里面。一个人大量的优秀藏书还不多见，类似西谛、沈从文这样的藏书是不多的。我校以容庚藏书而言，藏书有其特色。金石文字和书画艺术的藏书比较齐全，绝大多数虽属普通版本（线装），但在今天来说，能收集到这种程度，殊非容易。有些版本也是很难得的。如不作为专藏，其特色就不易体现。在精平装存书方面，属于优秀的很少。

据了解，梁方仲先生关于明清经济史藏书也相当完备，可是由于某种原因，迄今未能收购。将来如条件成熟，得到梁先生这部分藏书，最好能完整保存，列为专藏。如拆散分编入库流通，既易损残，又易借失，其特色就难以保证了。过去岭大旧藏的早期难得的文艺书版本，由于没有订出有效的管理制度，在流通中已有损残，借失或丢失，这是很值得吸取的经验教训。

第七条举例。

这条是国民党反动派查禁的进步图书。

根据张静庐《中国现代出版史料》所载，国民党反动派查禁的图书，有些不属进步的，除去这少部分，数量还很多。但当时查禁的书，今天能保存下来的，也不算太多。至于后来形势有所变化（如第二次国共合作后），有些被查禁的书得以解禁或重版再印，则不属此范围。

本标准第一、二条的书已作为革命文献，但对国民党反动派来说都属被查禁之列。现就国民党反动派查禁的进步图书略为举例，有些版本还可纳入第四条。

第七条举例。

1	820.6 412	《创造十年》，郭沫若 现代书局，1932
2	8-4005	《檀泰琪儿之死》，田汉译 现代书局，1929
3	891.7 935	《平林泰子集》，沈端先译 现代书局，1933
4	817.83 795	《炭矿夫》，龚冰庐著 现代书局，1928
5	884.7 A57.3	《小天使》，蓬子译 上海光华书局，1928
6	801 791	《新兴文艺概论》，顾凤城著 上海光华书局，1930
7	8-4586	《恶党》，适夷（即楼建南）译 上海湖风书局，1931
8	884.7 G67-7	《隐秘的爱》，高尔基著，华蒂、森堡合译 上海湖风书局，1932
9	879.57 S37-5	《铁流》，杨骚译 上海南强书局，1930
10	879.57 942	《十月》，杨骚译 上海南强书局，1930
11	8-0762	《文学评论》，冯雪峰译 上海水沫书店，1930
12	802 628	《文学概论》，潘梓年著 上海北新书局，1928
13	8-2138	《二心集》，鲁迅著 上海合众书店，1932
14	827.84 650	《纪念碑》（宋若瑜、蒋光慈通讯集） 上海亚东图书馆，1928
15	8-3072	《白话书信》，高罕语编 上海亚东图书馆，1931
16	8-3786	《两个女性》，华汉著 上海亚东图书馆，1930

续上表

17	827.88 969	《旧时代之死》，柔石著 上海北新书店，1929
18	8-0770.1	《文艺与批评》，鲁迅译 上海水沫书店，1929
19	884.7 975	《苏联短篇小说集》，适夷译 上海天马书店，1934
20	8-2973	《C夫人肖像》，董每戡著 香港每周剧社，1940年9月初版

第八条举例。

1	U1196	《血债》（五·三十一纪念手册） 国立中山大学学生工作委员会编印，1947年8月，90页，有照片（中山大学校史珍贵资料）
2	D 552.233 9938	《广东各县物产志》，岑仲勉辑，抄本，8册，线装
3	D K926.5	《广东地理调查表》 这部分地理调查表，每县一种，是1915—1916年间由当时知县向省进呈的抄本，有下列各县： 儋县、增城、兴宁［（合订一册），D/K296.5/1］ 南雄（D/K296.5/2）　陵水［史（2）899］　定安［史（2）900］ 阳山［史（2）908］　感恩［史（2）901］　新兴［史（2）906］ 海康［史（2）907］　封川［史（2）904］　郁南［史（2）903］

第九条举例。

1	D J121 5	《教育部第二次全国美术展览会专集》，第一种；《晋唐五代宗元明清名家书画集》，第二种；《现代书画集》，第三种，《现代西洋画图案雕刻集》，该展览会管理委员会编 商务印务馆，1943年，精装3册，八开，国币600元
2	D J221 7	《画苑掇英》（上中下册，精装），上海市文物保管委员会编 上海人民美术出版社，1955年8月，八开，70元

续上表

3	D J231 1 （旧类号 945.31 D96）	《印尼苏加诺总统藏画集》，（印尼）杜拉编 人民美术出版社，1956—1965，精装 6 册，八开，共 500 元 （从 1956 年出第 1、2 册至 1965 年出第 5、6 册，前后用了 10 年时间出齐）
4	D K877.45 1	《千唐志斋藏志》，河南省文物研究所、洛阳地区文管处编 文物出版社，1984 年 1 月，精装，八开，160 元
5	D K892.23 3	《中国古代服饰研究》，沈从文编著 商务印书馆香港分馆，1981 年 9 月，精装 1 册（520 页），八开 （文字 174 篇共 25 万字，插图 700 幅，其中彩色图 100 幅）

艺术、文物图册，大都印制精美，可做珍本的较多；但如属一般的艺术、文物图册则不宜列入。同时，应对过去入藏的做一次鉴别清理。

1986 年 1 月 18 日

（1987 年 4 月 16 日馆长室召开有关人员讨论）

附录一：

珍本书刊标准研讨会通知

本馆馆藏中，除古籍善本外，还有其他一些珍贵的书刊文献，须制定标准予以确定，并相应地采取不同于一般书刊的典藏与使用方法。这既是图书馆业务基础建设问题，也涉及图书馆学方面的一些理论问题，需要认真研究讨论。

为此，定于 4 月 16 日（星期四）下午 3：00，在本馆二楼会议室举行珍本书刊标准研讨会。

一、由刘少雄、黄增章同志做主旨发言。

二、请下列同志出席：胡惠华、林云、陈修纮、林健祥、黄锦瑶、周显元、张炳芳、何少佳、姜凝、梅海、梁美灵、叶录平、吴秉贤同志。

三、同时欢迎本馆其他同志到会参加讨论。

馆长室

1987 年 4 月 14 日

附录二：

"说部丛书"目录

初集 100 篇

1	天际落花	51	旧金山
2	剧场奇案	52	侠黑奴
3	梦游二十一世纪	53	美人烟草
4	华生包探案	54	天方夜谭（四册）
5	小仙源	55	铁锚手
6	案中案	56	雾中人（三册）
7	环游月球	57	蛮陬奋迹记
8	吟边燕语	58	橡湖仙影
9	美洲童子万里寻亲记	59	波乃茵传
10	贡金血	60	尸楼记
11	金银岛	61	二俑案
12	回头看	62	神枢鬼藏录
13	迦茵小传（三册）	63	空谷佳人
14	降妖记	64	神秘地窟
15	珊瑚美人	65	双孝子嗜血酬恩记（二册）
16	卖国奴	66	世界一周
17	埃及金字塔剖尸记	67	真偶然
18	忏情记（二册）	68	毒药罇
19	夺嫡奇冤	69	希腊神话
20	莫孝子火山报仇记（二册）	70	指中秘录
21	双指印	71	国宝案
22	鬼山狼侠传（二册）	72	宝石城
23	昙花梦	73	双冠玺
24	指环党	74	画灵
25	巴黎繁华记（二册）	75	航海少年
26	斐洲烟水愁城录（二册）	76	多那文包探案
27	撒克逊劫后英雄略（二册）	77	一万九千磅
28	桑伯勒包探案	78	红星佚史
29	一车缘	79	金丝发

续上表

30	车中毒针	80	朽木舟
31	寒桃记（二册）	81	塚中人
32	玉雪留痕	82	爱国二童子传（二册）
33	鲁滨孙漂流记（二册）	83	盗窟奇缘
34	鲁滨孙漂流记续记（二册）	84	鬼士官
35	洪罕女郎传（二册）	85	鸳盟离合记（二册）
36	白巾人	86	苦海余生录
37	澳洲历险记	87	复国轶闻
38	私密电光艇	88	情侠
39	蛮荒志异	89	媒孽奇谈
40	阱中花（二册）	90	一仇三怨
41	寒牡丹（二册）	91	新飞艇
42	香囊记	92	冰天渔乐记
43	三字狱	93	三人影
44	红柳娃	94	橘英男
45	红楂画桨录	95	铁血痕
46	海外轩集录	96	化身奇谈
47	赛外人	97	新天方夜谈
48	炼才炉	98	双乔记
49	七星宝石	99	双鸳侣
50	血蓑衣	100	海卫侦探案

二集 100 篇

1	孝女耐儿传（三册）（缺上册）	51	匈奴奇士录
2	块肉余生述前编（二册）	52	血泊鸳鸯
3	块肉余生述后编（二册）	53	孤星泪（二册）
4	拊掌录	54	露惜诗（二册）
5	电影楼台	55	亚媚女士别传（二册）
6	冰雪因缘（六册）	56	笑里刀
7	蛇女士传	57	续笑里刀（二册）
8	芦花余孽	58	黑楼情孽
9	歇洛克奇案开场	59	博徒别传
10	髯刺客传	60	清宫二年记（缺）

续上表

11	大食故宫余载	61	遮那德自伐八事(二册)
12	黑太子征录	62	遮那德自伐后八事(二册)
13	金风铁雨录	63	雪花围(缺)
14	西奴林娜小传	64	钟乳骷髅
15	贼史(二册)	65	卢宫秘史(二册)
16	离恨天	66	劫英小影
17	旅行述异(二册)	67	模范町村
18	西利亚郡主别传(二册)	68	白头少年
19	玑司刺虎记(二册)	69	青衣记(二册)
20	剑底鸳鸯(二册)	70	美人磁
21	三千年艳尸记(二册)（缺下册）	71	青藜影
22	滑稽外传(六册)	72	海外拾遗
23	不如归(六册)	73	洪荒岛兽记(二册)
24	天囚忏悔录	74	拿破仑忠臣传(二册)（缺）
25	脂粉议员	75	错中错(二册)（缺下册）
26	藕孔避兵录	76	雪市孤踪
27	贝克侦探谈初编	77	堕泪碑(二册)
28	贝克侦探谈续编	78	希腊兴亡记
29	十字军英雄记	79	苦儿流浪记(三册)
30	恨绮憨罗记(二册)	80	西班牙宫闱琐语
31	玉楼花劫前编(二册)	81	骠骑父子
32	玉楼花劫后编(二册)	82	城中鬼蜮记
33	大侠红擎露传	83	法宫秘史前编(二册)（缺下册）
34	彗星夺婿录	84	法宫秘史后编(二册)
35	双雄较剑录(二册)	85	秘密室
36	蒋悼郎(二册)	86	孤士影(二册)（缺）
37	蟹莲郡主传(二册)	87	稗艺琳琅
38	涸中花(二册)	88	秘密怪洞
39	罗刹因果录	89	飞将军(二册)
40	残蝉曳声录	90	外交秘事
41	鱼海泪波	91	断雁哀弦记(二册)
42	漫郎摄实戈	92	时谐(三册)
43	哀吹录	93	合欢草
44	罗刹雌风	94	玉楼惨语(缺)
45	义黑	95	不测之威(二册)

续上表

46	假跛人	96	侠女破奸记（缺）
47	侠女郎	97	后不如归
48	侠隐记（四册）（缺一册）	98	爱儿小传
49	续侠隐记（四册）	99	壁上血书
50	八十日	100	兰娜小传（二册）

三集 100 篇

1	亨利第六遗事	51	—
2	冰蘖余生记	52	—
3	情窝（二册）	53	—
4	海天情孽，黄士淇，民国五年（1916）四月初版	54	—
5	—	55	牝贼情丝记（二册），民国七年（1918）初版
6	—		
56	孤露佳人续编（二册），范况		
7	—	57	—
8	桑伯勒包探案，商务印书馆译，光绪三十一年（1905）首版	58	科学家庭（二册），关笑生，民国八年（1919）初版
9	—	59	—
10	—	60	—
11	—	61	—
12	铜国雪恨录（二册），双石轩译，民国五年（1916）十月版	62	—
13	—	63	—
14	—	64	鬼窟藏娇（二册）
15	—	65	玫瑰花续编
16	—	66	—
17	—	67	荒村奇遇（二册），李澄宇
18	魔冠浪影，丁宗一，民国七年（1918）再版	68	—
19	—	69	西楼鬼语（二册）
20	—	70	—

续上表

21	—	71	—
22	—	72	—
23	—	73	—
24	—	74	—
25	蓬门画眉录(二册)	75	—
26	贤妮小传(二册)	76	—
27	—	77	—
28	奇婚记	78	—
29	—	79	—
30	—	80	碧中玉,尤玄甫,民国九年（1920）初版
31	—	81	四字狱,民国八年（1919）初版
32	—	82	—
33	—	83	—
34	—	84	赂史(二册),民国九年（1920）初版
35	—	85	—
36	—	86	—
37	续贤妮小传(二册),丁宗一,民国六年（1917）初版	87	欧战春闺梦(二册),民国九年（1920）初版
38	—	88	—
39	—	89	—
40	妒妇遗毒记,黄静英,民国七年（1918）初版	90	—
41	—	91	—
42	—	92	—
43	—	93	—
44	—	94	—
45	—	95	—
46	—	96	—
47	—	97	欧战春闺梦续编(二册),民国九年（1920）初版

续上表

48	—	98	—
49	—	99	—
50	金台春梦录（二册），民国九年（1920）再版	100	—

林译小说

1	—	26	赂史（二册）（"说部丛书"三集，84编）
2	—	27	—
3	—	28	—
4	—	29	鹦鹉缘（三编）下
5	—	30	—
6	涢中花（二册）（"说部丛书"二集，38编）	31	金台春梦录（二册）（"说部丛书"三集，50编）
7	—	32	—
8	—	33	—
9	—	34	—
10	—	35	牝贼情丝记（二册）（"说部丛书"三集，55编）
11	—	36	—
12	—	37	—
13	—	38	鬼窟藏娇（二册）（"说部丛书"三集，64编）
14	钟乳髑髅（二册）（"说部丛书"二集，64编）	39	—
15	—	40	西楼鬼语（二册）（"说部丛书"三集，69编）
16	情窝（二册）（"说部丛书"三集，3编）	41	—
17	—	42	—
18	—	43	—
19	—	44	—

续上表

20	橄榄仙（下）	45	—
21	诗人解颐语（二册）	46	—
22	—	47	秦西古剧（二册）
23	—	48	—
24	—	49	—
25	—	50	—

剔除馆藏"滞留图书"试行办法

(征求意见稿)

所谓"滞留图书",是指长期滞留在书架上、流通率很低,甚至从来未流通过的图书。为了有效地使用书库,提高藏书质量,根据图书流通情况,结合当前和今后教学、科研的需要,对"滞留图书"采取经常和集中相结合的方式,进行筛选和剔除。

做好藏书建设工作,首先,采访部门在选购(对待入藏非购入图书亦同)图书时,必须严格掌握采购原则,选择最佳品种和最佳复本量,对于可购可不购的,应不购入或少购;对于复本量可多可少的则宜少。采购这一关把好了,就可以大大减少"滞留图书"的数量。其次,典藏流通部门必须做好选存"保留本"的工作,以补救因借出、损坏或遗失的图书,使之仍有一本在馆内提供参考,以解决紧迫需要的问题。同时,对处理滞留图书亦有利。

筛选剔除"滞留图书",是藏书建设工作的一个组成部分,是一项艰苦细致、学术性很强的工作,既要经常进行,也应在一定时间里集中力量处理。这个工作应由一名熟悉图书馆业务、富有经验的馆员以上的人总负其责。他可根据采编和借阅两部门提供的情况,加上自己的实地调查,提出筛选剔除图书的方案,经领导审批后,然后由他组织一个工作小组,对馆藏"滞留图书"进行筛选和剔除。一座大型图书馆藏书量多,文种多样,书刊均有,古旧与现代并存,情况复杂,筛选剔除工作,很难毕其功于一役。故此,结合我馆藏书情况,可考虑先以新中国成立后采用刘国钧分类法(或党的十一届三中全会以前的)分编的中文图书为对象,按类开展,先易后难(对于复本量过大的、容易入手的先办),在工作实践中积累经验,逐步展开。其步骤和剔除出来的图书的审定和处理等有关事项都应在方案中订定。

至于新中国成立前出版的中文图书,除复本过多或确属无用的书以外,可暂缓剔除。

下面是剔除范围和步骤方法。

一、剔除范围

1. 知识老化,内容陈旧过时的无用或极少使用的图书。
2. 由于政治原因造成无用或用处不大的图书。
3. 利用率很低或较低的图书(图书内容与本校系科专业不对口或非本校教学、科研任务所需要,多年来使用率较低的)。
4. 复本量过大的图书。
5. 已有新印本代替旧版本的图书。
6. 破烂不堪已失去参考价值的图书。

二、剔除提存册数

1. 陈旧过时、极少使用的书,每种抽存一两册作为备查之用。
2. 反动的书每种抽存两三册。
3. 版本多的参考书复本,对最先版本,每种抽存两三册,其余按本校各系科专业实际所需要与流通情况决定留存数。有修订版的应留最新修订版。

三、剔除步骤

1. 组织一个剔除图书工作小组(其人选最好是较长时间从事书库管理工作,对图书流通情况、使用价值有所了解的)。
2. 分期分批进行。按图书不同文种先后、图书不同分类法先后,按类或按库清理。结合我馆藏书情况:①先将新中国成立后至采用中图法分类以前的图书(刘国钧分类法)为对象;②或以"文化大革命"期间至党的十一届三中全会以前出版的图书为对象进行清理,先易后难,在工作中积累经验,逐步开展。
3. 具体步骤。
(1) 以库存排架目录,核对架上图书。
(2) 根据剔除原则及库存实数(倘在流通借出的图书不算),提出初步剔除意见,并夹在每种拟剔除图书的样本内。剔除意见应包括现有多少册、拟留多少册。
(3) 拟剔除的图书按分类顺序另架排列。
(4) 请馆领导、专业教师和本馆采编部门审查确定。
4. 注销与处理。
(1) 注销典藏卡。把剔除的图书按分类在排架卡片的登录号旁(或另列登录号)盖"剔"字章(如剔除复本很多,留很少的,可只记留存的登录号)。
(2) 编制剔除图书目录清册,注明年月,经馆领导审批后存档备查(注销图书清册应有分类号和登录号)。
(3) 采访部门的图书登录簿和编目部门的公务目录应根据注销图书清册分列注销。藏书统计亦相应核减。
(4) 对于没有保留的书(拔种处理),应撤销该书的一切读者目录。
(5) 在剔除的书上加盖剔除印章。
(6) 注销后的图书处理。
采取调拨、交换、低价出让。
破烂不堪的作废纸处理。
反动书作废纸处理的,应送造纸厂化浆。

1991 年 1 月

关于剔除馆藏"滞留图书"的几点说明

一、知识老化、内容陈旧过时的无用或极少有用的图书

社会在发展,人类的知识也在发展。新知识不断取代旧知识,这是人类文化的新陈代谢。由于知识的更新,无疑会使图书馆大批内容陈旧过时的图书无人问津。这种情况在科技图书身上表现更为明显。作为以流通为主要任务的图书馆,对待这方面的图书,务必加以筛选剔除。但是"知识老化,内容陈旧过时"的标准,有时难以判断,而且人的文化知识水平、经验和业务能力亦有差异,看问题的观点不尽相同。因此,处理时不宜拔"种",可保留1、2本,剔除多余复本。在以后再复选剔除时,如感到确属无用,再作拔种处理。

二、由于政治原因造成无用或用处不大的图书

新中国成立以来,我国曾开展过多次的政治运动,每次政治运动都相应地出版大量配合运动的学习资料和文学作品。这些书大多是风靡一时,运动一过,便成为滞书。此类书经过一定时间后,除留一些作为参考资料外,余者应剔除。在"文化大革命"期间出版的教学用书(以文科为主)和一些有错误的书同属此一范畴。

三、利用率很低或较低的图书

造成这种情况的原因是多方面的,要具体分析对待,不能盲目下架。凡是由于我们内部工作上的失误,如推荐较差、目录反映不明显或没有反映而导致利用率低的,应由我们自己内部负责补救。以外,如确属读者利用较少的图书,就应酌情从架上取下(保留1~3册)。普及性的通俗读物和文化补习的参考书都属此范畴。另外,由于学科领域较窄、研究的人少而造成利用率较低的,这部分书应剔除多余复本,保留满足需要即可。

至于图书内容与本校系科专业不对口或非本校教学、科研任务所需要,多年来使用率较低的滞留图书,都应在筛选时作为剔除对象。

四、复本量过大的图书

这类书在马列主义和政治课教学以及文学三方面表现得较为突出。过去马、恩、列、斯和毛主席著作出版的次数和发行量都很大,收藏的复本较多,配合政治课教学的书和资料购入的复本量也很大。对这部分图书,应本着实事求是的精神考虑下架。文学类的小说也是这样,一部新书问世以后,往往吸引大量的读者,有时也把复本量放至要求的最宽限,仍不能满足读者的需要,但这种书过了一定时间后,流通率就会渐渐降低。对于复本量过大的图书,首先,在采购时要慎重考虑,努力选择最佳复本量,其次,将过多的复本实事求是地在筛选中剔除。

五、已有新版本代替的图书

这主要是指那些利用原版重印的图书,这些书内容与原版完全相同,对这样的书,在采购时要注意,一般不采购。如采购,可替换原来破损或遗失的图书。如果是修订

版，则应做全面分析，一般说来，修订版要比原版好一些，原版留2、3部即可，余皆剔除。当然，也有因为受某种外界因素的影响，修订版不如原版的，这只是一种特殊现象，应具体对待。

至于同类新书比已入藏的品种优异，在有定评以后，应适当减少已入藏品种的复本数。

六、破烂不堪、已失去参考价值的图书

破烂不堪的书已不能反映原书的面貌，无法供读者使用，如属复本，应该剔除，这是图书的自然淘汰。如这种书由于流通次数较多而自然破损，又无复本，淘汰以后会给读者利用带来不利，则暂不拔种为宜，应该寻找新的书来补充，或想办法补配损残部分，以利应用和参考。

此外，对于出版质量不佳、写作水平很低的图书，筛选时也应作为剔除对象。如未具备这种鉴别水平、条件，则暂缓处理。

1990年1月2日

参考资料

1. 庄子逸、陶涵彧：《论"呆滞图书"的剔除——兼及文献存储的最佳策略》，《图书情报工作》1982年第6期。
2. 赵景侠：《关于藏书的再精选》，《图书馆学研究》1983年第2期。
3. 李修宇：《论藏书剔旧工作》，《黑龙江图书馆》1978年第1期。
4. 吴观国：《关于陈旧图书的剔除处理》，《图书馆工作通讯》1979年第5期。

熟悉馆藏

对一个图书馆业务人员的要求
1. 基本功：思想修养、文化修养、业务修养。
2. 有乐于为读者服务的思想。
3. 有善于为读者服务的本领。

在业务上的要求（多面手或一专多能）

1. 认识图书馆的作用。
2. 熟悉图书管理程序。
3. 掌握图书馆各项规章制度。
4. 了解藏书分布。
5. 略悉馆藏特点与馆里特藏。
6. 熟记本馆各种藏书的分类大纲（大类表）。
7. 明白编目原则和藏书目录的组织和使用。
8. 略懂参考工具书的使用。
9. 能查阅和编制一般书目索引。
10. 懂得几种检索法的使用（如笔画、汉语拼音、四角号码和英文字母等）。
11. 关心出版情况和图书评介以及入藏动态。
12. 具备多种技能［书法（字要端正）、美术字、绘画（能简单画几笔）、打字、刻蜡版、油印、复印、装订、修补、布置等］（尤其是后来的电脑操作）。

熟悉馆藏*

图书馆工作大体可以分为两个具体基本方面。
（一）收集和整理
（二）管理和利用
采购、交换、征集、登记、分类、编目等工作，属于搜集和整理方面，这是图书馆完成其基本任务的物质基础和必要条件；典藏、流通、阅览、宣传辅导、参考咨询、文献检索、视听、复制等工作，属于管理和利用方面，这是图书馆完成基本任务的手段和方法。

---

* 本部分为刘少雄在1979年9月、1981年2月18日在业务部所做的中心发言，1994年9月修订后拟作为流通部的业务学习资料。

作为图书馆业务人员，熟悉馆藏，这是一个很重要的问题，也需要较长较多的时间方能做到。但只要安心图书馆事业，具备中等以上文化水平，肯学习，就能够逐渐掌握。很多人都是从边干边学的过程中成长起来的。当然，如果是图书馆专业出身，基础条件好一些，仍然要下功夫继续学习。

中山大学图书馆藏书，1952年10月院系调整时，图书来自多间院校，藏书原来各有分类体系，合起来后，由于体系不同，图书不能合并排列，找书容易产生困难。因当时原校在馆的同志较多，这种问题还不突出，随着时间的推移，当时比较熟悉馆藏的同志相继退休或去世，找书难的问题（很多是旧书部分，当然还有其他因素）就显得突出了。所以，要熟悉馆藏，首先要了解本馆藏书的来源。

一、藏书来源

（一）原石牌中大藏书

院系调整时（农、工、医分馆全部调出，天文、地质图书室全部调出），属于总馆所藏的则保留不调，搬到康乐的书刊，都已整理油印成书本目录。

（二）原岭大藏书（除调出外）

1. 中文、日文平装书（包括盒装的古籍）及没有装订的古籍，都分别油印成书本目录。

2. 外文书，只有卡片目录（杜威分类法）。

3. 中外文期刊，已统一油印成书本目录。

（三）原华南联合大学藏书（主要是广州大学）

只有卡片目录（刘国钧分类法）。

（四）原法商学院藏书（数量不多，已按刘国钧分类法改编）

以上为1952年院系调整后的藏书情况。

1952年10月至1974年秋入藏的中文、日文书按刘国钧法分类，外文书按杜威法分类，俄文书按苏联法分类，都是十进法，亦都只有卡片目录。

1974年秋至现在，入藏中外文图书，按中国图书资料分类法分类，都只有卡片目录。

二、藏书分布

1. 大书库。

第一层：中文开架书库（中图法分类）。

另外，在一楼南边104室是刘国钧分类的中文开架书库。

第二层：外文闭架书库（新旧分类法外文书同库分别排架）。

第三层：中文古籍书库（包括善本书库）（用中图法逐渐改编为单一的分类体系，约完成3/4）。

第四层：中文保存本书库；原岭大中文平装书。

原旧中大中文平装书（简编）；复本中文书。

第五层：新中国成立以来的中文期刊及保存本。

第六层：新中国成立前的中文期刊；全部合订报纸。

第七层：外文期刊。

第八层：①新中国成立前日文图书（简编，旧中大）；②中文旧书（中平编号，一般都是复本，但有些还有用）；③旧本中外文工具书；④碑帖（金石拓片）；⑤学生毕业论文（原中大、岭大、华南联大、法商）；⑥各系室清退图书期刊；⑦杂乱古旧线装书残本；⑧待处理的外文书；⑨旧中大、岭大出版物。

2. 阅览室。

一楼102室：新书刊阅览室及新书待签室。

二楼202室：教师研究生阅览室（藏期刊检索工具；少量外文书）。

205室：工具书阅览室（藏中外文较新工具书）。

三楼302室：学生阅览室（藏学生常用书、教师指定参考书）。

303和304室：现刊阅览室（中文）。

四楼403室：内部资料室（凭内部书刊阅览证阅览）藏原则做内部参考的港台出版书刊。

402室：美国友好基金会赠书阅览室。

本室除上述图书外，还有日本"高崎文库"（日本国小西国际交流财团赠）；中文情报资料（如中国人民大学复印报刊资料等）。

414室：校史资料室（藏本校出版物及与本校有关的书刊资料；教工著译书刊；有关本校活动的图片资料；原中大、岭大、华南联大、法商等校的出版物；改革开放以来的研究生毕业论文）。

416室：陈寅恪纪念室（专藏陈先生各种版本的著作及研究陈先生学术思想与生平的书刊资料，还收藏陈先生遗赠中山大学的中文图书）。

413室：原为鲁迅研究资料室（已撤销），现只保留较珍贵的少量书刊资料。（其余四层大库未有的入大库保存本，四层大库已有的则入一层开架书库流通。）至于原作的书目，尚可供研究者参考。

415室：特字号藏书。院系调整初期，学校曾组织一些政法教师对旧书进行审查，抽存一部分图书为内部参考处理，以特字顺序编号（照现在标准，这部分书绝大部分都可解放）。

此室还有少量革命文献图书。

三、目录体系

本馆现存目录有如下六种：①卡片目录；②书本目录；③典藏目录；④阅览室（包括专室）目录；⑤专题目录；⑥新书通报。

（一）卡片目录

又有新旧之分：1952—1974年秋期间的目录作旧称，1974年秋起至现在，采用中图法分类的目录作新称（1994年起新编的书已输入电脑，不再排列卡片）。

不管新旧目录，在读者目录（公开陈列）和公务目录（内部工作用）都有分类、作者、书名三种卡片目录（旧公务目录缺著者卡片）。

分类目录按分类表系统排列，作者、书名目录按字顺笔画或汉语拼音（中文著者）分排或合排。

在新目录中，部分中文图书有标题目录（已入电脑，不再在目录厅陈列）。

另外，在馆藏中文图书目录甲乙编之后，所余中文图书，大致上架排列后，以中平固定顺序编号，制成卡片目录（名曰：中平编号书）。

（二）书本目录

1. 古书目录甲编（原中大及岭大的一部分）。
2. 古书目录乙编（原中大及岭大的一部分）。
3. 古书目录丙编（甲、乙编之余及随后收古籍）。

以上按四部法分类（经、史、子、集），本馆把志（地方志）、丛（丛书）单独作为一大类，即六大类。1984年成立古籍部后，把全部古籍按中图法改编，目前尚余约1/4未完成。不少人认为，据中国古籍的传统分类是四部法，以中图法改编觉得不妥，但木已成舟，可以从目录解决这个分类问题。

4. 保存本书目已入善本书目，作用已不大。
5. 善本书目。1982中大印刷厂铅印。
6. 中文图书目录（语言、文学抽出另订）。
7. 语言、文学类图书目录（6和7合二为一，即是一部完整目录）。

6、7按刘国钧法分类，在书架排顺，固定编号，称中文简编图书，取号如3－112即自然科学第112种，这部分书是旧中大所藏。

8. 中文、日文图书目录乙编。岭大藏书，按岭大分类法分类，图书包括古籍合订本，古籍分开管理后，此书目的古籍部分拆出入古籍部，平装书入流通部。
9. 外文图书目录上下册。旧中大所藏，按杜威法固定编号，如Ⅰ－001，Ⅷ－123。
10. 日文图书目录。旧中大所藏，按刘国钧法固定编号，如日1－，日5－。
11. 中日文期刊目录。（岭大、中大等校期刊，全部按笔画多少排列，中文期刊已入《全国中文期刊联合目录》。）
12. 外文期刊目录。（情况同外文期刊，已入《全国外文期刊联合目录》。）
13. 新中国成立前的中文报纸目录（1909—1949）。
14. 碑帖（金石拓片）简目（练习本登记本）。

（三）典藏目录（排架目录、卡片或书目）

掌管全校藏书（图书馆及各系、所、室）的基本目录，有些馆称总调度室，归典藏部管辖，凡调动及增减，都要及时处理，随时掌握全校藏书情况。本馆制度不健全，还没有建立相应的机构，长期以来，没有掌握全校藏书的确切数字，尤其是有些系、所、室，有专门的款，可以购买图书（或赠入图书），这些单位，有些愿意拿到总馆登编，纳入全校藏书，有些则没有拿来，任意使用（漏洞很大）。

现在典藏部的典藏目录，只掌握总馆范围，更具体地说，只是流通部的范围。典藏目录是记录增加与减少的情况和放存处所，并作为清点藏书的依据。典藏目录也是一种公务目录，都以分类号排列。

（四）阅览室目录（专室目录）

1. 学生阅览室。
2. 教师研究生阅览室。
3. 工具书阅览室。

保存本（中文）阅览室。

美国友好基金会阅览室。

内部资料阅览室。

特别图书阅览室。

校史资料室。

陈寅恪纪念室。

鲁迅研究资料室（已撤销，目录仍可供参考）。

每室都有它的目录（卡片），既是典藏目录，又可供读者查阅。

（五）专题目录

专题目录是以某一个专题为对象，有些专题限收图书，有些专题则专刊资料均收，其中又有馆藏与不限于馆藏之别。一般说来，在凡例或说明中都应有所说明。我馆历年来多以馆藏资料来做专题目录（有些篇幅较少，限于当时资料，今日显得参考价值不大）。

1. 馆藏瞿秋白著译及有关文献目录，1960 年 2 月，油印本。

2. 馆藏亚洲国家图书目录，1960 年 5 月，油印本。

3. 馆藏《车王府曲本编目》，1960 年 5 月，油印本。中文系参加整理。

4. 馆藏鲁迅著译及有关文献目录，1960 年 5 月，油印本。

5. 馆藏鲁迅著译版本书目，1981 年，油印本。

6. 孙中山著作及研究书目资料索引（合作项目），1979 年 3 月，铅印本。

7. 馆藏广东文献目录，1984 年 12 月，油印本。

又，1990 年曾做普查增订工作，编有卡片目录一套，存古籍部。

8. 馆藏港台书目（1950—1983），1984 年 3 月，铅印本。

9. 馆藏家谱目录，1985 年 3 月，复印本。

10. 馆藏岭南大学毕业论文目录（1921—1952），1987 年，油印本。又载《岭南校友》No. 17，1989 年 2 月 28 日。

11. 《岭南学报》篇名目录（1929 月 11 日—1952 年 6 月）。载《岭南校友》No. 12，1986 年 11 月 25 日。

12. 岭南大学出版物汇编，载《岭南校友》第 21 号，1992 年 7 月 3 日，又载香港《岭南通讯》No. 119，1992 年 10 月 15 日。

（六）《中大文献信息》

其内容主要是中外文新书通报。本目录收录本馆计算机系统所录的新入藏图书，包括经总馆采访编目的各系室藏书（西文从 1990 年 4 月起，中文从 1990 年 10 月起入机），按《中国图书资料分类法》的分类排列。著录格式为：［索书号］、题名（书名）／责任者（著者）、出版项（出版地、出版者、出版年月）、（丛书项），附注项：典藏单位、［顺序号］、机内控制号（登录号）。并附印典藏代码表，如 L 流通部，R 参考部，M 数学系，P 物理系等。

《中大文献信息》，1992 年出版 1～6 期，1993 年出版 1～22 期，1994 年出版 1 期。除主要为新书通报外，亦间有以期刊论文编成的专辑，如 1992 年第 1 期为港澳研究专辑；1992 年第 6 期、1993 年第 15 期为地学专辑。

本文献信息为不定期刊，编印发送校、院、系（所）领导和各部门、单位参考，以更好地为科研教学服务。

四、藏书特色与馆里特藏

（一）中文旧报刊

从晚清（同光）起有，质量不错，卷期较齐，重要的都有。岭大图书馆据民国十八年（1929）以前中文杂志 105 种编出《中文杂志索引》第一卷上下册。这些杂志基本上完整地保存至今。中国史学家王亦鹤先生将 30 余年所存中国杂志 100 种 1000 册尽数捐献岭大。我馆中文期刊在 50 年代上了《全国中文期刊联合目录》，查找方便。

旧报纸，在我国南方来说，我馆是较多的。早期报纸，当时老革命家梁少文先生将民国以来数十年积存之中文报纸赠送岭大（据说梁先生每天零购报纸，时间不断，但品种或有不同）。这些旧报纸，经历了百年，纸质已脆，在"文革"期间，校内外"造反派"在旧报纸堆里"抓叛徒"，多来翻阅，导致部分已有损残。1969 年省革委会曾将旧报刊调走，直至 1972 年夏才退回，略有欠缺。这些比较珍贵的旧报纸如不及时抢救，实足堪忧。1985 年我馆将旧报纸进行整理，已编印《馆藏建国前中文报纸目录》（1909—1949），查阅有无，大为方便。

（二）西文科技期刊

化学和生物学方面重要的都有，也较齐全。数学、物理、地理等方面，50 年代亦逐渐补充赶上。当年岭大以英文版《岭南科学杂志》与国外 1000 多个单位建立了交换关系。这些交换来的刊物，多是学术性的非卖品。据《全国西文期刊联合目录》（我馆参编撰），我校入藏有些生物学刊物，在国内属少有或独有。值得注意的是，列入善本的《中国丛报》（*Chinese Repository*，1832 年 5 月在广州创刊），因为在澳门发行影响的缘故，或叫《澳门月刊》，当时澳门对海外的接触比广州要多，直到 1851 年（清道光十二年至咸丰元年），共出 20 卷（每月一期，每年一卷）。今天离它创刊之日已经足足有 160 多年了。《中国丛报》的刊行是在鸦片战争前后，对鸦片战争和当时中国社会的政治、经济、文化、资源等各个领域都发表大量文章或报道，它是对研究中国近代史很有参考价值的资料。据说全国只有两部，一部属于我馆所藏。此刊 1～10 卷曾影印发行。

（三）大革命时期出版的书刊

本馆在 1954—1956 年整理旧书刊时，发现一部分大革命时期（1924—1927）出版的书刊（岭大旧藏），数量虽然不多，但属于十分珍贵的革命文献，为党史、革命史提供过难得的资料。革命先烈周文雍、陈铁军（事迹参见电影《刑场上的婚礼》）临刑前的照片就是在我馆发现、上报中央的。后来，这一部分珍藏，重要的已上调给国家和省的档案馆，尚有目录可查（存期刊部梅海同志知道。这种书刊调动情况，应建立健全的档案制度，否则，人事变迁，往往无根可寻）。至于未调走遗留下来及以后收集到的这类图书，已编为革命文献，作为特藏的一小部分。

（四）古籍善本

在全国善本书总目编辑委员会统一指导之下，1979 年起，在本馆顾问古籍专家周连宽先生领导下，我馆对善本书重新整理鉴别，反复研核，时经两载有余，著录善本书约 2000 种，附录朝鲜刻本 176 种，日本刻本 85 种。从质量上衡之，虽非上乘，然亦有其特点，即明刻较精且多，广东地方文献亦复不少，尤以广东清代著名藏书家曾钊之批校本及广东清代著名学者陈澧之手稿本最为珍贵。《四川志》还属传世（海内）孤本。上海图书馆袁西江（古籍专家）、赵兴茂（善本部主任）、香港中文大学教授（本校荣誉教授）饶宗颐先生等参观本馆善本书库时，都肯定本馆善本书有不少好东西。

（五）古籍丛书

重要的都有，而且齐全，据 1956 年统计有 700 多种，占《全国丛书综录》所载 2797 种的 1/4。外语系教授、系主任戴镏龄先生对本馆古籍丛书保存完好十分欣赏。可惜当时我馆漏了参加这项联合目录工作。

（六）中国地方志

入藏数量有一定的基础。1979 年修订联合目录时，全国已知有地方志 8000 余种，本馆入藏 1200 种。在入藏的方志中，广东方志较多，除广东中山图书馆外，我馆占第二位。本馆方志已参加《全国地方志联合目录》。

（七）中文工具书

据何多源《中文参考书指南》所载有书目 2350 种，民国二十七年（1938）以前出版有价值的参考书大致收罗在内，而何多源编此指南时，绝大多数工具书岭大都有入藏。院系调整时，这部分工具书归入新中大。院系调整后，对综合大学有用的工具书，本馆继续采购，40 多年来，重要的都有入藏。

（八）入藏抗日战争前的文学作品和史料书籍亦属难得

中外文都有。50 年代，戈宝权同志前来，找到早期翻译苏联的文学作品。1977 年，中央民族学院罗致平教授（本校校友）曾在北京、上海、昆明等地查找我国西北某地资料，但未能找到。来到我馆后，找到难得的资料，这些资料能证明该地自古以来是属于我国的，给国家谈判提供了有力证据。中共广东省委曾组织人力，在我馆查找南海诸岛史地资料，收获不少。

（九）碑帖（金石拓片）

原中大文科研究所历史学部顾颉刚先生搜集，据 1948 年登记册（练习本）所载有 12914 份，其中有不少颇具史料参考价值。50 年代移存图书馆，可惜一直缺乏具备一定水平的人才对其加以整理，因此，保管和使用都有困难。

（十）容庚先生赠书

数量在 1 万多册，虽以普通版本居多（珍本也有一些），但经容老几十年积累，金石文字和论述书画艺术方面的古籍比较丰富齐全，很少残缺。除少部分在古文字研究室外，其余都存本馆古籍书库。可惜没有编出容庚先生赠书目录，未能看出其藏书特色。

（十一）校史资料室

中大图书馆校史资料室于 1984 年成立，专门收藏与学校（包括岭南大学、华南联合大学、广州大学、国民大学、文化大学、珠海大学、广东法商学院等）历史有关的各种文献资料，主要有：

学校及各院系的出版物，如校刊、学报、教材专著、科研成果、专业学术书刊，以及各种纪念专刊、各系历届毕业生名册和毕业论文等；

中山大学出版社出版的全部图书；

教职工和学生在校期间编写出版的著译专书；

学校党、团、工会、民主党派以及学生社团编印的各种有史料和学术价值的书刊资料；

知名校友的传记、年谱和生平史料（单篇者复印入藏）；

校友亲笔签题惠赠的著译专著；

各地校友会的会刊、纪念册、会员名册、通讯录等；

与本校有关的图片、照片及其他文物。

本室成立 10 年来，在各方面的热情支持和大力帮助下，藏品不断增加，今已初具规模。

致黄焕秋校长

焕秋校长：

您的工作一定很忙，我很不好意思写信麻烦您。但有一件事情很久得不到合理的解决，所以只得向您反映一下，希望得到您的关怀和解决。其情况是：

外语系德语教师章鹏高先生居住条件太差，外语系各级领导和学校有些领导都是知道的，也曾表示同情（黄佳耿同志住在他的东边，对他的情况了解得很清楚）。最近朱海波科长也亲自到过他家，都觉得居住条件应改善。但是，学校调整房子，就是没有调到他。他现住两个小房，一家四口，夫妇二人，一个70岁的妈妈和一个独生儿子（本校78级物理系学生，因当时学校宿舍紧，凡本校教工子女考上中大的都回家住），住得确实太挤。使得章鹏高先生工作、学习、备课只能在2平方米多的朝西的走廊里摆上一个小桌来做。会客也在那么一丁点走廊接待，厨房、厕所与陈城教授共用。章先生生活、学习、备课都很困难，而章先生身体也较差。这样的情况，如果还得不到应有的照顾，太使人伤心了。况且独生子女也有优待的规定。

三年前，章先生由于老家的父母年迈和经济上的困难，曾请求调到杭州或上海工作，杭州和上海有关单位都表示欢迎接纳。但我校由于德语师资缺乏，表示坚决慰留。听说焕秋同志当时曾表示过，章先生有什么困难，可设法解决。去年春，章先生奉派到西德学习。今年闻说章先生被定为重点教师，并被提升为副教授。这些都可说明学校对章先生的重视。既然如此，则章先生生活学习工作十分困难的住房条件，也应该及早解决才是。章先生26岁来中大，今年已近50岁了，一生中主要的时间已贡献给了中大，难道中大不应该对这样忠心耿耿、一心为中大教育事业有所贡献的教师给予照顾一下吗？章先生为人忠厚耿直，埋头业务，有苦自己多忍受，不愿向领导反映，更不会逢迎讨好别人。作为领导来说，对这样的好老师，是应该主动关怀的。

外语系教师的事，本与我无关。但因为章鹏高先生的爱人林云同志是在图书馆流通组工作，而我是流通组的负责人，了解到这种情况，故特向您反映，请您关心一下。

专此，谨致

敬礼！

图书馆流通组主任

刘少雄

1981年5月9日

致连珍、饶鸿竞馆长（一）

连珍、鸿竞馆长：

流通组五层书库（一、二、三、四、八），原来分配不太合理（本应 1～5 或 4～8 层才好）。由于有三层没有出口，对于内部参考、提存、保存本（稍次于善本）、保留本等难以处理，管理和使用十分不便，应设法解决能查阅的出口问题。加之鲁迅室、校史室又设在东北边四楼，这样在第六层书库划出一半给流通组，它可以内边书库（特藏）与外边专室结合管理，这样对参考使用和管理工作都有很多好处，并节省一些人力。在第六层划出一半给流通组后，可在第八层划回补偿给期刊组，以处理那些很少用或过多的将作为淘汰处理的贮备书库。期刊多放一处，会增加一些不便，但比之图书，条件还是优越的。流通组安排藏书，如果得不到比较合理的解决，以后工作将不可避免地造成严重的后果。

我本人健康和精力严重衰退，最近三个月来搬迁工作繁忙，过度劳累，且已到退休年龄，深感工作已难以支持，恳请及早选任组长接替工作。为了不致给今后流通典藏工作造成太严重的困难局面，愚见在目前挽救这种书库困难局面尚不致太迟，希望能从全局出发，慎重考虑，以求较好地解决，请领导再三思量。

刘少雄
1983 年 6 月 21 日

致连珍、饶鸿竞馆长（二）

连、饶馆长：

新馆建成，自图书大搬迁以来，时将半载，由于书库未具备搬迁条件，使得搬迁工作异常困难。堆放在新馆的图书，更难以预料何时才能启用，心情焦灼，难以名状。

目前流通组人员面貌，消极因素很多，普遍厌烦借还书及书库管理工作。年龄较大的精力衰退、有心无力，年轻的好逸恶劳，既与馆外比较，又与馆内各业务组比较，总认为流通典藏工作又苦又累又脏，工作困身，尤感"侍候人"，低人一等。总之，人心浮动，思想和实际问题很多。更兼目前处在长时间搬迁阶段，体力劳动很大，的确够辛苦。在书库工作，因为闷热，而通风条件又迟迟得不到解决，经常汗流浃背，这样的工作何时了，令人望而生畏。希望馆领导认真解决一下流通工作问题。

流通部干部设想如下：

流通部根据工作性质和特点，拟设三个小组，小组长如一时未备，先设副组长。（馆领导已同意黄国声同志调到中国古文献研究所。）

部副主任：饶仲华（过渡到主任）

流通组副组长：林云

典藏组副组长：苏威

物藏组副组长：林健祥

开架书库负责人：温江滨

前三位同志都是工作时间很长、颇有经验和能力的同志。

善本书库管理员已酝酿一年多了，吴茂新同志退休亦已两个月，善本书已入新馆，亟须决定管理人选，比较合适的人选是危丽珍（考上夜大历史专业，工作细致，比较稳妥）。如调出有困难，可以金华对调补回。

请将钟秀文（现刊室）调到流通口。据馆内普遍反映，图书馆学大专班毕业的本校教工子女留在图书馆的，没有一个做借还书的，应调整一下，改一改这种局面。过去，钟秀文曾表示愿意做借还书工作。（可将张淑清对调，张也愿意管阅览室。或与冯倩对调亦可。）

据说，陈□在阅览部不受欢迎，不如调回到图书馆学专修科。卜文理同志年龄已大，不宜做借还书及排架工作，调整一下管理阅览室（或值夜班）会有好处，也是对一个老同志的适当安排照顾。

蔡婉华强烈要求调出，而借还书及排书上架工作对她来说实在不合适，放在流通部很难合理安排工作，既然她强烈要求调出，应同意放她走吧。

据说饭堂潘乐怡（本馆李峻聆侄女），单位愿意放人，此人有中学文化，身体好，

30岁，愿意来图书馆，可调来流通部。

　　流通部要正常进行工作，现有人力是远远不够的。目前，为适应搬迁急需，请找四五个合同工或临时工（体力较好的）来应付，否则工作很难办。

刘少雄

1983 年 8 月 30 日

接待苏联社会科学院研究员情况汇报

1987年3月17日，李燮均馆长嘱办准备李大钊资料，以及下月接待苏联社会科学院专家来访。

4月20日，苏联专家由校党办主任李尚德陪同前来（接待工作上下午整一天）。北京方面则由张凡洪先生全程陪同参观访问。

1987年4月20日（上下午），谢宁对我馆提供的李大钊资料，特别对《李大钊诗浅释》和臧克家的《李大钊》（传记长诗）翻阅得比较详细，并做了版本记录，其余资料，他在北京、上海访问时都已看过。

谢宁对孙中山的思想也很有研究，1956年出版了《孙中山的社会政治与哲学的观点》一书。他认为孙中山的《民生主义》国民党在出版时做了篡改，不完全是孙先生的观点，其出版是未经孙先生审定的。他说《民族主义》一书，孙先生据记录稿做了修改，印成书，在国民党一大时发给全体代表人手一册（此版我馆没有，但孙中山研究所24.1藏有）。对于《民生主义》，他认为有些观点不符合当时孙先生的思想，此书的出版显然经过国民党的篡改。他还怀疑此书是在孙中山逝世后才印行的。他还提出，《民生主义》孙中山还未讲完，为什么孙中山已为《民生主义》题署了书名？他对此不好理解。因此，他对孙中山所题书名（民生主义）怀疑是国民党拼集孙中山的字迹而成的。他的观点参考了美国人的著作（他带有复印件）和他自己的研究，得出《民生主义》记录稿未经孙中山修改的结论。据谢说，当时某西方人士就出版了的《民生主义》，曾问过孙先生，孙先生表示有些观点不全是他原来的观点，表示不满意。针对这种结论意见，谢宁（1956年7月）曾写信向宋庆龄征求过意见，宋庆龄复函对他的结论表示赞同（有宋庆龄签署的俄文打字复函复印件）。

谢此次来华，在北京、上海座谈会上也谈到孙中山问题，我方与会的同志都不同意他的观点（据全程陪同张凡洪同志的说法），而他却很固执坚持。在提供孙中山资料时，我们将珍藏的民国十三年八月和十二月孙中山在世时由中国国民党中央执行委员会宣传部出版的《民权主义》与《民生主义》（初版最早本）供他参考，他同样不相信这个《民生主义》版本是经过孙中山审定的。20日下午，我们继续提供了几本西方有关孙中山的图书，其中《孙中山画传》第108～109页恰有《民族主义》第五讲第1页、《民权主义》《民生主义》第一讲第1页经过孙中山亲笔修改的记录稿（书影）。我们事后对照，《民族主义》与《民权主义》是按孙中山的修改定稿的，而《民生主义》确非按孙中山的修改定稿（因书影各只有一页，未窥全貌）。谢对《民生主义》的怀疑和否定（即不是经孙中山修改定稿，而是由国民党篡改定稿）不无道理。谢提问这些经孙中山亲笔修改的三民主义记录稿在哪里，我们实在不知道。这本西文《孙中山画传》也有些特别，只有出版年，没有印出版处。① 至于国民党中宣部在广州1924年出版的《民族主义》《民权主义》《民生主义》三书的最初版本，确是在孙中山生前出版的，不用怀疑。1924年12月初版的《民生主义》，其藏书印是"国立广东大学法科学院图书馆"，从这可以说明，此书的入藏不迟于1925年。根据谢宁的请求，我们同意将《民权主义》《民生主义》的封面和版权页，以及英文《孙中山画传》第108～109页由孙中山亲笔修改的《民族主义》《民权主义》《民生主义》记录稿的书影给予复印一份，以供参考。

此次接待谢宁来馆翻阅李大钊资料，并陪同参观了中外文书库，我们能够提供的资料大致与北京、上海相同。因为1979—1985年，北京、上海、河北的社会科学工作者对李大钊的著作和研究李大钊的论文都进行了大力的整理，并出版了各种专书，能够收集到的（包括内部档案资料）都已包括在内。对于孙中山问题，在谢宁的日程表上，只作遗迹参观，因而，对孙中山的资料事前未做准备。但是，当他提出孙中山《民生主义》的问题时，我们还是提供了《民权主义》与《民生主义》民国十三年的最初版本以及英文《孙中山画传》中第108～109页由孙中山亲笔修改的"三民主义纪录稿（书影）"供他参考。对他来说，我们提供的这些资料是一个很有价值的收获，他表示十分感谢。

以下附提供参考的有关李大钊与孙中山的书目。

---

① 此书另有中文本，书名为《国父画传》，罗家伦编，台北1965年出版，628.1081/7221/6（326026）D（研究生阅览室）。

中山大学图书馆馆藏有关李大钊图书清单
1987年4月18日第　页

书码	登记号	著者	书名	出版处	出版年	册数	备注
D2-1/15	—	李大钊	李大钊文集（上下）	人民出版社	1984	2	
570.78/509	—	李大钊	守常文集	上海北新书局	1950	1	新二版
848/513	—	李大钊	李大钊选集	人民出版社	1959	1	
Z426/1	—	李大钊	李大钊选集	人民出版社	1984	1	1959年版，重印
I216.2/14	—	李大钊	李大钊诗文选集（贾芝编选）	人民出版社	1981	1	
I207.22/23	—	周红兴、李如鸾	李大钊诗浅释	四川人民出版社	1979	1	
K0/8	—	李大钊	李大钊史学论集（韩一德、姚维斗编整）	河北人民出版社	1984	1	
K822/22-7	—	韩一德、王树棣	李大钊研究论文集	河北人民出版社	1984	2	
782.88/512-2	—	张静如	李大钊同志革命思想的发展	湖北人民出版社	1957	1	
B27/4	—	吕明灼	李大钊思想研究	河北人民出版社	1983	1	
K822/22	—	朱乔森、黄真	李大钊传	人民出版社	1979	1	
K822/22-4	—	张静如、马桢贞	李大钊	上海人民出版社	1981	1	
K822/22-6	—	张静如等	李大钊生平史料编年	上海人民出版社	1984	1	
K822/22-5	—	韩一德、夏自正	李大钊年谱	甘肃人民出版社	1984	1	
K822/22-8	—	北京大学图书馆、首都图书馆	纪念李大钊（画册）	文物出版社	1985	1	
K822/22-3	—	李星华	回忆我的父亲李大钊	上海文艺出版社	1981	1	
K822/22-2	—	人民出版社编	回忆李大钊	人民出版社	1980	1	
848/827-16	—	臧克家	李大钊（传记长诗）	作家出版社	1959	1	

续上表

书 码	登记号	著 者	书 名	出版处	出版年	册 数	备 注
782.88/512-3	—	徐寅	中国革命的先驱驱李大钊（历史人物小丛书）（通俗读物）	上海女工书店	1951	1	
I247.81/65	—	黄真，姚维斗	李大钊的故事	河北人民出版社	1980	1	
R/017.28/513	—	首都图书馆编	李大钊生平事迹及其评介资料索引（油印小册）	首都图书馆	1958	1	
R/017.28/513-2	—	中山大学图书馆编	李大钊著述及有关文献目录（油印）	中山大学图书馆	1960	1	
K822/L693-1	G06721(H)	Meisner, M.	*Li Ta-chao and the Origins of Chinese Marxism*	N. Y.：Atheneum	1979	1	书存历史系
—	—	—	中文本图书存保留本书库				
合计							

调用单位：　　　　　　　　　　　　经手人：　　　　　　　　　　　1987年4月23日

中山大学图书馆馆藏有关孙中山图书清单（部分）

1987 年 4 月 20 日第　　页

书码	登记号	著者	书名	出版处	出版年	册数	备注
（存珍本室）	—	孙文	民权主义（原国立中山大学图书馆所藏）	广州中国国民党中央执行委员会宣传部	民国十三年八月初版	—	16 开大字本
	—	孙文	民生主义（原国立广东大学法科学院图书馆所藏）		民国十三年十二月初版	—	16 开大字本
K823.3/S957-1	G06727 (H)	Schiffrin, H. Z.	Sun Yat-sen, Reluctant Revolutionary	Boston: little, Brown & Company	1980	—	存历史系（孙中山研究所）
K823.3/S957-2.1	K G03931 (H)	Wilbur, C. Martin	Sun Yat-sen: Frustrated Patriot	N. Y.: Columbia Uni. Pr.	—	—	存历史系（孙中山研究所）
K823.3/S957-3.1	60192 (D)	Sharman, L.	Sun Yat-sen, His Life and Its Meaning: A Critical Biography	Stanford: The Uni. Pr.	1968	—	存研究生阅览室
K823.3/S957-4.1	60211 (D)	Lo, Chia-Luen	The pictorial biography of Dr. Sun Yat-sen	—	1965	—	
628.1081 7221/6	326026 (D)	罗家伦	国父画传	各界纪念国父百年诞辰筹备会	1965	—	两书内容一样
K823.3/E92	08113 (历)	Ефимов, Г. В.	Сунь Ятсен: Поиск Пути. 1914 – 1922	М.: "Наука"	1981	—	存历史系（孙中山研究所）
K823.3/C311	G0051	Сенин, Н. Г.	Общественно-Политические и философские взглялы Сунб я т-Сена	М.: "Наука"	1965	—	存俄文书库
合计							

调用单位：　　　　　　　　　　　　　　　　　　　经手人：

接待饶宗颐先生参观善本室

1993 年 12 月 27 日

饶宗颐先生（当代"岭南四大家"之一，其余三人为本校陈寅恪、容庚、商承祚）1993 年 12 月 27 日下午在本校历史系姜伯勤教授陪同下参观善本室，大致看了下列善本书。饶参观看后说，中大善本书不错，可惜时间不够，有机会下次再来。所看善本书如下。

元刊本：

0419　《五朝名臣言行录》（K827.44/1）。

0210　《六书统》（H122/1）。

1119　《永嘉真觉大师证道歌》（B944/1）（前副校长龙潜赠，海内孤本）。

明刊本：

0587　《大明一统志》（K290.48/1），明天顺五年内府刻大字本，90 卷 60 册（此书全国所藏不多，都有残缺，唯中大所藏是全国最完善之本）。

0214　（新校）《经史海篇直音五卷》（H113.6/3），剪印本。

0607　《粤大记》（K296.5/2）（存世二部，一部在中山大学，一部在日本，都有缺失，合起来仍缺第 1 册）。

0612　《四川志》（K297.1/1），明正德刻嘉靖增补本，传世孤本。

明抄本：

1445　《杜工部七言律诗》（K248.1/1），明汲古阁抄本。

0532　《崇祯十年塘报获捷事》（K248.1/1）（塘报文稿经折式本，有关明末李自成起义史料）。

清刻本：

0611　（康熙）《香山县志》（K296.54/1）（省图曾借去刻印，以广流传）。

0900　《芥子园画传》初集（J212.26/1），康熙十八年。

0901　《芥子园画传》二集，乾隆三十七年。

0615　《广州十四属地图》（K992.647/2），清康熙三十六年禹之鼎彩色精绘本。

1197　《子史精华》（Z225/4），64 册，清雍正五年武英殿精刻本。

1953　《台湾外纪》（I242.4/1），清乾隆间求无不薇斋活字本。

0508　《中兴礼书》（K892.96/1），清曾钊面城楼抄本。

关于容庚赠书

容庚（1894—1983）教授是我国著名的古文字学家、考古学家、收藏家、书法家，其藏书很具特色，金石文字和书画艺术图书的收藏比较齐全。线装古籍有1万多册，精平装只有数百册，线装书大多数虽属普通版本，但保存完好，缺卷不多，虫口很少。（个别藏书偶有小虫口，他都小心地撒点六六粉，把虫卵消灭。）在今天来说能收集到这种程度，殊非容易，有些版本还是很难得的。

容庚先生鉴于"文革"期间很多老知识分子藏书的厄运——往往以斤为价售给收购站，认为自己必须生前处理好藏书，遂决定把藏书出售。上海古籍书店闻讯，捷足先登，上门选购二次（后来，中文系古文字研究室以中大名义去函提出退款索回。但书店不肯，说书到后已转售出去了）。

图书馆得知容庚先生售书后，十分着急，与容先生协商，容同意由图书馆先选购。图书馆派刘少雄协助老专家周连宽先生以及古文字研究室两位老师同往容老藏书处所分别选购了第一批数百册，每种以质论价。议价时，我们邀请广州古籍书店派人前来帮助评估，原则上每本1元。偶有某书2元一本。这样经过容先生首肯后就成交了。

正当拟继续选购的时候，学校黄焕秋校长闻知此事，即通知图书馆马上停止选购，说容先生藏书，我校全部都要。并征得容先生同意，把全部藏书捐献，学校发给奖励金1万元，容庚欣然接受。容庚赠书运到图书馆东区馆五楼察古籍书库后，经过整理和陈列在适当的位置，就提供给读者阅读和参考。

容老先生以90高龄也曾爬上东区馆五楼看其赠书的环境和管理情况，结果容老表示满意。在容老藏书捐赠图书馆时，容老要求图书馆收到赠书后，开列一份赠书清册给他。这个任务，馆领导当时没有落实哪个部门及指定哪个人负责，未能及时造出赠书清册，有负容先生期望。与此同时，图书馆新建图书馆大楼亦将落成，馆内忙于大搬迁的准备工作。而容先生也因腿伤骨折卧床，于1983年3月6日病逝，编造容先生赠书清册一事便被淡忘了。这是图书馆一个不应有的失误。

此外，容庚的收藏中（不属图书）尚有相当一部分珍贵的文献资料，容生前未做出处理意见。容先生去世十多年后，其遗属经过研究考虑，决定把这部分珍贵文献资料赠送广东省中山图书馆（省级）。该馆为此于1999年1月办了一个专门展览，展品分手稿和藏品两大部分，手稿中有八种已刊行，未刊书稿数百万字和大量论文手稿；藏品中以辑藏近200位名家尺牍最为引人瞩目。

文化部评估小组和中山大学、暨南大学等校以及王贵忱等学者都前来参观，对展品赞不绝口。文化部评估小组认为，容庚后人的这批捐赠，其文献数量之多［460种2149册（件）］、文物价值之高、社会影响之大，就全国而言也是极为罕见的（参见《图书馆论坛》1999年第2期封二所藏，广东省中山图书馆特藏部供稿）。此事，本馆事前不知，事后，程焕文馆长对容庚先生这部分珍贵遗稿及文献资料未能留在中大感到十分遗憾。

1999 年

关于《铁板数》的价值问题

作为善本书，必须具备"三性"（有些重要的书具备其中之一亦可）：①学术资料性；②历史文物性；③艺术代表性。

《铁板数》虽属命书、相书类，但有其学术对象，今天在海外还很有市场。此书抄于清道光十五年，已有165年之久，且属传世不多的珍本。作为艺术代表性来说，用朱（朱砂）墨两色手抄，十分精美，极具艺术性。因此，此书的价值是难以估量的，假如流到海外拍卖或翻印出售，获利必定很厚。

2001年1月11日

附：

《铁板数》不分卷，〔宋〕邵雍撰，清道光十五年（1835）康观涛朱墨两色抄本七册，卷末有清道光十五年康观涛抄后识语，有康观涛藏印，V/B992.3（1091）（见第189页）。

邵雍，范阳人，字尧夫，名士、逸士。北海李之才授以图书先天象数之学，妙语神契，多所自得。富弼、司马光、吕公著退居洛中，恒从相游。曾授官职，雍不任。卒年六十七，元祐中赐谥康节，后世称邵康节先生。有《观物篇》《渔樵问答》《伊川击壤集》《先天图》《皇极经世》等书。

《铁板数》，原题邵雍撰，属命书、相书类，在民国时期旧社会和海外颇有市场，传世较少。此书为道光十五年康观涛朱墨两色抄本，并有抄者抄后识语及藏印，实足珍贵。此书原国立中山大学图书馆约于20世纪二三十年代作为善本入藏。抗日战争时期广州沦陷前移存香港，胜利后，幸保存无恙，及时接收回校。

此书是传世抄本，估计留存不多，其价值从不同角度衡量，如在海外拍卖或翻印出售，当能获得厚利。

（此为古籍部为外来读者查阅善本《铁板数》，因保管失当被窃，事后对该书价值评估的意见。）

流通典藏部某些藏书简介

中文简编

这部分图书是从原石牌中大搬来康乐的中文平装书。其编排按刘国钧分类法大致分类，每一大类从 0001 开始，固定编号。如总类 0-0001、自然科学 3-0001、社会科学 5-0001 等。

中文简编有油印本书本目录，亦剪贴有书名、著者按笔画多少排列的卡片字顺目录。四层大库办公室及八层大库（原在一楼典藏办公室）都有此卡片目录。

中文简编油印本目录分订二册，其中 8（语言、文学）专订 1 册，以便检阅，其实是一个系统分类的书。

中平书。

原石牌中大的平装书及其他一些书。当时整编"中文简编"时，未能及时一起整理，及后又未能按刘国钧法整编，只有稍作排列，给予一个固定编号，即中平 0001——连续延伸。

书存八层大书库，有卡片字顺目录。415 室亦有混排（中平、特字、中山室等）中平卡片目录。

日文简编。

从原石牌中大搬来的日文书，按刘国钧法整编，每一大类从 001 开始，固定编号，与中文简编方法同，书存八层大书库。

日文简编已编印有油印本书本目录，剪贴的卡片字顺目录，似已搬上八层大书库。日本岩波书店 1946 年开始赠书，亦在简编内。

西文简编

原石牌中大搬来的西文书，按杜威分类法整编，每一大类从 001 开始，固定编号，书存第二层书库。西文简编已编有油印本书本目录，分装上下两册，亦剪贴有卡片的字顺目录。

原岭大西文书。

按杜威分类法分类，在第二层大书库，有分类、著者、书名三种卡片目录，陈列在一楼水池边目录大厅。

在岭大西文书中，有少量"中国问题丛书"（*Books on China*），独立分类，书号前以 chi 表示［分类表已抄给郭（一红）同志］。

415 室藏书。

提存书（即特字编号的特种藏书）。

过去列入提存书的，控制借阅。这部分书，1952 年院系调整后，1953 年由政法教师审核而定。当时限于政治水平和存在思想顾虑，所以提存范围过宽。这部分提存书专室保管，作内部参考。及后，由于国内外政治因素影响，亦提存一部分书入内，不公开借阅。

特字编号的书，从特 001 开始，按顺序伸延，其先后按作者姓氏笔画多少为序，同画数的姓，再以一丨·〈起笔排列。机关团体著者排在个人之后，亦按机关团体名称笔画多少先后排列。现存提存书，过去曾作过复本淘汰处理，因而存书中，往往有缺号。

特字于提存书，有书名（其实按作者）卡片目录一箱（三个抽屉），还有六抽屉卡片箱两个，混合排列特字号书、中平书、中山室书等，按书名、著者制成卡片，以笔画多少为先后的字顺目录。特字号书，由东区馆搬入新馆时，有几个书架的书，误搬到新馆八层大书库，将来扩建新馆完成，这部分特字号书应与 415 室的提存书合并归架。

林彪、"四人帮"反革命集团成员及吹捧或牵涉他们的书亦做提存处理。这部分书装箱时做"林""四"书标示。

因政治因素而提存的书，抽存时没有将卡片目录一起夹入。

中山室书。

从石牌搬来的"中山文库"（有关孙中山的著作及阐述孙中山思想的著作），当时整理时，以中山室书库藏，有书名卡片与中平、特字等排在一起，目录箱在 415 室。（新购入有关孙中山的书不入此库。）

革命文献。

新中国成立前有关共产党的出版物和反抗反动统治时代的进步出版物，作为革命文献专藏。这部分书有些是在大书库中发现抽出的，编有卡片目录一份，存 415 室。（有些还没有编目。）

2003 年 11 月 28 日

国立中山大学出版部和出版物

（出版词典条目）

广州中山大学原名广东大学，创办于 1924 年，1926 年改名为中山大学。出版部是从创校时设立的。抗日战争时期的 1938 年迁校云南澄江，后因出版业务缩小，出版部改为出版组，直至广州解放后的 1950 年结束。

中山大学出版部（组）出版工作长达 20 多年，1926—1938 年是中山大学出版书刊的鼎盛时期，这一时期，主管出版部工作的是文学院教授张掖先生。

新中国成立前，中山大学出版图书 450 多种，属于学术著作的有 240 多种，其中，如"民俗学会丛书"37 种、"教育研究所丛书"34 种、广东省各县土壤调查报告 28 种（已完成调查待出版的尚有 11 种）等都是数量较多的专著。

出版期刊 50 多种，日报 1 种。

《国立中山大学日报》是该校公报性质的刊物，1927 年 5 月 9 日创办，1949 年 11 月停刊。除因抗日战争迁校后略有停版外，22 年基本持续不断，共出版 4603 号。本日报从澄江版第 2580 号起及以后改为油印版。

学术刊物著名的有：

《语言历史研究所周刊》，自 1927 年 11 月创刊，至 1930 年 7 月停刊，共出 132 期。

《文史研究所月刊》，自 1933 年 1 月—1935 年 1 月，由 1 卷 1 期出至 3 卷 3 期。

《语言文学专刊》，自 1935 年 12 月—1940 年 8 月，共出 4 期。

《史学专刊》，自 1935 年 12 月—1940 年 8 月，由 1 卷 1 期出至 3 卷 1 期。

《现代史学》季刊，自 1933 年—1944 年出版 5 卷。

《民俗》周刊，自 1928 年 3 月 21 日创刊—1933 年 6 月 13 日出版 123 期。1936 年 9 月 15 日复刊，改为 16 开双月刊，最后一期为季刊，出版 2 卷各 4 期，1942 年 12 月停刊。

《图书馆周刊》，自 1928 年 3 月—1929 年 4 月由 1 卷 1 期出至 7 卷 6 期。

《社会科学论丛》，1928—1933 年出版四卷为月刊，1934—1937 年为季刊，出版 3 卷，1948 年复刊出新 1 卷第 1 期。

《教育研究》月刊，1928 年 2 月—1948 年 8 月，共出版 110 期。

《自然科学》季刊，1928—1936 年出版七卷，各 4 期。

《天文台两月刊》，1930—1936 年出版七卷，各 6 期。

《两广地质调查所年报》，1927—1934 年出版第 1 卷至第 5 卷 1 期。

《农林植物研究所季刊》，本刊为英文版（*Sunyatsenia*），陈焕镛教授主编。1930—1948 年从第 1 卷第 1 期出版至第 7 卷第 2 期。1948 年农林植物研究所改名为理学院植物研究所，卷期续前。

《农声》，1923 年 5 月 25 日创刊，原为旬刊，第 113 期"1928 年"起改为月刊，第 223 期"1942 年"起改为双月刊，最后一期（232 期，1948 年）为季刊。《农声》专刊出版长达 20 多年。

《医科集刊》，1929—1933 年，出版 3 卷。

《中山医报》，1936—1952 年，从第 1 卷第 1 期出版至第 7 卷第 4 期。

《工学季刊》，1935—1936 年，从第 1 卷第 1 期至第 2 卷第 2 期，共出 6 期。

《中山学报》，是抗日战争时期在粤北坪石出版的综合性学报，1941 年 11 月创刊，至 1944 年 6 月出至 2 卷 4 期，共出 12 期（1944 年 6 月第 5 期查实为第 4 期之误）。本刊第 1 卷出 8 期，由各学院轮流担任编辑，这八期分别是该学院的专号。

民俗学会及其《民俗》杂志与"民俗学会丛书"。

中山大学民俗学会，建立于 1927 年冬，至 1943 年（《民俗》季刊终刊），前后活动延续了 16 年，是新中国成立前一个有相当经历和成绩的学术组织。

1926 年前后，南方民众的革命浪潮不断高涨，北方的军阀统治则更加反动和腐败。由于政治和经济等的原因，北方一部分学者教授相继南来。他们有的初到厦门大学，接着又转到广州的中山大学。顾颉刚、董作宾、容肇祖、陈锡襄诸先生，他们大都是在北京大学研究所或本科上过学，并直接参与过学校的民俗学活动（或受到它的一定影响）的人。当时顾颉刚等先生到中大后，与热心研究民俗学的何思敬、钟敬文、杨成志、崔载阳、赵景深等先生荟萃一堂，这是中山大学继北京大学之后，在南方树起这面重视民间文化研究新学科旗子的直接原因。

《民俗》周刊，国立中山大学语言历史研究所编辑，1928 年 3 月 21 日创刊到 1933 年 6 月 13 日止，出版 123 期。1936 年 9 月 15 日复刊改为 16 开双月刊，最后一期为季刊，又出版两卷各 4 期，1943 年 12 月停刊。它是中大民俗学会活动的主要定期刊物，它与 37 种"民俗学会丛书"构成这个学会的重要部分，也是整个学会具有比较显著的成绩的一部分。

《民俗》杂志，1983 年 12 月上海书店全部影印出版，卷首加钟敬文新序一篇。

《农声》杂志，国立中山大学农学院院刊。创刊于 1923 年 5 月 25 日，原为旬刊，八开四版小报。自第 81 期 1926 年起由单张改成 16 开小本，仍为旬刊。第 113 期 1928 年起，改为月刊。第 223 期 1942 年起，改为双月刊，最后一期（232 期）1948 年为季刊。

《农声》1～80 期，1936 年曾缩版翻印，分装二册，命名为《农声汇刊》。

本刊原为广东省立农业专门学校学生会刊，16 期农专改大，由国立广东大学农学院学生会编，第 75 期时（1926 年）广东大学改名国立中山大学，《农声》续办不断。在 80 期以前，几纯由同学撰稿，以后教师陆续撰稿支持。1930 年 1 月由中大农学院推广部接办。由 191 期（1935 年）起归中山大学出版部出版。

本刊原在广州出版，抗日战争期间曾迁云南澄江和粤北坪石出版，抗日战争胜利后迁回广州。本刊从创刊以至终刊，垂 25 年，综计出版 232 期。虽因抗日战争两度停刊，但复刊时期数续前（其中在澄江复刊 1 期，应为 221 期，但错印为 222 期，已在坪石版 222 期内做了更正）。

农学院教授张农博士，在农专学生时代已负责编辑《农声》工作。张农先生 1926

年春赴法留学，1932年秋再回校任教，兼长农学院推广部，长期担任《农声》主编工作，直至1948年终刊。本刊自归广东大学农学院接办以来，学术水平显著提高，是中国农业科学著名的学术刊物。

《岭南学报》（半年刊），广州私立岭南大学出版。1929年10月1日创刊，出版至12卷第1期，1952年6月停刊。本刊原为季刊，但往往不能依季出版。1938—1940、1942—1946年，因抗日战争影响，曾两度停刊。第7卷于1947年复刊时改为半年刊，卷期续前。

《岭南学报》为著名学术刊物，以发表研究中国学术之著作为主旨，由岭南大学同仁担任撰述，并欢迎校外学者投稿。先后担任主编工作的为谢扶雅、杨寿昌、陈受颐、容庚等教授。

《岭南科学杂志》（*Lingnan Science Journal*）季刊。本杂志是广州私立岭南大学以英文出版的学术刊物，在国内外享有较高声誉。创刊于1922年12月，出版23卷，1951年12月停刊。本杂志前身为《岭南农事半年刊》（*Lingnan Agricultural Review*），1928年第5卷起改为季刊，命名为《岭南科学杂志》。本刊因战争影响，于1943—1944、1946—1947年曾停刊，复刊后，卷期续前。

本杂志专为发表关于中国方面各种生物科学及物质科学（凡化学、物理学、生物学各门均包括在内）的研究成果，还有书报摘要及书评栏目。长时间担任本刊主编的为贺辅民（W. E. Hoffmann）教授，新中国成立后，主编本刊的为陈心陶教授。

本刊宗旨之一，是充分与国内外各有名杂志交换，据不完全统计，交换涉40多个国家，1000余个单位。凡交换所得之出版物（其中不少属于不能订购者），均置于岭南大学图书馆，以供员生及其他学者参考。（1952年院系调整后原岭大藏书合并中山大学。）

1986年7月9日

介绍陈寅恪教授一则有关"敦煌学"的佚文

最近收集整理有关陈寅恪教授的资料,看到姜德明的《书梦录》(安徽人民出版社1983版),其中一篇题为《陈寅恪、张大千、敦煌学》的文章。文中提到1944年陈寅恪先生执教燕京大学时,成都美术协会举办张大千临摹敦煌壁画展览,寅恪先生给予很高的评价。在《张大千临摹敦煌壁画展览特集》中,有寅恪先生的《大千临摹敦煌壁画之所感》一文。此文不见于《寒柳堂集》《金明馆丛稿》初编、二编。蒋天枢教授所辑《陈寅恪先生编年事辑》亦不见记载,当属佚稿之语。据此,再核对其他海内外关于陈寅恪先生的资料,亦没有谈及。为了开展对陈寅恪先生学术思想研究的参考,特将此佚文转录于下。

寅恪昔年序陈援庵先生《敦煌劫余录》,首创"敦煌学"之名。以为一时代文化学术之研究必有一主流,敦煌学今日文化学术研究之主流也,凡得预此潮流者,谓之"预流"。近日向觉明先生撰《唐代俗谣考》,足证鄙说之非妄。① 自敦煌宝藏发见以来,吾国人研究此历劫仅存之国宝者,止局于文籍之考证,至艺术方面,则犹有待。大千先生临摹北朝唐五代之壁画,介绍于世人,使得窥见此国宝之一斑,其成绩固已超出以前研究之范围,何况其天才特具,虽是临摹之本,兼有创造之功,实能于吾民族艺术上别辟一新境界。其为"敦煌学"领域中不朽之盛事,更无论矣。故欢喜赞叹,略缀数语,以告观者。

三十三年一月二十一日　陈寅恪

寅恪先生1930年序陈垣《敦煌劫余录》时,曾感慨当时治敦煌学者人数甚微,反不如国外,因有警句:"或曰,敦煌者,吾国学术之伤心史也。"实际上,他于敦煌学亦致力非浅,排比篇目,获见甚丰。后来,寅恪先生在学术上的主攻方向已有改变,但他治敦煌学实开风气之先。今天,我国治敦煌学者已有相当的发展和规模,敦煌研究院被誉为世界上最大的敦煌学研究实体。寅恪先生50年代的学生、现任中山大学历史系教授姜伯勤先生治敦煌学,蔡鸿生先生治宗教文化史,都卓有成就,假如先生地下有知,亦当欣慰也。

1988年4月22日

---

① 据向达《唐代长安与西域文明》一书(生活·读书·新知三联1927年版)所载,《唐代俗谣考》应为《唐代俗讲考》,"谣"字是误植。

陈寅恪与中山大学

陈寅恪教授是著名史学家，学贯中西，兼通文史，学术研究有很高的成就，一生潜心学问，不求显达，深为国内外学人所敬重。1939 年应英国牛津大学之聘，在香港候船赴英讲学，由于欧战影响，未能成行，滞居香港，后受聘为香港大学客座教授。1942 年香港被日寇占领后，陈教授处境艰难，贫病交加，经多方设法，才携家脱离虎口，乘船到广州湾（今湛江），旋抵桂林。国内学人获悉陈教授脱险归来，莫不额手称庆，纷纷表示慰问。当时国内多所大学都向陈氏发出聘书，如中山大学、贵州大学、武汉大学、中央大学等。陈教授从各方面考虑，经向有关方面反映同意，暂留桂林，休养生息，徐图后计，遂落脚于广西大学，任教一年。陈先生虽未应中山大学之聘，但答应以特约教授名义来校讲学。

1943 年 6 月 29 日，陈先生在中大历史系郑师许教授陪同下，从湘桂路到衡阳，转粤汉路南下，30 日到达当时中大所在地粤北坪石镇。中大研究院文科研究所师生郊迎十里，前往坪石车站（水牛湾）迎接。陈先生在坪石逗留一星期，共计在研究所演讲五次，主题为"魏晋南北朝史研究"。第一讲为五胡问题，第二讲为清谈问题，第三讲为魏晋南北朝读书方法——合本子注，第四讲为南朝民族与文化，第五讲为宇文泰及唐朝种族问题。这次陈教授到中山大学讲学，除当时坪石版《中山大学日报》及中大《现代史学》五卷三期有消息报道外，向少人知。五次专题演讲未见有记录文字发表。后来张为纲先生就当时参加两次听讲所记，写成两篇短文，一篇为《清谈与清谈误国》，另一篇为《五胡问题及其他》，分别于 1949 年 1 月 24 日及 4 月 3 日在香港《星岛日报》发表。这就是陈寅恪先生在抗日战争时期与中山大学的一段因缘。

10 年后，1952 年全国高等学校院系调整，陈寅恪先生从任教岭南大学转入中山大学，连续任教 17 年，并终老于此。1988 年 5 月，中山大学得到国家教委、中国史学会、广东省史学会及中大旅港校友的赞助，举办"纪念陈寅恪教授国际学术讨论会"。与此同时，为了纪念陈寅恪教授，中山大学特在本校图书馆建立了陈寅恪纪念室。纪念室收藏了陈先生著作各种版本及收集到的部分书稿、墨迹和他的生平照片；今人写的传记、回忆录；研究陈先生学术思想的论著；还陈列了陈先生留赠中山大学的中文藏书。陈寅恪纪念室自 1988 年 5 月建立以来，经过历年收集补充资料，现已初具规模，并为校内外、国内外学者研究陈先生学术思想提供了方便。该室还征集研究陈寅恪的专著的亲笔签题惠赠本，作为特藏，希望得到海内外研究陈寅恪的学者支持，惠赠专著。

原载《中山大学校报（校友专刊）》（增刊）第 23 期，1997 年 4 月上旬

关于"图书馆"的金字匾额

本校图书馆正门上悬挂的"图书馆"金字匾额,隶体,苍劲有力,历来受到中日来宾和书法爱好者步入图书馆时的注意,往往驻足欣赏一番。这个匾额"图书馆"三个字,原是挂在岭大图书馆的大门上,但何人所书,一般人不明来历,亦难以有准确的回答。数年前,笔者曾多方查证,最后得到20世纪40年代曾在岭大图书馆工作的徐兴同志(退休前任中山大学基建处修缮科科长)介绍:此匾"图书馆"三字,是1923年徐谦兼任岭大文学教授时应校长钟荣光所请而书。

徐谦(1871—1940)字季龙,安徽歙县人,清光绪癸卯(1903)科进士,在清末曾任京师审判厅厅长,后升任京师高等检察长。辛亥革命后,曾任司法总长和司法部长等职。[①] 武汉政府时期,是两个首脑人物之一。1933年参与"闽变","闽变"失败后避居香港。抗日战争军兴,共赴国难,回南京,后赴武汉、重庆任国防委员会委员,第一届国民参政员参政员。1940年9月26日在香港就医时病逝。徐谦固然是政治要人,但在学术上亦有较高造诣,又是一位书法名家。

原载《岭南校友》第33～34号,1998年4月10日

[①] 徐谦1926年10月—1927年6月为中山大学委员制五人领导之一。

图书馆庭院中的一尊瑰宝——鲁迅雕像

鲁迅是中国文化革命的主将，他不但是伟大的文学家，而且是伟大的思想家和伟大的革命家。

鲁迅（1881—1936）原名周树人，浙江绍兴人。1927年任中山大学文学系主任兼教务主任。鲁迅在中山大学和在广州期间，都留下深远的影响。广州市文明路原中山大学大钟楼，早已辟为鲁迅纪念馆。鲁迅在广州市白云路居住过的白云楼，亦被广州市列为文物保护单位。本校中文系设立鲁迅研究室。鲁迅先生备受人们的景仰、学习和研究，历久而弥深。

坐落在图书馆庭院中的鲁迅先生汉白玉雕像，不时引起读者的景仰，但此雕像的来历和出于哪位雕塑大师之手，一向鲜为人知。笔者从图书馆已故副馆长饶鸿竞先生口中略有所闻，但未悉其详。与馆内外一些老同志探查，亦说法不一，难下定论。后再经多方查证，最近得到远在江门工作的我校原校长办公室副主任罗立新同志答复。他说，80年代上半期，中大几座雕塑像，如坐落在本校东湖之滨的冼星海汉白玉雕像、坐落在马岗顶的廖承志塑像等，都由他负责到广州美术学院联系，并由当代雕塑大师曹崇恩教授承担雕塑任务。至于鲁迅雕像，我校当时无此项计划，后来曹崇恩教授了解到鲁迅与中山大学的关系，便把他前些时候已经完成的鲁迅汉白玉雕像无偿地赠送给我校，并由罗立新同志负责运回。1993年3月15日，曹崇恩教授亲自到图书馆指挥安装。这一座深受广大师生景仰的鲁迅汉白玉雕像，连同校园里的冼星海、廖承志等一座座雕塑瑰宝，既是纪念先贤，也为我校生辉。

原载《中山大学校报》2001年2月20日，第4版

陈询教授捐赠的《海绡词稿》

程、林两馆长：

　　昨阅《中山大学校报》（新）第 205 期第一版有《疆村荐海绡，书札传千古》文一则，使我想起 50 年代陈询教授词稿经龙沐勋（榆生）教授推荐捐赠中山大学图书馆的往事（陈、龙两教授抗日战争前曾任本校词学教授）。

　　1984 年因编《馆藏广东文献目录》时，曾将陈询教授词稿查阅一遍，已编入《馆藏广东文献目录》（第 158 页，油印本，1984 年 12 月刊印）。此词稿亦已收录在骆伟主编《广东文献综录》（第 329 页，中山大学出版社 2000 年出版）。

　　当时看到的有：

　　《海绡词》一册（朱疆村校底本），D/I222.86/2。

　　《海绡词》卷二（手稿零页七十一纸），D/I222.86/2 - 1。

　　《海绡词》卷二（稿本），张孟劼眉批，D/I222.86/2 - 2。

　　这些编号是我编目录时为便于排列目录而定的，书上无。

　　这些词稿用盒装载。盒内还有《海绡手札》《海绡词稿》《海绡说词》及陈询照片一幅。

　　在线装书库中藏有《海绡词》二卷、《海绡说词》一册（0/848/271 - 3，1923 年刻本）、《海绡词续集》一册，1956 年手抄本（0/848/271.3 - 2），这两册是正式登编入藏。

　　陈询教授捐赠《海绡词稿》，这些珍贵古籍一直作为保存本藏于善本书库旁的保存本书架上。

　　1984 年至今已逾 25 年。这当中负责古籍工作的部门已否将陈询教授捐赠的手稿整理登编入藏？这期间更由于原馆扩建改造，全部书刊均打包入箱迁移。搬入新馆后，很多情况已经改变。如能把陈询教授捐赠的手稿《海绡词稿》找出来，与现在陈士答先生捐的合在一起，就更能充分说明陈询教授父子两代人对中山大学图书馆的深厚情谊。

　　及后，据林明副馆长谈说，特藏部已找到陈询教授捐赠的《海绡词稿》。

2009 年 7 月 15 日

《荔尾词存》读后的一点感想

《荔尾词存》，石声汉著（中华书局1999年版），一册。从友人处借来此书，诵读再三，实是欣赏。

石声汉（1907年11月19日—1971年6月28日），湖南湘潭人，著名的植物生理学家、农业教育家、当代农业史专科重要奠基人。1928年8月—1931年7月就读于中山大学，毕业后留校，任生物系助教。后转任西北地区高校教职。他著述甚丰，还多才多艺，善赋诗填词，书法、篆刻亦具韵味。自号荔尾词人，留下手书词集《荔尾词存》。综观此书，词意优美，书法尤佳，所附篆刻亦足欣赏，确是一本极具韵味的雅集。

2001年10月

汤锐祥老师科研成果《护法运动史料汇编》面世

本校政治学与行政学系汤锐祥老师，1983年起涉足民国时期的护法斗争这一研究领域，1991年退休。但退而不休，老有所为，继续以图书馆为基地，长年累月博览有关书刊文献，搜寻护法运动史料。这种坚毅追求、锲而不舍的精神，深受同行专家的赞许、支持和帮助；图书馆员积极配合，有求必应，百拿不厌，百问不烦。编者穷十余年心血，默默耕耘，收获甚丰，终于编纂成《护法运动史料汇编》，已由广州花城出版社出版，2003年3月开始发售。全书一套四册，下分《海军护法史料》《国会议员护法史料》《护法各派政见史料》《粤督省长更迭史料》四编，收录史料3610件，200万字。并附有《史料涉及的350多重要人物1923年前任职简介》及《护法时期人物字号索引》等6件附录。因此，本书是分专题编辑的完整、系统的史料汇编，是继《护法运动》（中国第二历史档案馆、云南档案馆合编，北京档案出版社1993年出版）之后国内又一部护法运动专题史料集，具有极高的史料价值，为孙中山与护法运动的深入研究提供了丰富的史料。

编者研究护法运动的早期著作有《护法舰队史》《孙中山与护法海军论集》及《孙中山与永丰舰》等专著。这次出版的史料汇编是编者对孙中山研究的又一重要成果。

编者出于科研贵在求实的要求，对编选史料务求真实，对某些史料的注释不囿于旧说。其态度是：拓荒愿履险，粗疏喜众评。

原载《中大老园丁》2003年3月号（总第45期）

《孙中山与海军护法研究》

护法运动，是孙中山晚年革命中重要的一部分。在孙中山诞辰140周年前夕，本校政治学与行政学系汤锐祥老师撰写的《孙中山与海军护法研究》一书出版了（学苑出版社2006年11月）。汤锐祥先生退而不休，老有所为，笔耕不辍。这是作者先后出版海军护法多种专著之后的又一部巨著，全书60万字，收录作者论文和考释41篇以及相关资料。作者由于所学专业及后从事教学与科研工作，以及家庭因素的影响，对海军护法运动的研究情有独钟。20多年来博览有关典籍，锲而不舍，对海军护法的研究收获甚丰。近年还得到对护法运动卓有功勋的海军总长程璧光侄孙女捐献的《程玉堂先生荣哀录》（可能是孤本），内有珍贵的孙中山佚文及众多人物从各个角度评价程璧光事迹的挽额、诔文、挽联700多件，它反映了护法时期南北海军的复杂关系；而阐述海军参与早期护法运动的《程璧光殉国记》一书，据了解现仅存三册，且已损残。台北文海出版社虽重印过此书，但漏缺了有史料价值的程璧光手书。作者对历史研究，无论是搜集编纂史料或撰著论史，都持实事求是的态度，如获珍稀史料，更有付印出版献给史学者研究、促进史学繁荣的心态。因此，作者在《孙中山与海军护法研究》付梓之时，将护法运动时期编印的《荣哀录》与《殉国记》连同刊印，以飨读者。本书收集了很多珍贵照片，多经作者诠释，是一本图文并茂的对研究海军护法运动极具参考价值的专著。

作者历来坚持求实原则与探索精神，拓荒愿履险，创新喜众评。

原载《中大老园丁》2006年第4期（总第60期），第14页

五、书城答问

何永顺致刘少雄答谢函

刘同志,你好!

  蔡宝琼向华南师范学院图书馆借来的三本《广东教育厅旬报》已交还华师图书馆,现将借单寄还给你,蔡宝琼表示十分感谢你。她已于本月 8 号返回香港,于 18 号返回英国牛津大学。

  在办理交借手续中,如有哪些不对之处,请回信,地址:海珠区南华西街岐兴北□□号地下。

  此致!

蔡宝琼的表弟:何永顺字上
1981 年元月 15 号

附:

中山大学图书馆函

馆借(81)字第 4 号

华南师院图书馆:

  我校介绍蔡宝琼先生因教学和科学研究需要,拟向你馆借用下列书刊,请按馆际互借办法挂号邮寄我馆,或交持信人蔡宝琼带返。借期 15 天,当依期交还不误。你馆如无入藏,亦请见复为荷。

  此致
    敬礼

中山大学图书馆
1981 年 1 月 6 日

  为留学英国研究生蔡宝琼同学借用广东省教育旧期刊复印有关文章。(此次复印后有部分走光,需要重拍。)

  附拟借书刊:
  1.《广东教育(月刊)》第三卷,二、三、九、十/十一、十二期;
  2.《广东教育厅(旬刊)》第二卷,一/二,十一/十二期;
  3.《广东教育厅(旬报)》第一卷,一、二、五、六、七、九、十、十二、十五/十六、十九~二十一、二十二~二十四期

答肇庆师范专科学校中文系陈大同同志

肇庆师专中文系（并转经办人陈大同同志）：

  1983年11月2日征求图书一批（附书目），来信收悉。我馆有下列图书入藏：

  《瓮牖闲评》八卷，〔宋〕袁文，二册，〔子（乙）0024〕。

  《麟台故事》五卷，〔宋〕程俱，一册，（史0945）。

  《考古质疑》六卷，〔宋〕叶大庆，二册，子（丙）021。

  《度岭草》，〔清〕许振祎，一册，什（乙）1452.2。

  《明皇杂录》，〔唐〕郑处诲（说郛卷三十二，只杂录十则），0/0813.3/280。

  上列五种，多数没有复本或只有一个复本，不能转让，如需复印，请与我馆参考部联系复印事宜。

1983年12月24日

附：

肇庆师范专科学校中文系来函

负责同志：

  因古籍整理规划的需要，我们征求一批图书（书目附后），不论版本、新旧，也不论售与、转让、复印。各个品种、各种供应方式均可，恳请大力支持、帮助。如可供应，又请及时将价格和其他有关事项函复，此便联系，十分感盼！

肇庆师范专科学校中文系
1983年11月2日

地址：广东省肇庆市东岗

请告知请教经办人陈大同同志。

附：

书　目

书　名	作　者
瓮牖闲评（八卷）	〔宋〕袁文
秦輶日记	〔清〕潘祖荫
明皇杂录	〔唐〕郑处诲
麟台故事	〔宋〕程俱

书　名	作　者
考古质疑	〔宋〕叶大庆
水经注图说	〔北魏〕郦道元、（近代）王先
东还纪略	〔清〕史善长
轮台杂记	〔清〕史善长
度岭草	〔清〕许振祎
宋柔斋诗钞、宋柔斋诗钞续集	〔清〕苏廷魁
行河集	

答历史系硕士生陈春声同学

陈春声同学：

你给本馆领导的一封信，关于借阅线装古籍很困难的问题，这是你对我们工作存在的问题希望有所改进。在此，我们表示欢迎和感谢！的确，我馆查阅线装古籍的地方，条件实在很差，光线和通风都很不理想。当东区馆扩建完成后，由于馆舍很多不合理因素，加上我们有些计划安排不周，造成管理上出现许多困难。不管怎样困难，我们经过考虑和努力，决定在第四层古籍书库，拆掉四排书架，腾空一些地方，作为古籍阅览查阅处，改善一下条件。以后查阅古籍，请到第四层古籍查阅处办理。

图书馆流通典藏部
1984 年 5 月 28 日

附：

历史系硕士生陈春声来信

尊敬的负责同志：

您好！

我是本校历史系 81 级研究生，因准备毕业论文，近两个月来一直在图书馆阅读清代广东方志，切身体会到在贵馆借阅线装书的种种困难，想就这个问题向您反映一下个人的一些意见。

新馆落成后，图书馆为方便读者做了不少工作，但在线装书借阅这一方面却使读者深感不便，主要有以下两个表现：

（1）目前借阅线装书的时间每周只有一、三、五三天，由于绝大多数线装书只限于馆内阅览，还由于借书处每天上下午都提前半个小时下班，每周读者借阅的时间最多才 18 个小时，扣除等书、还书的时间，实际阅读线装书的时间不会超过 15 个小时，图书馆每周开放 76 小时，只有约 19% 的时间允许读者接触线装书，这对一个古籍藏量甚丰的图书馆来说，实在是太少了。这给像我这样需要大量翻阅古籍的读者造成了很大的麻烦。我曾用 10 天时间在北京图书馆善本室查阅了 40 种清代广东方志，而在贵馆翻阅同样数量的方志却花了前后一个半月的时间！

（2）借书处在二楼，线装书却藏在书库四楼，索书条和书的来往流通仅依靠一部垂直升降机，这就必然造成时间比较大的浪费。我每次等书都要花 10～20 分钟，有两次居然长达 1 个小时（要知道，我翻阅一种方志的正常速度也不过 40 分钟到 1 个小时！），这对我这样每天要借书 2～3 次的读者造成的时间浪费是难以统计的。问题绝不在借书处或书库的工作人员，应该说，他们都是认真负责、勤勤恳恳的，不管等书时间多长，我都没有向他们发过抱怨；问题在于制度，借书处与书库的工作人员互不见面，就必然要造成这种工作上的脱节，特别在借书人多的时候更会无暇顾及远在十几米外的升降机。等书十几二十分钟对一周或几周才借一次书的读者来说算不了什么，但对于一天要借书几次的线装书读者简直成了一种不堪忍受的负担。

我曾在中山图书馆借阅过线装书，上学期外出搜集资料，又到过北京图书馆、中国科学院图书馆、故宫图书馆、北大图书馆、南京图书馆、南大图书馆、上海图书馆、浙江图书馆、杭州大学图书馆、厦大图书馆，各个图书馆的规定都有所不同，但可以说没有一个借阅线装书像我们学校图书馆这么不方便的。

就我的见闻所及和所能感到的，特就线装书借阅问题向你们提出如下建议：

（1）允许教师和研究生进入线装书库，至少允许文科的教师和研究生进库。我提出这个建议是由于线装书的特殊性质。首先，线装书与近现代出版物不同，许多书从书名上是不可能了解其内容的（特别是文集），目前这种方法剥夺了很大一部分人进行了解性阅读的权利，影响了对古籍的利用；其次，线装书只允许馆内阅读，在一般的借阅处借阅徒增许多不便，上上下下反而容易造成书籍的破损；再次，一般来说，需要阅读线装书的读者不会太多，允许研究生和教师进库并不会给书库造成太大压力。

（2）如果进库的建议不能接受，则在图书馆内开辟专门的线装书阅览，一周开放6天，由专人负责。几乎所有的图书馆都采用这一办法，这样一方面可以减少读者等书的时间，另一方面有利于古籍的保护。

（3）如果上述两个建议都无法接受，则最好能在周二、四、六借阅理科图书的同时增加借阅线装书的服务，这样起码能给像我这样的读者增加一倍的读书时间。而且毕竟借阅线装书的人不会太多，由此而增加的工作量也是很小的。

我不熟悉图书馆的业务和各种规章制度，但似乎觉得图书馆应该把方便读者作为重要的工作。如果60年前的图书馆实行我们今天这种线装书借阅制度，恐怕中国是不可能出现王国维、陈寅恪、顾颉刚和陈垣的。

学校图书馆在听取读者意见方面是有很好传统的，希望我的这封信也能得到你们的注意。

即颂

大安！

历史系81级研究生　陈春声
1983年5月18日

答宁夏图书馆张先畴同志

宁夏大学图书馆张先畴同志：

  1986年10月13日来函关于因编纂我国历代著名碑刻的详细提要，请提供这方面资料一事。对于碑刻问题，远在20年代，顾颉刚教授曾为我校语言历史研究所搜集过3万多张（约1万多种）碑帖。抗日战争胜利后，在香港幸未损失，经查明得以接收回来。但文科研究所缺乏人力，一直没有再整理。这批碑帖于1953年拨归图书馆。我馆限于人力和专业知识，除了粗略地记录了碑帖名称，亦谈不上整理，正式目录尚未编出，因此，在校内查阅亦感困难。为了此事，我馆曾与校内几个机构联合拟订整理计划，报请学校拨出经费、组织人力进行认真的整理。但此项计划报校已经多时，迄未批准。所以，对于您的研究碑刻工作，我馆未能提供资料，殊深抱歉！

  此复

  致

敬礼！

中山大学图书馆

1986年10月21日

答饶鸿竞副馆长

饶鸿竞副馆长曾查询过何天炯的资料。

何天炯,兴宁人。民国十四年前是国民党的一位卓越人物,是本馆馆员何美清同志的族叔。

后来,翻寻资料时发现何天炯的一些资料,录下提供饶副馆长参考。

刘少雄

1986 年 10 月

陈英士于民国五年五月十八日遇刺殉国,何天炯挽陈英士二联。
其一
意见苦难融道义无伤原不愧
人天真永隔恩仇未报欲何如
其二
兴邦端赖奇才数丙辰妖孽半辛亥英雄痛矣神州变幻无常同活剧
革命谁为健者重道义若山视金钱如土瞻言吾党低徊不尽到先生

载何仲萧编:《陈英士先生纪念全集》上册,民国十九年排印本。特 1809 – 10 卷 4,第 53 页

何公天炯追悼大会启事

径启者 何公天炯为吾党优秀纯洁分子,生平行谊素为同志所钦仰,不料前月忽遭疾终,广州噩耗传来,惋痛曷极。顷奉中华民国政府令开前临时大总统府秘书大本营,参议何天炯自中国同盟会成立以来即随先总理努力革命意志纯笃,操行廉洁,二十余年始终一节,兹闻因病溘逝至深悼惜者,财政部即给予抚恤费三千元交何天炯家属具领,并由革命纪念会搜集何天炯生平事迹以备史乘此令等因仰见,政府笃念动故褒崇节操盛典同仁等,兹拟阳历八月十六日何公家属领帖之期,同在九曜坊教育会举行追悼,何公大会凡属,年寅友党世乡戚,谊如有哀挽联轴诔章请于是日前径交。
北京西河沿百零六号觉民社
上海老靶子路福山路同济里三号
广州大市街一百十七号
汕头打锡街致和生
兴宁县兴民中学

孙　科　李思汉　陈嘉佑　刘耕尘　谭延闿　李国桂　汪兆铭　何成睿　胡汉民
邹　鲁　许崇智　姚雨平　廖仲恺　刘　况　林　森　詹大悲　邹永成　古应芬
程　潜　何克夫
仝启

载《广州民国时报》1924年7月29日第2版、7月30日第2版、7月31日第7版、8月1日第2版

何天炯

胡汉民

　　君讳天炯，字晓柳，姓何氏，兴宁县人。少奇气，习拳术，好读书，满清时感怆国事，抛举业东渡，览山川风俗，与其贤士大夫游，其志益宏远，慨然以救国自任。虽家无担石，弗顾也。会先总理孙公在日本之东京，倡国民革命，组织中国革命同盟会，君奋起从之，任本部会计。旋被选为广东同盟会会长，自是君历涉南洋联会侨众，宣传筹款甚力。民国纪元前一年春，广州三月二十九日之役，君致力其间，不以艰苦懈，勇迈之质，若天授者然。及秋，武昌起义，君赴汉阳赞黄元帅克强戎幕。寻革命政府成立于南京，先总理委以驻日代表，能称其职。迨袁逆叛国称帝，及复辟诸役，君与朱执信诸烈士，在粤起兵靖难，后凡数载，其毅然不移之操有足多者。十一年夏，陈逆作乱，粤局鼎沸，君太息痛恨，遁迹邱园，为终焉之计，其淡泊宁静如是。粤难肃清后，衔命赴日，积劳成疾。十四年，孙公薨逝，感叹痛哭，悲不自胜，病益加剧，遂以不起。呜呼！卒时春秋四十有九，葬于兴宁某山之原。子三，克振家声云。革命纪念会嘱汉民为志其墓，并缀以铭曰：
　　奕奕义烈，允为国光。攘除奸党，朝夕是皇。交邻有道，声闻扶桑。国难孔殷，言念贞良。遽尔长逝，终焉以伤。（党史会藏何天炯墓志拓本）

载台湾版《革命人物志》第一集，第491页，1969年1月

答甄松年老兄

松年老兄：

  日昨来信收到，当遵嘱代查"晏江"在广东什么地方一事。据我所能理会的古今书籍，查了七八种，都没有找到。陈佑溜同志亦知道你的委托，他亦没有办法。昨天找地理系的同志，据彭杏芝同志说，日前你曾有信给地理系，她们尽了极大的努力，并找有关教师询问，亦无着落。

  看来"晏江"可能是一条不那么出名的古地理小河。估计台山方面一定查过了，因为查不出才函请你帮忙的。由于所提供的情况很少，手头资料有限，实在无能为力，有负所托，殊深抱歉！

  匆此。祝

康乐！

1986 年 10 月 22 日

  据《海宴侨刊》（1986 年第 3 期）有海宴详图，在图中，海宴区公所旁边有一条海宴河。后通缪鸿基先生认为，海宴河可能是古"晏河"，但只是猜测。如找到古地图（五万分之一）查对一下，才做定论。

附：

甄松平来信

少雄同志：

  久不见，念切。我近年老影承坛，加以多病之身，行动愈觉很不方便矣。故对你寻思，依怀莫释。老友只有你！靠在身边 40 多年。

  你退休后，我望你更多注重身体保健，到了年纪，一切机能渐趋衰退，年前多次见到李峻聆同志，说你仍是自觉回馆工作，"老骥伏枥不知累"。你在图书馆投放力量可大了！可出重要贡献！你 40 多年如一日的可贵精神，你是感人的！

  我已是退了伍的兵已久，对时间的一切渐渐隔膜了。待在家里，可见我痛啊！

  愿你尽全力再接再厉，继续把事业搞上去，你在图书馆界也称元老派了。昨日我见到周连宽同志，他老态龙钟。他说期早日休息，可当前有两个研究生要带，要培养，故摆不脱。他是比我们元老了，在广东图书馆界的献身工作要数他时间是最长的了。也是我所钦佩！其他的老战友为象勉、家新、祝颜、时本世、秦受琼诸同志近况，请于联络时代我问候！我有病之身，心情是经常忧郁的。但对老友们是永记不忘的。

你给我关心多，照顾多。视如手足，可说比之手足还要亲。为欢为慰！

兹有拜托者，我台山侨委会来信以编华侨刊物，需要了解"晏江在广东的具体地方"（即广东有一条晏江，究竟在什么的地方？）为此，请你要为此事帮我向地理系咨询查考，最好通过系的老师帮帮忙或通过哪些方法了解。作为一个大学，查点地方的所在大致会坐落的地方吧，望早日能有复音。你对系的老师有哪些相熟的问，我自认离开了岗位之后，对人事无从了解，特别是新的老师不认识。或请你直接或间接联系此事都好，设法作个具体答复。侨委会将对你和老师的协助之诚多谢的、高兴的。

即望关心做好此事，我等待着要及时告知他。是否先在馆内向陈佑溜同志了解下再向地理系办。专此匆草，向你问好！

甄松年拜托
1986 年 10 月 17 日

答中山大学骆伟先生

骆伟先生因研究需要，嘱提供粤人作家传志的古籍，经核查馆藏，另纸列目于后。

集（乙）1598，《大豪岩文诗集》，四卷，〔清〕封川刘镇福辑，南海李长荣校正。清光绪元年（1875）羊城富文斋刻本4册。是卷微辑于道光二十七年，刻于光绪元年，题咏姓氏共644人，绝大多数都是粤人，可作这一时期广东人物名录。

集（乙）2169，《柳堂师友诗录初编》，〔清〕南海李长荣辑，〔清〕同治十二年（1863）序刻本。共载217人，每人都有小传（本馆所藏缺32人），子目见《中国丛书综录》上册，第861～863页。

L/822.5/407，《粤东词钞》，不分卷，〔清〕番禺许玉彬等辑，清道光二十九年至光绪十九年刻本10册。《词钞》分三编，从南汉黄损至清吴尚熹共114人，选词多寡不一，每一作者都有简介。

集（乙）1480，《海云禅藻集》四卷，〔清（释）〕徐作霖等编，1935年逸社重刊本2册。

第一至三卷，从今无至今球61人，第四卷附以莲社诸居士止，收其在山中题咏与诸宿酬赠，有涉于山门者25人。

此书属《广东释诗选》，各人详其姓氏、里居及出世因缘等。

O/839.33/67，《潮州耆旧集》，20种三十七卷，16册。

L/821/396，《潮州文概》，四卷，2册。

从唐赵德至清光绪曾习经80家，每家文前有作者简历。

L/822.099/402，《岭表诗传》十六卷，〔清〕顺德梁九图等辑，清道光二十年至二十三年（1840—1943）梁氏紫藤馆刻本，5册（明129+1家，清245家）。

L/822.08/491.4，《岭南小雅集》三卷，台山黄文宽编，1936年广州天南金石社铅印本，3册。从唐至近代共125人，作者皆已故粤人，以先后时代编次。

集（乙）1604，《楚庭耆旧遗诗》，前后续集共七十四卷，〔清〕南海伍崇曜辑印本，13册。

集（乙）1474.4，《梅水诗传》，十卷，〔清〕嘉应张煜南等编。

清光绪二十七年（1901）刻本，10册（每位作者都有简略小传）。

集（乙）1623，《东莞诗录》，六十五卷，东莞张其淦辑，1924年东官张氏刻本，22册，每位作者都有小传。

集（乙）1617，《香山诗略》，十二卷，〔清〕香山黄绍男等纂辑，1937年铅印本，辑始唐代迄清季236人。

答日本松见弘道教授

日本松见弘道教授来函请代拍古籍书影。

日本东海女子短期大学教授松见弘道写信给连珍馆长（连当时已专任系领导工作），因研究需要《资治通鉴》等多种古籍的书影，请代拍摄。此事由赵希琢副馆长处理。赵批准代拍，作为国际学术交流办理。古籍由刘少雄代选，拍照由冼绍平代拍。拍好后由交换组冼绍平以挂号寄出，函件档相存交换组。

这本来是一件平常的国际学术交流工作，却受到馆内某极"左"思想的代表人物的非议，认为有泄露祖国文化和媚外之嫌。据闻这种非议曾反映到某校领导那里。当然，校领导不会受这种"左"得可笑的非议的影响。

1987 年 9 月 30 日

后附页为代拍书影（照片 13 幅，每张单独扫描，略）和代选书目。

松见弘道地址：日本原岐阜县各务原市桐野町（岐阜县进日野电停前）滋贺县虎姬町中野。

VI222.3，《楚辞》十七卷，〔汉〕刘向编集，王逸章句。
（1）明隆庆五年（1571）豫章夫容馆翻宋刊本，8 册线装。
VI222.3，《楚辞》上下篇，〔楚〕屈原等撰。
（2）明万历四十八年（1620）闵齐伋校刊本，2 册线装。
VK204.3，《资治通鉴》二百九十四卷，目录三十卷，附释文，辨误十二卷，甲子会记 5 卷，3.1，〔宋〕司马光撰，〔元〕胡三省音注，〔明〕陈仁锡评阅。
明天启崇祯间文雅堂刊本，120 册线装。原刻胡三省作宋人。查实胡三省宋亡不仕，退隐至终，按卒年实录，应作元人。
VK290.48，《大明一统志》90 卷，〔明〕李贤等修，万安等纂。
1　明天顺五年（1461）经厂刊本，60 册线装。
O857 - 457，第五才子书施耐庵《水浒传》七十五卷七十回。
116 - 9，中华书局，民国二十三年（1934）影印。
明崇祯贯华堂原本，20 册线装。
（原书藏江阴刘氏，版框高二十公分，宽二十八公分）
OI242.49，《脂砚斋重评石头记》存七十八回。
1 - 2，人民文学出版部 1974 年据北京大学图书馆所藏原书影印 8 册。
D857.47，《金瓶梅词话》一百回，358 - 2，兰陵笑笑生撰。
北京文学古籍刊行社 1957 年以 1933 年古佚小说刊行会影印明万历年间本为底本重

印。书前插图也是用崇祯本《金瓶梅》木刻图复制。20 册线装。

D857.44,（国初抄本）《红楼梦》八卷八十回（戚本）。486－13。上海有正书局石印本,20 册线装。

《红楼梦》一百二十回,〔清〕曹雪芹撰,高鹗续。清刻本。

子（乙）0894,20 册线装。

OI242.49,《儒林外史》五十六回,〔清〕吴敬梓著。

3 人民文学出版社,1974 年据清嘉庆八年卧闲草堂刻本影印,16 册。

此版刻本是《儒林外史》的最早刻本。

857.47,《红楼梦》一百二十回,〔清〕曹雪芹撰,高鹗续。

486－21,《红楼梦》,人民文学出版社 1964 年版,4 册,彩色插图（"中国古典文学读本丛书"）。

857.26,《剪灯新话》4 卷,外二种。

682－2,《剪灯新话》,〔明〕瞿佑著,周夷校注,古典文学出版社 1957 年版,351 页。

857.241,《游仙窟》,〔唐〕张文成著,中国古典文学出版社 1955 年版,48 页。

答河南图书馆学会陈方平同志

河南图书馆学会转陈方平同志：

  来函关于编写《中国目录学家辞典》一书，其中请我们提供作者杨成志、余永梁的生平资料一事。

  余永梁，字绍孟，四川忠县人，北京清华学校研究院毕业。民国十六年十月到中山大学任文科语言历史研究所编辑及事务员。在校约一年，离校后情况不明。

  杨成志是中山大学文科研究所教授（编苗族书目时是文科所事务员）。新中国成立初期调到中央民族学院任教授，目前尚健在。关于杨教授的生平资料等情况，请你们与杨教授联系，所得他的生平资料更能反映实际。另外，也可问问他关于余永梁的情况，能否提供一些给你们参考。为了得到老教授的协助，最好以专函的形式，以示敬重。

  …………

1987 年 9 月 8 日

答图书馆郭慧同志

为本馆郭慧同志嘱查蔡廷锴的资料。
另纸开列。

刘少雄
1987 年 10 月 10 日

有关蔡廷锴及十九路军资料。
《政协广东省文史资料》
第一辑
许锡清：《福建人民政府运动》（101）
尹时中：《福建事变中我代表李济深、陈铭枢赴广西和瑞金洽谈经过》（116）
李汉冲：《福建事变中十九路军在闽西南活动回忆》（124）
第三辑
黄和春：《对"福建人民政府"的点滴回忆》（144）
第十辑
云应霖：《十九路军参加江西"围剿"经过》（89）
李汉冲：《参加十九路军"二次围剿"的回忆》（106），又，《全国政协文史资料》第 45 辑，第 114 页
第十二辑
蔡廷锴：《从第一次北伐到讨伐南路军阀的回忆》（1）
蒋光鼐、蔡廷锴、戴戟：《十九路军淞沪抗日战争回忆》，《全国政协文史资料选辑》第 37 辑（1）
张治中：《第五军参加淞沪抗日战役的经过》，同上（37），15 页
宋希濂：《我参加"一·二八"淞沪抗日战争回忆》（37）（28）
李以劻：《关于淞沪抗日战争的片断》（37）（44）
麦朝枢：《福建人民革命政府回忆》（37）（74）
何公敢：《"福建人民政府"和"生产人民党"片断》（37）（92），又，《福建文史资料》第 1 辑，第 99 页
田笠僧：《闽西计口援田纪略》（37）（104）
宋希濂：《我参加"讨伐"十九路军战役的回忆》（37）（108）
符昭骞、郑庭笈：《蒋介石消灭十九路军战役的经过》（37）（124）
陈碧笙：《我所想起的关于"闽变"的几件事》，《福建文史资料》第 1 辑，第 22 页

李忠：《十九路军处决陈国辉及陈部覆灭经过》，《福建文史资料》第 3 辑，第 64 页

秦望山：《陈国辉暨旧部与十九路军的关系》，《福建文史资料》第 3 辑，第 92 页

林逸民：《陈国辉在榕伏法见闻》，《福建文史资料》，第 97 页

李汉冲：《区寿年师连城受歼记》，《福建文史资料》，第 156 页

蔡廷锴：《蔡廷锴自传》上下册，黑龙江人民出版社，1982 年，K823.36，7.2，1－2

蔡廷锴：《蔡廷锴自传》上下册，自由旬刊社，1946，782.88/620，1－2

林一元、余勉群：《蔡廷锴传略》，载《近代广东名人录》，第 133～158 页，广东人民出版社，1986 年 11 月，K820.5/10

1987 年 10 月 10 日

答外语系章鹏高教授

鹏高先生并林云同志：

《聊斋志异》的注释，较完整的是张友鹤校辑的本子（参见所印"后记"），但注释列在原文之下，这样，全部篇幅就很大，现只复印《柳生》一篇。近十年来出过不少白文和注释选本，但对《柳生》这一篇却未见有选上。王皎译注的200篇上中下三册白文亦没有选入。中大刘烈茂等三人评注的200篇本亦无。但这个本子（王皎本亦同）把注释列在篇后，只要注释，容易复印。郑万泽所著译《聊斋爱情故事新编》下册选入了《柳生》一篇，已复印，供参考。另外，在《评注聊斋志异图咏》一书中，将"柳生"那幅图亦复印了，不知有用否？只印一张，如没有用，浪费也很轻。复印费五元，已由明秋付。

《白文聊斋志异》上册（王皎译注）已代借，请保管好。如有需要代办之处，请见告。

我返聘工作及生活一切如常，身体平安。李峻聆开学后两个多月来身体不大好，近两周才稍有好转，已能来馆工作。

我的返聘工作，由自己安排，目前正收集资料修改流通部提出剔除图书试行办法。

你们目前在西德正处于寒冷季节，尚祈注意保暖。祝

俪安！

刘少雄
1989年12月18日

附：

章鹏高来信

刘少雄先生：

近况可好？常在念中。

有一件事想麻烦您。

我需要《聊斋志异》的注释部分（首先是《柳生》这一篇的注释部分），想烦劳您：

1. 代我尽可能复印多篇《聊斋志异》所收作品的注释（首先是《柳生》篇的注释）。[同一篇如有多种注释，则取其较详细者。]

2. 代为（缩小）复印收集到的各篇注释部分（原文部分不需要）。[如有《柳生》篇的白话译文亦盼一份（缩小）复印。]

3. 将（缩小）复印件交给章明秋转寄。

未悉方便否？如可，亦盼示知（缩小）复印垫款数额，容璧还。

又，如有可能，请代借《白文聊斋志异》（白［话］文［言］）[蒲松龄原著，王

皖译注，上册，吉林人民出版社1983年版］（只要上册，因为中册、下册已有），交给章明秋转寄，大约两三个月后归还。

  我们来此已逾两月。到时是深秋时节，几度风雨，现在已经入冬。像我这样的身体，即使晴天丽日，也要穿上大衣才能在户外活动。我们吃不惯面包、奶油之类的食品，就按自己的方式来做菜，主食则是面条、米饭。这里的公共汽车基本上是不开窗的，空气不大流通。林云在广州已乘不惯公共汽车，在这里更不能适应。好在这座城市不大，我们有事完全可以步行。刚来时办理各种各样的手续就靠两只脚。现在每周采购食品一次，也是行路。单程15分钟左右即可。我们身体正常，慢慢也就习惯下来。

  今天就写到这里。林云附笔问候你们全家。

  祝

安好！

章鹏高
1989年12月5日

少雄先生：

  12月18日复信并①《柳生》篇及②"后记"（《聊斋志异》，张友鹤辑校）；③《柳生》（《聊斋爱情故事新编》下册，郑万泽著译；④《柳生》（《详注聊斋志异图咏》）的复印件今天已由明秋转到，费了您许多时间，非常感谢。《文白聊斋志异》上册（王皖译注）明秋已挂号付邮，估计一两个星期内会到。承告中大收藏《聊斋志异》的情况，多谢您。

  张友鹤本的"校、注、评"都"列在文下"，夹在当中，的确不便复印。来信说：刘列茂等三位评注的两百篇本"把注释列在篇后"。可否这样？——

  （一）如能借出（刘等评注本），则请代借交明秋挂号寄到这里。

  （二）如果借寄不大方便，则想请您代各（缩小）复印评注（注释）部分，由明秋转寄，复印费亦请示知。

  多谢关切。我们似乎怕潮甚于怕冷。这里干冷，所以迄今还待平安无事。

  如有什么代办的事情，请由明秋转告或直接来信为盼。即请

炉安

  林云问候你们！

章鹏高
12月29日

答项英杰教授

英杰教授：

　　接 3 月 22 日手书，嘱再查《今文月刊》中之大作《西洋通史的轮廓》一事。上次端木老所托已查过，本馆只有第三卷 1、2 期，其余没有入藏（本馆所藏情况已载《全国中文期刊联合目录》），当时在第三卷第二期中，查到专作《西洋通史中的时地人》，以为你所找的可能就是这一篇，真是表错情了。重庆图书馆讯息部所云我馆有入藏不全面。

　　很奇怪，据《全国中文期刊联合目录》所载，《今文月刊》没有一个馆有全套，第三卷第二期以后便没有了。照理说，此刊战时在四川出版，重庆、成都的图书馆入藏较多的可能性较大，您老可向他们查问一下如何？

　　对您的请求，没有满足您的期望，至为抱歉！

　　匆此　即复　祝

康乐！

刘少雄
1991 年 2 月 27 日

附：

项英杰来信

少雄同志：

　　因端木正及姜凝两同志的介绍，承蒙找到《今文月刊》，并赐印拙文《西洋通史中的时地人》，高谊隆情，铭感五内。他日到广州，当造府面谢。

　　我写的《西洋通史的轮廓》一文，大约刊载在《今文月刊》第二卷，或第一卷末，事隔四十年，记忆不清楚。又据重庆图书馆讯息部云，贵馆有藏，只得再次拜托，请烦再为查找。我只要《西洋通史的轮廓》一文，《今文月刊》上其他文章都不要。

　　查找结果，尚祈赐复。不情之请，因发思古之幽情，乞宥。

　　敬祝大安，并颂潭福。

项英杰再拜
1991 年 2 月 22 日

答北京天文馆

北京天文馆：

接来函，关于举办"中国天文学会 70 年成就"展览，征集有关文物并列举五方面所需资料一事。中山大学曾设有天文系及附设天文台，经过是：1926 年秋由孙中山手创的广东大学改名中山大学，将原数学系改为数学天文系（在系中分数学组和天文组）。1947 年秋正式成立天文系。1952 年 10 月中山大学天文系调到南京大学，教授赵却民（系主任）、邹仪新（兼天文台主任）、助教李春生以及图书仪器一并随往。当时校长张云（天文系教授）1949 年七八月间离开广州到香港，此后一直没有回过内地（据闻已经去世）。

由于日寇侵华，中山大学几度搬迁，历经劫难。1952 年 10 月天文系和附设天文台的师资、设备都已调出，因而天文系没有什么东西留下。据所列第四条作为可供参考的资料，图书馆尚存当时学校出版的一些有关书刊（书单另附），至于中大先后建筑的两座天文台则尚存。一为旧校区/天文台（在市区、中山三路），归广东实验中学管辖，现仍作天文活动之所；一为石牌校区/天文台，现归石牌华南农业大学管辖，已不作天文活动使用。

至于《中国天文学会会报》（年刊）和南京中国天文学会出版的《宇宙》月刊，都是专业刊物，内容丰富，在北京和南京的图书馆都容易找到（请参看《全国中文期刊联合目录》各馆所藏）。

专此　函复

附平馆馆藏《中山大学图书馆现存本校出版天文学书刊资料》目录

中山大学图书馆
1991 年 6 月 20 日
（刘少雄主稿）

中山大学图书馆现存本校出版天文学书刊资料

1.《国立中山大学理学院概览》，民国二十五年十月。

第 13～34 页介绍数学天文系（附天文台情况），并有系主任刘俊贤先生及天文台主任张云先生像。

2. 专著。

（1）《变星研究法》，张云编，1928，中山大学出版部。

（2）《星球和原子》，[英]爱丁顿（A. S. Eddington）著，张云译，1932，中山大学出版部。

(3)《普通天文学》，张云编著，1933，中山大学出版部。

(4)《广州市二十年平均气象图说（1915—1934）》，陈卓民编著，1935，中山大学天文台。

(5)《中国天文学会变星观测委员会年报 1934—1935》（此年报据天文台两月刊每期所载抽印累积而成，两年一册，但每年页数则顺序重编）（中山大学缺第2卷）：

第1卷，1930—1931。

第2卷，1932—1933。

第3卷，1934—1935。

3.《自然科学（季刊）》第1～7卷，1928年3月—1937年6月；复刊第1卷第1期，1948年3月（本刊又名《国立中山大学自然科学（季刊）》，第7卷第4期。后曾停刊，1948年3月复刊，卷期另起）。

第1、2卷有张云教授天文学论文多篇；第2卷第1期为天文数学专号，有天文学论文4篇，以及张云《中山大学天文台成立始末论》、赵进义《国际天文学联合会第三次会议报告》，并附照片二幅；第5卷第3期有张云《天文台参加万国经度测量报校长书》；复刊第1卷第1期有邹仪新《本校天文台十年概况》。

4.《国立中山大学天文台两月刊》，第1～7卷，1930年2月—1937年2月。

此"两月刊"是天文学专门刊物，由张云教授创办及领导。刊登：天文学论文；行政和参加会议概况；天文界消息；广州气象；星体及太阳观测；中国天文学会变星观测委员会报告；等等。

该刊创刊号（1930年2月）中有"变星观测委员会成立摄影"。中国天文学会1929年决议将变星观测委员会移交中山大学天文台办理，1930年3月8日成立，到会者有张云、赵进义、何衍璿等23人，参加摄影者18人。另创刊号中有"中山大学天文台正面图"（旧校区）。

第1卷第2期（1930年4月）有（中山大学）天文台全体职工摄影（张云、赵进义等六人）。

第1卷第3期（1930年6月）有（中山大学）天文台开幕纪念摄影。

5.《中山学报》（坪石中山大学出版）第1卷第6期（1942年6月）有两篇论文，即钟集《伟大的宇宙》、张竞择《世界历史》。

6.《科学世纪》（广州中山大学）有钟盛标《太阳热的来源》。

《自然科学》（季刊）、《天文台两月刊》、《中山学报》和《科学世纪》四刊，北京图书馆和北京大学图书馆都有入藏，你们可就近前去参考，研究取材。

答图书馆李琳琅同志

解答本馆李琳琅同志（受人委托）关于中山大学和中山医科大学的设立、时间和规模等问题。

答复内容另列。

刘少雄
1991 年 9 月 6 日

为李琳琅（受人委托）写了解中山大学和中山医科大学是否为纪念孙中山而设立，其时间和规模如何。

中山大学原名国立广东大学，孙中山手创（任命邹鲁为广东大学筹备委员会主任），将国立广东高等师范学校、广东省立法科大学、广东公立农业专门学校合并而成广东大学。1924 年 6 月 9 日孙中山颁布大元帅令，任命邹鲁为广东大学校长。9 月 19 日开课，11 月 12 日补行成立典礼（并以此日为校庆日，沿用至今）。1924 年冬又将广东医科大学并入广东大学为医科。1926 年孙中山逝世后，本校仰慕仪型，呈准中央党部暨国民政府改称国立中山大学，俾昭永久纪念。1927 年 3 月 1 日举行开学典礼。以后又增办工科。抗日战争时期又增设师范学院和研究院，于是规模益宏，共设文、法、理、工、农、医、师 7 个学院和研究院并附设先修班和附中。1952 年院系调整时，中山大学、岭南大学、华南联合大学（含广州大学、国民大学、文化大学、珠海大学）、法商学院等专业合并，仍称中山大学，是一所文理科专业的综合性大学。改革开放以来，学生人数、教职工人数和校舍设备都迅速增加，规模宏大，是国家的重点大学。

中山医科大学也是纪念孙中山先生的一所高等院校，其前身为中山大学医学院，1951 年底，中山大学医学院独立建制。1952 年院系调整，教育部将中山大学医学院、私立岭南大学医学院、私立光华医学院合并，改称华南医学院。后（不久）为纪念孙中山先生，将华南医学院改称中山医学院，20 世纪 80 年代中期又改为中山医科大学，设备齐全，规模宏大。

1991 年 9 月 6 日

答外文系章鹏高教授

外语系德语教授章鹏高查询书藏多次，分别于件内答复。

刘少雄
1994 年 1 月 11 日

附：

章鹏高来信

请问中大总馆有无下列日文译本：

（1）《歌德全集》——日文：《ゲーテ全集》。此书有改造社版和大东版两种旧版本，新版南潮出版社的译本。

（2）《海涅全集》——日文：《ハイネ全集》。此书有旧版，亦有新版，还有各种文库的散本。

（3）《尼采全集》——日文：《ニーチユ全集》。此书有很多版本，亦有很多文库本。

如有此类藏书，烦请将书名、出版社名与书号抄下。谢谢！

没有这三人的日文全集，抄了这三人的日文单行本。

1994 年 1 月 11 日复

原书名：《聊斋志异》。
原作者：Pu Sung-ling（蒲松龄）。
（1）英译本书名：*Strange stories from a Chinese studio*（共 2 卷，London，1880）。
　　英译者：H. A. Giles。
（2）英译本书名：*Chinese Ghost and Love Stories*（London，1947）。
　　英译者：R. Quong。
（3）或其他英译本。（可否从作者 Pu Sung-ling 查找？）
1242. 1 p. 976 – 1 Pu Songling：*Strange tales of liaozhai*. Tr. by Lu Yunzhong et al Ill by Tao xuehua. Hongkong Com. Pr. 1982 316p. （聊斋志异选）。
　　Chi 248/T159（7222）
代借此二册 1995 年 11 月 14 日，1996 年 2 月 13 日续借。

章鹏高先生转达钱春倚先生嘱查。

日文书：

(*Rodin*：Rilke 著的日译本)，901.2/R56，昭和 29 年（1954）。

(1)《ロダン》，リル个著，高安国世译，169 页，[德] 莱尔开挠，岩波文库版（小书）。

(2)《若を诗への手纸》，リルT著，高安国世译，新潮社版。

(3)《若を诗への手纸》，リルT著，佐藤晃一译，角川文库版。

另外请查图书馆内有无下列日文版大版丛书：

《新潮世界文学》，第 32 卷，〈リルT卷〉。

集英社：《世界文学全集》，第 66 卷，（リルT卷）。

以上二书只要查有无。

(1) 有，已代借出。(2)(3) 未入藏。

另查两种有无，本馆没有。

提供 810.8/541，《世界文学全集》，中野好夫等译，昭和三十年（1955），东京河出书房。

第 14 册收了 3 个作者著作，其中第一个作者 R. M.《リルT：ュルラ、ラヴリブ、ブリTの手记》，生野幸吉译。这本书与《若を诗人への手纸》是否相同，我不懂日文，难作判断，录下供参考。1997 年 12 月 9 日。

外语系彭念慈，电话 5308 或 2576

1. 欧洲（德国）19 世纪末 20 世纪初"表现主义"形成为历史、文化背景，"表现主义"思潮在文学，特别是在绘画艺术上的表现。

2. 中国元、明、清历史、文化背景介绍、分析，以及这一时期艺术（特别是绘画）发展情况。

陈铨：《中德文化比较》（书名可能不准确），新中国成立前出版。

彭念慈：外语系德语教师。经章先生介绍前来查询资料。后一页为彭提供的参考书目。

(1) B5.16.3，《信仰与革命：对 19 世纪上半叶德意志精神世俗化历史的理论考察》，李鹏程著，1993。

(2) I500.94，《欧洲近代文学思潮简编》，华东师范大学、上海师范学院编写组，1980。

(3) I500.94，《十九世纪文学主流》，[丹] 勃兰克斯（G. Brandes）著，此书分六个分册，第二分册《德国的浪漫派》，1981 年出版。

(4) I500.95，《二十世纪西方文论述评》，张隆溪著，1986 年 3 月出版。I-03，《超学科比较文学研究》，乐黛云、王宁主编，1989 年 1 月出版。I-03，《比较文学概论》，刘圣效著，1989 年 2 月出版。

(5) I-03，"北京大学比较文学研究丛书"，《文化类类同与文化利用：世界文化总体对话中的中国形象》，[美] 史景迁（J. D. Spence）著，1990 年出版。

R

I0－7,《新中国40年文艺理论研究资料目录大全》，高长印主编，1992年3月出版（参1，中1）

宝卷。

（说唱文学）

多以传说故事为题材，有《目莲救母》《唐太宗游地狱》《窦娥冤》（《金锁记》）。

目录。

目录上所列，本馆无。所了解目录后列一些供参考。

（1）R

Z812.1　《全国总书目1966—1969》，中国版本图书馆编，中华书局1987年版，第1002页（参）。

1　《全国总书目1971》，中国版本图书馆编，中华书局1988年版，第398页（参）。

《全国总书目1972》，中国版本图书馆编，中华书局1974年版，第503页（参）。

每年一本。

《全国总书目1989》，中国版本图书馆编，中华书局1994年版（参）。

（2）R

Z812.1　《中国国家书目1985—1987》，1992，北京图书馆1991—1994（参）。

5　每年一本。

R

Z812.1　《全国内部发行图书总目1949—1986》，中华书局1988年版，第982页（参）。

6

Z812.1

8 2d　《国家重点图书选题概览1991—1995》，中国社会出版社1992年版，第710页。（参）。

（3）R

Z812.1　《全国图书总目总汇1991—1993》，北京经济日报出版社1993年版，第1052页（参）。

9　每年一本，1995

R

Z812.258　《全国总书目（1976）》，台湾洪氏出版社1976年版，第783页（G00683）。

2

1976

（4）R

Z812.6　《民国时期总书目（1911—1949）》，北京图书馆。

1 1. 语言文学分册　5：1　文学理论　世界文学　中国文学　上册。
   2. 外国文学　5：2　文学理论　世界文学　中国文学　下册。
   3. 法律　6　农业科学　工业技术　交通运输。
   4. 哲学心理系　7：1　经济　上册。
         7：2　经济　下册。
   8. 文化科学、艺术分册
   9. 军事分册。
   10：1　历史、传记、考古、地理　上册。
   10：2　历史、传记、考古、地理　下册。
   11. 综合性图书。
   12. 宗教。
   13. 中小学教材分册。
   14. 教育、体育。
   15：1　社会科学（总类部分）。

Z812.6
 2 《中国国民党中央委员会出版书籍目录》，1980 年，44 页（历史系孙中山研究所）Z812.6。
 3 《解放区根据地图书目录》，人大，1989 年，422 页（参）。

                  1996 年 5 月 19 日

答何贻赞、谢贤章同志

李五湖受托转来花都市来信，去函何、谢帮忙，但一直没有答复。在中大收到的利寅资料，交李五湖转寄。

何贻赞、谢贤章同志：

许久未见，定卜安康，为颂为祝。现接花都市志办欲查利寅教授的资料，从内地迁回石牌以至新中国成立后这段时间的情况，我馆校史室所存刊物有的，已经抄录。其他活动，尤其是院系调整后的情况，我们无从知晓，其学术论著，除早期的以外，1952年以后有无论著发表，如有请抄示题录。至于利先生何时去世（年、月、日），如能查实示知，以便转达，不胜感盼。

谨致

敬礼！

原函附上参考。

弟　刘少雄
1994 年 2 月 9 日

附：

羡兄降世六一年功与时增足庆觥觎同晋

愧我从公三十一载况随日下将毋马迁徒加

[载《侯过教授六旬寿辰纪念特辑》，国立中山大学农学院《农声》第 225 期，民国三十一年六月]

《利寅文录》，利寅著，民国二十二年国立中山大学出版，165 页。

《农艺化学实验之一得》，利寅著，民国十五年，国立中山大学农科学院推广部，34 页。

利寅教授任教本校四十年

农院同仁请校呈部褒扬

载《国立中山大学校刊》第十期，民国三十七年四月五日农学院利寅教授，自民国纪元前三年，即任教该院之前身广东农林试验场附设农林教员讲习所，而广东公立农业专门学校，而国立广东大学农科，而至农学院，继续迄今，凡四十年，其许身农业教育，矢志靡他，而于农业化学学术止之贡献，尤为良多，不特在本校少有，即求之全国，亦属鲜见。现该院同仁邓植仪、丁颖、黄枯桐、林亮东、侯过、刘荣基、王促彦、谢申、杨邦杰、张巨伯、温文光诸教授，特为请校转呈教部，予以褒杨，俾彰敬劝。

《利寅教授任职二十五周年纪念特刊》，特刊编辑委员会编印，民国二十二年，45页

1994 年 2 月 15 日

答图书馆赵希琢副馆长

老赵：

《唐代女子化妆术与西域文化》这个题目很专，馆藏没有这种专著。

在馆藏《敦煌民俗学》一书中，第21章节有如下内容（卡片另列）。中山大学历史系主办的《历史大观园》1992年第7期载复旦大学赵光尧《唐代的妇女服饰与化妆》一文。另外，《中国史学论文索引》下册第170页有韵倩《唐代女子化妆考》，载《小说月报》第1卷第2期。

1910年8月（16开）文章有8页。

黄华节：《眉史》，载《东方杂志》第29卷第5期，1932年11月（16开），共5页。

黄华节：《黛史》，载《东方杂志》第30卷第1期，1935年1月（16开），共5页。

皓龄：《石黛考》，载《人间世》第34期，1935年8月（16开），共2页。

黄石：《胭脂考》，载《妇女杂志》第17卷第4期，1931年4月（16开），共8页。

以上所列，馆藏都有。有些文章并非专论唐代，但也谈及唐代，或可供参考。

《中国史学论文索引》上下册（1900—1937年7月），1957年出版，按原计划，1937年以后拟出续编（主要是抗日战争与解放战争时期），但似乎没有编出。

复旦大学历史系资料室编有《中国古代史论文资料索引》（1949年10月—1979年9月）；北京师范大学历史系继复旦大学编有《史学论文索引》第一册（1979—1981）、第二册（1982—1983）。在复旦与北师大两索引中查不到女子化妆术这方面的资料（1984年起未见续出）。

中国人民大学图书馆张海惠、王玉芝编《建国以来中国史学论文集篇目索引》初编（1949—1984）（只收内地，不收港台）亦查不到女子化妆术这方面的论文。

至于原馆藏在教师研究生阅览室的《敦煌宝藏》有没有这方面的资料，由于此室书库调整，此篇已捆扎搬上401室，还堆在一起（已多时），因为数量颇多，无法检查。

从1984年起报刊发表的论文，因为检索工具不足，而《全国主要报刊资料索引》每月只有单行本，而没有多年或一年的累积本，一时亦着实难查。

在《陈寅恪文集》的论文中，未见有"唐眉"的论述。

为老赵同班同学、现任《新疆文艺》一级编辑查找"唐代女子化妆术与西域文化"这一专题范围的资料。

在这些"史""考"文章中，引述古典古籍资料颇多，如要参考原文出处，则颇费时间。

1994年4月7日

致李静荷同志

李静荷同志：

  日前嘱查《续修四库全书提要》一事，据我理解，恐怕不是"提要"，可能是此书的简介吧！（因为提要是每一种书的提要，将来全书 5000 种出齐，把每一种书的提要集中起来，编出一本《续修四库全书总目提要》，这本提要的篇幅一定不止 100 万字也。）现从本馆采购部门找到此套书的类似简介一件，复印寄上。

  另外，北京方面编纂的"四库全书存目丛书"，亦是大部头的丛书，有关此套丛书的介绍论述，亦一并复印寄上。从中亦可以了解四库全书的各种问题。

  上海出的"续修四库全书"收书 5000 种，精装 1800 册（陆续出版，要几年后才能出齐），定价 38 万元。北京编纂的"四库全书存目丛书"收书约 4000 种，精装 1200 册（已先出子部 100 册，也要几年后才能出齐），定价 36 万元。这两大部丛书，中山大学图书馆都曾报学校拨专款订购，但学校限于经费，无款可拨，因此，这两大部丛书都还未订购。

  复印费不多，不必介意。

  敬祝

旅途平安顺利

刘少雄

1996 年 4 月 1 日

答新加坡戴煜滨同学

The Library of Sun Yat Sen University
Guangzhou, China
1997年6月4日

戴煜滨同学：

1997年5月27日从新加坡来信，因协助一位英国老教授做出版史料的研究，特别是中国早期的出版史料，并说俄国人Alekseev在1935年披露了在中山大学有一大量政治印刷品收藏，很想知道这样的信息等语。

中山大学图书馆在1937年抗日战争以前，藏书比较丰富，在当时国内大学中名列前茅。可是日本侵华，广州沦陷时图书馆抢运出去的图书很少（约言），损失极其严重。抗日战争胜利后，藏书逐渐有所恢复。1952年全国高等学府、院系调整时，有多间学校的藏书并入，因而藏书数量增加，质量也有所提高，辛亥革命后的政治印刷品亦有所收藏。

作为研究中国早期（近现代）的出版史料，我们认为张静庐先生辑注的中国近现代出版史料各编是很好的参考书。为了说明这几部资料，我们另纸开列并作简介，以供参考。

1997年6月4日

注：张静庐（1898—1969），浙江宁波人。小学毕业后，去上海当学徒，一生从事出版事业，是中国出版界专家。所编《中国近代出版史料》《中国现代出版史料》《中国出版史料补编》等书，对于从事出版、印刷工作，图书资料工作和研究中国近现代文化史、革命史者是极为重要的参考书。下面对这几部书略为简介。

《民国人物大辞典》，张静庐，共974页，七编8册，共244.7万字。

《中国近代出版史料》初编，张静庐辑注，1953年10月上海杂志出版社出版，共333页，23万字。

内容介绍：本书系搜集近百年来有关新兴出版事业的重要资料而成，陆续编出刊印。本编所概括之时期为1862—1918年，取材范围以与图书期刊的编译、出版、印刷有直接关联的为主，并附刊珍罕书影、插图20余幅（供从事出版工作、图书馆工作和关心中国近代文教史者参考）。

《中国近代出版史料》二编，张静庐辑注，1954年5月上海群联出版社，共435页，30万字。

内容介绍：本书初编概括之时期为1862年清建设立同文馆译刊西书起至1918年"五四运动"前夕止；本编则自1898年"维新变法"起至1918年止，故亦可视为初编之［补编］。取材范围仍以与图书、期刊的编译、出版、印刷有直接关联的为主，并附刊珍罕书影、插图30余帧及出版大事年表（可供从事出版、印刷工作，图书、资料工作和研究近代文化史者参考）。

《中国现代出版史料》甲编，张静庐辑注，中华书局，1954年12月出版，共468页，31.5万字。1957年12月北京中华书局第二次印刷。

内容提要：本书原为《中国近代出版史料》第三编，因所收资料自1919年"五四运动"起至1927年第一次国内革命战争结束为止，已进入无产阶级领导之新民主主义性质的文化时期，故改称《中国现代出版史料》甲编。内容分作四卷：第一卷选辑"五四运动"后有进步性、代表性书刊的序例、发刊词、宣言及中国共产党成立后所出版的革命书刊的发刊词、革命出版机构的史实和出版物目录等；第二卷为清末至1929年初东西译文学著作中文译本编目；第三卷为有关国际间的著作权交涉事件；第四卷为古典书籍的重印和书林掌故。附录为：上海出版、印刷工人的经济生活和经济斗争，李大钊著述年表，等等。取材范围以与图书、报刊的编译出版、印刷、发行有直接关联者为主，书前并附刊珍罕书影40余帧（可供从事出版工作、图书馆工作和研究近代、现代文化史、革命史者参考）。

《中国现代出版史料》乙编，张静庐辑注，中华书局，1955年5月出版，共527页，35.7万字。

内容提要：本编所收资料自1927年南昌起义后至1937年"七七事变"前夕即第二次国内革命战争时期，为现代部分的乙编。这时有两种革命深入：农村革命深入和文化革命深入。反映在文化出版工作方面的，有中国左翼作家联盟、中国社会科学家联盟的兴起，"九一八"后全国各地文化界反日侵略的救国运动。内容分作四卷：第一卷重点辑录有关革命的出版物目录、文化团体的宣告和左联时期文艺界动态的记述等；第二卷为一般书刊的著录和出版概况；第三卷为古典书籍之整理重印情况；第四卷为有关出版的反动法令。附刊各种珍罕书影50余帧。从这里可以概见国民党反动派统治摧残文化事业的残酷和革命出版工作者顽强斗争的艰苦。

《中国现代出版史料》丙编，张静庐辑注，中华书局，1956年3月出版，共534页，36.2万字。

内容提要：本编所收资料从1937—1949年9月，包括抗日战争和第三次国内革命战争两个时期。内容分作四卷：第一卷选录文化出版工作者对反动派抗争的史料和反动派查禁书刊、摧残新闻出版事业的罪行实录；第二卷辑录解放区、沦陷区文化出版工作的建设和成就；第三卷论述各种印刷、装订技术的改进和革新；第四卷为反动法令的一部分；书末附录瞿秋白同志年表；卷首刊印了珍罕书影50余帧。

《中国出版史料补编》，张静庐辑注，中华书局，1957年5月出版，共596页，39.9万字。

内容提要：本编补充收集了中国近代出版史料初二编和中国现代出版史料甲、乙、丙编中未及采录的资料，是前各编的补遗。取材范围仍自1862年京师同文馆成立时起，到1949年中华人民共和国成立止，以近代部分为上卷，现代部分为下卷。近代史料二编附有出版大事年表，其属于现代部分尚付阙如。兹再编为续表，附入此编。卷首刊印了珍罕书影四十多帧。

《中国现代出版史料》丁编，张静庐辑注，中华书局，1959年11月出版，全二册，共702页，48.4万字。

内容提要：本书为《中国现代出版史料》诸编发行后，续有所得的再补编（丁编），包括从"五四运动"到中华人民共和国成立的30年间的出版史料。本编辑录的资料，以新闻出版事业为重点，特别是抗日战争时期各解放区和上海沦陷后在党的领导下出版的革命报刊、进步报刊的发展情况及斗争史实，其中有些资料是未经公开发表过的，有些资料是特约编写的。卷首附刊了珍罕书影30多帧。

附：

戴煜滨来信

尊敬的刘先生：

您好！

非常感谢您寄来的宝贵资料，感谢您在百忙中为我们做那么多工作，我已转达并翻译给那位英国老教授，他很感谢您给予的帮助，现在他已离开新加坡去美国工作了，继续做出版史料方面的研究。

真的很不好意思，这么迟才给您复信。记得收到您的信不久，我就住院动手术，身体始终不好，加上去年中还做了次手术，很虚弱。很多时间在家卧床休息，不想拖到现在，对不起。

现在身体恢复了，我已完成学业离开学校了。

新春即将来临，愿这张贺卡带去我深深的感谢和祝福：

新春快乐！

身体健康，工作顺利。

戴煜滨敬上

一九九九年元月　新加坡

答地质系丘元禧教授

丘元禧先生：

嘱查原岭大毕业生 Zhong Hion Puh（钟勃）的资料。据本馆几任同志所编岭南大学《历届毕业论文目录》（1921—1952）（载《岭南校友》第 17 期，第 78～104 页），在 1932 年文理学院的毕业论文中有钟溥一人，但与您所查的钟勃年代不相符，但英文发音却相似，是否同为一人，很难说。这段时间及稍后，毕业论文中姓钟的，仅此钟溥而已。其毕业论文题目为：《帝国主义的发展及其评价》（T03956），本校图书馆有入藏。另外，1930 年岭大《南风》第 3 卷第 3 期及 1931 年《南风》第 5 卷第 2 期的封面是由钟溥设计的，但查不到他发表的文章。在原岭大图书馆的藏书中亦不见有钟勃的著作。至于岭大其他刊物，未能一一详查，您如能抽暇，请到图书馆四楼 414 室校史资料室详细查找，经管人员定能给予帮助。

刘少雄
1997 年 6 月 17 日

Zhong Hion Puh（钟勃），岭南大学文学历史系，大约 1926 年前后大学毕业。

借 书 条

年　　月　　日

书　码	登　记	号　码	书　名
T03956	钟溥		《帝国主义的发展及其评价》
	1952	61 页	

借书证号数：　　　　　借书人姓名：

封面设计：钟溥
《南风》第 5 卷第 2 期 文艺专号，1931 年 11 月 20 日
《南风》第 6 卷第 1 期
《南风》第 3 卷第 3 期 文艺专号，1930 年 11 月
《南风》第 3 卷第 4 期

答人类学系冯家骏教授

罗献修（1856—1942），字黼月，一字孝情，兴宁人。

所著有《三礼讲义》《尚书大义述》《周礼学》《修身学》《螺庄诗稿文稿》等，凡30余卷。

《广东文征续编》第一册，第132页。

人类系冯家骏教授嘱查罗献修的资料，所列的查目，本馆未入藏。另据《广东文征续编》第一册第132页，有罗献修条目列入的资料，供参考。

刘少雄

1930—1934年间著，《周礼学》（讲义）。
国立中山大学罗献修教授。
《论大宰九职间民无常职转移执事》篇。
冯家骏电话：5605
人类系冯家骏教授未查，无此讲义，留存。

答图书馆馆长连珍先生

连珍先生嘱查李笠、董每戡的书目。

李笠：
《史记订补》八卷，民国十三年（1924）瑞安横经室刊本，4 册（0/610.11/830 - 12），又（史 0014）。
《定本墨子闲诂校补》二卷，附引据书目提要，民国十四年（1925），商务印书馆排印本 2 册［子（乙）0310］又（子 107）。

董每戡：
《西洋戏剧简史》，民国三十八年，上海商务印书馆，179 页（870.139/632）。
后附有索书号的是核查的结果。

刘少雄

答中文系孙立老师

中文系找《钟伯敬合集》的老师：

1997年10月24日上午您到图书馆找《钟伯敬合集》没有找到。后来再查有关书目资料，《钟伯敬合集》一名《隐秀轩集》，〔明〕钟惺著，本馆善本书库有入藏，分类号 I214.82/84，请到古籍部借阅。

1997年10月24日

《钟伯敬合集》，不分卷，〔明〕钟惺著（"中国文学珍本丛书"第一辑）。
丛（二）第1363页，丛（一）第312页。
V
I214.82
84　一名《隐秀轩集》，三十三集，〔明〕钟惺撰，明天启二年（1622）沈春泽刻本，8册（错订）。
1752
第302页，又一部，18册（缺第三十三集）。

1997年10月26日

答图书馆赵燕群馆长

赵馆长：

嘱查袁同礼先生何时在广州岭南大学任职一事，简复如下：

据1936年9月编印的《岭南大学图书馆一览》（一）"沿革"：1918年本校开办大学，聘请巴罗赞氏为图书馆主任（教员兼任），1920年特嘉女士到馆，始以全时间办理馆务，特嘉女士是图书馆专门人才。1922年特嘉女士返国，遂由谭卓垣先生就任馆长之职。另据有关资料，抗日战争前谭仍是馆主任（馆长后来改称主任），中间谭在做三四年，馆主任由何多源代理。抗日战争胜利后复员返广州，岭南大学图书馆馆长由训导长周钟岐（经济系教授）代理。日常工作由总务主任王肖珠处理，及后，1948年7月，陆华琛先生南来，出任馆长，直至1952年院系调整前。

综合上述岭大图书馆馆史，都没有袁同礼先生到岭大任职的记载，而且袁先生当时已是我国图书馆界知名人士，如果曾在岭大任职，不应没有资料记载。在岭大图书馆任馆长时间较长、声望最高的是图书馆学博士谭卓垣先生。

袁同礼先生既然没有在岭南大学任职，为什么有此传说？据我推测，可能是《民国人物大辞典》所载集一些简介不确引起。该书第649页"袁同礼"条有：1924年下半年从巴黎归国，任广东岭南大学图书馆馆长，1925年初改任北京大学目录学教授兼图书馆馆长。此条错在"广东岭南大学"的"岭南"两个字，应该是广东大学，任职时间是1924年下半年（或至1925年初）。

袁同礼确曾在中山大学任职。据民国十九年（1940）二月编印的《国立中山大学一览》第267页图书馆（一）"概述"中谈及："自高师以迄广大，其间主任数易，若黄希声、吴康、徐甘棠、袁同礼、童冠贤诸先生均曾长斯馆。"（在这里还应指出，吴康之后还有一位张申府。）

刘少雄
1998年2月30日

答武汉大学博士生王子舟同学

王子舟先生：

　　收到博士学位论文《杜定友和中国图书馆学》，嘱提意见，实不敢当。阅毕全文，不揣谫陋，写下几点感想，不当之处，请谅之。

　　1. 本论文对杜定友学术思想和贡献，放在当时的历史条件下进行全面的系统的论述，得出一个比较准确和公允的评价，这是符合历史唯物主义的。

　　2. 迄今为止，除本论文外，还未见对杜先生全面的专题研究论著。看过此文，对杜先生有更全面的了解，这对于我国图书馆事业承前启后很有裨益。

　　3. 杜先生的一生，是为图书馆事业奋斗的一生，也是艰苦卓绝的一生。其图书馆学才华，固然在各个方面都做出了很多的建树。但一生的黄金年华是在抗日战争八年和解放战争三年中度过的。由于战争年代环境的制约和困难，杜先生虽惨淡经营，仍然很难施展更大的抱负。新中国成立后，也曾奋力拼搏，在图书馆事业上力图发展，但精力毕竟有限，更兼老病困扰，很多抱负也难实施。

　　4. 在图书馆学分支领域中，对于图书分类学，他耗去的精力和时间是最多的，尤其全国图书馆统一图书分类更是他一生最大的心愿，为此，他孜孜不倦，不断钻研，身体力行，直至晚年。论文对此做了比较详明的论述，确是抓到要领，很有必要。

　　5. 论文后附录，杜定友年谱初编。这对于了解杜先生的学术成长、人生历程和研究杜先生都很有帮助。

　　6. 在看此文过程中，对有一些字句，可能打印校对疵误，提出一点个人意见，供考虑。（另纸附上。）

　　7. 杜定友《"澄江生活"序》是一篇逸文。因战时油印条件差，质量不好，有些字不易辨识，复印效果不好，现抄录一份，供参考。

　　匆复，祝毕业后在从事图书馆学教学、科研上更上层楼。

顺颂

　　著安

刘少雄

1999年6月10日

杜定友和中国图书馆学正误

　　第4页，倒5行：与中国近代图书馆的形成发展是不同步的。"馆"字之后，似漏一"学"字。

第 7 页，倒 9 行：1935 年自动请辞省图书馆职务。"1935"是"1955"之误。

第 12 页，倒 14 行：初老子为御下史。柱下史系准确（柱下史，周官名，立柱下方书），如果原文为御下史，能否在"御"字后用括弧做一（柱）字。

第 46 页，倒 16 行：难曰不宜？"难"字应为"谁"字。

第 55 页，倒 10 行：在当时馆学界遭到许多人的反对。这句话可否这样写："在当时遭到图书馆界许多人的反对"？

第 58 页，倒 12 行：''于部首中。''有没有漏一符号（部首）。

第 58 页，倒 14 行："、—''/ˇ……"其中'。排列有空档，有无漏一符号。

第 60 页，倒 2 行：应从汉字本身着可想。是否本身着想，"可"字应删去，下行已是"着想"。

第 60 页，倒 13 行：均以左下部为部首。应"均以上部为部首"。载形才是左下部。

第 68 页，倒 19 行：家喻户晓。应章鹏高。

第 73 页，倒 26 行：亿三千余册。"册"字是否有误？请查对。

第 76 页，倒 6 行：本是地人物。是否"是本地人物"？

第 84 页，倒 4 行：请人提刀。应"捉刀"。请人代文曰捉刀。

第 147 页，倒 15 行：巡迴文库。应"回"字。

第 148 页，倒 30 行：《公余艺术》。书名实为《业余艺术》。

第 152 页，倒 2 行：东昌之役逃难时。"东昌"应为"乐昌"。

第 152 页，倒 8 行：伪广州大学。广州沦陷期间，未闻有伪广州大学，只有伪广东大学，此处疑为伪广东大学。

第 153 页，倒 18 行：物发函。物字是否"特"字。

第 154 页，1947 年开始，拟请补一段：

"1947 年 1 月 6 日，广东省市立及中大图书馆同仁暨省干训团图书馆班同学在省立图书馆联合恭祝定友先生五秩寿辰，气氛热烈隆重。中山大学图书馆同仁以梁家勉先生曾呈给杜先生的两首诗，倩请书法家写成一帧立轴，以为祝贺。诗曰：'柱下薪传一脉真，斯文未坠要斯人。王东搜到三坟旧，七略翻成十进新。入世爱书如爱命，持躬忧道不忧贫。燃藜珍重匡时业，照遍芸编万古春。''去及里流离抱子余，树人珍重百年信者。纵横检字区形位，甲乙分签创部居。弱不辞劳凭骨气，老犹着力向图书。拯时别有英雄在，功业千秋话石渠。'祝寿会后，合影留念。晚上杜先生设便宴答谢。"（中大方面，我当时参与筹划此事）

杜定友年谱初编，正误补。

第 112 页，倒 4 行：比此退出仕途。"比此"应"从此"。

第 117 页，倒 26 行：其是难能可贵。"其"字似应"真"字。

第 118 页，倒 17 行：其令人钦佩。"其"字似应"真"字或"甚"字。

第 119 页，倒 8 行：旋展才能。"旋"字应"施"字。

第 121 页，倒 12 行：极立反对。"立"字应"力"字。

第 121 页，倒 32 行：巡迴儿童图书馆。"迴"字应"回"字。

第 123 页，最后一行：宜任馆长四由。"由"字应"也"字。

第 124 页，倒 32 行：杜定未能任母校馆职。漏一"友"字。

第 129 页，倒 1 行：广肇公学三校。"校"字应"楼"字。

第 133 页，倒 10 行：还余留一些。是否应"余还留一些"。

第 134 页，倒 6 行：表布消息。"表"字应"发"字。

第 145 页，在"实非良策"之后，是否可以加一条："8月9日在离澄江之前，应本校离澄话别会索稿，以'澄江生活'序付之。《骊歌》国立中山大学离澄话别会编印一九四〇年八月十三日油印本"？

第 146 页，倒 4 行：（王）报纸三千余种。"三千"显然有误。下面报纸相加是 71 种。

第 154 页，倒 5 行：朱□27 日主讲，□为"倓"字，朱倓（罗香林夫人）时任广州市立图书馆馆长。

第 156 页，倒 3 行：这句应改为：本年，杜定友仍任中大教授、图书馆主任，省立图书馆馆长（"同时兼任广州中山图书馆馆长"此句应删去，因杜早已离开市馆）家居……

这时任职以中大为主（在中大支薪），兼长省馆，住则一向在省馆，因为石牌旧居一直要不回。

第 156 页，倒 17 行："会照"。应为"会晤"。

第 157 页，倒 8 行：这者是平日勤于收集。此"者"字应删去。

第 161 页，倒 30 行：答充予以保护。"答充"应为"答允"。

第 164 页，倒 17 行：中国共产党的成功的必然的。这个"的"应为"是"字。

第 164 页，倒 3 行：教育厅长。应为"文教厅长"。

第 165 页，倒 12 行：左边这个"应向右"。

第 169 页，倒 11 行：筹委会主作。应为"筹委会主任"。

第 169 页，倒 19 行：家中坐客。应为"家中作客"。

第 175 页，倒 25 行：在中山大学医院治病。应为"中山医学院治病"。1952 年院系调整后，医学院已不属中山大学，曾改为华南医学院，旋又改为中山医学院。

这条已改。

第 175 页，倒 8 行：全国不四千余所。"不"字后漏一"到"字。

第 175 页，倒 25 行：文学改革委员会。应为"文字改革委员会"。

第 176 页，倒 32 行："来行及"。应为"来得及"。

《澄江生活》序

民国二十七年十月，广州事变，中大图书馆同仁，仓皇迁出，图书损失，不可胜计，作者职司典守，呵护无方，抚心自问，负疚实深！然敌人虽能夺我身外之书，但不能夺我胸中之书，故仍本已往之精神，埋头苦干，徐图复兴，以赎前愆。去年五月，全部图书二百余箱，运抵澄江，即从事整理，各阅览室同时开放，以供众览。并举办抗日战争图书展览会，杜氏集品展览会，以公同好。惟同仁等能力有限，幸蒙王县长、窦书记长，暨澄江各界民众，指导百勷，兰台后室，慨予倾助，使莘莘学子，研读有所，厚谊隆情，曷胜铭感。是年六月，以生活略已安定，乃约全馆同仁，撰述《西行杂记》，分上下二卷，纪十余万言。记载此次流亡生活经过，及沿途景物，颇为详尽。本年五六月间，迁校消息，甚嚣尘上，及再发起征稿，作流亡第二部曲，题为《澄江生活》。举凡关于澄江沿革、风土、人物、商业、农产、衣、食、住、行、方言、教育、娱乐，以及校潮剪影、迁校风云、生活片断等，分别认撰，以志鸿爪而资纪念。将来迁回粤北，则更撰《到前方去》，合之为《图三部曲》。正编撰间，忽于七月十五日，奉校命赶速装箱，准备随时迁移，同仁等以工作繁忙，未暇执笔完成，而骊歌逐唱，征马在途，从此又将与我澄江父老兄弟告别矣。某君撰告别澄江书有云："别矣诸君，桃花潭水，不及汪伦之情，金莲峰巅，渐倦谢公之屐，从此芭蕉夜雨，深宵只永怀人，杨柳晨风，河桥但饶春色，情何以堪？谁能遣此。别矣诸君，滇越虽遥，未阻征鸿之翼，春秋迭代，讵无飞燕之归"之句。同仁等对澄江之友情，溢于言表。按澄江古为滇国，自汉武元封元年（公元前一百一十年）始有郡县之设，而为益州郡俞元县也。前《汉书·地理志》曰：益州郡俞元池，在南，桥水所出，东去毋单，入海行九千百里。蜀汉后主建兴七年（公元二二九年）得凉州之武都郡，改益州郡为建宁郡。澄江在唐初为黎州梁水县。乾隆府厅州县图志：俞元县，唐梁水废县，并在县境，查中国古今地名大辞典：梁水县唐置，寻省，故治在今云南澄江县。及宋段思平，据其地号大理国。元至元十六年（公元一二七九年）为河阳州，二十六年（公元一二八九年）降为县，属澄江路。明洪武十五年（公元一三八二年）改路为府，仍名河阳县，属澄江府。清康熙八年（公元一六六九年）裁阳宗县入河阳县，仍属澄江府。民国四年废府，改河阳县为澄江县，今因之。考澄江县历代人文蔚起，科甲蝉联，先贤遗迹，足以挽末俗而厉来兹。今三迤健儿，勇敢善战，屡立奇功，尤为抗日战争干城，有由来也。同仁等安居是邦，载余以来，备及熏陶，幸何如之。昔孔明告昭烈曰："荆州用武之国，益州险寒，沃野千里，将军跨而有之，霸业可成，汉室可兴矣"。吾人试步出城郊，但见阡陌连绵，农产丰富，一年耕而有三年之食，诚非虚语，实后方之重镇，足食足兵，抗日战争胜利，复兴有待，企予望之！是为序。

附言：本校离澄话别会，来函索稿，仓卒无以应，谨以此序付之，聊以塞责，阅者谅之。

民国二十九年八月九日国立中山大学图书馆主任杜定友于澄江

抄者附言：作者在历朝年代后，括弧注民国前□□年，现抄录时改民国前年为公元年。

载《骊歌》，国立中山大学离澄话别会编印。1940年8月13日，油印本（书藏中山大学图书馆校史资料室）

附：

王子舟来信

（一）

刘先生尊鉴：

　　您好！感谢您在粤期间的谆谆教诲，现论文终于写出，寄上一份请先生审阅批评，对错误之处望能指出批评。我在5月18日进行答辩，此后想联系出版社，经认真修改后出版。因此，您对论文的意见，对我来说至关重要，还请百忙之中提出宝贵意见。

　　先生对后学之循循善诱，耐心指导，使我受益匪浅，我今后还希望能继续得到先生的指导与帮助。毕业后，我将留校工作，主要从事图书馆学教学，很希望能沿着杜定友先生开拓的事业继续走下去。

　　顺颂
大安

晚生　王子舟
1999年5月13日

（二）

刘先生尊鉴：

　　您好！来信收到，内心十分激动。您不但提了很好的建议，而且做了大量校对工作，填补了新的材料，这对我来说是极大的教育。在您身上，体现出文史大家严谨治学、春风化雨的高尚品德。我能得到您的赐教，十分幸运。

　　5月18日，我通过了论文答辩，获得全优票数。之后，返回老家内蒙休息。前些日子曾与北京图书馆出版社联系论文出版事宜，出版社方面决定下半年申报出版计划时准备列入。论文写得粗糙，这是我所知道的，尤其为赶时间，校对工作大为疏漏。不过，我想如能出版，一定要认真进行修改。同时，附一杜定友先生著作系年，以及一些图片、照片等。

　　今年毕业后，即留校任教。院里可能安排我讲图书馆等基础理论，这样，我就可以对图书馆学进行深入的研究了，教学与研究工作相结合。毕业论文做完后，我对杜定友先生的生平有了了解，同时更对他献身图书馆事业的精神倍感钦佩。今后我也希望自己能继承他老人家的遗志，为中国图书馆事业贡献自己的力量，同时也希望今后能得到您对我的继续指教。我深为有您这样德高望重的前辈作师长而感到高兴。可以说，在我送出的评审论文，还没有某个前辈能够做出这样具体、细致的指教。

　　在论文出版前，您觉得我还应做哪些修订补充工作？望能赐示意见。今后，您在武汉方面有何事情要办，需要什么资料，尽管来信，我一定尽全力。

　　谨致
崇安

学生　王子舟
1999年6月22日敬呈

答地质系邓海泉教授

地质系邓海泉嘱查何杰资料如下：

何杰：民国二十一年（1932）二月任中大地质系教授，兼两广地质调查所所长。

何时任地质系主任，缺乏资料，未能肯定。但据1943年5月出版的《国立中山大学现状》第73页，"地质系教授何杰"括弧注：兼院长及系主任，据此推断，何杰任地质系主任应在1942年或1943年。

以上有关资料都作复印，供参考。

何杰在《大地》创刊号的论文，除《宝石的鉴定》外，尚有《发刊词》一篇，都已复印。《大地》其他期号未见有何杰论文。

1999年11月11日

附：

邓海泉来函

一、中大图是否馆藏《大地》？该刊物由中大地质系出版。

1. 《大地》创刊号（1937）上曾载有何杰的一篇文章，题为《宝石的鉴定》，请复印。

2. 其他各期《大地》是否有何杰的文章？如有，亦请复印。

二、何杰何时任教中大地质系并任系主任，1931年抑或1932年？

所需各项费用自当照付。

邓海泉
蒲园区□□□□□□□号
电话：□□□□□□□

答化学系陈美延老师

化学系陈美延先生受人所托查找郑曾同、罗文柏、严既澄资料。

查复大致如下：

郑曾同：中大数学系二级教授，江苏人。抗日战争胜利后，从美国归国，受聘为岭南大学数学系教授兼系主任。1952年10月院系调整后，为中山大学数学系教授。校人事处档案室当有其详细资料。

罗文柏：抗日战争前曾任中大外文系教授，曾兼系主任。罗文柏是一位知名教授，曾将其所藏一套（700多本）英文本"万人丛书"捐赠给中大文学院，这套丛书在中大图书馆的英文旧藏中还有些可以找到。

严既澄：在中大藏书中，有其两种著作。《初日楼诗》一卷、《驻梦词》一卷，四会严既澄撰，民国二十一年（1932），北平人民书店铅印本［什（乙）1290］。

《初日楼少作》，严既澄著，民国十三年，上海朴社出版（L/821.1/787）。

据《中国近现代人物名号大辞典》（陈玉堂编著，浙江古籍出版社1993年版，第345页）所载（K82-61/43）3723条，严既澄（生于1900年，一作1899年），广东四会人，名锶，字既澄（署见1921《时事新报·学灯》，后见《文学》等。与名并行），一字慨忱，号镂堂，别名严肃，一作严素（？），室名初日楼（有《初日楼少作》等）、海日楼。北京大学英文系、哲学系旁听生。曾任职商务印书馆编译所，在茅盾接编后的《小说月报》发表《韵文及诗歌之整理》。之后，历任上海大学、杭州盐务学校、浙江省立一中、北京大学、北平师范大学、中法大学、北平女子文理学院教员、讲师、教授等职。1927年曾在杭州编《三五日报》副刊。著有《初日楼诗》。译有《进化论发现史》《怀疑论集》《现代教育的趋势》。散著观抗日时期《文艺阵地》。

这些介绍虽然颇详，但没有介绍其后期事迹。据《民国人物大辞典》所载，亦没有其后期事迹。两辞典的编者对其后期事迹是不清楚，抑或不愿谈？看来编者似有"隐恶扬善"的立场。据抗日战争时期敌伪统治下的广东沦陷区"1944年广东大学（伪）毕业同学录"所载，严既澄为中文系主任。

2000年10月10日

答历史系研究生张军民同学

历研张军民查阅法西斯书目如下：

特0054，《世界独裁英雄谭》，[日] 小林知治著，韩鹏译，民国二十四年（1935），商务印书馆。

特00434，《法西斯蒂主义运动论》，[日] 今中次麿著，查士骥译，民国二十一年（1932），上海华通书局。

特00438，《现代独裁政治史总说》，[日] 今中次麿著，万青选译，民国二十一年（1932），上海华通书局。

特00366，《法西斯蒂的世界观》，[英] 巴翁著，刘麟生译，民国十八年（1929），上海真善美书店。

特00715，《德国国社党》，[日] 安达坚造著，薛品源译，民国二十三年（1934），上海黎明书局。

特7067，《墨索里尼自传》，童霖佩萱译，民国二十八年（1939），上海光明书店。

特7065，《墨索里尼自传》，胡宪生译，民国二十七年（1938），商务印书馆。

特7063，《法西斯主义理论及制度》，[意] 墨沙里尼著，钱九威译，民国二十二年（1933），上海四社出版部。

特7038，《法西斯主义之理论的体系》，蔡之华编，民国二十四年（1935），商务印书馆。

特7035，《法西斯主义》，蒋学楷编，民国三十八年（1949），中华书局（"大众文化丛书"）。

特7034，《希特勒与新德意志》，蒋学楷编，民国二十二年（1933），黎明书局。

特7073，《墨索里尼谈话记》，[德] 卢特维喜著，杨立人译，民国二十三年（1934），上海光明书局。

特7072，《莫索里尼言论集》，蒋建白、黄应荣合译，民国二十五年（1936），南京正中书局。

特7099，《希特勒征服欧洲》，[德] 鲁许尼格著，蒋学楷译，民国三十年（1941），重庆时代书局。

特7828，《希特勒语录》，傅东华译，民国三十年（1941），上海国际间社。

特7282，《德国国社党党纲》，黄公安译，民国二十四年（1935），南京正中书局。

特7663，《意大利复兴之道》，薛光前著，民国二十七年（1938），商务印书馆。

特7636，《德国法西斯蒂运动》，萧文哲著，民国二十二年（1933），上海光华书局。

特7635，《法西斯蒂及其政治》，萧文哲著，民国二十二年（1933），上海神州国光社。

特补0494，《独裁政治论》，[日] 今中次麿著，陈中行译，民国二十二年

（1933），上海新生命书店。

特补 0755，《法西斯意大利政治制度》，萧文治著，民国二十四年（1935），商务印书馆。

特补 0754，《法西斯蒂教育》，萧文治著，民国二十二年（1933），上海光华书局（法西斯蒂小丛书）。

特补 0702，《慕沙里尼统治下的意大利》，刘奚叔编著，民国十八年（1929），上海民智。

特 2028，《法西斯主义之组织理论》，［日］河野密著，天囚译，民国二十二年（1933），上海华通书局。

特 2116，《德国国社党史》，Conrad Heiden 著，林孟之译，民国二十五年（1936），商务印书馆。

特 2060，《法西斯主义》，［意］亚尔白特著，任豁会译，民国二十三年（1934），广州民智书局。

特 1845，《法西斯主义》，［英］巴恩斯著，贾丽南译，民国二十三年（1934），北平民友书局。

特 1605，《法西斯运动问题》，吴友三编著，民国二十七年（1938），商务印书馆。

特 5296，《慕沙里尼》，费利俄著，孙茂柏、陶纤纤合译，民国十八年（1929），世界太平洋书店。

特 5562，《希特勒》，杨寒光编译，民国二十五年（1936），上海光明书局。

特 5840，《慕索里尼》，［德?］路威维许著，沈达、由宝龙译，民国二十二年（1933），世界书局。

特 3887，《希特勒生活思想和事业》，张克林编，民国二十一年（1932），南京书店。

特 3466，《希特拉》，伦哲（Emil Lengyel）著，曹孚译，民国二十六年（1937），世界书局。

特 3465，《希特勒》，伦哲（Emil Lengyel）著，马士奇译，民国二十二年（1933），北平墨云堂。

特 3445，《法西斯主义之经济基础》，P. Einzig 著，曲万森、孙澄方译，民国二十五年（1936），上海黎明书局。

特 1153，《希特勒征服欧洲的计划》，安斯脱·亨利（Ernst Henry）著，用潜译，民国二十四年（1935）。

特 1152，《希脱勒进攻苏联》，安斯脱·亨利（Ernst Henry）著，吴大琨译，民国二十六年（1937），上海黎明书局。

2002 年 4 月 26 日

答信息管理系潘燕桃老师

本校信管系潘燕桃先生带同学来做实习。遇见我时，顺便查问何香凝为纪念廖仲恺先生告黄埔军校的文章。据分析，何香凝与黄埔军校没有直接关系。当年，孙中山任命蒋中正为黄埔军校校长，廖仲恺为党代表。廖仲恺1925年8月20日被刺身亡，9月20日开追悼会。

在《廖仲恺先生哀思录》中，有廖夫人何香凝在公祭廖陈①二公大会演说词、在粤军追悼廖陈二公演说词、在黄埔军校追悼廖代表大会蒋介石同志演说词。关于何香凝告黄埔军校的文章，可能是误传所致。根据《廖仲恺先生哀思录》中所载，应是何香凝在公祭廖陈二公的演说词。

关于廖仲恺、何香凝的资料，最具权威的著作是《双清文集》(D693.03/7-2/1-2)，尚明轩、余炎光编，1985年人民出版社，2册。上册938页，为《廖仲恺文集》，下册1007页，为《何香凝文集》。书上说明，收集在这本集子里的著述，包括论著、演说、函电、公牍、诗词及译著等，就是廖仲恺、何香凝战斗一生的记录。应该说在1984年能找到的材料都已搜罗，巨细不遗。此书可到图书馆查阅，定能解决所需资料。

刘少雄
2002年4月30日

---

① 廖当然是廖仲恺，陈是指陈英士，国民党早期重要人物，民国五年（1916年）五月十八日遇刺身亡。

答刘经富先生

刘经富先生：

2011 年 12 月 25 日来函，今年 1 月 4 日收到。你因对陈寅恪藏书流散情况做一总结，嘱提供中大图书馆陈寅恪纪念室的陈寅恪资料来源问题。现简复如下：

一、陈寅恪纪念室的资料分四个部分。其第四部分是陈寅恪教授留赠中山大学（图书馆）的中文藏书，计线装书 1327 册，精、平装书 327 册，杂志 72 册，共 2120 册。另外，还清理出碑帖（金石拓片）20 多张。

（见附：陈寅恪纪念室简介及陈氏赠书清册）

这份陈氏赠书清册是在图书馆干部都下放粤北山区干校后，1969 年学校指示图书馆派人接收陈氏遗书时，由下放的工人及临工在匆忙中以流水账式列目。这部分陈氏书看来是在香港陷敌、陈氏逃离回到抗日战争后方才陆续购置（包括新中国成立前后），不似有陈氏抗日战争前旧藏。

陈寅恪纪念室的筹建，不只是赠书的陈列纪念，更重要的是为研究陈寅恪先生学术思想提供参考资料。所以，陈寅恪纪念室除陈氏赠书外，还从馆藏中抽调陈氏著作的各种版本及研究陈先生的图书。从此以后，继续收集有关陈寅恪的图书资料。至于陈氏生前通过其助手向图书馆或系资料室借用书刊，用后都由助手归还。陈寅恪纪念室不陈列陈借用过的书刊。

陈寅恪故居陈列馆于 2009 年 11 月校庆期间建成开放，学校将故居陈列馆划归图书馆负责管理。在陈列馆开放时，图书馆曾将陈寅恪赠书调到陈氏故居陈列馆陈列展览。不久，为了参考及保管安全起见，这部分陈氏赠书已调回总馆"陈寅恪纪念室"。在陈氏故居陈列馆陈列或悬挂的原件资料，为了保管安全起见，都以相同规格的复制品替换。

二、陈氏存放在上海的外文图书，遗命请蒋天枢先生赠送复旦大学（图书馆），复旦大学图书馆收到赠书后，开列清单 17 纸对照清单查实为 641 册。这部分外文赠书应为陈氏抗日战争前旧藏。

（附：复旦大学图书馆收到陈氏赠书 17 纸清单）

三、1947 年因寒冬取暖，将东方语文图书售给北大东语系（见蒋天枢《陈寅恪编年事辑（增订本）》第 141 页）。

这批东文语文图书，后经北大东语系某教师在东语系顶层尘封已久的阁楼上发现并清理（曾见报道）。可去函北大东语系请教，或可得其详。

四、1938 年在滇越铁路转运时失去两木箱书（见蒋天枢《陈寅恪先生编年事辑（增订本）》第 160～162 页）。

据说陈寅恪先生最痛惜的是失去这两木箱有他批注的藏书。

五、当年蒋天枢受陈寅恪所托编印《陈寅恪文集》而从广州带去上海的陈氏书稿，其中有多种陈氏批注本（即后称读书札记）。后来蒋天枢把这些陈氏批注本转赠上海图书馆。中山大学图书馆筹建陈寅恪纪念室时，由陈寅恪三女陈美延通过蒋与上图联系把这部分陈氏批注本借回。在1988年5月陈寅恪纪念室建成开放时，陈列了这批陈氏批注本。中大馆将这批有陈氏批注文字的书页复印留存，原件由陈美延领回。这部分陈氏批注本，后来都已经整理，作为《陈寅恪集》第十、十一、十二册（读书札记）出版了。

六、蒋天枢受托编印《陈寅恪文集》而从广州带去上海的陈寅恪书稿及书刊资料。在《陈寅恪文集》出版后，陈氏后人对这部分陈氏书稿资料的去向极为关注，陈氏三女陈美延曾亲到上海蒋府，蒙蒋天枢夫人热情接待（蒋天枢已于1988年5月去世）。陈美延在蒋天枢原来的书房逐架排查，并把放在书架顶上的包扎件解开检阅，都找不到蒋天枢从广州带去上海的陈寅恪书稿资料。这样，这批陈寅恪书稿资料落在何方、何人手上，一直不明。

七、约2003年，广州收藏家陈俊明收藏有陈寅恪遗稿一批，准备在广州拍卖。广州资深鉴藏家王贵忱先生得此信息，劝陈俊明暂停拍卖，并提出编印出版的意见。王贵忱先生同时知会陈氏三女陈美延，约定在王府与陈俊明见面，商谈陈氏遗稿出版事宜。陈俊明没有将原件出示，只提供光盘观看。陈美延看后，经过认真思考，最后才同意由她署名编者，把陈俊明所藏陈寅恪遗稿最重要部分编印出版了，书名为《陈寅恪先生遗墨》，2005年6月广州岭南美术出版社影印出版，作为"新广雅丛书"。

八、北京中国嘉德2006年秋季拍卖会，具体内容为陈寅恪先生遗稿。列目有111种，并附设有介绍内容的6种稿本书影。

我们根据所列111种列目核对，这部分遗稿，应叫稿抄本，不是原稿。有60种已在蒋天枢编、1985年上海古籍出版社出版的《陈寅恪文集》中刊载。有2种已载清华大学出版社出版的《陈寅恪诗集》。另30种是陈寅恪的一般藏书。其余是一般杂件，或与陈寅恪无关的杂件。至于所附6件稿本书影却是陈寅恪珍贵的遗墨（即本文第七项所述）。

对于北京中国嘉德拍卖陈寅恪遗稿的信息预告，陈氏后人知道后，提出著作权归属问题，阻止拍卖，结果这次嘉德拍卖陈氏遗稿流拍了。在筹建陈寅恪故居陈列馆时（2007—2009），听说（陈俊明）这批陈氏遗稿已经拍卖了。

这似是陈俊明出现在同一件事情发生的两个不同时间，即本文第七、第八两项。

九、来信谈及出售《大藏经》一事。依据蒋天枢的信说，新中国成立后售给中科院哲学所某公；依据季羡林说，他1948年初帮陈先生卖过书，里面就有《大藏经》。依据陈封雄说亦是1948年。蒋与原说时间有差异。

1952年院系调整后，陈寅恪先生任中大一级教授，薪金当可维持生活，不会为经济问题出售藏书。以《陈寅恪集·书信集》第一篇《与妹书》，可以看出陈先生求学时代对中文线装的《大藏经》梦寐以求的渴望心情，如果获得中文线装《大藏经》之后，很难想象轻易割爱把它出售。至于季羡林帮陈先生卖过书，是否指陈先生因畏寒而出售东方语文的图书？季羡林与陈先生有师生之谊，与陈先生比较亲近，又是东语系教授，在陈先生卖这批东方语文图书的过程中起桥梁作用，亦是情理中的事。蒋天枢说是

1947 年冬，季羡林说是 1948 年初，这两说不算矛盾（冬与春初很接近），蒋书说其中有巴利文藏经；季说里面就有《大藏经》。此事与本文第三项所述售给北大东语系的书核对一下，看看如何。

  从来信所谈出售《大藏经》问题，又产生一些疑惑。当年陈先生的中文藏书，在日寇侵华、陈先生撤离北平时，能带走的中文书一般是常用的书或有批注的书。留下来带不走的中文书，除提到《大藏经》外，其余留下的中文书又去了哪里？颇值得探究。

  以上所列，不全是藏书问题，也包括一些遗稿遗墨等问题。因年老视力不济，复查资料有些困难。有些分析是个人的浅见，总之，一并开列仅供参考。同时，还有一些任务要赶办，迟复为歉！请谅！

  祝

大作早日写成，并祝新春康乐！

刘少雄

2012 年 1 月 16 日

六、书城著述

藏书建设[*]

第一章 我国书籍的起源和发展

在中国漫长的封建社会，中国人民创造了灿烂的古代文化，出现了许多伟大的思想家、政治家、军事家、发明家、文学家和艺术家，留下了丰实的文化典籍。我们的祖先在两千多年以前，就发明了纸；在1200年以前，发明了雕版印刷；在900多年以前，又发明了活字印刷，这是我们全民族的伟大成就。

书籍是人们表达思想、交流经验、传播知识的工具。人类社会之所以能够继续发展，绵延不断，其主要纽带之一就是书籍。

世界上已开化的民族都有自己的书籍。中华民族拥有书籍已有3500多年的历史了。我国人民是怎样创造出自己的书籍的呢？

第一节 文字的起源

书籍产生的基本条件是文字，有了文字才有出现书籍的可能。各民族都有自己的文字及其不同的发展途径，但是，无论什么民族，在还没有文字的时代，都没有书籍。

一、口头传说

中华民族，正像其他民族一样，曾经有过一段很长的无文字时代。在那个旧时代里，人们赖以积累知识、传布知识的只有语言。人们只能把自己对周围环境的认识，用语言告诉周围的人和下一代的人，他们所依靠的是记忆力，下一代的人如果想知道前一辈人的事，只有牢牢记住前人传下来的话。为了便于记忆，人们把它提炼成精粹简赅的语言（如诗歌、谚语、格言、口诀）和生动有趣的故事、神话等。

然而，人的记忆力是有很大局限性的。时间久了会忘记，事情多了也会记不清，甚至记错了。上古时代许许多多的知识和事迹，就曾在漫长的口耳相传的时代中被遗忘了，或者被歪曲了。为了帮助正确记忆，人们在生产和生活实践中曾经摸索出了一些方法。其中最重要的是利用实物以帮助人唤起记忆，它为创造文字、创造书籍开辟了道路。

二、结绳时代

远古的人曾经利用多种不同的东西来帮助记忆。在我国，主要是利用绳子打结来记事，后人称这时代为结绳时代。

结绳就是把绳子打成各种大小、各种式样的结子。大家约定以不同的结子来表示各种不同的事情，久而久之，绳子的长短、结子的数目、形状和颜色，在一定的民族和部族之内就具有一定的意义。这样，一串结绳就代表着一定的思想和知识，结绳就成了交

---

[*] 本文为讲授提纲，编写于1981年9月。

流思想和传布知识的工具。

结绳可以传到外地，传给后人，这就比单纯依靠语言传说便利得多。这是文化史上一大进步。我国在未有文字的时候利用结绳记事，在古书上有明确的记载。例如，战国时，人在所写的《易·系辞》里说："上古结绳而治，后古圣人易之以书契。"但是，我国上古结绳的方式方法现在已经没法知道了。

结绳之外，人们还用刻木来帮助记忆。除了结绳和木刻之外，人们还曾利用各种各样的实物，如树枝、树叶、贝壳、羽毛、花草等，来传达自己的思想。在各民族的生活中，一定的东西，一定东西的形状、颜色、轻重等，往往具有一定的公认的意义，可以代替直接的语言，成为通信即交换思想的工具。汉族所用的鸡毛信，也反映出过去有类似的习惯。

当人们能利用组成实物来表达一个复杂思想的时候，人们的表达能力就已经达到既能把一个复杂的思想分析成几个组成部分而用几件东西表示出来，又能在看了几件不同的东西之后，把它们的意义综合起来而予以统一认识的地步了。既能分析，又能综合，这就比利用一个结绳、一块刻石来回忆一件复杂事情进步得多了。

三、从图画到文字

在人们习惯于用实物来表达思想以后，人们逐步发现了另一种表达思想的方式，即不用实物本身而用代表实物的图画来表达思想。

图画不仅能表示具体的实物，还能表示动作、行为。比如，画了一匹野牛和一个手执弓箭的人，就可以表示狩猎或射箭的行为。图画的表达能力要比结绳等强大得多。因此，图画就逐渐被人们用来作为表达思想、代替语言的工具。

图画原本是一件具体事物的形象，但在人们习惯于用这些图画来表达一定思想之后，图画就逐渐变成不是具体事物形象的精确描绘，而逐渐简化为一定形式的图案符号。人们看见这些符号就可以想起它们所代表的思想，这样，这个符号就成为人们头脑里某种概念的代表了。由此就出现了原始的文字。

人类的文字是从图画演变而来的，许多民族的文字都是这样。中华民族也不例外。我国最古的文字就是象形文字。

我国的文字产生在什么时代，现在已无法知道。就现存的古代文字来说，当以公元3500年前商代后期甲骨上所刻文字为最早。但从这种文字的结构、语法构造等方面看，它已经不是初期的文字，中国文字的产生一定远在这时期以前。

我国古书上常说仓颉造字，也有人说是伏羲造字，这都不确实。文字是人们在长时期的社会生活中，逐渐地用图画演变而成的。这是一个漫长的人们共同创造的过程，而不是某一个人忽然想出来的。

3500年来，我国文字的形体经过了几次重大的变化。殷商时代的字体称为甲骨文，西周以至战国的字体称为古文（籀文、大篆）。秦代的字体是篆书（小篆）。秦时还创造了隶书。汉代通行隶书，但又创造了草书和行书。三国时创造了楷书。楷书直到现在还是标准的手写体。印刷术发明后，又逐渐形成了一种印刷本。印刷体也随着时代不同而有所变化。到明代末年，印刷体便完全和手写体不同了。

由于字体的变化，后人往往不易认识前代的字，因而在传抄或传刻前人著作时，常有认错或写错的字。这在印刷术发明以前的手写本时尤其如此。今天所见古书，其中有许多难读难解的地方，其原因之一就在于此。

第二节　从文字记录到书籍

文字的出现为书籍的产生提供了必要的、基本的条件。但是，并非一切文字记录都是书籍。

有了文字以后，人们就可以把自己的经验、思想、感情、希望以及对周围事物的观察、理解等一切需要彼此交流、互相传达的东西用文字记录下来，这样，就产生了各式各样的文字记录。按照汉字"书"的原义来说，这一切文字记录的都可以叫作"书"。这是"书籍"一词最早的也是最广泛的含义。

但是，在历史发展的过程中，关于书籍的概念是一直在变化着的。在我们现代生活中，并不把一切文字记录都叫作"书"。例如文书档案、信件、契约、册籍、文告等，一般不算作书。现代所谓书籍，其含义是比较狭窄的。

远古的人们用文字记载他们的经验、知识，首先是为了帮助记忆，避免遗忘，以供处理实际事务时参考。所以，最古的文字记载，其内容都是记事性质的。如后面所要说到的甲骨卜辞、青铜器铭文以及最早的典册，都属于这一类。就其作用来说，它们主要是供工作时检查参考，其实质相当于后世所说的档案。但是不久以后，人们认识到这些记录下来的材料可以用来作为教育后一代的材料，这样，记载当时事务的记录就变成了传布经验、传授知识的工具。随后又出现了专门传授知识、供人阅读的著作。这就使"书籍"一词取得了较新而又窄的意义。到了后来，凡是不以传布经验、传授知识、供人阅读为目的的文字记录就不算书籍了。

随着社会的发展，人们日益有意识地运用文字来作为宣扬思想、传授知识、影响同时代的人并教育后代的手段，与此同时，也就逐步形成了一套书籍制度。而处理实际事务所需要的文件又另外形成了一套文书制度，于是书籍和文书档案就成为两种不同的文字记录。但是，文书档案以及册籍、簿记、信件、契约等，如果经过整理、选择、编排而作为认识一个时期的历史状况的资料，它们仍然被认为是书籍。

书籍还必须具有一定的物质形态，文字必须附在某种物体上。远古的人，差不多在一切可以刻画或书写的物体上刻画或书写文字。龟甲、兽骨、陶器、青铜器、石头、木板、竹片等，都用来作为文字书写的材料。后来逐渐集中于竹木，继之缣帛，最后才发明了纸，纸就逐渐成了书写文字的唯一材料。这就形成了一种书籍必须是纸制成的观念。作为书写之用的材料，又必须具有一定的形式，例如，竹木必须制成简策，纸必须制成卷轴或册叶。契约、文书、布告等不是书籍的原因之一就在于此，在印刷术发明以后，又逐渐形成了一种书籍是印刷品的观念。在许多人的心目中，不经过印刷出版的，就不算书。

由此可见，书籍的含义，在不同的社会历史时期是有不同的具体内容的。要了解书籍发展的历史，必须了解各个历史时期的所谓书籍究竟是什么东西。

至此，可以给书籍下这样一个定义：书籍是人们为了传布知识，有意识地用文字写在或印在一定形式和制度的材料之上的著作物。书籍和档案共同起源于文字记录，而档案和文字记录并非书籍。这一分化过程是在历史发展中逐步形成的。

第三节　书籍发展的几个阶段

我国书籍的发展，基本上可以分为五个大的阶段（见附表1）。

第一阶段是从商（殷）到春秋末年。这是我国书籍的产生时期。在社会发展史上，它是我国的奴隶制时代。那时，书籍和档案还没有区别。当时所谓书籍，其实质乃是后世所说的档案。书籍材料也还没有固定。许多不同性质的材料，如甲骨、青铜器、石头、竹简、木条等，都用来作为书写的材料，因而也就没有一定的书籍制度。但在这个时期的末叶，开始出现以传播知识、教育后人为目的的著作物。这样，书籍和档案逐渐分离。

第二阶段是从战国到东汉末年。这是我国书籍开始发展的时期。在社会发展史上，它是我国封建社会的初期。在这一时期内许多门类的著作物相继产生，书籍已经走上独立发展的道路。竹木制的简策成为书籍的主要制度。与此同时，在战国时代出现了帛书，在后汉时代出现了纸书。但简策一直居于主要地位，因此可以称为书史上的简策时期。

第三阶段是从三国到唐末。这相当于我国封建社会的中期。这是纸写本盛行的时代。纸书逐步代替了简策和帛书，到隋唐而达到极盛时期。这时纸书的形式是卷轴，它的生产方法是抄写。但在这个时期的末叶，印刷术已经发明，书籍的生产方法发生了彻底的变化，而书籍的形态也由卷轴开始向册叶过渡，但总的说来，这个时期可以称为卷轴时期。

第四个阶段是从五代到清代的中英鸦片战争（公元1840年）爆发。这是我国封建社会的后期。它是我国书史上最重要的一个阶段。从五代起，我国书籍进入印本时代。印刷术成为书籍生产的主要方法，并且有了辉煌的发展。书籍的形式已定型为册叶，并且经过几度发展而达到线装的形式。封建社会所创造的主要典籍，也因为有了印本而得到较广泛的传布。只是，在这整个时期里，印刷术还都用手工业生产，因而可以称为手工业印刷时期。这是印本书籍的第一时期。

第五阶段是从公元1840年的鸦片战争直到中华人民共和国成立。这是我国历史上半殖民地半封建时期，也就是我国新民主主义革命逐步发展达到完全胜利的时期。在这个时期里，印刷术虽然还是书籍的主要生产方法，但手工业印刷术已逐步为机械化印刷术所代替。册叶制度虽然还保持着，但书籍形式已由线装变成平装和精装。更重要的是从书籍这一范畴中，逐步分化出了杂志和报纸，使书籍这一概念又发生了一次重大的变化。在书籍史上，它可以称为机械化印刷术时期，也是印本书籍的第二个时期。

中华人民共和国的建立，标志着我国历史的根本转变。在中国共产党和人民政府的领导和关怀下，我国书籍有了进一步的发展。著作物的类型更加丰实了；书籍的数量和它在人民中间普及的程度都远远超过了以前的任何时期。书籍制度虽然基本上还沿袭上一阶段的形式，但已出现许多新的迹象。例如，横排书籍的通行，各种新印刷术的采用，微缩图书（它是摄在影片胶卷或胶片上的图书，或称显微图书）和录音的应用，等等，都标志着书籍的发展已开始进入一个新的阶段。

第四节　现代出版物的特征和类型

一、现代出版物的特征

1. 数量大，增长快。据估计，20世纪60年代，全世界出版的图书约有25万种，期刊2万种。70年代初，图书增至50万种以上，期刊增至5万种。预计今后的增长速度还要快。

2. 形式多样。主要是印刷形式的图书和非印刷形式的资料。

3. 时间性强。这是从时间、速度、内容、效果几方面说的，尤其明显地反映在科技期刊上。至于缩微资料、视听资料、机读资料等的时效性强的特点则更为明显。

4. 内容重复交叉。现代文献资料反映的内容极其广泛、丰实，彼此重复交叉的现象很严重。同一刊物刊载许多学科的论著，同一出版物由一种类型向另一种类型转换，一书多版，旧书改版，互相翻译，同一种论著在不同刊物发表，在不同时间和地点出版等现象常常出现，给文献资料的整理、检索和利用带来了新问题。

5. 其他特征。文种多、新陈代谢频繁。

二、出版物的类型（见附表2）

（一）按性质划分

1. 指导性文件。包括党和政府的决议、指示、报告、法令等。
2. 科学著作。涉及社会科学、自然科学和应用科学各个领域。
3. 通俗读物。是指普及科学技术、文化教育、文学艺术等知识的出版物。
4. 教材。按照学科体系的要求，结合学生的知识水平编写的各门学科的教学书。
5. 工具书。主要指参考工具书，也包括检索工具。
6. 特种文献资料。

（1）科技报告。包括技术备忘录、札记、技术报告书等。

（2）政府出版物。包括行政性文件（如法令、条约、统计资料等）和科技文献（如研究报告、技术政策等）两大类。

（3）会议文献。指各国与国际性学术会议文献，大多是在会议上宣读的论文、报告汇编。

（4）专利文献。主要是指专利说明书。

（5）技术标准。主要是对工农业、产品、工程建设质量规格以及检验方法等所做的技术规定。

（6）学位论文。是国外高等学校本科生、研究生为了获得学位而撰写的论文，一般不出版，但可供应复制品（新中国成立前有过学位论文，现在亦已决定恢复学位论文）。

（7）产品样本。又称产品说明书，是对定型产品的性能、构造、原理、用途、使用方法及产品规格所做的说明。

（二）按形式划分

1. 印刷型。包括雕版印刷、铅印、油印、石印、胶印等。

（1）书籍。一般有封面、书名、正文，并装订成册。

（2）小册子。小册子区别于图书的特征，主要是装帧简单、出版及时、现实性强、宣传效果大，一般在49页以下。

（3）期刊。也称杂志，具有固定名称、采用统一形式连续刊行的出版物。它的内容是围绕某些学科或某一研究对象而由许多短篇文章编辑而成。期刊出版周期短、速度快、内容新颖，及时反映最新知识和最新研究成果，对科学研究工作有重要的参考价值。

（4）报纸。多为日报、周报，又可分为全国性的、地区性的、综合性的和专门性的报纸。

（5）其他。如地图、图片、乐谱等。

2．缩微型。缩小程度不同，它能将文献缩小几十倍、几百倍，可以节约书库95%的面积。缩微型便于保存、转移，适用于自动化检索，但必须借助阅读机才能阅读，不如印刷品那样简单方便。

（1）缩微胶片。使用的感光胶片有不同的规格，有105毫米、75毫米和16毫米等几种。目前适用的尺寸为105毫米×148毫米。

（2）缩微胶卷是用成卷的胶片连续拍摄而成的，一般有30米或50米不等。

（3）缩微卡片一般是7.5厘米×12.5厘米。它的规格是3×5、4×6、5×8、9×6寸等。缩微卡片缩小的比例为24∶1，每张可缩微98页。

3．机读型指电子计算机可以阅读的资料。

（1）磁带。目前，国产磁带记录密度为每毫米20～30个二进制信息，磁带宽为半寸和1寸，磁带道数为9道和16道，长度为800～1000米，厚度为50和37微米两种。

（2）磁盘。磁盘只有1寸的10%～20%厚，磁盘的直径为7～8寸，磁盘外面采用10～14寸直径的盘片，盘片有单片、6片和12片不等。也有把盘片装在一个匣子里，称为单片或磁盘。

4．视听资料。包括唱片、录音带、录像带、幻灯片、科技电影片等。

三、图书馆藏书类型

1．根据藏书内容，图书馆藏书可以分为综合性藏书和专门性藏书两大类。

2．根据图书流通的范围，图书馆藏书可以分为广泛流通的图书、限制流通的图书及内部资料等三部分。

3．根据馆藏书分布情况，图书馆藏书可以分为总馆藏书和分馆藏书；根据藏书组织情况，可以分为基本藏书、辅助藏书或专门藏书（特藏）；根据藏书的借阅方式，又可以分为开架藏书、半开架藏书及闭架藏书。

第二章　图书馆藏书建设的意义

第一节　图书馆的藏书和藏书建设

图书是以文字或图画记载下来的知识。图书的内容反映一定社会一定时期的生活和思想。我们要善于选择图书。

图书馆的基本建设工作，首先是对图书报刊资料的收集和积累。图书馆藏书是图书馆搜集来的和保管着的全部图书报刊以及其他文献资料的总和。

藏书建设，就是图书馆根据自己的方针任务和服务对象的实际需要，按照一定的原则，有目的、有计划地建立有助于本馆方针任务的完成，有助于读者需要的满足以及图书馆所必需的最低限度的藏书建设工作。它的基本内容包括：

1. 图书馆根据自己的性质、任务、服务对象、发展方向和其他特点，确定本馆的藏书建设原则、范围、重点和采购标准，并结合需要和可能制订藏书建设计划。

2. 根据制订的计划，通过征集、采购、交换、调拨、接收、寄存、抄录、复制等方式，以选择和获得必要的书刊资料。

3. 根据本地区经济与文化发展的情况、科研工作规划和各馆的具体需要，进行藏书建设上的分工协调。

4. 为了保证藏书的质量，图书馆在建设藏书的过程中，一方面要根据需要与可能，不断地补充馆藏；另一方面要及时地对馆藏进行检查和整顿，剔除陈旧过时和没有保存价值的图书。

高等学校图书馆藏书建设应根据本校教学和科研的实际需要及馆藏基础，有计划、有重点地补充书刊资料，逐步形成具有本校专业特色的藏书体系，要注意保持重要书刊的完整性和连续性。

采购图书应以教学、科研用书为主，兼顾课外读物的需要。

要注意合理使用经费，贯彻节约原则。

第二节 藏书建设的作用

藏书建设工作，一方面是图书馆的主要物质基础；另一方面也要看到它在与其他业务工作的关系中所起的作用。

1. 藏书建设与读者的关系。图书馆的所有藏书都是用来为读者服务的。图书馆缺乏符合本馆任务和读者需要的图书，读者工作就没有必要的物质保证。

2. 藏书建设与目录工作的关系。图书馆目录是揭示馆藏、宣传图书、辅导阅读的重要工具。藏书质量的好坏直接影响到目录的质量和效果。

3. 藏书建设与藏书组织的关系。准确地登录藏书、合理地划分藏书、正确地排列藏书和妥善地保护藏书等一系列藏书组织和藏书保护工作，是藏书建设的继续，其目的在于便利读者利用图书，并使工作人员容易熟悉和管理图书，以充分发挥馆藏作用。

第三节 藏书建设的发展

新中国成立后，由于党和政府的关怀与支持，我国图书馆的藏书建设有了很大的发展。首先，各类图书馆的藏书有了巨大的增长。其次，图书馆的藏书质量逐步提高。最后，藏书建设业务本身也得到一定的发展。

32年来，我国图书馆藏书建设大体上经历了这样几个阶段：

新中国成立初期的整顿和改造阶段。从1949—1952年，图书馆藏书建设的重点，在于扭转方向、明确方针、提高藏书的政治质量和大力配合当时的各项政治运动和社会改革。

国民经济经过三年恢复之后，从 1953 年起，进入社会主义建设第一个五年计划时期。为了适应经济建设和文化事业的发展，图书馆藏书建设工作也得到加强。1956 年，党中央、周总理对图书资料工作都做过重要指示。全国图书馆工作会议和高等学校图书馆工作会议相继召开，我国各系统图书馆都加强了书刊资料的收集工作，并建立了图书协调工作和国际交换图书工作。

在此期间，形势的发展是很好的。后来，由于"左"的倾向的干扰和经济困难的影响，图书馆事业受到了一些阻滞，但总的说来，"文化大革命"前的 17 年，我国图书馆事业的发展还是健康的。

"文化大革命" 10 年中，图书馆和整个文化教育事业一样遭到了严重摧残，长期积累的书刊资料被中断订购，造成了十分严重的恶果。

粉碎"四人帮"以后，党的十一届三中全会确定全党的工作重心转移以来，文化教育和科研事业受到重视，图书馆藏书建设也进入一个新时期。

第三章 图书馆藏书建设的原则

第一节 目的性原则

图书馆有目的地收藏图书资料，应考虑图书馆的方针任务、服务对象、图书馆的性质和地方特点四个方面的因素。

第二节 系统性原则

要处理好重点藏书与一般藏书的关系、数量与质量的关系、品种与复本的关系。

第三节 分工协调原则

藏书的分工协调，要树立全局观点，克服各自为政、贪多求全的本位主义思想。在全国和地区范围内，实现馆际统筹规划、明确分工、合理入藏的布置，对图书资源进行合理分配和共同利用，充分发挥各馆藏书的效能，从而更好地满足读者的需要。各地图书馆界的协作、协调机构，通过周密细致的调查研究，总结经验和统筹安排，应制订出全国的或地区的切实可行的藏书协调方案，克服那种盲目采购以及平行重复的严重浪费现象。为了保证图书资源的共同利用，还要采取各种有效措施，建立全国的、地区的以及各系统的查目中心，编制新书通报与联合目录，开展图书交换调拨和复制等工作。

贯彻藏书分工协调原则，必须解决认识上、组织上和具体措施上的一系列问题。

第四节 藏收剔旧原则

补充新书和剔除旧书，是藏书建设的两个方面。

随着形势的发展时间的推移，图书馆藏书中必然会出现一些陈旧过时、复本过多、流通率很低以及破旧不堪的书刊。

藏书剔旧包括审查图书、剔除图书和处理图书几个环节。审查图书要慎重，应根据党的方针政策、图书馆的任务和读者的利用情况，结合图书的使用价值进行。不能以出版时间划线，而应以实践效果来检验。在具体审查藏书时，对不同性质、不同学科的图书应有不同的要求，分别做妥善的处理，或剔除，或提存，或调拨交换，或限定阅读范围，或报废。

第五节　藏书建设的调查研究

1. 馆藏的研究。为了有的放矢地补充藏书，必须经常有重点地检查研究馆藏情况，摸清家底。
2. 读者需要的调查。藏书建设是以读者需要为出发点，以读者利用为直接目的的。
3. 书源的调查。必须对图书的来源做充分的调查研究，随时掌握出版发行情况。

国外许多出版发行机构具有一定的垄断性、商业性和竞争性，出版发行情况五花八门，要准确地掌握它们的出版发行情况是一件复杂而又细致的工作，需要与有关单位加强联系，广泛接触，深入调查研究。

4. 熟悉图书。了解熟悉图书，是采购人员不可缺少的知识，也是提高藏书建设质量的重要因素。一般识别图书的基本方法是浏览和重点阅读相结合，浏览是通过对书名、作者、目次、序跋、内容提要和出版记录等项的审阅，从而初步了解这本书的粗略轮廓。必要时，还要研究正文的结论或主要章节，并借助图书评介以至请教专家。

第四章　图书馆藏书建设的业务组织

第一节　藏书建设的计划

藏书建设计划是各馆根据方针任务、藏书建设原则和范围制订的。计划要求做到：保证配合中心任务及时补充所需图书；保证有系统、有重点、有步骤地建设藏书；保证勤俭办馆方针的贯彻。

计划可分为统一的总计划和部分的专门计划。总计划又可分为长时期的三年、五年计划和短期的一年一学期等计划。专门计划的主要类型有专题图书补充计划、旧书刊补充计划、特藏图书补充计划、整顿藏书计划等。

制订藏书计划应依据党和政府提出的各项任务，本地区的政治、经济文化建设任务，研究分析过去藏书计划的执行状况并加以改进，遵照本地区中心图书馆委员会制订的图书采购协调方案，进行适当的分工。

要对藏书建设计划执行情况做定期的检查。

第二节　藏书建设的工作组织及其方式方法

图书馆藏书建设工作组织，主要是采购部门的劳动组织。

采购工作的劳动组织，各类图书馆应按其性质、特点、任务、规模、条件及干部情况诸因素合理地组织起来。目前多采用二级制，规模大的馆采用三级制。

采访工作倾向于专业化、协作化，具有相对的稳定性和灵活性。

藏书补充的方式：

1. 购入方式。包括预订、选购、邮购和复制等。
2. 非购入方式。包括呈缴、接收与调拨、征集与交换、捐赠与寄存等。

第三节　藏书建设的技术措施

这是指补充藏书的手续纪录方法等，大致分为三个阶段。

1. 准备工作阶段，包括选书和审查工作；
2. 正式工作阶段，包括发预订单、征求信或交换信；
3. 检查工作阶段，包括图书验收工作。

第四节　藏书建设的规章制度

图书馆藏书建设工作的规章制度，如"采访工作条例"等可以使工作人员在工作中有章可循。一般说来，图书馆藏书建设工作必要的规章制度，可以归纳如下：

1. 规定本馆藏书建设的方针任务，划清本部门各小组及工作人员的分工和职责；
2. 确定本馆的采购原则、范围和标准；
3. 制定本馆的采购方法和程序；
4. 制定出有关藏书建设调查研究制度和计划、图书经费的分配和使用制度、藏书的注销和藏书的整顿制度等。

第五节　图书的登录

一、藏书登录的作用

书刊资料进馆之后，应进行登记，这是确定藏书财产的依据。

同时，对于遗失、剔除、处理的书刊资料，也必须及时地进行注销。注销书刊同样要有一定的手续，使之有据可查。

二、藏书登录的种类

1. 总括登录。是根据每批收入藏书的验收凭据，或每批注销藏书的批准文件，分别将该批书的总册数、总价值，各类（文种）藏书的种数、册数等登在《图书馆藏书总括登记簿》上。（见附表3）

2. 个别登录。要将每本书的书名、著者、版本、出版年、书价、来源以及登记号码等逐项记入《图书登记簿》。（见附表4）

在大型图书馆，个别登录一般依文字区分。建立各种不同文字的图书登记簿，如中文、西文、俄文、日文、其他外文等；特种类型收藏资料还可以另设专簿登记，如善书本、线装书、科技特种、小册子、图片、拓片、地图、连环画等。

3. 报刊登录。一般均采用卡片形式登记，一年（卷）到齐后则分情况合订成册，然后按一般图书处理。

现将中山大学图书馆期刊采购及登记工作程序摘要叙述如下，以供参考。

（一）期刊采购

1. 国内出版的中文期刊，一般通过当地邮局订购。

2. 邮局或外文书店在每年征订中外文期刊时，均印有期刊目录，可按目录所列选订。

3. 在预订现期期刊时，除邮局规定只能分季度订购之外，应尽量订购全年的，以简化手续。

4. 期刊订购片的格式

中山大学图书馆杂志订购卡

刊名

出版处_____	每年订费_____ 总份数_____
订购处_____	起讫日期_____
刊 号_____ 刊期_____	起卷日期_____
	备 注_____

订阅单位	份 数	订单号	备 注

卡片7.5×12.5公分

5. 期刊一经订购，不论是中外文字的，都应做订购卡片，以便随时掌握订购情况。

（二）登记工作

1. 期刊在验收完毕后，即进行登记。为便利检查，一般均采用卡片形式，现将各种不同期刊的登记方式举例如下：

周刊、半月刊、月刊、季刊登记

（正面）

年份	卷	一月	二月	三月	四月	五月	六月	七月	八月	九月	十月	十一月	十二月	备注
1980	2	1 2 5	2	6 7	10 11 14	15 16								周刊
		3	4	8 9	12 13	17 18								

年份	卷	一月	二月	三月	四月	五月	六月	七月	八月	九月	十月	十一月	十二月	备注
1981	3	1	2	3	4	5	6	7	8					半月刊
1981	4	1		2		3		4						月刊

创刊年_____ 停刊年_____ 编辑处_____

刊　期_____

其　他_____ 出版处_____

年份	卷	一月	二月	三月	四月	五月	六月	七月	八月	九月	十月	十一月	十二月	备注
1979	2	1		2		3		4						双月刊
1980	3	1				2				3			4	季刊

创刊年_____ 停刊年_____ 编辑处_____

刊　期_____

其　他_____ 出版处_____

（背面）

年份	订阅处	订单号数	起讫卷期	订期册数	订费	订阅日期	刊号
				（年） （季）　　册			
				（年） （季）　　册			
				（年） （季）　　册			

年份	订阅处	订单号数	起讫卷期	订期册数	订费	订阅日期	刊号
				（年） （季）　　册			
				（年） （季）　　册			
				（年） （季）　　册			
				（年） （季）　　册			
				（年） （季）　　册			
				（年） （季）　　册			

日报登记例：

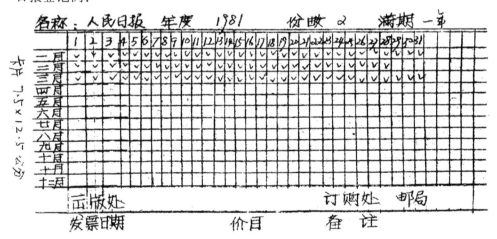

2. 期刊登记完毕后，在期刊封面及正文第一页加盖馆藏章。

3. 如果陈列在阅览室（根据登记卡上所做的记号），应先送阅览室，并将前一期下架入库（亦可视具体规定处理）。

4. 登记时，如发现有缺期，应向寄刊处催补。如有寄重寄错的期刊，也应及时退回原处。

三、藏书登录制度

图书馆对收集到的图书资料应经过选择，然后进行登记。

一个比较健全的登录制度要能保证藏书登录全面、周密、统一、准确而且简化。

全面，就是规定及时登记，不要积压。

周密，就是规定收书单据和注销凭证都要齐全，并合乎规定。

统一，就是规定装订单位、登录单位和出借单位相一致。

准确，就是规定登录项目记载要准确，不能随便涂改，个别登录号应固定，不能重号，也不能空号，不能错号，也不能顶号。

至于简化，则应视具体情况而定。

参考资料

刘国钧：《中国书史简编》，高等教育出版社1958年版。

刘国钧：《中国古代书籍史话》，中华书局1962年版。

高峰：《书籍知识》，《陕西图书馆》，1979年版。

北京大学图书馆、武汉大学图书馆系合编：《图书馆学基础》。

周文骏：《图书馆工作概要》，天津人民出版社1980年版。

《图书馆学纲要》，《江苏图书馆工作（增刊）》，1981年第4期。

《期刊资料工作》，《江苏图书馆工作（增刊）》，1981年第1期。

吴勋泽：《试谈高等学校图书馆藏书体制》，《图书馆学通讯》，1980年第1期。

辽宁大学图书馆采编部：《试谈综合大学图书馆藏书建设问题》，《中国图书馆学会第二次科学讨论会论文》，1979年第6期。

于湖滨：《试谈图书采购工作》，《图书馆工作》，1979年第6期。

赖奇才：《怎样熟悉图书》，《图书馆工作与研究》，1979年第3期。

于笑然：《谈藏书剔旧》，《吉林省图书馆学会会刊》，1979年第1期。

洪流：《试谈高等院校图书馆藏书建设问题》，中国图书馆学会第二次科学讨论会论文。

附表 1　中国书籍制度发展

书籍制度	书籍材料	书籍形态	主要传布方法	流行时期
简策（包括版牍）	竹、木	编册	抄刻	上古至公元前 4 世纪（殷至战国），而以公元前 5—2 世纪为最盛（春秋至东汉末）
卷轴	缣帛	卷、轴	抄写	公元前 4—5 世纪中（春秋至南北朝）
卷轴	纸	卷、轴、褾、带	抄写	公元 2—10 世纪（东汉初至宋初）
卷轴至册叶过渡时期	纸	经折装、旋风装	抄写及初期雕版印刷	八九世纪（晚唐时代）
册叶（双叶单面印）	纸	蝴蝶装（纸叶外折）	雕版印刷	公元 10—13 世纪初（五代至元初）
册叶（双叶单面印）	纸	包背装（纸叶内折）	雕版印刷	12—15 世纪（南宋至明中叶）
册叶（双叶单面印）	纸	线装（纸叶内折）	雕版印刷、木活字印刷	14 世纪至现在（明中叶）
册叶（单叶双面印）	纸	平装、精装	铅活字、铅版、石印、影印	公元 19 世纪后期（清后期）至现在

附表2 出版物类型

类别		分类		
书刊资料	报刊小册子	报纸		日刊、双日刊、三日刊、周刊、旬刊、半月刊、月刊
		期刊		双月刊、季刊、半年刊、年刊
		小册子（四十九页以下）		
	开本			八开、十六开、三十二开、六十四开
	装帧	册页		简策、卷轴装、经折装、旋风装、蝴蝶装、包背装、线装、平装、精装
	加工形式	非印刷型	手写本	稿本、抄本、过录本、批校本
			视听资料	视听资料、磁带资料、磁盘资料
		印刷型	雕版印刷	刊本、活字本
				胶印本、油印本、影印本、石印本、铅印本
			缩微型	缩微卷本、缩微胶片、缩微胶卷
	用途	普通性文件		科普导读、科学书刊、通俗读物、教科书、工具书、图谱、方志
		特种文献资料		科技报告、政府出版物、会议文献、专利文献、技术标准、产品样本、学位论文

刊本					
刻印单位	官刻本	经厂本、内府本、殿本、监本、局本、藩府本			
	私刻本	书院刻本、家族刻本、书院刻本、坊刻本			
刻印情况	精刻本、百衲本、×刻×印本				
刻印先后	影刻本、翻刻本、原刻本、递修本、仿宋刻本				
刻印时间	唐刻本、五代刻本、宋刻本、元刻本、明刻本、清刻本、民国刻本、三朝本				
刻印地点	浙刻本、蜀刻本、闽刻本、杭州本、徽州本、台州本、衢州本				
版框字体大小	大字本、小字本、中缝本				
印刷颜色	墨印本、蓝印本、朱墨本、套印本、三色本、四色本、五色本、六色本				
流传	普通本、孤本（珍善本）				
活字本	金属活字体	铜活字、锡活字、铁活字、铅活字			
	非金属活字本	木活字、泥活字、磁活字			

学科体系
马恩列斯毛主义、社会科学、自然科学、应用技术、综合

附表3 图书馆藏书总括登记簿

年月日	总登记号	来源	单据号	总数		总值	累计	中文		日文		西文		俄文		其他外文		图片		与图		备注
				种	册			种	金额	种	金额	种	金额	种	金额	种	金额	种	套	金额	种	张	金额	

附表 4　图书登记簿

年 月 日		登记号码	册数	分配单位	书名	著者或译者	出版处	出版期次	装订	开本／页数	来源	单价	发票号	备注

读者工作[*]

第一章 读者工作概述

一、什么是读者工作

图书馆工作大体可以分为两个具体基本方面：①收集和整理；②管理和利用。采购、交换、征集、登记、分类、编目等工作，属于搜集和整理方面，这是图书馆完成其基本任务的物质基础和必要条件；典藏、流通、阅览、参考、咨询、复制等工作，属于管理和利用方面，这是图书馆完成其基本任务的手段和方法。所谓读者工作，就是图书馆围绕满足读者在使用图书馆过程中的各种要求，而进行的各项直接接触读者和与此密切相关的工作，一般也就是指上述管理和利用方面的各项工作，它是图书馆工作中不可缺少的重要部分。

读者工作是根据图书馆工作的方针任务，通过书刊资料的流通、宣传、阅读辅导、参考咨询、文献检索等工作，使馆藏书刊资料在人民群众中发挥其积极作用，从而向广大读者进行社会主义、共产主义思想教育，传播科学文化知识，促进社会生产的发展、科学技术的进步，而有助于党和国家的中心任务的胜利完成和社会主义建设事业的不断发展。

读者工作具有强烈的思想性和鲜明的阶级性，在书刊资料的宣传和流通中，在帮助读者查找资料和辅导读者阅读时，都必须体现它的高度的思想性和无产阶级的阶级性。它是党的宣传教育工作的一部分，它必须宣传马克思列宁主义，必须坚持用社会主义、共产主义思想去教育读者。它的思想性和阶级性是贯穿我们全部读者工作的一条红线，这是我们图书馆工作者进行读者工作时的指导思想。当前来说，我们的读者工作必须坚持党的四项基本原则，全心全意地为人民服务，为提高全民族的科学文化水平服务，为社会主义事业服务，为实现四个现代化服务。

读者工作的好坏，直接影响着馆藏书刊资料在读者中的利用程度，它反映了一个图书馆满足读者需要的程度和为生产、科学技术的发展以及提高人民群众科学文化水平所起的作用。因此，读者工作是图书馆工作中的一个重要环节。

正因为读者工作是要为提高全民族的科学文化水平服务，要为社会主义事业服务，要为实现四个现代化服务，所以，我们必须把世界上最新的社会科学和自然科学的理论、动向和先进的科学技术成就介绍给读者，以影响读者，武装读者的头脑。这就要求我们必须不断地提高自己的业务技术水平，扩大知识面，关注国内外各学科门类和科学技术的发展动态，掌握科学技术情报，以现代化科学管理的手段开展我们的工作，这就充分地说明了读者工作是科学性很强的工作。

---

[*] 本篇作为教材使用，写于1982年2月。

同时，读者工作是面向读者、直接接触读者的工作，读者是我们服务的对象，我们是为读者服务的，因此又是服务性很强的工作。

这样，读者工作的思想性、阶级性、科学性、服务性紧密地统一在一个整体里面，互相渗透，互相依存，不可分割。而它的政治思想性和无产阶级的阶级性贯穿在整个读者工作之中。

二、读者工作的作用

（一）读者工作是贯彻执行图书馆方针任务的重要手段

党为图书馆事业提出的基本方针是：图书馆为无产阶级政治服务，为工农兵服务，为社会主义事业服务。它的基本任务是：宣传马克思列宁主义、毛泽东思想，向广大人民群众进行社会主义、共产主义思想教育；宣传党和国家的路线、方针、政策，为党和国家各个时期的中心任务服务；配合国民经济发展，为工农业生产和科学研究提供书刊资料；配合文化教育工作，提高人民群众的科学技术、文化水平服务。在现阶段要为建设现代化工业、现代化农业、现代化科学技术和现代化国防的社会主义强国而提供书刊资料、书目索引。

图书馆方针任务的实现，有赖于各个部门的共同努力。但由于读者工作是面向读者，直接接触和直接服务于读者的工作，因此，它对贯彻执行图书馆的方针任务比其他工作部门更为直接，更能体现图书馆的办馆方针和工作质量。读者工作可以采用灵活多样的宣传方式，利用丰富的馆藏书刊资料，配合党和国家的中心任务，及时而有效地向人民群众宣传马克思列宁主义、毛泽东思想，宣传党和国家的路线、方针、政策，推荐有关图书资料，达到向广大人民群众进行社会主义、共产主义思想教育，促进党和国家中心任务完成的目的。读者工作也可针对不同读者的阅读需要，分别采取群众性的宣传辅导方式或个别辅导阅读的方式，向读者推荐好书，辅导阅读，使图书在读者中产生积极的作用，有助于他们思想觉悟和文化科学水平的提高。通过读者工作，还可从深入实际，调查研究我国经济建设、工农业生产、文教卫生事业和科学研究各项任务对书刊资料的需要情况，有的放矢地提供各种科学技术书刊资料，促进生产、建设和科学研究工作的开展。这些工作都是实现图书馆方针任务的重要手段。只有做好读者工作，才能有效地发挥馆藏书刊资料的作用，才能完满地贯彻图书馆的方针任务，图书馆工作的好坏，图书馆能否充分发挥社会主义文化教育的作用，在很大程度上取决于读者工作的开展情况。

（二）读者工作是图书馆联系读者的桥梁，是藏书与读者的媒介

我们应当把丰富的馆藏书刊资料供给最需要的读者，使馆藏书刊得到充分利用；同时，我们拥有广大的读者，他们需要的书刊资料各不相同，他们都希望尽快地得到自己所需要的书刊，来解决他们所要解决的问题，这就要求我们"为人找书，为书找人"，这就需要通过读者工作起桥梁作用、媒介作用。读者工作的作用在于：解决读者的需要的多样性与馆藏书刊的复杂性之间的矛盾；解决读者分散使用图书与图书馆集中收藏图书之间的矛盾。总之，一句话，就是解决图书馆与读者之间的供与求的矛盾。这就需要通过我们紧密地联系读者，了解读者的阅读情况，根据读者的需要，采用各种各样的服务读者的方式，从丰富的馆藏图书中，为读者查找和推荐图书资料。帮助读者找到他们

最需要的图书，把图书送给最需要的读者，千方百计地满足读者需要，充分发挥馆藏书刊资料的作用。

（三）读者工作可以检查和促进图书馆其他各部门工作

图书馆的一切工作是为读者服务的工作。但就各项工作的性质和具体任务来区分，藏书的补充和登录，图书的分类和编目，书刊的典藏与保管，这一切工作都是为了读者使用图书而做的准备工作。而图书的外借、阅览、宣传、辅导和参考咨询等工作，则是直接面对读者的工作，这就是我们所指的读者工作。读者工作的开展，是以图书馆其他部门的复杂而艰巨的准备工作为基础的，如图书的分类、目录的编制、藏书的组织等；但读者工作的开展，又反过来促进图书馆其他部门工作质量的改进和提高。因为读者工作直接面向读者，图书馆其他部门的一切工作都要通过读者工作才能与读者直接发生关系，并付诸应用。这些部门工作的质量如何，是否便利读者，是否是利于读者工作的开展，有什么缺点和问题，等等，都必须在读者工作的实践中得到检验。然后把应用的效果、读者的意见反映给有关部门，使之有效地促进这些部门工作的改进与提高。

图书馆其他部门工作的好坏，也影响着读者工作的开展。如采购图书不切合读者的需要或数量不能满足读者的要求，则图书的拒借率就会增加；图书目录编制、组织得不好，不能充分地展现和推荐图书，就会影响读者对藏书充分利用。所以，读者工作是在图书馆其他工作基础上开展起来的，反过来又可以检查和促进其他部门的工作。它与其他部门的工作是紧密联系、互相配合、互相支持的。

由此可见，读者工作在图书馆工作中具有极为重要的地位，它是图书馆工作中的重要环节。读者工作的好坏，直接影响着服务读者的质量，直接关系着图书馆方针任务的完成。所以，任何轻视和忽视读者工作的思想都是错误的。我们应抓紧这个环节，积极地开展读者工作。这样，不但可以加强和提高为读者服务的质量，而且可以带动图书馆其他部门的工作一同前进，使整个图书馆工作不断地得到发展和提高。

三、读者工作的基本内容

读者工作的基本内容，一是调查研究，了解读者对图书资料的需要；二是根据读者的阅读需要，通过一定的方式方法，充分发挥图书馆藏书的作用，千方百计地为读者服务。具体说来，内容如下。

（一）调查研究

读者工作的调查研究必须掌握两方面的基本情况：一是调查研究读者的阅读需要，包括所有的读者，某些读者，以及某一个别读者的阅读倾向、阅读特点和对图书的需要情况；一是调查研究本馆的藏书、设备、人力等条件，以及本地区各类型图书馆的分布情况、藏书特点、设备条件、外借阅览制度。只有充分地掌握图书馆的主观条件和客观需要的情况，才能发挥工作人员的主观能动性，充分满足读者的需要，做好服务读者的工作。

（二）藏书管理

为了更好地发挥藏书的作用，对于馆藏书刊资料，必须根据不同的类型、内容和使用价值进行合理组织、科学排列、认真保护和定期清查，并注意新陈代谢，去旧更新。

（三）图书流通

根据不同读者的不同需要，通过借书处、阅览室、馆外流通等方式，一方面广泛地吸引读者来馆借阅图书，另一方面走出馆外，主动地把图书资料送到读者手中，积极地向读者推荐和提供图书资料，千方百计地满足读者的需要。通过图书流通工作，使读者找到最需要的图书，把图书送到最需要的读者手里，充分发挥图书馆藏书的作用。

（四）宣传图书和辅导读者

图书馆不仅要满足读者对图书的要求，扩大图书流通量，而且还要关心他们的阅读内容和阅读效率。也就是说，要使读者多读书、读好书、有目的地读书。

宣传辅导是指根据党的十一届三中全会以来全党工作重点转移到社会主义现代化建设上来和党的四项基本原则，紧密配合四个现代化建设及党和国家在各个时期的宣传重点，进行群众性的图书宣传活动或对个别予以辅导方式。以图书资料为武器，积极地宣传党的路线、方针、政策，宣传马克思列宁主义、毛泽东思想，向读者进行社会主义、共产主义教育，宣传推荐最新图书资料，展示馆藏，提供使用；同时，要根据不同读者的需要，有目的地提供和推荐各学科的优秀图书，引导读者有计划、有目的地阅读图书，辅导读者正确地理解图书内容，使读者阅读图书后能产生积极效果。

宣传辅导工作还应广泛地宣传图书馆的各项规章制度，向读者介绍图书馆的各种目录、书目、索引、工具书的使用方法，以吸引更多读者利用图书馆的藏书。

（五）参考咨询

参考咨询工作是指针对当前的国内外形势、党和国家的中心任务、国民经济建设、工农业生产发展和科学研究对图书资料的需要，利用书目索引及其他工具书，广泛地、及时地、精确地提供图书资料，帮助读者解答在利用图书资料上以及生产、科学研究工作中的疑难问题。它能够深入细致、精确地满足读者对于图书资料的需要，是为读者服务的重要手段之一。

以上是读者工作内容的五个方面。它们各起着不同的作用，完成不同的任务。它们之间互相关系、互相影响。调查研究读者的阅读需要、管理好藏书是做好读者工作的依据和先决条件。只有做好调查研究和管好藏书，才能有目的地开展读者服务工作。各种服务读者的方式，在实际运用中是互相配合、紧密联系的，一方面要在图书流通的过程中进行宣传图书、辅导阅读工作；另一方面又要通过宣传辅导工作积极推荐图书，促进和扩大图书的广泛流通。

四、做好读者服务工作应具备的条件

读者工作绝不是机械的技术工作，而是一项具有高度思想性和战斗性的宣传教育工作；是一种充满生动内容的，目的在于提高读者的科学文化水平、政治思想水平和生产技能的工作。做好读者服务工作是光荣而又艰巨的任务，不是任何人都可以胜任的，更不是任何人都可以做好的。一般地说，流通阅览典藏部门做好读者服务工作，应该具备以下基本条件。

（一）要有服务观

读者服务工作的一个最基本的特点是其服务性。搞好读者服务工作，必须具备服务观，要有兢兢业业、全心全意为读者服务的思想。过去，在一些社会舆论中，甚至在我们少数图书馆工作人员的思想上，存在着"读者服务工作低人一等"等不正确的认识，我们必须加以纠正。实践证明："承认"全心全意为读者服务是容易的，做到是不容易的。必须指出，只有真正地承认和具体了解这种思想，甘当无名英雄的角色，才能正确认识工作的意义，产生工作的主动性，才能有对待读者主动、热情、诚恳、耐心的态度，才能想读者之所想，急读者之所急，尽自己的最大努力，千方百计地满足读者的需要。即使读者的要求不合理，也能做到：坚持原则，态度和好，宣传到家，方法灵活。如果不能做到这些，就做不好读者服务工作。这是首要的一条。

（二）要有全面的图书资料业务知识和熟练的基本技能

要做好读者服务工作，仅仅有服务观是远远不够的，还必须具有服务的本领。其中，首先要有较全面的图书资料业务知识，多方面掌握本馆的业务情况，熟练地掌握基本技能。例如，不熟悉馆藏，就不能熟练和完满地为读者提供书刊资料；不了解分类编目和目录体系，就不能很好地辅导读者使用目录，进行检索；等等。另外，就借阅本身而言，各种书卡、书条、借书记录等的作用和藏书组织的方法等，都涉及图书馆学多方面的知识，不具备这些知识，就不能进行借阅、提取、排架等各项基本工作。

（三）要有一定的科学文化和外语、古汉语知识

较大的图书馆的藏书，一般都属于多学科、专业性的，而且有不少外文和古汉语书籍，真是古今中外都有。读者服务工作人员虽然不是直接从事教学、科研工作，但是要接触教学科研，了解其需要，除应掌握图书馆学的基础理论、基本知识和基本技能外，还必须具备一定的科学文化知识和外语、古汉语知识。没有这些基本水平的条件，是无法进行管理和向读者提供书刊资料的。至于担任参考咨询工作，水平应该更高一些，没有馆员以上的水平，是难以胜任的。担任流通阅览典藏工作，大抵也要具备真正高中毕业以上的文化水平。至于具有较广博的各种专业基本知识是进一步的要求，这对做好读者服务工作是一个极为有利的条件，但这一时还不易办到，应向这方面努力。

（四）要有健康的体魄

德、智、体全面发展，三者缺一不可，足见身体健康的重要性。

读者服务工作人员，借书处两脚不出门，日行数十里；书库排架整理，劳动强度大，需要能上能下，能屈能伸；至于处理借还书刊资料，更需要思想高度集中，手续不能错漏。凡此种种，没有健康的体魄，是不能胜任工作和完成任务的。

过去，我国图书馆界老前辈杜定友先生经常教导工作人员：务使来馆者乘兴而来，有求必应，满意而去，并且去而复来，永远是图书馆的朋友。今天用这几句话对照读者服务工作还是很有指导意义的。

第二章 读者工作中的调查研究

一、读者阅读需要的研究

要有效地做好读者工作，必须了解读者，研究不同读者对图书资料需要的特点，分析他们有哪些阅读规律。

(一) 影响读者阅读需要的因素

读者的阅读需要千差万别,影响读者阅读需要的因素很多,如社会政治因素、社会职业和社会活动因素,还有读者个人的兴趣爱好等。研究这些因素,分析读者阅读需要的一般规律和特点,是主动做好读者工作的重要前提。

1. 社会政治形势对读者阅读需要的影响。历史表明,读者所处的时代、各时期的政治形势和社会潮流是影响读者阅读需要的重要因素,这决定了一般读者在一个时期内阅读需要的总倾向。正反两方面的历史经验都证明了这一点。每个历史时代对读者的阅读都会产生截然不同的需要。在当前我国社会主义制度的时代,读者的需要是什么?其特殊性和特点是什么?一个历史时代总的发展趋势同另一个时代不同。同一个历史时代的不同发展阶段,有着不同的政治形势,不同的路线、方针、任务,产生不同的要求和阅读特点,并直接影响到我们的读者工作。

例如,新中国成立前国民党统治时代与中华人民共和国成立后的社会主义制度时代,读者阅读需要、读者阅读的总倾向是明显不相同的;而新中国成立后的各个不同发展阶段,读者的阅读需要和阅读总倾向也是不相同的。十年"文革"期间,许多优秀读物被禁锢,科学技术书籍读者不敢问津,图书馆濒于关闭停办状态,读者阅读范围被压缩到极小限度。粉碎"四人帮"后,党和国家工作的重点转移到社会主义现代化建设上来,读者的阅读范围随着政治形势的发展和"四化"建设的需要迅速扩大。近几年来,读者的学习读书热潮很高,借阅科学技术方面的图书和外语阅读材料的数量激增,这是一个可喜的现象。这就要求我们挖掘潜力,加强采购预订这方面的书刊,在流通工作上应加速图书的周转,满足读者的需要。

2. 社会职业与社会活动对读者需要的影响。具有共同的职业、相同的工种的读者的阅读需要具有许多共同点。而不同职业的差别明显。脑力劳动者和体力劳动者,科学工作者和工程技术人员,老师和学生,工人、农民和解放军战士,等等,由于从事不同的工作和学习,其阅读需要也就各不相同。

读者在本职工作之外,所担负的社会活动,不论是兼职的,还是业余的,都对阅读需要产生一定的影响。

3. 读者个人的兴趣爱好对阅读需要的影响。在读者群中,除一般共同特点外,由于读者个人兴趣爱好、政治思想水平、文化水平、年龄等的差别,使得他们对图书阅读的要求千差万别。这主要表现在业余文化生活中,有的爱好文学艺术,有的爱好科学技术,有的爱好体育运动,有的欣赏音乐、戏曲,等等。这些读者个人的兴趣爱好也反映了一个国家、一个民族的科学文化水平的某些方面,图书馆应该满足读者丰富多样的阅读需要。

这些影响读者阅读需要的因素,是调查分析读者阅读需要的重要内容,是读者工作中调查研究的主要方面之一。

(二) 各类型图书馆的读者阅读需要的特点

1. 公共图书馆。公共图书馆的读者对象、阅读需要以及对图书馆的利用的特点如下:

(1) 读者面广,阅读需要多样化。公共图书馆的读者,有着广泛的社会性和群众性，他们带着各种各样的要求和目的来利用图书馆的藏书。这些读者，社会职业、文化水平、兴趣爱好差异很大，阅读需要内容广泛、形式多样，水平程度参差不齐。图书馆对读者的这种多方面的需要应当统筹兼顾。

（2）借阅文艺书籍的比重大。公共图书馆的广大读者中，青年读者居多数。他们在工作、劳动、学习之余，除学习政治、科学文化之外，比较喜爱文艺书籍，尤其爱读中外名著，以扩大眼界，增长知识，丰富精神生活。这是因为文艺作品是一种生动的形象艺术载体，反映了广泛丰富的社会生活画面；引人入胜的故事情节富有强烈的吸引力和感染力，对读者能起到潜移默化的教育作用。文艺书籍的流通量大于其他各类书籍，这是公共图书馆普遍存在的正常现象。公共图书馆应重视对文艺书籍的宣传辅导，加速文艺书籍的流通和周转。

（3）两类读者利用图书馆藏书的不同特点。公共图书馆同时存在着两种不同的读者群：一类是大众性的读者，一类是科研性的读者。

大众性的读者数量多，成分复杂，一般是在业余时间利用图书馆的藏书。由于业余时间有限，因此，读者利用外借方式多于馆内阅览形式，借阅文艺书籍多于政治和业务书籍。

从事科研人员及借阅业务参考书籍的读者，利用图书馆则没有业余和工作时间之分。他们带着明确的目的，为了工作、学习、研究来查阅业务参考书籍资料。这些参考书籍资料，内容广、数量大，有些要借回去看，有些只需在馆内阅览参考，这部分读者中，许多是重点服务对象，图书馆在借阅制度和服务方式上，要重点给予保证。为满足他们的需要，外借上要给予一定的方便和照顾。在馆内阅览，则可开辟专门的参考阅览室和专题研究室。

2. 科学研究系统图书馆。科学研究系统图书馆的读者需要以及服务工作的特点是：

（1）科学研究系统图书馆，主要服务对象是科研人员，对象单一，使用图书馆目的性明确，他们的需要大部分都与本身担负的工作或研究任务有关。他们要求图书馆提供与其研究课题相关的各种资料，要求既广泛，又专深、具体、全面而系统。

科研的任务是在总结前人研究的基础上，从某一方面深入探索未知。要了解某个专题前人做过哪些研究，现在达到什么水平以及发展趋向，就需要掌握大量资料，避免走弯路或重复前人的劳动。

所谓全面系统，在内容上，包括不同观点、不同学派、不同技术规格的书刊资料；在时间上，包括历史上各个时期；在范围上，包括国内外；在类型上，包括一般的书刊、特种文献资料，以及各种缩微、视听资料等。

（2）科学研究系统图书馆读者工作的着重点应放在为科学研究服务上。要贯彻执行党对科学工作的方针政策，大力开展文献参考及情报服务，搞好科研项目的调查研究，积极主动地提供文献资料，保证重点科研项目的顺利进行。不仅要及时满足读者提出的咨询要求，而且要主动做好配合工作，利用文献索引，及时报道科研动态及情报资料，当好科研耳目。同时，对内部情报资料，在保管和使用上，既方便读者，又不失机密，严守有关保密制度。

3. 高等学校图书馆。高等学院图书馆的读者需要以及服务工作的特点是：

(1) 高等学校图书馆的服务对象主要是教师、学生和教学辅助人员，文化程度比较整齐，工作、学习有很多共同特点，有规律可循。

(2) 教学工作有计划、分阶段进行。读者的阅读需要针对性强、专业性强。在教学过程中，读者利用参考资料有明显的阶段性和计划性，如开学、上课、考试、放假，循环反复，每个阶段各有特点。学生对专业教学参考用书需要量大，使用时间集中；对参考工具书和外文书的需要比较广泛。

(3) 读者工作要保证教学、科研工作的需要，首先要做好教学参考书的收藏和供应分配。要以教师的教学和科研需要为重点，有区别地为教师、学生、研究生的不同需要服务。要全面兼顾师生对书刊资料多样化的要求，配合教学、科研单位以及各系资料室，按照学校工作的规律开展读者工作。

二、图书馆内部以及其他有关方面情况的调查研究

(一) 本馆藏书的调查

图书馆藏书是图书馆为读者服务的物质基础，调查读者阅读需要的目的是以相适应的图书来为读者提供服务。因此，必须了解馆藏图书的情况。

检查馆藏图书种类、数量和质量情况，分析藏书内容、藏书数量是否能满足读者目前和长远的需要，还需要采取什么措施，这是图书馆藏书调查的内容。这部分工作常与藏书建设工作结合起来进行。

在藏书调查中，专业图书馆对各种代表著作进行一番调查研究是完全必要的。在国外，专家们常将各种类型的图书馆必须收藏的图书期刊编印成"最低限度图书目录"或"标准目录"，供各馆采购图书时参考。我国虽没有这一类的"标准目录"，但每一个图书馆都应该对自己所服务的专业内各学科的代表著作有所了解，在采购时做到不漏，入藏时做到不缺，以满足本专业读者的基本需要。所谓各学科的代表著作，是指这个学科在长期的使用过程中为大家所公认的基本参考书。对每一学科领域的专家、权威应有所了解。借阅记录和各专业人员的意见对确定各学科的代表著作有一定的参考价值，但主要还是根据图书的内容，根据图书在学术上的地位，根据它们的可靠性和实用性。在确定各学科的代表著作时，同时要考虑到学科间的交叉和综合科学技术方面的图书与边缘学科著作。在调查各学科代表著作后，再查各学科领域的新书新著。最后确定各类图书品种是否齐全，数量上能否满足读者的阅读需要。这样，开展读者工作，就能心中有底，有针对性地为读者提供所需要的图书资料。反之，对馆藏情况一无所知，不知道应该向读者提供什么，主动服务就成了一句空话。

(二) 馆内各种服务手段、规章制度的调查

这方面的内容包括调查研究馆内的工作条件、设备，工作组织及工作方式方法，各项规章制度等是否适合读者需要，怎样才能更方便读者利用图书馆，等等。每年召开一次读者座谈会，听取意见，然后仔细研究，求得改进。

(三) 馆外有关方面的调查研究

任何一个图书馆，仅仅依靠本馆的馆藏书刊资料，想充分满足读者的阅读需要都是困难的，而馆际互借则是解决这个供求矛盾的可靠途径。为了有效地开展馆际借书，除对各种联合目录、兄弟馆的馆藏目录、新书通报收集齐全外，还要对协作馆、兄弟馆的

工作能力（如复印能力，阅读缩微资料、视听资料的设备条件，文献检索能力，等等）有所了解，以便充分借助图书馆网的协作，以最大限度地充分满足读者对书刊资料的需要。总之，与读者阅读需要有关的各方面材料，相关工作人员都应知道。

图书馆读者工作中的调查研究内容十分广泛，但在实际工作中，主要的、做得最多的是读者阅读需要方面的调查。因为了解读者、懂得读者的需要和爱好，是做好读者工作的关键。只有了解了读者的各种需要和爱好，掌握他们的阅读特点，才能决定读者工作的内容，采取适当的步骤和方法。而且，读者的阅读需要十分复杂，变化很大，只有充分并随时掌握这方面的情况，才能针对读者千差万别的需要，有的放矢地开展读者服务工作。专业图书馆的读者的阅读需要虽不如公共图书馆的读者变化大，但也要随时注意并了解本单位的教学、科研重点，注意掌握科学技术发展的动向、本门学科和其他各门学科的关系等，做到"大军未发，资料先行"。要做到这一点是不容易的，但建设四个现代化的实际需要要求我们做到这点。这就要求我们做读者工作的同志，不仅要懂得书，懂得人，还要懂得科技情报知识，懂得获得图书资料的各种手段，这样才能使我们的读者工作做到更加主动、更加积极。

三、调查研究的方法

图书馆读者工作的调查研究是社会调查的一部分。必须深入实际，深入群众，具体地分析图书馆各部门工作的状况，深入细致地分析读者阅读的需要和特点，集中群众的意见和经验。只有如此，才能很好地解决图书馆藏书和读者需要之间的矛盾，才能找到合乎实际的读者阅读规律和图书馆读者工作的特点、规律，用以指导实践。

（一）向有关领导机关进行调查研究

1. 向有关单位了解情况，分析需要。例如，公共图书馆可向地方党委、政府机关了解本地区某个时期的中心任务，工农业生产的布局、发展方向，群众的思想动态和反映，等等；向省市科委及有关生产企业领导部门了解本地区的科学研究和生产发展规划，当前科学研究项目及生产计划，等等；向本馆服务的工厂、企业等单位了解它们的生产、工作计划，生产的措施、方法、进度，当前生产的关键问题，生产人员、工作人员的需要、要求，等等，从而选择确定服务的重点，挑选提供有关图书资料。又如，高等学校或各专业部门图书馆，因服务对象集中在一个单位或一个部门，可经常通过行政领导或业务部门了解必要的情况，如教学计划、课程安排、科研计划、工作进度、当前教学的中心环节、科学的研究关键问题以及他们对图书资料的要求和意见，以便及时配备和提供必要的图书资料。

从党委机关、政府各部门及有关单位收集的材料，有时不一定是读者直接的阅读要求，但从那里调查的材料是确定读者阅读需要的重要参考资料。

2. 通过报刊文章、宣传品，了解党和国家的中心任务、整个形势的发展、读者的要求。

3. 为深入分析读者的阅读倾向，向有关组织了解或调查某一部分读者或个别读者的工作情况、思想情况等，以便综合分析读者的阅读需要。

（二）通过对日常工作的调查研究了解读者的阅读需要

图书馆通过宣传辅导、流通阅览、参考咨询等日常工作，经常有接触读者的机会。

我们可以利用这些机会和读者交谈，了解他们的要求、意见和反映，交谈读后的感想，收集阅读的效果，取得最直接、最现实的材料。这些工作一般都是在借还书或查找图书资料过程中进行的，所以，图书馆人员更能发挥自己的专业特长和技能，利用图书资料、书目索引等工具，向读者推荐图书，辅导读者阅读，使调查研究读者的工作与服务读者的工作结合起来进行。

（三）通过馆内各种记录和统计资料进行调查研究

馆内各种记录和统计资料是调查研究工作的成果，也是进行新的调查研究工作的重要依据。从图书馆的各种文字资料、统计数字中，我们可以分析图书馆书籍出借的增长情况，各类图书出借的比例，各类读者利用馆藏图书的比例，等等，从而可以了解读者的阅读兴趣、特点和规律，并进一步掌握为读者服务的规律。同时，也可以从个别读者的阅读记录资料（读者分户卡）中，从书袋卡上记载的图书出借记录中，了解到个别读者的特殊需要和要求，了解各种图书的出借情况，有区别地做好辅导工作和图书推荐工作。所以，各类型图书馆都应根据自己的工作需要与条件可能，建立必要的调查记录与日常工作的统计制度，使之经常化、系统化。不仅如此，还要定期分析各项记录和统计资料，根据这些资料提供的事实，去分析研究读者阅读的动态、趋向，以及图书流通的情况等，作为调查研究读者阅读需要的基础。有调查而无分析，调查研究便不能建立在科学的基础上。所以，我们决不能片面强调减少工作手续而放弃了必要的反映和研究读者阅读情况的资料积累，也不能因为工作忙而忽视了对现有材料的分析研究。图书馆工作不讲求科学性，是任何时候都应该反对的。

我国图书馆的各种记录和统计表格，没有统一的格式和固定的必备项目，一般说来，有如下一些最基本的内容：

1. 读者登记卡。通常包括读者登记表和读者阅读记录两个部分，读者登记表上面有读者姓名、性别、年龄、文化程度、职业、职务、兴趣爱好、居住场所等。以上内容不是所有图书馆的读者登记表都必须具备的，各类型图书馆可根据需要决定详略。

读者阅读记录是读者借阅图书的记录，记载读者向图书馆借阅图书的书号、书名、册次、借阅日期和归还日期等。通过这些记录，可以了解读者曾借过一些什么书、阅读时间和借阅次数，从而可以分析读者的阅读兴趣，他们正在研究什么问题、有什么阅读需要等。

2. 读者阅读情况调查表、读者意见表。这两种调查表是专门调查某一类读者对某种图书的需要情况和阅读情况，或专门征求改进图书馆工作的意见而发的专门调查表，是属于普查性质的，但也可作为重点调查方法。

3. 参考咨询档案。参考咨询档案一般是大型公共图书馆、科学专业图书馆或某些高等学校图书馆的参考咨询或辅导部门解答读者咨询问题及其效果的记载。其内容包括咨询题目、咨询个人的情况、咨询问题的来源、所提供的书刊资料、查找有关资料的科学方法和解答咨询的效果等。

4. 图书馆工作日记。图书馆工作日记是工作人员记载与读者接触过程中发现的读者的一些特殊问题，自己对这些问题的体会、处理办法和工作意见等。一般由阅览室或借书处值班人员负责记载。它是对图书馆研究读者需要很有价值的材料，往往反映了读者工作中的一些重要问题，例如，某读者正在进行某项科学研究，急需提供某类资料，或某类图书的入藏不能满足读者要求，亟待增购、补购等。

5. 图书馆的各种统计资料。图书馆的统计资料种类繁多，各个业务部门都有。多种统计资料对研究读者都具有一定的参考价值。而读者工作部门的统计提供了最完整、最丰富的读者阅读情况的记载，其主要内容有：

（1）属于读者基本情况的统计。如读者的成分、年龄、职业、居住分布情况，各类读者到馆人次的统计……此类统计，可以大致了解本馆各类读者的比例、读者利用图书馆的积极性等情况。根据对读者基本情况的了解，可以研究发展读者的比例，研究馆外活动的设置，建立适合读者的借书时间、工作制度，等等。

（2）属于流通阅览情况的统计。如图书流通统计、图书流通率统计、图书拒借率统计、各类图书出借比例统计、各类图书阅读动态统计、阅览室利用率统计、缺书统计等。此类统计，一般提供了读者的需要与图书馆满足读者要求的情况，它可以说明读者需要什么书，需要多少；图书馆还要补充多少图书，没有被利用的有多少；等等，以便作为我们改进工作、加强服务措施的依据。特别应当注意的是，各类图书出借比例统计和阅读动态统计能够反映读者某一阶段的阅读倾向与要求，说明读者阅读的发展趋势，为宣传图书、指导阅读、有目的地服务读者提供了条件。

第三章 藏书管理工作

书刊资料是图书馆工作的物质基础，是国家的宝贵财富，是科学研究工作中必不可少的情报来源。书刊资源管理的好坏，对读者使用图书产生了直接的影响。如果没有很好的藏书管理工作，整个读者服务环节就会缺乏基本的工作条件。而书刊资料的迅速提供、宣传推荐的目标也就难以实现。只有努力做好藏书管理工作，才能使书刊资料发挥应有的作用。

藏书管理工作包括藏书组织、藏书排架、藏书保护、藏书清点和藏书整顿。

一、藏书组织

书刊资料经过加工整理之后，送入书库，必须进行科学的组织。图书馆按照藏书的内容性质、类型、读者需要及藏书的地点等因素，组成不同的、相互关联的藏书系统，以达到妥善保管、方便使用的目的。为此，图书馆必须依据一定的原则来考虑。这些原则有：

1. 根据图书馆的类型、任务、规模和读者对象不同，设立不同的服务组织。藏书的目的是服务读者，藏书组织的设置应服从于服务组织的设置。省、市以上公共图书馆，科学院及其分院，大学图书馆，具有综合性、规模大、藏书丰富、读者面广的特点；而研究所图书资料（情报）室，规模小、藏书少、专业范围明确、读者面窄。两者的区别较大。前者阅览室设置较多，服务部门比较分散，应考虑设置辅助书库；后者服务部门单一集中，藏书也应集中管理，集中使用。

2. 根据馆舍、人力、物力等条件，考虑辅助书库和专门书库及分馆的设置。

对一些可分可合的藏书，是否设立辅助库和专门书库，要根据馆舍、人员、物力等条件来考虑。馆舍规模大，人力和物质条件具备，为了便利读者、简化工作程序，可以考虑适当地设置辅助书库和专门书库以至分馆。

3. 藏书组织应方便读者使用，提高藏书的利用率。为了满足读者借阅的要求，使藏书得到充分的利用，在组织藏书时，应注意使藏书能够照顾到各方面的需要，保证有区别地为读者服务，便于不同类型的读者迅速找到他们所需要的图书。

4. 藏书组织应当保持相对的稳定，同时也要随着情况的变化做局部的适当调整。

由于图书馆藏书数量庞大，如果变动过于频繁，则不利于藏书保管，而且造成人力物力紧张，引起工作混乱。所以，图书馆在组织藏书时，既要考虑目前的馆藏情况，又要考虑馆藏的长远发展，合理布局，力求相对稳定。但随着情况的变化，局部的适当调整也是必要的。

（一）藏书的划分

一般藏书较多的大中型图书馆，为了灵活运用书库，方便读者，常将藏书划分为基本书库、辅助书库和专门书库三部分，组成以基本书库为中心、以辅助书库和专门书库为分支的藏书体系。

1. 基本书库，也称基本藏书或总书库。它是图书馆的主要书库，是全馆藏书的基础。基本书库的藏书数量大，内容丰富，具有综合性、多科性的特点。基本书库对辅助书库和特藏书库起着调节的作用，当某个辅助书库需要时，可从基本书库提取有关书籍；当辅助书库撤销或书库某些图书不适宜或不为读者需要时，及时收归基本书库。

由于基本书库的藏书比较复杂，为了更好地保管和利用，有些大型图书馆将基本藏书按其性质、类型、文种分若干部分安置排放。例如，按文种划分为中文藏书、外文藏书（西、俄、日文等）；按内容性质划分为社会科学藏书、自然科学藏书；按类型划分为图书、期刊、线装书等。这种划分对大型图书馆是必要的，但在藏书量不多的图书馆（室），基本书库不宜划分过细，以免影响使用。

2. 辅助书库，也称辅助藏书。它是为了便于利用藏书，从总书库中选出一部分藏书，单独存放在阅览室、借书处等地。辅助藏书规模较小，但内容现实性强、针对性强、参考性强，具有使用率高、流通率大的特点。在配备辅助藏书时，须考虑馆内各部门的任务以及该部门的读者人数。凡辅助书库中不合时宜的图书及过多的复本，应及时抽出来，退回基本书库。

3. 专门书库，也称特藏书库或专门藏书。设置专门书库是由于某一部分藏书需要特别整理、保管或为特定的读者需要。专门书库在内容、类型或用途上较为专一，如善本书库、内部书库、缩微品特藏等。有的图书馆为了工作方便起见，将专藏的补充、整理、典藏、借阅等工作统一起来，划归专门机构负责管理。如缩微品专藏，有的就采用一条龙单独处理的办法，以达到特殊保管特殊使用的目的。

基本书库、辅助书库和专门书库，各有特点和相对的独立性，但它们之间的关系是互相联系、互相补充的。图书馆必须对全馆藏书加强统一管理、统一调度，建立起统一管理的制度，使全馆藏书既能从多方面满足读者的要求，又能有效地保持图书的管理有条不紊，调度自如。

(二) 藏书的服务方式

藏书的服务方式可分开架、闭架、半开架三种形式。

1. 开架式服务。即指藏书直接接触读者，读者可以自由入库从架上选取需要的书刊资料。开架式服务的目的是方便读者。它的优点是：①有利于揭示馆藏、报道馆藏，使读者直接接触图书，根据需要自由选取；②有利于广泛地宣传图书，扩大图书流通率，以及吸引更多的读者；③有利于加快出纳速度，减少拒借率，节约读者的时间，便利读者用书。它的缺点是比较容易出现丢书、污损、乱架等现象，给读者用书和图书馆的管理工作带来麻烦。因此，开架式服务对管理工作要有更高的要求，必须采取切实有效的相应措施。对于藏书较多的图书馆，如果条件不成熟，不宜采用全开架的形式。

2. 闭架式服务。即指读者接触不到原书，需要通过目录找出自己所需要的书刊资料，填好索书条，由图书馆工作人员从书库内提取后，再交读者办理借阅手续。

闭架式服务的优点是有利于图书的管理，确保图书的安全。缺点是读者借书时，由于有一套提取书刊的手续，不仅给典藏人员增加了工作量，而且增加了读者等待提书的时间，或产生拒借问题。

3. 半开架式服务。半开架式服务是介于开架式服务和闭架式服务之间的一种服务方式。它是利用带有玻璃柜的特制书架陈列图书，书脊面向读者，读者可以透过玻璃直接看到原书，但不能随便提取，须通过管理人员从架上拿书交与读者。

半开架式服务可以直观地宣传推荐图书，节省管理人员凭号取书的过程，避免了开架式服务的缺点，但能陈列的图书有限。

图书馆在选择藏书服务的方式中，应根据本馆的藏书情况、读者对象和馆舍条件来考虑，采用一种或多种藏书服务方式。

二、藏书排架

图书馆的藏书不仅需要合理地组织和划分，而且需要科学地排架，才能使成千上万册藏书既便于查找，又便于管理，充分为读者所利用。

图书馆藏书排架是把已经分编加工好了的书刊，按照一定的系统和次序排列在书架上。它和书刊的借出、阅览室以及藏书保管工作都有密切的关系。科学的藏书排架能使典藏人员迅速而正确地取书、归架，并直接从书架上了解藏书，从而为主动地向读者推荐图书创造了条件。合理的藏书排架能够节约书库面积，充分利用书架，减少倒架的麻烦，并有利于藏书的清点。

(一) 图书排架方法

图书排架的方法很多，归纳起来大致有两种：一种是按图书知识门类即内容排架，另一种是按图书的形式特征排架。但排列的原则都是逐架按从左到右、从上到下顺序排列。

1. 图书内容排架法。就是以图书的内容性质作为排架的依据。它又可以分为分类排架法、专题排架法和混合排架法三种。

(1) 分类排架法。是按照图书分类法的组织体系来排列图书的，一般多采用分类号码作为排架的主要顺序号，在同一类图书中，再加上不同的辅助号码作为排架的顺序。主要有分类书名号、分类著者号、分类书次号、分类登记号等几种方式。

分类排架法的优点是使图书资料按照科学门类集中成为一个有内在联系的、有逻辑性的科学体系，它能使工作人员准确地进行典藏工作，能帮助工作人员系统了解藏书，便于工作人员从书架上直接向读者推荐图书或解答读者的咨询问题。

分类排架法的缺点是浪费书库面积。在每个类号后或每架格后都要留出许多空位，以便新书插入，这就空占了许多书架的空间。在增加大量藏书时，必须重新调整书架，经常倒架会造成人为和时间安排上的困难。同时，分类排架号容易冗长，给取书和归架造成困难。

（2）专题排架法。也是按图书内容排列的方式。它是将图书按专题范围集中起来，带有专架陈列的性质。这个方法便于研究所（室）配合某一个研究课题、专题专架陈列，不适用于排列大量的基本藏书。

（3）混合排架法。也是按图书内容排列的方式，就是把各文种的图书按类集中依照类号顺序排列。这种排架法既便于读者用书，又便于典藏人员从书架上直接向读者推荐好书。但文别混乱，一般读者不易习惯。

2. 图书的形式排架法。它不是根据图书的内容，而是根据图书的外部特征排列藏书，它有以下两种形式：

（1）登记号排架法：依照入藏图书时个别登记号码的顺序排列，也就是利用藏书登记号作为藏书排架的次序号。这种排架法对于取书、归架、清点藏书都很方便，而且节约书库面积，不用倒架。缺点是不能将同类、同著者的书集中在一起，因而不能反映出藏书的内容，对读者和图书馆工作人员利用藏书都不便利。

（2）固定排架法：按图书到馆先后顺序固定地排列在一定的书架上。每一本书的排架号由书架号、层格号及该层的顺序号组成。例如，53/11 就是第五架第三格第十一本。

固定排架法与登记号排架法的优缺点基本相同，相对来说，登记号排架法更为简易。但是，对于特大或特小形式的图书，却应该采用固定排架法处理，并另设专架庋藏，在原来的位置上放上一块代书板，说明此书收藏在什么地方。

（二）期刊排架法

期刊排架的方法很多，主要有以下两种：

1. 语种排列法。即按文种将期刊分成中文、日文、西文、俄文等几部分，然后再采用其他方法加以配合。主要有期刊字顺排列法、代号排列法。影印刊可按影印号码排列。这些方法适用于库内现刊排架。

2. 分类排架法。可按中国图书进出口公司的期刊分类号依次排列，也可按本馆所使用的分类法体系处理。这种方法适用于阅览室现刊排架。

对装订成册的期刊也可分编后按图书排架。当期刊数量不断增加、书库容纳不下时，可采取断代法，即按年代掐断，以某年期刊为界限，移入新库。

（三）科技报告排架法

一般均按机构名称字顺和报告号码排列。如果科技报告较多，可将常用报告排列在前面，方便提取。如属小量选购，可将图书分编上架，依号排列。

（四）其他出版物的排架方法

1. 内部资料一般是按资料登记号顺序排架，也可按分类排架。

2. 缩微资料的排架方法是，不论哪种类型的缩微资料，一般都集中按资料号码固定排架。如对缩微胶卷给一个缩微代号（M 号），即按 M 号排。缩微品应设专库或专柜收藏，应配备空调和防潮装置。

3. 专利、标准、样本等出版物各有其特点，可以按索取最方便的特点排架，也可以采用其他的方法。

4. 线装书的排架法是按分类，有些按本馆采用的分类法分编，有些则按我国传统的四部分类法，即经、史、子、集，另将丛书、地方志各作为一个大类，整理分编后排架。线装书排架都是平放，如要竖排，则要将线装书改成洋装或加上护书夹（套）。

三、藏书保护

前面讲过，图书馆的藏书是国家的文化财富，又是为读者服务的物质基础，因此，图书馆工作人员必须做好藏书保护工作，使图书不致遭受损坏，以便充分发挥藏书的作用，更好地为人民服务。

书刊资料发生损坏、丢失的原因很多，归纳起来不外乎两个方面：一是社会原因，一是自然原因。

社会原因大致有下列几个方面：一是坏人盗窃或破坏；二是由于规章制度不健全或工作人员的疏忽引起的丢损现象；三是某些读者的一些不良思想和不谨慎造成对图书的损失。

自然破坏有两个因素：一是内因，即由于各种条件的影响，书本身纸张或油墨等发生物理或化学变化；二是外因，即周围环境中各种有害因素对图书的破坏。

藏书保护与藏书利用是对立统一的，如果只片面地强调保护藏书，不顾利用的方便，那么对藏书的保护就失去了意义；反之，如果只迁就一时利用上的方便，损坏了图书，则将影响长远利用。为此，图书保护工作要采取一切措施、制度、办法等，使书刊不受或少受损坏，以保证图书的长远利用。

藏书的保护工作不是几个人就能做好的，必须依靠全馆工作人员和广大读者来做这一项工作。在工作人员方面，在图书整理加工过程中和借书时，都要有高度的责任心，处处爱护图书，借书要办理手续；要随时对读者宣传爱护图书的重要意义和方法，双方共同把藏书保护工作做好。除此之外，还必须具备一定的藏书条件和设备。

藏书的保护工作包括防火、防盗、防潮、防虫、清洁卫生、装订修补等各种工作。

（一）防火

由于书刊及其他印刷品、非印刷品都是易燃材料，所以防火是藏书保护的首要任务。图书馆必须制定有效的防火办法，如禁止书库内吸烟、烤火，禁止携带易燃物入库，防止电线走火，等等。此外，要在书库内安置灭火器、沙包等消防设备，要有专门的安全员。救火时，要用干粉灭火器和二氧化碳灭火器，不能用水和泡沫式灭火器，以免污损图书。

（二）防止盗窃和丢损

加强书库管理制度，非本库人员进、出库都应办理一定手续；建立和健全读者遗失、损坏、盗窃图书的赔偿办法，注意外借书刊的催还工作。

（三）防潮

潮湿环境对图书十分不利。纸张中的非纤维素成分或残留在纸张中的酸、碱、漂白粉等有害物，在高温和高湿度影响下，会加速变化，造成纸张的老化或对纸张的纤维发生腐蚀作用。过于潮湿还会造成书籍的霉烂或发生虫害，尤其是缩微品等更怕潮湿。因此，要把缩微品安放在有干燥器的大铁柜里。最适合藏书的温度是14℃～18℃，相对湿度在50%～65%。在书库里都要安放干湿温度计。目前通用的防潮措施是通风、吸潮或密闭等办法。有条件的时候，应装置空调设备。

（四）防虫、防鼠

各种有害生物，如蠹鱼、霉菌、白蚂蚁、老鼠等对图书的破坏常常是非常严重的，必须引起重视。图书馆在治虫上要"以防为主，以治为辅"。除了放置防虫、防鼠的药物外，还要做好书库的通风、除尘、清洁卫生等工作。一旦发现虫害，可用人工捕抓或药物（甲醛、溴化甲烷、氯化碳较好）毒杀的办法及时消灭。毒气熏蒸效果最好，但技术操作要求较高，在大面积书库不易进行，因此，可考虑另辟一个小房间做图书消毒室。

（五）清洁卫生

灰尘会玷污图书，是昆虫、微生物借以藏身与繁殖的条件。灰尘不仅对保护图书不利，对典藏人员和读者的健康也有害，所以除尘是藏书保护的重要措施。除尘的主要办法是经常打扫。擦书架最好用蘸煤油的小拖布，如有条件，也可用吸尘器（目前的吸尘器对书架图书的除尘效果还不理想）。

（六）防晒

阳光对图书纸张有很大的破坏作用，它能使图书变质，受潮的图书更不能暴晒，以免纸张发黄变脆。避免太阳光线直射的方法很多，如安装毛玻璃、百叶窗、遮阳板和窗帘等。

（七）装订修补

做好图书装订、修补、加固等工作可以延长图书的寿命，防止过早损坏。对于损坏、撕破和脱线的书刊，应及时修补。

四、藏书清点

定期或不定期地对藏书进行清点，是保护藏书的一项重要工作。清点藏书不仅能够发现工作中的缺点，找出藏书造成损失的原因，并加以纠正，同时也是维护藏书安全与完整的一项重要措施。

清点藏书是一项复杂而细致的工作，必须有组织、有计划地进行。在进行清点以前，应明确清点的目的、要求，制定清点的原则、计划，确定清点的范围、方法以及所需要的人力和时间等。清点前要做好催还书的工作，整顿书架、整理排架目录及各辅助书库的藏书目录等。

进行清点时，可采取分区（分库）、分类、分架清点的办法，以便使清点工作有条不紊地进行。要认真分析各种疑难问题，避免发生混乱、遗漏、重复等现象。

藏书清点的方法，取决于藏书排架的方法，图书馆常用的清点方法有三种。

（一）排架目录清点法

适合按分类排架的图书馆（室）使用。由于排架目录的排列方法与图书在架上的顺序完全相同，采用排架目录来清点藏书是迅速而准确的方法之一。它可以分组、分类同时进行，卡片也可以分开核对。清点的结果是能使架上的图书恢复正确的排列次序，克服架上图书的杂乱现象。但在清点前，必须有一套正确与完整的排架目录。

（二）图书登录簿清点法

该法是利用财产登记簿与架上的图书进行核对，适合按图书个别登记号排架的图书馆使用。这种清点方法的优点是准确。但它只适用于按个别登录号排列的藏书，对按分类号排列的图书则不适用。

（三）检查卡清点法

在进行清点工作以前，对所清点的每一册（种）图书都要制一检查片（包括书库的藏书和借出及送出装订、修补的图书）。检查片的记载比一般目录卡片的著录事项较为简单，只需记录书码、登记号、书名、著者和册数。在没有排架目录的情况下，用此方法清点藏书是较好的方法，而且点完后，可作为排架目录使用。当然，编制检查卡需花费较多的人力、物力和时间。

由于各馆的藏书数量、图书排列方法和目录的完备程度各不相同，因而清点的方法也有所不同。必须结合本馆的实际情况和排架方法，灵活地采用各种有效的方法。

清点结束时，一定要按实有藏书数对照各种目录和财产登记表，注销账面遗失的书刊，做到书、账、卡三者一致，并及时写出总结，汇报清点工作情况和结果，查明实际收藏书的数字，附上遗失、损坏图书的清单，并分析造成藏书损失的原因等。特别重要的是应该提出今后加强藏书保护、改进工作的意见，这对于今后提高工作质量是非常必要的。

五、藏书整顿

图书馆对图书经常进行检查和整顿，是提高藏书质量的重要保证，也是藏书管理工作中一项经常性的工作。图书馆的藏书是长期积累起来的，随着社会的发展和科学的进步，以及图书馆本身的任务和读者对象的变化，藏书中必然会出现一些陈旧过时或完全失去现实意义和参考价值的书刊、多余的复本，各种类型、文种、类别的图书之间的比例出现失调现象，因此，对失效和陈旧的图书应经常剔除。

藏书整顿工作包括确定整顿的范围、整顿的方法和整顿的手续。

（一）整顿的范围

1. 藏书中陈旧过时或完全失去现实意义和参考价值的书刊。
2. 不再符合本馆任务和读者实际需要的多余书刊。
3. 复本过多的书刊。
4. 污损严重无法继续流通的书刊。

属于第二点的书刊，主要存在于综合性图书馆。如拔种剔除，需要认真鉴别，尤其要考虑得长远一些，不能只看见眼前没有使用任务而轻率剔除。第四点所指的应是有复本的普通图书，如属有特殊作用的版本、复本很少或没有复本的，即使污损严重，处理仍须慎重。

（二）整顿的方法

整顿的方法一般是根据读者使用书刊情况的统计，将流通较低甚至完全没有用的书刊打印清单，分送有关单位征求读者意见，并请他们前来挑选鉴别，然后把确定剔除的书刊暂时放在一定的地方，观察一段时间，如未发现什么问题，则可处理。

（三）整顿的手续

整顿的手续一般是把剔除的书刊做出清单，报上级领导审批，然后在"总括登记簿"中注明注销原因、注销凭证号码、种数、册数、总价值等，作为今后清点移交、核对书刊的依据。

藏书整顿是一个重要问题，因为藏书剔除后，可以腾出空间，以便及时容纳新书。剔除的藏书还可以拨给其他单位，也可以同馆外交换以补充自己的馆藏。

第四章　图书流通工作

图书馆是以馆藏图书作为武器来完成自己的任务的，因此，它首要的工作是使馆藏图书在读者中广泛迅速地流通，使广大读者能及时获得他们所需要的图书，以提高自己的政治思想水平、科学文化水平、技术业务水平，促进生产和科学研究任务的完成。图书流通工作正是为了满足读者的这种需要，为他们使用图书资料创造良好的环境，提供便利的条件，从而发挥图书资料的作用。所以，图书流通工作有着极其重要的意义，它是图书馆为读者服务的一项重要工作，是贯彻图书馆方针任务的具体体现。

图书馆各项工作之间存在着一定的联系。在各项工作中，图书流通工作占有极其重要的地位。例如，图书采购，不单是为了收藏，而且是图书流通的需要；分类、编目、典藏也是为了便于流通；而宣传辅导参考咨询工作则是提高图书流通的重要手段。亦即图书流通工作有赖于其他各项工作的开展，而图书流通工作又将检验其他各项工作的质量，促进它们的发展。

图书流通工作包括馆内流通和馆外流通两个方面。馆内流通主要是指馆内借书处、阅览室工作；馆外流通是指以图书流通站、流通借阅站、上门服务以及其他方式为不便来馆的读者服务的工作。这两方面是图书流通工作的两条腿，不能偏废，但以何者为主，要根据各馆的性质任务而定，不能硬性要求。

在图书流通工作中，应注意掌握下列各点：

1. 贯彻区别对待原则，针对不同情况，采取不同的流通方法。图书流通工作是一项具有高度思想性和科学性的工作。流通工作的质量首先取决于流通图书的质量，因此，必须注意图书的选择，必须紧密结合当前的形势、党和国家的中心任务，配合本地区、本单位的生产、教学、科学研究任务来组织图书流通。在这项工作中，我们要善于运用正确的政治观点，以严肃认真的工作态度，区别不同读者的不同需要，根据不同书刊的政治思想内容和科学艺术价值，分别采取相应的流通方法。对于马克思列宁主义、毛泽东思想的经典著作，党和国家的路线、方针、政策、决议，反映各知识门类最新科学成就的优秀著作以及描写英雄人物、反映革命斗争、反映现实生活的文艺作品，应积极地向广大读者推荐宣传，以扩大影响和流通范围；对于善本书和各种特藏，为了保存这些珍贵的文化典籍，防止污损和遗失，在使用上应有一套制度；对于内部资料、反面材料和某些只对科学研究有一定参考价值但不宜在一般读者中公开流通的图书，只允许一定范围内的读者或有特殊需要的读者使用；对于保密性的图书资料，应严格按照保密条例处理，防止泄密现象的产生，以免给国家建设和革命事业造成不应有的损失。

2. 分清轻重缓急，满足读者需要。由于藏书数量和种类要受图书出版发行和藏书采购与经费等条件的限制，因此，当遇到同一类书或同一种书不能同时满足许多读者需要时，应分清读者需要的轻重缓急，给予供应。为了使有限的藏书能充分发挥作用，应该做到：

（1）首先保证重点服务单位和服务项目的用书，然后照顾一般单位和一般项目的用书。

（2）首先保证急需用书的单位和个人读者的用书，然后照顾非急需的单位和个人读者的用书。

（3）公共图书馆首先应该保证当地机关团体、工厂企业、学校和科学研究机构在生产、教学和科学研究方面的用书，然后照顾一般读者的需要；高等学校图书馆首先要保证教学用书和教师用书，然后照顾学生的一般阅读需要；科学研究机构图书馆首先保证科学研究项目的用书，然后适当满足科学研究人员在提高自己政治思想水平和科学文化水平方面的用书。

（4）首先要保证馆内阅览和参考用书，然后照顾一般外借用书。

3. 图书流通工作应该数量和质量并重。一方面要防止片面追求流通数字，盲目扩大流通范围，不根据读者的实际需要，忽视流通图书的质量，不注意流通图书的效果。例如，有的图书馆为了追求流通数字，不顾读者是否需要、主观条件是否可行，突击大量建立图书流通站，造成某些图书流通站徒具形式而不起作用或作用不大。我们必须反对这种不切实际的浮夸作风。但另一方面也要反对一些图书馆借口保证流通质量，而不积极去扩大图书流通范围，使读者不能及时得到所需要的图书，使藏书不能充分发挥作用等"等客上门"的保守思想。

4. 图书流通工作既要简化手续，方便读者，也要建立和健全必要的规章制度，以保护图书的完整，保证图书的正常流通。方便读者是我们工作的目的，建立和健全必要的规章制度则是实现这一目的重要手段。如果没有必要的、合理的、健全的制度，没有必要的、可靠的流通记录，我们的工作就无所归依，就会陷于混乱，就会丢失图书，丧失起码的为读者服务的条件，使读者处处感到不便。当然，过于烦琐的手续和不合理的规章制度也会影响图书流通，影响读者利用图书馆。因此，二者既是矛盾的，又是统一的，必须同时兼顾才能真正方便读者。

5. 馆内流通与馆外流通相结合。馆内流通只是图书流通工作的一个重要方面，仅仅做好馆内流通工作显然是不够的。尤其是公共图书馆，由于服务范围较广，读者的类型复杂，居住分散，光靠馆内流通，无法满足大部分无法来馆的读者的需要。因此，要在做好馆内流通工作的同时，积极开展馆外流通工作，打破"等客上门"的局面。采取各种方式，主动把图书资料送到读者手中，满足他们在生产和科学研究工作中对图书资料的需要。在为本地区的工人和农民服务的时候，更需要利用馆外流通形式。

一、发展读者

各类型图书馆为了明确本馆的具体服务对象，研究读者，了解读者的实际情况，加强与读者的联系，密切读者与图书馆的关系，就需要通过读者登记发展读者。只有这样，才能保证图书的正常流通，深入开展对读者的阅读辅导，提高图书馆工作质量，使图书馆各项工作能针对读者的具体情况，有的放矢地进行。

（一）公共图书馆发展读者的工作

公共图书馆发展读者的工作包括两方面：一方面，为了适应图书馆具体任务的变化，使本馆的读者更符合本馆方针任务的要求，必须有计划、有目的地扩大服务范围，发展新读者。另一方面，要对原有读者进行重新登记。对读者重新登记是为了保证登记卡的准确性和可靠性，因为公共图书馆读者的变动很大，如工作性质、工作单位的改变，居住地址的迁移，等等。这些变化，有些读者不一定会向图书馆提出声明。这样，经过一段时间，作为图书馆研究读者、了解读者情况主要依据的读者登记卡，就会逐渐丧失准确性和可靠性，不能如实反映读者各方面的情况，就会给开展读者工作带来许多困难和不便，从而削弱图书馆与读者的联系，影响图书馆对读者的系统研究和辅导工作，对图书馆的统计工作也会有很大影响。发展新读者和对原有读者重新登记后，要对读者登记卡进行重新组织，使这套读者登记卡能符合读者的实际情况，通过研究读者开展读者工作。这一发展新读者和对原有读者的重新登记工作，很多图书馆都是每年进行一次。因此，是否就是每年进行一次，要根据各馆具体情况而定。有些馆，读者登记长期有效，中间不再进行重新登记。但是，这种做法也应该在一定时间内做一次检查，以使进行适当的调整。

1. 发展新读者的方法。

（1）制订发展读者的计划。制订发展读者的计划，要注意读者的实际需要和图书馆的实际可能。因此，就需要对图书馆所在地区各方面的情况，尤其是读者的情况、图书馆的藏书情况和人力条件进行认真的调查研究。计划的主要内容应包括：①发展读者的总数量和各借书处阅览室的具体数字；②发展的重点读者数量及各类型读者的比较；③各个地区发展读者的比例；④发展读者的时间；⑤发展读者的步骤和各项工作的具体措施等。

（2）进行宣传，做好准备。发展读者前，应进行广泛的宣传，使广大读者能了解发展读者的意义、读者的条件以及具体手续等。尤其是对重点读者，还应向他们宣传图书馆的方针任务、工作内容，吸引他们积极地利用图书馆。同时，做好各种物质准备，例如读者登记卡、借书证以及其他必要的用品。读者登记卡与借书证要分类编号，以便于登记后进行排列。

（3）发展读者的手续。发展读者是通过读者登记来实现的。读者登记不但是为了便于了解读者、研究读者，而且也是图书馆进行各项统计、报表的重要依据，它与图书馆的各项工作都有密切的联系。因此，读者必须履行读者登记手续。

1）个人登记。读者根据个人的需要向图书馆提出申请，说明需要外借还是阅览以及使用哪种性质的阅览室，并提交足以证明本人身份的证件或介绍函件。经审核后，领取读者登记卡，逐项进行填写，一般项目有姓名、性别、年龄、工作单位、住址、文化程度、研究项目或阅览需要等。然后根据读者的需求，发给不同的借书证或阅览证。读者使用借书证或阅览证都有一定的时间限制，因此，这些证件必须注明有效期，到期进行重新登记。要抓住读者登记的机会，与读者进行谈话，因为工作人员与初来馆的读者进行的首次谈话，对掌握读者的基本情况、了解读者的需要有着特别重要的意义。

2）机关团体登记。机关团体长期借书，需由各单位公函正式申请，填写登记表，注明单位名称（或代号）、性质、地址、研究内容或使用图书资料的范围、联系人姓名等。经图书馆同意后，发给机关团体借书证。如果仅需临时借书，则只要凭公函进行临时登记即可借书，但只能借一次，不发给借书证。

3）小组登记。需由小组长携带所在单位的介绍信向图书馆提出申请，填写登记表，注明小组人数，小组性质，学习或研究内容，组长和组员的姓名、文化程度、所在单位、地址，等等。经图书馆同意后，发给集体（或小组）借书证。登记小组借书的读者，一般不允许同时进行个人登记。

4）读者重新登记。读者进行重新登记时，一般不必再重新填写登记卡，只需将借书证或阅览证交给工作人员，工作人员认为必要时，还需提交足以证明本人身份的证件。工作人员接到证件与原登记卡进行核对，如有变动立即更正，同时向读者提出各种询问，了解读者利用图书馆的情况，征求其意见和要求，然后在核对了的记录卡上做必要的了解记录，将登记卡和借书证或阅览证上的登记号码作废。加盖新的读者顺序号和新的有效日期章后，即可交还读者。如需换发新证，应将旧证收回。

除了在一定时间集中发展读者外，为了适应读者各方面的发展和变化，图书馆还需要办理经常的读者登记，发展个别新读者；办理离馆读者的注销手续；根据读者的声明，更正读者登记卡上的有关变动事项以及办理读者临时借书手续。办理读者注销手续，应确保读者还清所借全部图书，缴回借书证或阅览证，并在读者登记卡上注明"注销"字样。但登记卡上的空号还应保留，直到下次重新登记时为止，中途不必转让给新读者，以便图书馆进行关于读者情况的各项统计。对于因休假或因公出差需要办理临时借书手续的读者，除提交足以证明本人身份的证件外，还应提交当地有关单位的证明，填写临时读者登记表，经工作人员审核同意后发给临时借书证。

2. 发展读者应注意的几个问题。

（1）正确贯彻本馆的方针任务，有计划、有目的地发展读者。在发展读者时，必须贯彻本馆的方针任务，必须对当地的政治、经济、文化、工农业生产等各个方面的情况以及各类型读者对图书馆的需要进行调查研究，这是做好读者发展工作的先决条件。然后根据本馆方针任务结合本馆条件制订发展读者计划，做到心中有数。制订计划时，首先，应保证重点发展的读者的需求，例如省、市以上大型公共图书馆对承担本地区重要生产任务和科学研究项目的有关单位及有关人员应优先发展，但是，对其他读者也要适当照顾，应该分配一定的名额。其次，要注意读者的地区分布，各个地区、各个单位之间也要合理分配读者名额，防止读者名额过分集中到某一地区或某一单位的读者手中，而应该使各地区各单位都能得到适当照顾。当然，合理分配绝不是不顾实情平均分配。最后，要注意发展读者的总人数和各借书处阅览室的具体数字相适应，既不能消极保守，也不能盲目冒进。如果发展过少，就不能使馆藏充分发挥作用；一时发展过多，就会造成供不应求的状况，使我们的各项工作陷于被动。发展读者计划是我们进行发展读者工作的重要依据，只有有计划地进行，才能保证做好发展工作。但是，在掌握上不能过严、过死，应根据具体情况，有一定的灵活性，并应根据实践中发现的新情况，做某些必要的修改，使发展的读者能符合图书馆方针任务的要求。

（2）馆内发展与上门发展相结合。在一定时间内，在馆内集中发展，是发展读者的主要方式，这是由公共图书馆的读者情况复杂、居住分散等原因决定的。然而，如果掌握不好，容易造成读者分布地区不平衡、不能保证重点读者的需要等缺点。为了避免这些缺点和控制读者数量，方便因种种原因不能来馆登记的重点读者，在馆内集中发展的同时，也要有计划、有目的地采取组织上门发展的方式，或委托有关单位代为发展的方式。但在采用这些方式时，要注意具体单位因不明确图书馆发展读者的意义、不了解读者的条件，而使发展的读者不适合图书馆要求的情况。最好由工作人员和该单位负责发展读者的同志协同工作，或者事先向他讲清楚图书馆发展读者的目的和要求。

（3）发展读者的手续应简单易行，方便读者。如果手续过分复杂，就会在客观上限制读者利用图书馆。但也不能机械地认为越简单越好，从而造成发展时不够慎重，导致读者领取借书证、阅览证过分容易，使用时也就随随便便，经常出现漏洞，给以后开展工作带来许多困难。简化手续并不是废除必要的手续，而是使我们的手续更加简便，办法更加科学，从而能够有助于提高各项工作的质量。

总之，公共图书馆的发展读者的工作，既是一项具有高度政治思想性的工作，也是一项细致复杂的工作，应该用严肃认真的态度来对待才能做好。

（二）高等学校图书馆发展读者的工作

高等学校图书馆的主要任务是为本校的教学和科学研究服务，它的读者主要是本校的教师和学生，一般不发展校外读者。由于读者都处于一定的教学组织中，因此，大部分学校的图书馆都不再进行读者登记。每年入学的学生都是本馆的当然读者，在他们入学报到办理注册手续时，就同时发给借书证，或者开学后按班级领取。图书馆按学生名册来掌握一般情况，进行必要的辅导。有些学校图书馆，为了了解教师的需要，便于提供图书资料，对教师则办理读者登记，建立全校教师的读者登记卡，注明学历、经历、专长、有何著作、担任课程、目前进行的科学研究项目、外文阅读能力和对图书资料的需要等，这样有助于密切配合教师教学和科学研究提供图书资料。

在高等学校图书馆，除了个人借书外，还可以根据教学或科研具体情况办理集体借书，以小组为单位，指定经手负责人，凭各科或教研室的证明，经图书馆审核同意后，办理集体借用，借书册数登记在经手人借书证上，也不影响本人应享受的借书册数（有些馆另发给集体借书证）。集体借书应根据教学和科研的需要，规定一定的借书范围和使用期限，在教学和科研任务完成后，应将所借图书如数清还（并缴回集体借书证）。

虽然全校师生都是本校图书馆的读者，但其中一部分人并不了解图书馆，不善于利用图书馆，他们很少到图书馆来借书。这种情况不仅不利于他们的教学和科学研究，而且也直接影响图书馆有效地发挥作用，因此就要通过各种方式，加强本馆方针任务和各项工作内容的宣传，对每年入学的新生更应该如此。同时，还需要与各系（科）图书室、资料室以及教研室经常保持密切联系,通过他们了解各系教师和学生利用图书馆的情况和不来图书馆的原因,以便改进图书馆工作,采取更有效的措施,创造更好的条件为本校教学和科学研究服务。

(三)科学院系统图书馆发展读者工作

科学院系统图书馆的任务主要是为本院的科学研究服务,并在可能的范围内要向全国的重点科学研究项目负责提供必要的图书资料,因此,它的读者主要是本院的科学研究人员以及辅助人员。但同时也要酌情吸收一部分院外的厂矿企业、机关团体、大专院校和其他科学研究机构的有关人员成为本馆读者,这就要求在发展读者的具体手续和方法上与本院内的读者应有所区别。一般在发展院外读者时应更严格、更慎重,而在使用图书资料的范围、数量和期限上也应与本院读者有所不同。

院馆和分院馆在发展读者的方法上与公共图书馆大体相似,由于服务范围较广,也需要进行读者登记。但首先应做好院内读者的发展工作,然后根据需要与可能,有计划、有目的地适当发展一定数量的院外读者。在发展院外读者时,院馆的服务面尽可能广一些,而分院馆往往只限于本地区的有关读者。

研究所(室)图书馆则完全是为本单位的研究人员以及辅助人员服务。由于服务面窄,读者比较固定,因此可不进行读者登记,只需要领取借书证就可凭借书证借书和阅览。这些图书馆一般都不发展本单位以外的读者。但有些规模较大、藏书较丰富的馆,在条件许可时,对本单位以外确有需要的读者,则应适当供应他们必需的图书资料,但往往只限于专业相同、相近、在工作上有联系的机构。

二、借书处

借书处也叫"外借处",是图书馆办理图书资料外借的地方。很多读者由于工作加居住条件的限制,不可能经常到图书馆来利用阅览室,或由于图书馆本身设备条件的关系,不可能设置足够的阅览室供读者进行学习和研究,但是,他们又迫切需要利用图书馆藏书,借书处就是为了满足读者这种需要而设立的。借书处的工作不只是办理图书出借手续,它还应该在广泛流通图书的基础上开展宣传辅导阅读工作。因为借书处具有了解读者和进行宣传辅导工作的有利条件,工作人员可通过读者记录卡、各种图书出借情况的统计以及有关资料和日常工作中存在的问题,确定宣传辅导的对象、内容与方法,在读者借书过程中,就能针对具体情况,开展深入细致的宣传辅导工作。此外,还可以利用目录和各种参考工具,解答读者的一些咨询。因此,借书处工作是一项思想性很强、内容丰富生动的宣传教育工作。

(一)借书处的设置

为了更好地开展图书外借工作,有区别地为读者服务,就应根据各馆的性质和任务、各类读者不同的需要以及本馆的藏书、人力、设备等条件,设置不同的借书处。

一般图书馆都设有一个基本借书处,利用本馆全部或大部分可以外借的藏书,为本馆全部或大部分读者服务,它是外借部门中最主要和最基本的组成部分。基本借书处应该了解读者的需要和各种图书的使用情况,统一掌握全馆的图书出纳工作,协调本馆各外借部门之间的分工与协作,从而加速图书流通,更好地满足读者的需要。

许多大型馆,除设有基本借书处外,根据需要与可能,还设有一个或几个专门的辅助借书处，其目的是更好地服务读者，馆员能集中地熟悉某一知识门类的图书、某一类型出版物、某一类型的读者，从而更好地介绍图书，更好地满足读者的需要。辅助性的借书处大致有以下几种：

1. 按知识门类设置。如社会科学书籍借书处、自然科学书籍科学技术书籍借书处或某一专业书籍借书处等，它是为了使学习和研究某一学科的读者充分、集中地利用有关图书资料。在许多大型公共图书馆和高等学校图书馆，因读者借阅文艺书籍较多、流通量大，为了加速文艺书籍的流通，满足读者的需要，加强对读者阅读文艺书籍的辅导，设有文艺书籍借书处。此外还有按文种设的借书处，如外文书籍借书处等。

2. 按出版物类型设置。有报刊外借处、图片图册外借处、特种文献外借处、缩微资料、视听资料外借处等。这些出版物在出借数量、期限和方法上应该与一般图书有所区别。因此，大型图书馆一般设置这种借书处，与一般图书分开单独出借。

3. 按读者类型设置。如成人借书处、儿童借书处。有的高等学校将教师与学生分开，设置教师借书处与学生借书处。这是为了有区别地对待读者，便于加强对一个或某几个类型读者的阅读辅导，更好地为他们服务。

此外，在有些公共图书馆和高等学校图书馆还设有集体借书处，办理集体外借手续。

设置专门借书处虽然可以方便读者，有利于藏书的整理和充分利用，但如果不从实际出发，设置不当或过分分散，就会造成图书馆人力、物力的浪费，而读者为了借阅不同的图书，需要到几个地方办理图书外借手续，不但不能统一掌握读者使用图书的情况，而且达不到方便读者的目的。

（二）借书处的工作

借书处的工作内容极其丰富，有办理图书外借手续、宣传推荐好书、辅导读者阅读、解答读者咨询、进行发展读者、读者重新登记以及日常统计工作等。

1. 图书出纳工作。借还图书，办理图书出纳手续，在借书处全部工作中占主要地位，但并不是唯一的工作。我们不能降低对自己的要求，只限于办理图书出纳的事务性工作，而应不断改进出纳方法，简化出纳手续，以便有更多的时间和精力开展图书宣传和阅读辅导工作，提高借书处的工作质量。

借书处的借书方法主要有以下几种：

（1）个人外借。读者以个人名义直接向图书馆借书叫个人外借。个人外借要有借书数量和期限的限制。由于读者对图书的需要多种多样，各不相同，只有通过个人外借，才能较好地满足读者千差万别的需要，所以个人外借是图书外借的主要方法之一。

借书方法是：读者先查目录，选定自己要借的图书后，填写索书条，注明索书号与书名，然后连同借书证向借书处借书。工作人员根据索书条到书库取书，或者根据读者需要帮助读者选书。借书时，工作人员先将出借图书的书袋卡抽出，由读者在书袋卡上签注读者证号和姓名、借书日期；在借书证上填上书号、登录号和日期，核对无误后即可将书交给读者。建立读者阅读记录的图书馆，还要根据书袋卡在读者阅读记录卡（或借书付证，或称读者分户卡）上填写书号、借书日期。最后将出借各项统计后，再排列借出图书的书袋卡和阅读记录卡。在开架情况下，除读者可不查目录、不填索书条、由自己直接入库到书架上选书外，其他手续与闭架情况相同。

读者还书时，工作人员找出书袋卡注销后插入书袋内，并在借书证上盖还章。建立读者阅读记录的馆，再查出阅读记录卡（或借书付证，或称读者分户卡）注销，最后将还回图书统计后迅速归架。

当图书借出后，借出图书的书袋卡、读者阅读记录卡（或读者分户卡）、索书条等的排列也是相当重要的，它不但决定着借还图书的手续，而且直接影响着出纳工作的速度，影响到图书能否正常流通、是否方便读者。如果排列方法不完善，就会增加办理图书手续的时间，妨碍阅读辅导和催书工作的进行，使读者和工作人员都会感到不便。完善的排列方法应该达到下列三个要求：①能查到某一读者借阅图书情况，以利阅读辅导；②能查到某一本书或某一种书的去向，以利预约借书或急需催还；③能查到某一天应有哪些读者还书，以便催还逾期图书，加速图书流通。

为了尽可能达到上述要求，可根据各馆的具体情况，采用各种排列方法。但主要排列方法有以下几种。

1) 只用读者阅读记录卡（或读者分户卡）或将书袋卡夹在阅读记录卡中，排列一套卡片，叫"单轨制"，具体排法有三种：

第一种是按还书日期排，同日期的按再读者姓名顺序或阅读记录卡（或读者分户卡）号码排。这种排法只能查出哪一天应有哪些读者还书，但是不能查出某一个读者的阅读情况，也不能查出某一本书或某一种书的去向。

第二种是按索书号排，它能迅速查到某种书的去向，有利于图书动向的掌握，有利于开展预约借书和急需用书的催还。但它无法迅速查出哪些图书已经逾期，应该归还；也无法掌握某一个读者的阅读情况，不利于阅读辅导的开展。

第三种是按读者姓名顺序或读者阅读记录卡（读者分户卡）号码排。这种排法能迅速查出某一读者的阅读情况，有利于对读者的阅读辅导。但是不能查出某一本书某一种书的去向，也不能查出哪一天应该有哪些读者还书。

"单轨制"的任何一种排法，都只能解决上述三个要求中的一个要求，不能解决两个以上的要求。大型图书馆多数不采用"单轨制"。

2) 用读者阅读记录卡（读者分户卡）和书袋卡排成两套卡记录中"双轨制"。双轨制的排法也有三种：

第一种是书袋卡按还书日期排，解决书的去向问题；读者阅读记录卡按读者姓名顺序或记录卡的号码排，解决读者的阅读情况问题。这种排法不能查出哪一天哪些读者和哪些书应该归还。

第二种是书袋按还书日期排，解决哪一天应有哪些读者与哪些书应归还的问题。读者阅读记录卡排法同上，但解决不了书的去向问题。

第三种排法是书袋卡按索书号排，解决书的去向问题。读者阅读记录卡按还书日期排，解决哪一天有哪些读者和哪些书应该归还的问题，但不能查出读者的借书情况和阅读情况。

"双轨制"的三种排列法都是排两套卡片，它只能达到上述三个要求中的两个，无法同时迅速地解决三个要求。

单轨制手续比较简便。双轨制已多了一重手续，但它始终不能同时迅速地解决上述三个要求，因此不能适应某些大型图书馆的需要。这些大型图书馆往往利用读者阅读记录卡（读者分户卡）、书袋卡和索书条排成三套记录，这种排法叫"三联单"式，也可叫"三轨制"，这就能完全达到上述三个要求。但是三轨制手续比较复杂，借还图书不方便，除某些大型图书馆外，一般图书馆很少使用。

根据有些馆的实践经验，可以双轨，同时解决三个要求，其方法是以书袋卡按还书日期排，同一天的书袋卡再按索书号排，逾期的书袋合并在一起（读者分户卡排法同上），这样便可以掌握按日期和按索书号排的两个要求。当然，要查找某一本（种）书的去向，虽然要多查一下（甚至30次），还是可以解决问题的，因为按索书号查书，毕竟是较快的。

图书馆借出图书后的排列方法多种多样，不同的排列方法，解决不同的问题，这是根据不同类型图书馆的不同需要而产生的。一定的方法只能适应一定图书馆的要求，不可能设想有一种能适用于各类型图书馆统一的排列方法。就是在同一图书馆内，往往也因为读者对象与读者对图书资料的需要不同，而其排列方法也不一样。总之，究竟应该采用哪种排法，要根据图书馆的具体情况而定。

（2）集体外借。随着社会主义建设事业的不断发展，为满足科学研究工作和广大人民群众的科学文化水平不断提高的需要，机关团体、工厂企业、学校和科学研究机构中到图书馆查找有关专业资料的单位日益增多，对图书馆外借提出了更高要求。为了适应这种形势的需要，有不少图书馆与这些单位直接建立借书关系，由它们指定专人负责，以单位名义向图书馆借书，这种借书方式称"集体外借"或称"机关集体外借"。

高等学校图书馆按照教学和科学研究需要，有建立班级集体借书和系、（室）集体借书或科学研究专题集体借书关系的，这也是集体外借的一种。

集体借书手续，应由各单位指定的联系人统一办理，最好能统借统还。借出图书的书袋卡由指定的联系人签字，并在集体借书证上进行登记，填写借书日期、索书号和书名。图书馆要能掌握一套集体借书记录卡，其借出图书的书袋卡和集体借书记录卡的排列方法，应根据各馆的具体情况决定，可以是单轨制，也可以是双轨制。

（3）馆际互借。它是图书馆之间事先通过协商，建立互借关系，使用对方的图书资料为本馆读者服务的一种方法。由于读者需要异常广泛多样，任何一个图书馆的藏书种类和数量都要受到一定条件的限制，单靠本馆藏书不能完全满足读者要求，尤其是随着科学技术的不断迅速发展，读者需要更多、更精、更新的图书资料，而且有时需要的时间紧迫，因此馆际互借就显得更加重要。为了更有效地配合生产和科学研究，做好图书资料的供应，有计划、有目的地开展馆际互借工作，组成地区性的、专业的图书馆协作网，使之互补缺藏、资源共享，这是十分重要而有意义的工作。要做好这一工作，需要通过编制各种联合目录、专题索引以利互通有无，使图书馆都能充分发挥作用，促进馆际协作，以帮助解决各个单位生产和科学研究中的需要。

根据目前情况，各馆在馆际互借工作的开展中还存在一些问题，主要是相互掌握对方的馆藏情况不够，遇到本馆缺藏的图书，需要到其他单位索借时，就很难知道究竟哪一个馆藏有该书，因而形成到处询问、到处乱碰的现象。这主要是因为联合目录跟不上形势的发展，大型图书馆书本式馆藏目录较少，同时，有些图书馆对搜集和整理各馆馆藏目录和书目通报工作缺乏应有的重视，因此，掌握各馆藏书情况无所依据，对某些大型图书馆的藏书特点也缺少调查研究，这对搞好馆际互借工作影响很大。此外，有些馆员在思想认识上对馆际互借缺乏整体观念，表现出某种程度的本位主义想法，以致相互遵守制度不够，责任心不强，这也影响了馆际互借工作的顺利进行。

开展馆际互借首先要明确互借的目的、确定工作范围。馆际互借应该主要是为生产、教学和科学研究搜集急需的图书资料，而不是解决广大读者一般的阅读需要。因此，建立馆际互借关系的图书馆应该有一定的选择，各馆根据本馆的藏书情况和用书情况，选择建立互借关系的对象。选择对象时要考虑到各馆的藏书情况和地区条件，避免舍近就远，造成人力、物力与时间的浪费。同时也要注意各类型图书馆之间的关系，因为同一类型图书馆便于建立统一的借书制度与方法。

选好对象后，应进行联系，制定互借规则。这种规则应由建立互借关系的各馆共同协商制定。其主要内容包括：①建立馆际互借的目的；②馆际互借的服务对象；③互借单位双方共同遵守的权利与义务；④馆际互借关系的有效期限；⑤馆际互借手续和邮寄办法；⑥借书范围、数量、期限以及损坏和遗失图书的赔偿办法；⑦馆际互借的其他事项，如馆藏目录、新书通报的交换办法等。

除互借馆之间制定共同遵守互借规则外，每个图书馆还应根据互借规则的内容和精神，制定有关本馆读者利用馆际互借的规章制度。这种制度应包括以下内容：①馆际互借的服务对象；②读者在什么情况下允许使用馆际互借；③使用馆际互借的借书手续；④借书范围、数量和期限；⑤损坏和遗失图书的赔偿办法等。

在馆际互借过程中，各馆都毫无例外地要遵守互借规则，只有这样，才能保证馆际互借工作的正常开展，使图书馆充分发挥作用。

馆际互借的方法。根据读者正当要求，由读者填写一定格式的申请单，写明需借书刊的详细书名、著者、出版事项或卷期等必要项目和读者姓名、职务、工作单位、通讯地址及电话号码，以便馆方随时与读者联系。然后，工作人员应根据读者的请求，查阅各馆馆藏目录、新书通报、联合目录和其他各种书目参考工具，确定哪些图书馆藏有所需图书，然后索借。本地区的图书馆如藏有该书，则派专人直接去办理互借手续。如本地区各馆缺藏，需向外地馆进行互借时，一般采用通讯借书的办法，使用邮包寄递。借出馆收到对方借书信时，照信检寄图书，并应填写通知、包装、存底一式三份单据，一份寄给对方馆，通知该馆借寄图书的有关事项；另一份夹在邮包内寄出，待对方签收图书后寄回；存底一份留在馆内备查。双方借入借出图书，均应分别登入馆际互借登记簿以便查对。

在馆际互借工作中，应注意收集借出借入图书的使用效果。借书效果的调查收集，在一般借书中本来就应该留意，在馆际互借时则更应重视。一般方法是在书上附上一份阅读调查表，要求借阅者还书时将表填好随书交回。也可在还书时面谈了解。调查借书的使用效果是总结工作的最有力证据；同时也有利于工作人员熟悉图书和进一步认识馆际互借工作的意义和作用，鼓舞工作热情，并改进工作。

在馆际互借工作中，应注意记录的保管和统计，手续力求简便，但必须清楚正确，防止错乱和积压。图书馆互借工作应指定专人负责,以便于加强馆际之间的联系,熟悉各馆的藏书情况,做到知己知彼,从而提高互借工作的质量。同时,专人负责可以加强责任心,防止工作的紊乱或互不衔接等责任事故的发生。

(4) 预约借书。这是为了保证读者有计划地阅读,使图书馆能比较主动地用图书为读者服务而采取的一种措施。特别是对于那些对某一图书要求非常迫切,而图书馆一时又无法满足其要求的读者,实行预约借书更有着重要意义。预约借书的范围一般不限于图书馆已入藏的图书,对于已购未到或已购到馆尚待分编加工的图书和正在陈列展览的图书也可实行预约。

预约借书的方法。图书馆印制一种预约借书单,一式二份,一份做预约登记单,一份做预约通知单。办理预约借书的读者,应填写预约借书单,注明预约图书的索书号、书名、著者、读者姓名、借书证号及详细地址、电话号码,然后交给工作人员。工作人员经编号登记后,将预约借书单排入按索书号排列的借出图书书袋卡后面,等该书还回、抽还书袋卡时,就会发现该书已经预约,可将预约登记单夹在该书中另行排放,将预约通知单及时寄发给读者。读者接到预约通知单后,即可持单在规定时间内来馆办理借书手续,逾期不再保留,以避免影响图书流通。

预约借书针对的另一种情况是,由于图书馆藏书分散,或因工作过于繁忙,读者当时不能拿到所需要的图书。在这种情况下,读者可将索书条交给工作人员,工作人员在预约时间内将图书提出,读者在预约时间内可以随时来借,这样,既可方便工作人员,也可减少读者等候借书的时间。

此外,还有电话借书、邮寄借书等方式,为不便来馆的读者和某些有特殊情况必须照顾的读者服务。对一般读者也有实行电话续借的办法。

(5) 逾期催书。读者借书后,逾期不还,是较普遍存在的问题,它严重地影响了图书的流通,造成图书丢失。因此,催书就成了借书处一项很重要的工作。许多馆经常花一定的人力填发催书单、电话催书甚至到读者家去登门索书。为了减少逾期不还的现象,有些馆采取了停止借书或逾期罚款的办法,收到了一定效果,逾期不还现象有所减少,或大有减少。但这只是解决问题的一个方面,光靠停止借书和罚款,还不能从根本上解决问题。要解决读者逾期不还的问题,还必须经过调查研究,分析读者逾期不还的原因,根据不同的情况,采取不同的解决方法。读者借书逾期不还,大致有以下几方面的原因:

1) 属于图书馆方面的。①规定借书期限过短或借书数量过多,读者在规定时间内看不完所借的图书;②图书馆的开放时间与读者工作时间有矛盾,使读者没有时间还书;③还书手续过繁,还书时经常出现排队现象。

2) 属于读者本人方面的。①读者由于工作变动、因公出差,忘记将所借图书还回;②由于工作、学习过忙,在规定时间内还没有将书看完;③由于工作、学习还需要参考,怕归还后再也借不到;④因工作、学习较忙,或因事因病不能来馆还书;⑤读者借到好书,私下交流转借或忘记应归还日期因而未如期还书;⑥遗失或损坏了所借图书,无力赔偿,甚至个别读者不愿赔偿;⑦读者所借的书,是自己非常需要而书店又买不到的图书,因而不愿归还,企图据为己有。

根据上述这些原因，要解决逾期不还的问题，须做好以下几方面的工作：

1）加强爱护公共财物，遵守借书规则的宣传教育。借书处应当把它作为一项经常性的工作来抓。在进行读者登记时、读者借还书时，都要随时进行宣传，尤其是对于个别经常不遵守借书规则的读者，更应注意对他们的教育，使读者真正认识到逾期不还，不但违犯图书馆的规章制度，而且降低了图书的利用率，影响了别的读者阅读，使图书不能充分发挥作用，从而使他们能自觉地遵守借书规则，按时归还图书。对个别故意违犯借书规则且屡教不改的读者，应和其所在单位联系，共同加以教育，必要时也可以采取停借、罚款以至取消借书权利的办法。

2）注意改进图书馆的借书制度，合理延长借书时间和简化还书手续，尽量方便读者还书，允许其他读者代还。

3）加强日常的催书工作。除了经常口头催书、填发催书单、公布逾期读者名单外，还应采取其他方式，如实行电话催书、上门访问、书面催书。在进行这项工作时要注意与有关单位联系，并且要发动群众，依靠群众的帮助，才会取得显著效果。

除了做好上面三方面工作外，还应有必要的制度来保证，否则仍收不到应有的效果。究竟要采用哪种制度，则应根据各馆的具体情况，并应请示领导的意见和取得广大读者的支持，如此才行得通。借书逾期罚款，在目前情况下，对借书逾期不还问题无疑是一个比较有效的办法。但这项办法的制定，事先应对读者逾期不还的原因做充分的研究分析；同时应切实改进借书制度，方便读者还书。在拟定逾期罚款办法时，应考虑有一个逾期缓冲周转期，即逾期多少天内还书可以不罚，以减少一些不能依期还书的特殊困难；同时还须考虑一本书逾期罚款的最高额和一次逾期罚款的最高额。这样制定的逾期罚款办法，既体现其严肃性，又具有一定的灵活性，执行起来才比较顺利。

2. 借书处的宣传辅导工作。借书处应积极地配合党和国家的中心任务，国内外重大事件，本地区、本单位的生产、教学和科学研究任务，组织图书流通，并在此基础上广泛推荐图书、宣传图书、辅导读者。

借书处的宣传辅导工作主要有两种：一种是通过设置新书好书专架或陈列橱，张贴图书宣传画，举办小型图书展览，设置新书介绍栏以及其他各种小型多样的图书宣传方式。另一种是在借还图书时，对本馆的各种借书小组、学习小组及个别读者进行口头辅导。向读者宣传图书，推荐图书，介绍本馆业务内容、规章制度和使用图书馆的方法，报道本馆的各项活动，进行爱护图书、遵守图书馆规章制度的宣传教育；同时帮助读者选择图书、正确地理解图书内容，遇到读者所借的图书明显不适合他的需要或被他人借走时，工作人员应以内容相近的其他图书向读者推荐代替。对于那些没有明确的借书需要的读者，工作人员就应和他谈话，了解他的需要，向他推荐有关图书。在开架情况下，应向读者介绍开架书库的组织，或帮助读者选书。

为了保证借书处宣传辅导工作的顺利进行，在人力条件许可的条件下，应建立读者阅读记录。它将为图书馆研究读者、进行阅读辅导积累极其宝贵丰富的资料，提供最有利的条件。

3. 统计工作。借书处的统计工作，是把一定时间内的工作情况，通过各种统计数字集中地表达出来，说明工作中的成绩和缺点，以便检查和总结这一段时间内为读者服务的情况，制订今后的工作计划，因此统计工作是借书处不可缺少的一项工作。

借书处的统计主要包括读者统计和图书借阅统计两个方面，其主要项目有以下几项：

（1）读者人数统计。统计一定时间内进行过读者登记有借书权利的读者总数和各类型读者人数，以说明图书馆为读者服务的程度。这项统计根据读者登记卡来进行。

（2）图书流通册（次）数（流通量）和流通率（周转率）的统计。统计一定时间内图书流通总册（次）数和各类图书流通册（次）数以及流通总册（次）数和藏书总册数之间的比例，以掌握全部图书和各类图书的流通情况、读者的阅读需要和阅读倾向，以及图书馆藏书利用程度的高低。这项统计主要根据阅读记录卡、书袋卡或索书条进行。

（3）各类型读者借阅图书的分类统计。统计一定时间内各类型读者借阅各类图书的情况，用以说明各类型读者的阅读倾向和阅读特点。这对公共图书馆来说是一项极为重要的统计。

（4）阅读率的统计。阅读率是流通总册次和来馆总人次之间的比例。它表明来馆读者平均阅读了多少书刊，集中反映了读者阅读的积极性。

（5）拒借率的统计。拒借率是读者借书的总数与借不到的总数之间的比例（有些馆以人数或次数作为计算单位）。对于拒借率，应进行具体分析，找出产生拒借的原因，以便改进工作。

此外，大型图书馆还应进行催书、还书的统计，说明读者逾期情况和图书遗失、破损情况。

借书处的统计应该每天进行，根据每日的统计进行月终统计，根据每月的统计进行季度和年度统计。

借书处的统计工作和其他统计工作一样，不能只停留在统计数字的收集和汇总上，因为光靠数字是不能解决问题的。因此，就需要对各种数字的相互关系及其变化进行分析，找出问题，提出办法，然后写出统计分析报告，向领导汇报，并且作为今后制订计划、改进工作的依据。总之，统计的目的不是为了求得几个数字，而是为了通过所得到的数字研究分析问题，发现问题，改进工作，指导工作。

（三）借书规则

制定借书规则是为了保证借书处工作的顺利进行，保护藏书的完整，加速图书的流通，更好地为读者服务。很多事实说明，如果图书馆没有合理的借书规则，就不能维持图书馆与读者之间的正常关系，不能有计划、有目的地进行工作。

1. 借书规则的内容。一般图书馆借书规则的内容主要应包括以下几方面：

（1）读者借书的条件。读者借阅图书馆的图书应有一定的条件。公共图书馆、科学院总馆、科学院分院馆，只有进行读者登记、领到本馆借书证的读者才有权利借书。其他读者只能在馆内阅览，不能借书。高等学校图书馆和科学院各研究所图书馆，由于它们的任务是为本单位的读者服务，因此本单位的全部读者都可以借书。

（2）借书的范围。图书馆藏书不是全部都允许外借的，应根据各馆性质、任务以及不同读者对象而有所限制。对一般读者只出借思想性较强、科学艺术价值较高的优秀普通图书。善本书、工具书（如字典、辞典、百科全书、年鉴、地图、各种手册等）、内部资料、特藏等通常只允许馆内阅读，不允许外借。一般公共图书馆的报纸、期刊也不外借。这是由于这些图书极为珍贵，或由于出版方面的原因，万一遗失损坏，无法采购补充；或者因为读者经常参考所必需，借给个别读者，会影响大多数读者使用；或由于图书思想内容、科学艺术价值等问题，不宜在一般读者中广泛流通。但如果某些单位和科学研究工作者在生产和科学研究工作中必须参考这些图书，而且由于种种原因只有借出馆外才能满足他们需要时，应根据具体情况，经过一定的批准手续，方可允许外借或代为复制。

（3）借书数量和期限。借书的数量和期限应根据本馆藏书的数量、类型、用途和读者的实际需要与读者人数多少而定。如果规定借书数量过少，期限过短，就会影响读者的工作和学习，影响生产和科学研究的顺利进行。如果量过多，期限过长，就会造成大量图书积压在读者手中，影响图书的流通周转。因此，必须从实际出发，有区别地确定借书数量和期限。

（4）借书逾期和图书遗失损坏的处理办法。读者借书逾期，应了解其原因。如无正当理由，应视其逾期时间长短、次数多少来处理，一般采用停止借书或罚款的办法。但对于个别逾期情况严重的读者，也可酌情取消其借书权利。

读者损坏或遗失图书，应该赔偿原书，如买不到原书，就应根据该书的情况按原价加倍或加数倍赔偿。

（5）其他事项。例如在规则中提出对读者在使用图书时的要求，如，读者应爱护图书；不准将借书证借给别人使用；读者所借的图书，在必要时，图书馆有权随时收回；等等。

要制定合乎实际情况的借书规则，首先必须从各类型图书馆的任务和特点出发，来决定借书规则的内容和针对各种问题的解决办法，做到既方便读者，尽可能满足读者要求，又保护藏书的完整性，加速图书的流通，使藏书有效地发挥作用。同时，要贯彻区别对待的原则，根据各类型图书馆的不同条件、不同服务对象以及不同的图书而采取与此相适应的服务方式和方法。只有这样，才能既保证重点读者的需要，也能适当照顾其他读者的利益。由于各馆具体情况不完全一样，因此，各馆不可能有一个内容完全相同的借书规则。

2. 执行借书规则时应注意的问题。制定借书规则的目的既然是为了保护藏书的完整性，扩大图书的流通，更好地为读者服务，因此，借书规则制定后，就必须严格执行，不能任意违章办事。但是我们制定的借书规则不可能与客观实际完全符合，一点不差，也不可能解决在工作中出现的所有问题，因此在执行过程中，就需要我们发挥积极主动精神，根据具体情况，要有一定的灵活性。所谓灵活性，一种是指制度本身所具有的伸缩性，执行时可按具体情况有一些上下左右的余地。例如图书馆规定读者损坏或遗失图书应以原书赔偿或按原书价格 1～10 倍赔偿，这中间就有很大的伸缩性，究竟应赔偿几倍，就应根据读者遗失或损坏的图书的具体情况而定。另一种是指某些例外情况。例如，图书馆一般规定报刊不外借，但某些单位或个人因生产或科学研究工作需要、却不能来馆查阅时，我们也要根据具体情况，允许外借。这种灵活性是完全必要的，但不宜过多，过多了，就会破坏借书规则的执行，或说明所制定的借书规则不适合实际需要，应做适当修改。在处理这种特殊情况时，也必须经过一定的手续，最好经过本馆领导的批准。

为了使借书规则顺利执行，图书馆必须加强对读者的宣传教育，使借书规则完全建立在读者自觉执行的基础上。

三、阅览室

阅览室是供读者在馆内利用书刊资料的场所。它除了具有适合读者学习、研究的环境，备有丰富的书刊资料、书目索引、各种参考工具书以及其他许多不外借的、珍贵的、稀有的出版物，供读者在室内借阅参考外，同时又是图书馆宣传图书、辅导阅读、解答咨询和辅导读者使用目录索引以及其他工具书的重要阵地。它为来馆阅览的读者提供了优越的条件，对帮助读者自学和进行科学研究、提高图书馆服务质量、完成图书馆任务都有显著作用。

（一）阅览室的种类和设置

阅览室的种类很多，各馆可根据自己的需要与可能灵活设置。就我国目前设置阅览室的情况看，除了普通阅览室外，基本上可以概括为以下几种：

1. 按读者对象划分的阅览室。如参考阅览室、教师阅览室、学生阅览室、儿童阅览室等。设置按读者对象划分的阅览室是为了更好地服务某一读者群，针对他们的工作和学习需要以及文化程度等特点，配备藏书和开展工作。

2. 按知识门类划分的阅览室。如哲学、社会科学阅览室，科技阅览室，自然科学阅览室，各种专业阅览室以及文艺小说阅览室等。设置这种类型阅览室的目的是集中某一知识门类的书刊资料，专为因工作和学习需要这一专门知识的读者服务。除文艺小说阅览室外，这种类型的读者一般都具有相当高的文化水平，阅览室的主要任务是帮助他们利用各学科的专业书刊、书目索引和各种工具书，进行专门研究和提高专业知识。

3. 按出版物形式划分的阅览室。如报刊阅览室、善本阅览室、专利文献阅览室、产品样本阅览室、显微阅览室、视听资料阅览室等。设置这种类型阅览室的目的是加强对这些特殊出版物的保管和利用。

4. 按文字划分的阅览室。如外文阅览室、俄文阅览室、少数民族文字阅览室等。设置这种类型阅览室的目的是便于懂外语和本国各少数民族文字的读者研究各国和本国各少数民族的情况，掌握各国科学情报，进修外语和本国各少数民族语言，进行翻译工作，为发展少数民族文化服务。

科学设置阅览室，使各种阅览室有机配合，是图书馆充分发挥藏书作用、全面做好为读者服务工作的重要环节。一般来说，设置阅览室应考虑图书馆的方针任务、读者要求、藏书特点、人员和设备等几个方面的因素。高等学校图书馆和科学院系统图书馆还要考虑教师、学生、科学工作者的工作和居住地点，使他们便于利用。不同类型的图书馆，由于方针任务、读者对象不同，其阅览室设置也不一样。

（1）公共图书馆阅览室的设置一般有普通阅览室、报刊阅览室、参考阅览室、儿童阅览室等，分别为不同读者服务。有的馆根据本馆的藏书还设置有地方文献阅览室、科技情报阅览室及某些专题阅览室等。

（2）高等学校图书馆为了有区别地为教师和学生服务，便于他们进行教学和科学研究时充分利用所必需的图书资料，一般设置有教师阅览室、学生阅览室、系（科）图书资料室等，分别为全校或本系（科）教师、学生服务。此外，一般还设有报刊阅览室，为本校师生员工服务，其性质与任务大体与公共图书馆的报刊阅览室相同。有些高等学校图书馆除了设置上述阅览室外，还根据业务上的需要和可能，设置文科和理科阅览室以及其他专门性阅览室。

（3）科学院系图书馆的主要任务是为科学研究服务，其阅览室的性质大都属于综合性或专业性的科学阅览室，它以丰富的科学、技术书刊资料为本院（所、室）的科学工作者服务。科学院系统图书馆阅览室的设置情况是：院馆和分院馆一般设有综合性的科学阅览室，有些馆也将社会科学与自然科学书籍分开，设置专科性哲学、社会科学阅览室和自然科学阅览室。另外，根据本馆藏书的特点和馆舍条件还设有一些其他专门阅览室，如专利文献阅览室、显微资料阅览室、视听资料阅览室等。研究所、室图书馆大都只设置一个与本所、室的专业性质相适应的专科性阅览室。

科学院系统图书馆的阅览室一般备有属于本专业的丰富的、系统的书刊资料，国内外的科技期刊更为丰富。它的工作与公共图书馆参考阅览室相近。除了经常进行各种文献资料、书目索引、文摘等的搜集和整理工作，及时地向科学工作者通报他们所需要的书刊资料，还广泛开展参考咨询工作，为科学工作者代查、代找，迅速、准确地提供他们在科学研究中所需的图书资料。有些图书馆的阅览室还办理一部分书刊外借工作，在一定条件下允许科学工作者短期外借室内陈列的书刊资料。

（二）阅览室的工作

阅览室的工作内容很丰富，一般包括借阅工作、宣传辅导工作、参考咨询工作以及管理和统计工作。

1. 借阅工作。阅览室为读者服务的方式有开架阅览和闭架借阅两种。开架阅览是将藏书公开陈列在阅览室内，供读者在室内自由取阅，一般不需要办理借阅手续，阅毕自行放回原处或放在指定地方，由管理人整理上架。闭架借阅是由读者通过目录查找自己需要的书刊资料，在出纳台办理借阅手续后，在室内阅览。

读者在阅览室借阅的图书不得携出室外，一般是当班借当班还。如果读者要求在下一班时间还要用当班时间没有用完的图书时，则可以代读者保留，在图书还回后暂不归架，做上必要的记号，待读者在下一班时间来借。但保留时间不能过长，如果读者在规定时间内不来借阅，便应将图书归架，以便加速图书流通。

2. 阅览室的宣传辅导和参考咨询工作。阅览室的主要任务总的来讲是宣传马列主义、毛泽东思想，宣传党和国家的方针政策，宣传各种优秀图书，提供文化、科学技术书刊，为提高全民族的科学文化水平服务。因此，阅览室工作绝不限于办理借还手续，还应该积极进行图书宣传、阅览辅导和参考咨询工作。

阅览室的图书陈列是阅览室图书宣传工作的重要组成部分。图书陈列应根据图书的政治思想内容、科学艺术价值以及所属学科范围决定该书在陈列架上的位置。图书陈列方法，一般按分类陈列、按专题陈列和按图书类型陈列三种，但不论采用哪一种方法，都必须突出各知识门类最基本、最重要的优秀著作和新到书刊。为了保证图书陈列的思想性、现实性，应该经常调换内容过时的陈旧的书刊，不断地补充新到书刊。此外，阅览室还可通过举办各种小型图书展览、新书陈列、张贴图书宣传画以及其他活动开展图书宣传工作。

读者在阅览室阅览图书，使工作人员有较多机会接近读者。有些阅览室建立了读者阅览记录，为工作人员了解读者、熟悉读者准备了条件。同时，阅览室还备有全馆较完备的各种目录索引，以及其他参考工具书，从而为进行阅读辅导和参考咨询工作创造了极为有利的条件。工作人员应充分利用这些条件，根据读者的特点，开展系统的阅览室辅导工作。此外，也要根据读者的需要编制和利用各种书目参考工具，解答读者的一般参考咨询问题。

3. 阅览室的管理和统计工作。阅览室为了保证读者获得良好读书环境和进行自学或科学研究的必需条件，不论是开架阅览还是闭架借阅，都需要加强阅览室的管理工作。如各种专业阅览室或有一定读者对象的阅览室，为了保证重点读者的需要，只允许具有一定条件的读者入室阅览；必须根据有区别地服务读者的原则，进行读者登记，发给一定使用期限的阅览证，以便适当控制读者人数，从而更好地为读者服务。

阅览室的统计工作主要包括阅览人次的统计、借阅册次的统计、各种成分的读者借阅各类图书情况的统计，拒借率的统计，等等。进行这些统计，对于加强和改进阅览室工作具有重要意义。这些统计，除阅览人次的统计外，其方法基本与借书处的统计相同。

阅览人次的统计，包括在一定时间内阅览的总人次和各种成分读者的阅览人次，用以说明不同成分读者使用不同阅览室的情况、读者的阅读需要和倾向以及工作人员的工作量等。这项工作必须每日进行，每月统计。

阅览室的统计的应力求准确，以利于对统计资料进行分析研究，指导工作。此外，阅览室还应设置工作日志，记录各项工作进行的具体情况和阅览室发生的特殊情况。

（三）阅览规则

制定阅览规则的目的是保护藏书的完整，加速图书的流通，使读者有良好的学习环境，以便进行自学和科学研究。阅览规则的具体内容和条款，根据各馆的具体情况，各不相同，但一般应包括以下几方面的内容：

1. 各阅览室的性质任务和服务对象的规定。一般大型图书馆都有好几个阅览室，这些阅览室分别收藏不同的图书，具有不同的性质，为不同的读者服务，应该将这些明确地告诉读者，以便读者选择利用。

2. 各阅览室使用办法的规定。不同性质的阅览室往往规定不同的使用方法，有的凭机关介绍信换取阅览证入室阅览，有的凭个人身份证、工作证、学生证等入室阅览，有的什么都不需要，读者可以自由入室阅览。这些应告诉读者，使读者预先办好必要的手续。

3. 各阅览室借阅图书范围和手续的规定。在闭架借阅的情况下，要告诉读者阅览室的借书手续、借书册次。

4. 阅览室开放时间和借书时间的规定。在规定阅览室开放时间和借书时间时，要尽可能适应读者的需要。

5. 对读者的要求。如保持室内安静、清洁，爱护图书，阅览室所借的图书不允许携出室外，用毕应立即归还或放回原处，等等。

四、图书流通工作中的几个问题

（一）图书管理人员与读者

图书流通工作是以读者为服务对象的，没有读者，管理人员也就没有服务对象；图书流通工作是通过管理人员来进行的，读者的阅读需要通过管理人员的服务工作才能得到满足。因此，图书管理人员与读者之间的关系，是服务与被服务的关系，两者共同为建设四个现代化的社会主义祖国而辛勤劳动，是一种新型的同志关系。但是，在社会主义图书馆里，管理人员与读者的矛盾仍然存在着，它主要表现在：

从管理人员方面说，有的人对业务不熟悉，不了解读者，不了解或不够了解馆藏，因而服务质量不高，使读者感到不便；或对读者不热情，服务态度不好；等等。

从读者方面说，有的人对管理人员的劳动不够尊重，从而给图书馆工作带来一定的困难。

具体地说来，在下述情况下，两者容易发生矛盾：

1. 在书刊资料供不应求时，读者的阅读需要得不到满足，如果管理人员解释工作跟不上，就会造成读者的紧张情绪。

2. 管理人员在业务繁忙、读者拥挤时，如果工作粗心、忙乱、差错，就容易引起读者不满。

3. 读者填错索书条，或借书逾期不还，或损坏、丢失图书，也容易发生纠纷。

上述这些矛盾，是图书供求之间不相适应的客观矛盾在管理人员与读者关系上的反映，是在根本利益一致基础上的矛盾。

在通常情况下，读者与管理人员有矛盾，管理人员是矛盾的主要方面。因此，在处理两者之间的关系时，必须着重从管理人员这一方面解决。能否正确处理这两者之间的矛盾，这与管理人员的思想修养程度和服务质量高低有密切关系。这就要求管理人员不断提高政治思想觉悟，树立全心全意为人民服务的思想，学习文化，学习业务，不断提高科学文化水平和业务工作能力，不断提高服务质量。

管理人员和读者之间的矛盾，主要矛盾方面在管理人员一方，并不意味着可以忽视另一方，要处理好这两者之间的关系，还需要读者的合作和支持。读者不应当轻视管理人员的劳动，而应当以主人翁的态度关心图书馆工作，通过适当的方式，提出善意的批评意见和建议。

这是一对矛盾，是一件事物的两个方面。管理人员往往易于从管理方便出发来考虑自己的工作，而忽视了读者使用图书的不便。而读者又往往易于从自己使用图书的方便出发，只顾个人阅读的需要，忽视图书馆的必要的规章制度，忽视他人对图书的需要，提出不合理的要求。这样也就易于形成管理人员和读者之间的矛盾和冲突。要正确解决这一矛盾，图书管理人员必须正确认识图书的管理和使用的辩证关系。

（二）图书的管理与使用

图书馆书刊资料的采购、搜集、分类、编目、典藏等一系列工作，其最终目的是供读者使用，不给读者使用，也就没有必要入藏图书，图书馆也就没有存在的必要。但图书馆入藏数量众多的图书资料，就是供广大读者使用。为了使广大读者使用方便，它就必须有科学的管理制度。没有完整的科学管理，就不可能把各个科学门类的众多的书刊资料有条不紊地、迅速而正确地提供给每一个读者使用。因此，管理是为了使用，要使用方便，必须有科学的管理，这是管理与使用的辩证关系。图书管理人员不论是在制定或执行图书馆的各种规章制度还是进行日常一切工作时，都必须明确这一辩证关系，才能正确处理好由此而产生的矛盾。

有的同志说：有的图书，如善本图书、拓片、孤本书、图片、画册、碑帖等，读者借阅手续烦琐，不利于读者使用，保留本则根本不给读者使用，这种管理哪里是为了使用。其实不然，使用上述图书要比一般图书手续多一些，或对某些较好的优秀作品，除了大部分供读者流通使用外，保留一部分，这些都是为了使用，为了长远地更好地供读者使用，这是显而易见的。正是为了读者长远地使用图书，图书馆就有一个保存国家文化遗产的重大而光荣的任务。

（三）拒借问题

任何一个图书馆，它的藏书种类和数量都要受一定条件的限制，不可能完全满足每一个读者的需要；同时，图书馆的各项工作也不可能完全没有这样或那样的缺点。因此，任何图书馆在图书流通工作中都不可避免地或多或少地会出现图书"拒借"现象。

所谓"拒借"，就是指图书馆由于种种原因未能满足借阅书刊方面的读者要求，使读者借不到自己需要的书刊资料。

拒借现象一方面是由各种客观原因造成的，另一方面是由我们工作中的缺点所产生的。因此，流通工作中出现拒借现象是和我们社会主义图书馆事业的办馆方针不相容的。如果读者经常借不到自己需要的书刊资料，就会直接影响他们的工作和学习，影响生产、教学和科学研究任务的完成，同时也会影响他们利用图书馆的积极性。因此，流通工作中拒借现象的多少，在一定程度上能够反映出任务完成的好坏、服务质量的高低。同时，拒借现象的产生还和图书的采购、分编、典藏部门以及其他工作也有很大关系。因此，对拒借现象的分析研究，不仅便于流通部门改进工作，而且对于推动其他部门改进工作也极为有利。通过它能加强各个部门之间的联系与配合，从而提高服务质量。

造成图书拒借的原因很多，但主要有以下几个方面：

1. 客观原因。

（1）图书馆由于经费等原因，采购图书不能大量购置复本，但读者对配合中心任务的图书和新出的图书、优秀文艺小说，学校图书馆对配合教学的参考书，在一段时间内需要量很大。因此，在这种情况下，往往产生大量拒借现象，这种拒借现象是很自然的。要减少这种拒借现象，主要靠加速图书流通来解决。

（2）本地区本系统图书馆之间采购的分工协调存在不足，使采购图书的种类和复本都受到限制，使部分读者的借书需求得不到满足，这种拒借现象主要靠馆际互借获得解决。

（3）我国出版物虽然数量大、种类多，但仍满足不了广大人民群众日益增长的文化需求，使采购图书受到书源的限制，从而产生拒借。这需要挖掘藏书潜力来满足读者的阅读需要。

（4）图书馆藏书是通过不断积累而逐渐丰富起来的。因此，有些新建馆，由于藏书基础差，也会产生拒借，还要依靠老馆、大馆的支持，通过馆际互借来满足读者的要求。

2. 主观原因。

（1）流通工作方面。

1）借书制度不健全。没有按照区别对待原则和读者的实际需要确定借书数量和期限，如果借书数量过大、期限过长，又没有建立经常的催书制度，加强催书工作，这样会使大量图书积压在读者手中，而影响图书流通。

2）出纳人员不熟悉馆藏。读者指定要借的图书被人借出去后，不能介绍其他内容相同或相近的图书来代替。

3）宣传辅导工作做得不好。读者不会使用目录，因而找不到自己需要的图书资料，或者是读者填写索书条时写错了索书号而管理人员未能替读者更正，因而借不到书。在开架借阅的情况下，由于读者直接入库选书，很少有这种原因的拒借。但开架后易于乱架，也会引起图书的拒借。

4）流通部门与采购、分编、典藏等部门联系不够，未能将读者的需要和由于这些部门工作上的缺点而造成拒借的情况及时反映给有关部门，以致不能迅速采取有效措施，使这种拒借现象重复产生。

（2）典藏工作方面。

1）藏书组织不合理，未能经常根据新的情况加以适当调整。有些辅助书库没有及时配备到读者迫切的图书或数量过少，不能满足读者的起码需要。

2）入库新书和读者还回的图书未能及时上架，且放置零乱，难以寻找。

3）书库没有定期和经常清点、整架，排架混乱，找不到书。

4）图书出库制度不健全，手续不完备，借书记录未能妥善处理，难以得知图书下落。

5）图书装订修补时间过长。

（3）编目工作方面。

1）目录体系不完备，目录组织不健全。有的馆只有一套分类目录，读者如不知道所需图书属于哪一类，便无从查找。同时，目录组织中缺乏必要的参见、互见、分析卡片，指引卡太少或使用不当，因而读者难以找到所需要的图书。

2）编目工作人员不细心，漏编目录卡片，造成有书无片现象，或目录卡片上的索书号与书标上索书号不符，造成有书找不到。

3）目录整理工作没有经常进行，图书提存、调拨或注销后，目录卡片未及时剔除，造成有目录卡片而无书的现象。或者没有及时调换已被损坏和字迹模糊无法辨认的目录卡片。或者目录卡片已经排出，而图书尚未入库，因而造成拒借。

4）分编速度太慢，在分编加工过程中发生图书积压现象。

(4) 采购工作方面。

1）采购工作目的不明确，缺乏计划性、系统性，因而不能满足读者的需要。

2）采购人员不善于掌握图书出版和发行情况，不了解本地区本单位的中心工作，不了解读者对图书资料的需要情况，因而采购工作被动，未能根据读者的需要千方百计及时补充图书。

3）采购人员不熟悉馆藏，不能及时补充本馆所缺而又为读者所迫切需要的图书。

4）采购人员工作粗心而形成图书漏购现象。

以上种种只是产生拒借的主要原因。虽然产生拒借包括客观和主观两方面原因，但在寻找降低拒借率的办法时，却不应过分强调客观原因，而应该从主观方面去努力。因此，需要图书管理人员发挥积极性和主动性，采取各种措施，提高工作质量，尽一切可能降低拒借率。

研究产生拒借的原因，从而采取措施减少拒借现象，绝不意味着可以客观主义地有求必应地"满足"读者要求。相反，要加强图书流通工作的思想性和战斗性，认真贯彻区别对待的原则，读者要借的图书，如果明显地不适合他的需要，就应积极主动地向他推荐适合的优秀图书。读者使用内部资料和保密性图书资料时，必须经过规定的批准手续，对于不符合条件的读者，绝不允许向其提供使用。为坚持这些原则而产生的拒借则完全是应该的。

(四) 开架借阅

开架借阅就是将全部或部分藏书向读者公开开放，读者可以亲自到书架上选择自己需要的图书，然后办理借阅手续。它是图书馆为读者服务的一种方式，也是推荐图书、宣传图书的一种方法。目前国外图书馆比较普遍地采用了开架借阅方式，它对扩大图书流通、满足读者需要起到了良好作用。在"文革"前，国内也有不少图书馆采用了开架借阅和开架阅览。"文革"期间，由于无政府主义泛滥，图书丢失损坏严重，各馆基本上放弃了开架借阅这种方式，实行闭架借阅。粉碎"四人帮"以后，由于"四化"建设的需要，图书资料工作被提到重要的地位上来，开架借阅和开架阅览这一方式被再次提出，有很多馆又开始考虑与实行各种形式的开架借阅和开架阅览。

1. 全架形式。概括起来，开架大致有下列三种形式：

(1) 全开架。系指全部藏书（除保密图书外）实行开架借阅。

(2) 部分开架。系指图书馆从全馆藏书中选出一部分能够紧密配合中心任务的图书或者经常流通的优秀图书实行开架借阅，而将一部分不常用的图书或不宜开架的图书存放于基本书库实行闭架借阅，一般大型图书馆宜于采用这一种方式。

(3) 半开架。半开架或称亮架，它不是指藏书的数量，而是指服务的方式。它的特点是将图书以展览的形式陈列在特别的书架，读者可以直接看到图书，但又要通过管理人员取阅，目的是便利读者挑选图书，减少图书拒借现象。这种方式可以起到直观的宣传推荐作用，节省管理人员找书、提书的时间，它往往使用于外借处出纳台或阅览室内，但由于受地方条件所限，数量大受限制。

2. 开架的优越性。过去许多图书馆的实践证明了开架借阅的优越性，大致说来，表现在以下几点：

（1）它使丰富的藏书走近了读者，减少了图书的拒借，扩大了图书流通。闭架借阅，由于读者不能直接到书架上选书，只能通过目录找书，而目录终究不能反映图书的全部内容，致使很多读者借不到自己所要借的图书；同时，有许多读者迫切需要的图书在书架上躺着长期无人问津。实行开架借阅就能避免这一缺点，读者可根据图书内容，选择适合自己需要的图书，起到进一步发挥馆藏的作用。

（2）开架借阅能广泛宣传图书、推荐图书，它是揭示与报道馆藏的最直接、最简便的方法。

（3）便利读者。实行开架借阅，读者借书不一定要通过查阅目录、填写索书条等手续，更不需要排队借书。读者可以用这些时间来选书，以扩大他们的文化视野，培养他们的选书能力，从而借到自己称心如意的图书。

（4）密切了图书馆与读者的关系，吸引了更多的读者。闭架借阅由于借书手续烦琐，拒借现象严重，易引起读者对图书馆的不满和不信任，在一定程度上影响了图书馆与读者之间的关系。实行开架借阅不但给读者带来了一定程度的方便，而且管理人员直接帮助读者选书，从而有助于密切图书馆与读者之间的关系，使图书馆能从读者方面收集更多的意见和建议，有助于工作的改进。

（5）实行开架借阅后，管理人员繁重的取书、找书工作由读者分担，就有可能使管理人员有更多时间和精力来加强读者辅导，整顿书架秩序，提高图书流通工作质量。

3. 开架的局限性。应该指出，开架借阅只是为读者服务而采取的一种借阅方式，并不是唯一的方式，它必须与图书馆为读者服务的其他方式互相配合，如此才能发挥其优越性。因此，它和其他服务方式一样，具有一定的局限性。

（1）开架借阅，读者入库选书，容易错架、乱架，如果管理不善，读者也会感到不便。它只能满足部分读者的部分需要，而不能满足所有读者的所有需要。对于部分有目的地选书的读者和一些有特殊需要的读者，还需采用别的方式来满足。

（2）在实行开架的情况下，如果许多读者需要同一种或同一本图书时，往往不便贯彻先保证重点读者需要、后照顾一般读者需要的原则。

（3）实行开架借阅，除了乱架以外，容易出现图书破损、丢失现象。因此，必须加强管理，要求管理人员具有更高的管理水平，否则就会影响开架借阅优越性的发挥。

（4）实行开架借阅，还要具备一定的馆舍条件和藏书及其他设备条件，否则也会影响开架借阅工作的顺利进行。

4. 开架管理。在过去实行开架借阅工作时，出现的图书破损、遗失和乱架等问题，其原因不能完全归结于开架本身，馆方必须对具体情况进行具体分析。如果针对这些问题采取有效措施，就有可能减少这些问题的产生。

（1）在开架借阅中遗失图书问题。这一方面与读者政治思想觉悟、道德品质以及某些不良社会风气有关；另一方面与图书馆管理不善、制度不严、措施不恰当也是分不开的。因此，除了对读者加强爱护图书、爱护公共财物的宣传教育外，还应经常检查制度中的一些漏洞，设法堵塞这些漏洞，安装必要的防盗装置，加强管理，使这些情况的发生减少到最低限度。

（2）开架借阅中乱架现象是不可避免的。除了加强宣传教育外，主要依靠管理人员随时检查与清理。应根据实际情况摸索出乱架的规律，重点加强容易乱架图书的整理。很多馆采用代书板以克服乱架现象。

（3）开架借阅后图书容易破损。这一方面和读者翻阅的机会增加有关，但更主要的原因是乱架。防止图书乱架，注意排架时松紧适宜，并加强图书的维修与保护，就能减少图书的破损，延长图书的寿命。

（4）实行开架借阅后，目录使用量会相对减少。这并不意味着目录的作用可以降低，因为图书的排架虽是按一定的知识体系或分类表排列，但不能代替分类目录。分类目录中有大量的参见、互见和分析著录，是图书排架难以代替的；而且，读者如果按书名或著者找书，必然会使用图书目录和著者目录；此外，已被读者借走的图书，也只有依靠目录才能知道。因此，目录使用的减少，不能归因于开架本身，真正的原因，一方面是由于我们的宣传辅导工作做得不够，很多读者不习惯于利用目录选择图书、查找图书；另一方面是由于我们目录的质量还不高。因此，开架借阅并不是要废弃目录，而是要加强对读者使用目录的宣传辅导和提高目录的质量。另外，目录使用量的相对减少，对于保持目录的完整性和减少由于查找目录的频繁而带来的目录损残乱失情况是有好处的；对于需要全面地系统地搜集资料的读者来说，使用目录则更为方便。

开架借阅的优越性是应该肯定的，但它只是图书馆为读者服务的一种方式，而不是唯一的方式。图书馆采用何种借阅形式，应从既便利读者使用图书又便于保管出发，根据本馆的性质、读者对象、图书类别等具体情况而定。一般说来，基本藏书不宜开架借阅，推荐性图书宜于开架借阅，对于一些借阅率高的文艺小说可采用半开架方式借阅。另外，也可根据读者对象，实行对部分读者开架借阅、对部分读者实行闭架或半开架借阅的办法。在高等学校图书馆，可采取部分开架借阅，主要解决学生的用书需要。

第五章 宣传辅导工作

图书馆通过图书流通工作，使书刊在读者中得到广泛流传，同时，还要关心读者实际的阅读效果，也就是说图书馆要使读者多读书、读好书。因此，紧密配合党和国家以及本地区、本单位在各个时期的中心任务，根据读者的实际需要，通过各种方式方法开展宣传辅导工作，就成了读者工作中一项非常重要的任务。

党的宣传教育工作是通过各种各样的方式进行的，利用图书、报刊是其中一种很重要的方式。因为图书报刊是传播马克思列宁主义、毛泽东思想，传播各种文化科学知识的有力武器，而图书馆的宣传辅导工作正是以图书、报刊为武器，紧密配合党和国家的中心任务来进行的。因此，宣传辅导工作是思想性很强的工作，是党和国家的宣传教育工作的一部分。

在宣传辅导工作中，还要在阅读内容、阅读方法上对读者进行辅导，培养读者具有正确的读书目的、良好的读书习惯和读书方法，帮助读者正确地领会和理解图书内容，积极地向读者推荐各种思想水平和科学艺术价值高的优秀著作，不断地扩大他们的阅读范围，帮助某些读者克服不健康的阅读偏向，辅导读者学会使用图书馆目录、索引及其他各种书目参考工具，并利用它们帮助自己的工作、学习和科学研究。

此外，通过宣传辅导工作，还能扩大图书馆在读者中间的影响，吸引更多读者利用图书馆，使图书馆在社会主义建设事业中更能充分地发挥作用。

宣传辅导的方式方法很多，基本上可分为群众性的宣传辅导与个别辅导两种方式。前者是集中地对多数读者进行宣传辅导，容易造成声势，扩大影响，能同时使很多人受到教育；后者是深入细致地对个别读者进行辅导，能更直接、更具体地帮助读者解决阅读中的问题。这两种方式是宣传辅导的两个方面，在实际工作中两者应相互补充，相互促进，相辅相成，紧密配合，才能收到更全面、更显著的效果。

一、群众性的图书宣传工作

群众性的图书宣传工作，通常被称为图书馆的"群众工作"。它是一种利用直观形式或群众性活动方式，配合党和国家的中心工作和社会主义建设任务，针对某读者群的普遍需要而进行宣传图书、辅导阅读的工作。

群众性图书宣传的方式方法是多种多样的，基本上可分为实物宣传（如各种形式的图书展览）、口头宣传（如各种报告会和读书活动）两大类。这些方式方法各有特点，只要内容正确，密切配合政治形势、生产和科学研究任务灵活运用，都能发挥宣传图书辅导阅读的作用。群众性图书、宣传工作的方式方法有以下四种：

1. 图书展览。这是一种宣传范围广、效果好，利用图书、资料、报刊、图片等各种出版物向读者进行直观宣传的形式。它经常是配合党和国家的中心工作、国内外重大事件、重要纪念日或各种学术活动进行的，其方式有新书展览、专题展览等。图书展览的规模可大可小，内容可繁可简，既可在馆内固定展出，也可在馆外巡回展出，因而各类型图书馆经常采用。

（1）新书展览。为了及时地向读者宣传推荐新到馆的书刊，扩大读者的知识面，启发读者追求新知识的欲望，可以经常在借书处、阅览室和开架书库设有"新书陈列橱"或"新书专架"，举办新书展览。它是从新到馆的书刊中挑选思想性强和科学价值高的优秀书刊按图书的内容或形式陈列起来，编写简要的内容介绍加以说明，并在橱上或架上标明"新到书刊"或"最近新书"或"新书展览"等字样。这种展览的特点是及时、新颖、简单易行。新书展览必须经常更换新的图书品种，这样才能吸引读者注意，起到及时地宣传和推荐新书的作用。

为了扩大新书的宣传，还可以在馆内外张贴图书宣传画，或用"黑板报""海报"报道新书内容。也可编制新书通报，向有关单位重点读者报道新书消息。

（2）专题展览。它是以党和国家的中心任务，国内外重大事件和纪念日，生产、教学和科学研究中的重大问题为主题，挑选与此有关的现实性强、参考价值高、富有教育意义的图书资料，按照主题的要求，有系统地集中陈列起来。其特点是目的性明确、主题突出，内容完整系统。各类型图书馆均可根据客观需要举办。

专题展览的组织工作一般要经过确定主题、拟定计划、选择有关的优秀书刊、编写文字说明、进行美术装饰、陈列布置等步骤。

（3）报刊资料剪辑。报刊是党和政府强有力的宣传工具，党的方针政策，国内外重大事件，生产建设和科学技术发展的最新成就，首先反映在报刊上。通过报刊剪辑，把有关某一问题的各种资料，如党和政府的方针政策、指示文件、消息报道、社论、评论、地图、照片、统计图表等剪辑下来，按问题的内容性质通过适当的地方陈列出来，供读者参考。这种方式的长处是读者利用较少的时间就可获得某一问题的有关材料，全面而系统地了解这一问题的主要内容，同时，这种方式也是图书馆收集资料的重要方法。图书馆可以根据本馆的性质、任务以及读者的需要确定一些有现实意义的主题，有计划地进行剪辑。这种剪辑资料积累起来，可以成为具有重大参考价值的资料。

2. 报告会。公共图书馆经常根据一定的主题，举办各种报告会或连续性的讲座，向广大读者宣传时事政策，报道现代科学技术的最新成就，分析和推荐优秀作品，或者向读者讲解书目、索引、工具书的使用方法。这是一种比较集中、比较生动的宣传方式，它能在同一时期内向很多读者进行宣传辅导。

图书馆举办的报告会往往是以宣传书刊为主题，或结合主题内容宣传有关书刊，达到扩大图书流通的目的。它既可以由图书馆单独举办，也可以与工会、共青团以及其他社会团体、学术组织联合举办。高等学校图书馆和科学院系统图书馆很少单独举办各种大型的报告会，但应该积极配合本单位党团组织和行政部门举办的各种政治报告会和学术报告会，开展小型多样的图书宣传活动，如编制各种小型书目、举办有关图书展览等。

报告会既可在馆内举行，也可在馆外举行。如果内容特别重要，为了使更多的人受到教育，还可以进行录音，然后到各基层单位巡回播放。

3. 读书活动。图书馆常常利用群众性读书活动的方式，将阅读需要、文化水平、兴趣爱好大体相同的读者组织起来，向他们推荐优秀图书，组织他们阅读。并在此基础上开展图书评价、读者座谈会、故事会、朗诵会等活动，组织读者评价某本图书的内容，畅谈个人读书心得体会，交流读书经验。这些活动，使读者互相启发、互相辅导，加深对图书的理解，提高了阅读效果；同时也可以使图书馆了解读者的需要，掌握某群读者的阅读倾向和情况，便于加强辅导，密切图书馆与读者的联系。目前这种形式在公共图书馆运用得比较广泛。它不受地点、时间、条件的限制，可在馆内进行，也可深入到基层单位"送书上门""送活动上门"，利用读者的业余时间进行。

4. 黑板报、"读者园地"、宣传橱窗。它们也是宣传图书、辅导阅读的重要方式。其内容包括：推荐宣传优秀图书；报道图书馆的各项活动；发表有关的图书评价和读者的读书心得；交流读书经验；读者对图书馆的批评建议和图书馆对读者提出的要求；等等（宣传橱窗往往偏重于图片的宣传展览）。黑板报和"读者园地"可以定期或不定期出版。每一期的中心内容要明确，材料要丰富，形式要整洁美观。为了保证有足够的稿源，并能及时出版，最好是组织读者一起来办。办得好，对读者的教育作用很大，并对改进和推动图书馆的工作也有帮助，能够起到联系图书馆和读者的桥梁作用。

群众性图书宣传的方式方法是多种多样的，除了以上几种主要方式外，还可以结合各馆的具体情况创造更多更好的方式。例如，利用有线广播设备与广播电台合作，定时向读者推荐介绍优秀书刊，或播送读书报告会、读者座谈会的实况录音，也可以举办以宣传图书为内容的文艺晚会、图书灯谜会。此外，还可以每天张贴新到报刊，向读者提供报刊上的学习重点，或张贴各种图书宣传画，等等。但要注意的是，图书馆的宣传辅导活动应以宣传和推荐优秀的书刊为主，其目的是要通过宣传使广大读者多读书、读好书，从而更有效地提高读者的思想觉悟，丰富他们的文化科学知识，促使他们的自学和科学研究获得更好的效果。

二、个别辅导工作

（一）个别辅导的含义和作用

个别辅导是指图书馆按照读者工作的原则，通过与读者的个别接触，在阅读内容和读书方法上对读者提供指导和帮助，协助他们充分利用图书馆的藏书，提高自学或科学研究效果的工作。

个别辅导是非常细致复杂的工作，其对象是各个具体的读者。由于读者的职业、文化水平、思想状况、个人兴趣爱好等情况不相同，他们对图书的需要和要求也就各不一样。因此，进行个别辅导时，必须对读者的基本情况和阅读需要有所了解，还要熟悉馆藏图书，并善于针对读者的不同情况和需要，用不同内容的图书和不同的服务方法去进行辅导，这样才能收到良好的效果。

个别辅导是宣传辅导工作的一个方面，它必须与群众性图书宣传工作紧密配合。个别辅导工作对群众性图书宣传工作起着补充和促进作用。一方面，它在群众性图书宣传工作的基础上有目的地进行个别辅导工作，从而使群众性图书宣传工作的效果更为深入；另一方面，它又将在个别辅导工作中了解到的读者阅读情况和发现的问题提供给群众性图书宣传工作参考，以便更有目的地开展各种群众性的图书宣传活动。个别辅导工作可以根据不同读者的具体要求，有目的、有区别地进行，所以，它是一种有效地服务读者的方式，是提高图书馆服务读者质量的重要手段。各类型图书馆（尤其是公共图书馆）均应积极创造条件努力开展这一工作。

（二）个别辅导的工作内容

个别辅导的工作内容有两个方面：一是在阅读内容上辅导读者，积极向读者推荐好书，引导读者有目的、系统地阅读图书，正确地为科学工作者提供图书资料；二是在方法上辅导读者，辅导读者学会使用图书馆的各种目录、索引等工具。

1. 阅读内容的辅导。由于读者的职业、年龄、文化水平、政治觉悟等各不相同，他们的阅读需要、兴趣、爱好等也千差万别。这就必须针对每一个读者的不同情况进行个别辅导。即根据每一个读者的不同情况，利用不同内容的图书和不同的方法分别服务。现将读者概括为两大类，分述如下：

（1）对于文化水平、科学技术水平不高的读者，要针对他们的不同情况，有目的地进行系统的辅导。首先介绍和推荐一些适合他们现有阅读水平、能够提高他们的思想觉悟、增进他们的科学技术知识、提高他们的工作能力或业务水平的书刊。然后，根据他们文化水平的逐步提高，有步骤地介绍一些内容较深的书籍，以便他们提高自己的科学文化水平。

对于青少年读者，更应加强个别辅导工作。因为他们正处于"长知识、长身体"的时期，他们渴求知识，热爱学习，要求阅读大量的书刊。但他们知识不足，经验不足，尚未具备正确的选书能力，不善于有目的、系统地学习，容易盲目追求曲折离奇的故事情节，对于图书内容还缺乏分辨能力，易受不良书刊的影响，等等。因此，必须加强对青少年读者的共产主义道德品质的教育，帮助他们抵制不良书刊的侵蚀，大力推荐对他们有益的书刊；引导他们由浅入深、循序渐进地学习；帮助他们正确地理解图书，培养他们独立思考的能力和良好的读书习惯，使他们不仅从书刊中得到知识，而且有助于世界观和道德品质的养成。

（2）对于从事生产、从事教学、从事科学研究工作和其他专业工作，文化水平和专门知识较高的读者，当他们到图书馆查阅图书资料时，管理人员可充分利用自己掌握的目录和工具书知识，对他们进行辅导。针对每一个读者的特殊需要，主动提供符合他们需要的各种书刊文献资料。同时，积极推荐和介绍反映世界最新科学成就的著作和科学情报，向他们介绍各种书目、索引、工具书的使用方法，利用书刊书目、索引解答他们在阅读或研究中的疑难问题。通过这些辅导工作，促使他们迅速完成学习、工作任务或科研任务。

2. 查找资料方法的辅导。

（1）辅导读者利用图书馆。图书馆管理人员要经常向读者特别是新读者介绍图书馆的情况，告诉他们图书馆是什么性质的机构，方针任务是什么，本馆的藏书情况和藏书特点是什么，为读者服务的方式方法有哪些，经常开展什么活动，借书处、阅览室的设置情况，开架书库的藏书组织以及借书手续、规章制度，等等。还要告诉读者可以利用图书馆解决哪些阅读需要和问题，使读者熟悉图书馆的情况，充分利用图书馆的藏书，积极参加图书馆举办的各项活动。

（2）辅导读者使用本馆的藏书目录。对来馆借书的读者，特别是新读者，要向他们介绍这些目录各有什么作用，能回答什么样的问题，怎样使用这些目录。必要时，还须告诉读者本馆使用的是哪种分类法、它的体系和特点是什么等。为了用较短的时间帮助读者学会利用各种目录，管理人员最好边介绍边与读者一起利用目录查找图书，使读者通过实践迅速地掌握各种目录的使用方法。有些图书馆在目录室设有辅导员，专门负责辅导读者使用目录和协助读者查找图书，这是很好的措施。

（3）辅导读者使用各种书目、索引、工具书。对借阅大量专门图书的读者，还应辅导他们使用各种书目、索引、工具书等，使他们学会利用这些工具查找自学和科学研究所需的各种书刊、资料。书目、索引、工具书的种类很多，每种都有其特定目的、用途和使用对象，因此，辅导读者使用这些工具书时，一定要根据具体读者的具体需要去进行。

各类型图书馆的阅览室，一般均汇集了各种各样的书目、索引和工具书。阅览室的管理人员要十分熟悉室内的藏书内容和各种书目、索引工具书的使用方法，并积极地辅导读者利用它们。要向读者介绍各种书目、索引、工具书的特点，其组织编排及使用方法等，以便读者迅速掌握查找各种工具书的方法，使他们尽快地找到自己需要的图书文献资料。

高等学校图书馆和科学院系统图书馆要加强对青年学生和新参加科研工作的人员使用各种书目、索引、工具书的辅导工作，这是培养与提高他们科研工作能力的主要内容之一。

第六章　参考咨询工作

参考咨询工作，是图书馆贯彻自己的方针任务、为广大读者服务的重要工作方式之一，是图书馆"书目参考工作"中的一个组成部分。

各类型图书馆，由于具体任务、读者对象、藏书特点和工作组织等各不相同，参考咨询工作的具体内容、工作范围和组织规模也不完全一样，现就一般情况分述如下。

一、参考咨询工作的基本内容

（一）开展编制书目索引工作

编制书目索引是宣传图书、辅导阅读、提供科技文献资料的一种重要手段，它在参考咨询工作中占有重要地位。广泛收集各种书目索引，是开展参考咨询工作的基本物质基础之一。

根据党和国家的中心工作，本地区、本单位的生产建设任务、科学研究专题和本馆的任务，及时主动、有重点、有计划地编制一些专题书目索引，有针对性地开展读者服务工作，这是参考咨询工作的一项重要内容。

有条件的图书馆还经常编制一些资料汇编。较之书目索引，资料汇编更能直接地向广大读者提供参考和学习的内容。

（二）耐心细致地开展咨询解答工作

熟练地运用参考工具书和各种图书资料，耐心细致地解答读者在工作和学习中提出的各种要求和咨询问题，是参考咨询工作中的一项经常性的工作。

（三）宣传介绍参考工具书的使用知识

解答咨询问题的过程应该是宣传、提供图书资料的过程，也是帮助读者掌握科学研究中查找资料方法的过程。向广大读者介绍参考工具书的使用知识，使更多读者能熟悉和直接运用参考工具书来解决自己的问题，这也是逐步解决咨询工作量大与图书馆力量不足的矛盾的积极途径。

二、解答咨询的方法

解答咨询大体上有三个过程：提出和接受问题，了解和分析问题，查找和提供资料。这三个过程实际上包括提出问题和解答问题两个方面。现从这两个方面来叙述解答咨询工作的一些基本方法。

（一）提出咨询问题

1. 咨询问题的来源

咨询问题的来源有两个方面，一方面，广大读者（包括集体与个人）经常向图书馆提出在生产建设、科学研究和学习及工作中遇到的疑难问题，要求为他们提供有关图书资料，以求解决；另一方面，图书馆配合中心任务，深入实际，深入群众，了解社会实践中生产和科学研究中亟待解决的关键问题，为他们提供有关图书资料。实际上，社会实践中所存在的一些关键问题，往往也就是读者感到疑难的问题。

2. 提出咨询问题的方式。读者向图书馆提出咨询问题的方式，一般有口头咨询、书面咨询和电话咨询等几种情况。

（1）口头咨询。口头咨询是指读者亲自来馆提出咨询问题，或在馆内阅览或借书时提出疑难问题，这种情况是很普遍的。管理人员可与读者直接交谈，便于了解读者的意图、要求，弄清咨询问题的实质。有时还能从读者谈话中进一步获得解决问题的线索；不清楚的地方可随时询问清楚，还可与读者一同查找。

（2）书面咨询。书面咨询方便距离图书馆较远或外地的读者，国家图书馆、省市公共图书馆和科学院图书馆这种情况遇到过很多。但书面咨询往往由于读者对问题提得不够明确具体，或没有提供必要的线索，导致管理人员一时难以弄清问题的实质，如，要询问清楚，往返费时。不过，书面咨询往往有较充裕的时间，使管理人员能够较广泛地查找资料。

（3）电话咨询，一般多用于处理读者急于要图书馆回答的一些事实性的问题。

3. 咨询问题的性质和内容。读者向图书馆提出的咨询问题虽多种多样，但就其性质而言，一是实质性咨询，二是专题性咨询。

（1）实质性咨询。是指读者在学习和工作中遇到疑难问题，要求图书馆查明这一事物的实质。如查找某一个字、词、成语典故的解释或出处，查找某一人物、某一历史事件、某一地名、某一法令、某一条约、某一学科数据、某一统计资料、某一报刊论文资料等。

（2）专题性咨询。是指读者为了解决某一专门问题，要求图书馆提供有关的参考资料。如要求提供有关某一学科、某一专题或某一历史人物的传记资料等。

（二）解答咨询问题

咨询问题的内容涉及的范围很广，各个学科问题都会涉及，包括哲学、政治、经济、文化教育、历史地理、文学艺术以及科学技术等，从字、词到书刊资料，从人物到事件，从时间到地点，等等，如此庞杂的内容说明了解答咨询是一项相当复杂而艰巨的工作。

解答咨询的过程实际上是一个调查、研究、分析、解决问题的过程。在解答咨询时，要根据问题的不同性质，用不同的方法去解决。一般来说，实质性咨询多通过查阅工具书直接找出具体答案，或者指引读者自己利用工具书去解决问题。对专题性咨询问题，一般利用目录索引，比较系统地提供资料线索或直接提供有关资料。

在解答咨询过程中，应注意几个环节。

1. 要搞清楚读者提出咨询问题的意图和要求。在接受读者咨询问题时，应围绕问题做一些调查研究，包括了解读者的文化水平和工作性质，弄清楚读者提出咨询的意图和要求，了解读者已经查阅了哪些资料，使用过哪些工具书，以及进一步了解咨询问题的有关情况。

了解读者的文化程度和工作性质情况，有助于确定查找和提供资料的范围、深浅程度以及用什么方式进行解答；弄清读者的意图和要求，才能做到有针对性地提供比较切合需要的资料；了解读者查阅资料的情况，可避免不必要的重复，节省时间和精力，甚至能启发我们查找资料的途径；而进一步了解咨询问题的有关情况，则有利于我们从中发现所需查找资料的线索。

2. 对咨询问题的性质进行分析。进行调查研究时，在弄清读者意图和要求的基础上，对咨询问题的性质要进行分析，是属于事实性咨询，还是属于专题性咨询，确定有关咨询问题的时间、地点和学科范围等，从分析中找出资料线索，明确检索途径。这里的一个重要问题是：要善于分析，抓住问题的核心。

3. 确定检索途径，选择工具书。在调查研究分析问题的基础上，从各种类型工具书的性质、作用和特点出发，有的放矢地利用有关工具书解决咨询问题。只要根据问题的性质，采取正确途径，有的放矢，路子对头，问题是可以较快而圆满地获得解决的。如果我们能对各种参考工具书的性质、作用和特点了如指掌，那么，碰到咨询问题，经过认真分析研究，就能得心应手地选择有关工具书来查找资料，并可能做到由浅入深、由此及彼，逐步深入，而不致束手无策，无从下手。

4. 要综合运用参考工具书和书刊资料。读者提出的咨询问题是各种各样的，他们各有不同的要求。不少问题仅仅查阅一些工具书是难以解决的，有的问题涉及面广，要求比较系统、完整，要拥有许多材料才能解答。在解答咨询问题的过程中，几乎有一半以上的问题要靠工具书以外的各种书刊资料来解决，对于科学研究更是如此。这就要求负责参考咨询工作的人员知识面广，对常用工具书和其他一些常用参考书有比较全面的了解，在解答咨询中才能做到综合运用各种类型的工具书和书刊资料来解决问题。

5. 假设、联想的运用。有的咨询问题，通过向读者调查了解、进行临场分析、利用工具书或综合运用各种书刊资料都无法解决。遇到这种情况，就要运用假设和联想的方法"由此及彼""由表及里""去伪存真"以扩大线索，求得问题的解决。这种情况如果是由于读者提供的线索存在谬误，如所需资料的名称有误、作者有误、出处有误、时间有误等原因造成的，应根据问题的性质、内容，运用假设、联想，从与其有关的或类似的其他线索入手，扩大深入，以求解决。

（三）答复咨询的要求

1. 答案要准确、有针对性，能真正解决问题。这就必须弄清读者的目的和要求，做到对症下药。尽可能做到剔除关系不大或毫不相干的材料，以抓住问题的核心资料，切忌答非所问。

2. 答案要有书为证，可靠无误。工作人员切忌从兴趣出发，单凭记忆随便杂以个人意见做出答复，解答咨询必须以图书资料为依据，要有书为证，可靠无误。有原始资料可利用的，应尽量用原始材料；如有说法不一的材料，宁可向读者说明，由读者自己进行取舍，咨询工作人员不做决断。

3. 答案要及时。问题有难有易，难以解答的问题，也要按读者的要求，组织人力尽快答复。答案失去时效，或贻误了读者的工作，都是不应该的。

三、参考咨询工作的组织

目前，我国图书馆的参考咨询工作进展缓慢，发展不平衡，绝大多数中小型图书馆还没有设立专门的参考咨询机构，只是在流通阅览部门兼做一些阅读辅导和书目编制工作。大型图书馆中除北京图书馆，省、市、自治区公共图书馆，科学院图书馆以及少数高等学校图书馆外，一般也没有单独设立参考咨询机构。咨询解答工作和书目资料编制工作，往往分散到有关业务部门如流通阅览、宣传、编目等部门去做，因而从机构设置到工作开展都跟不上形势迅速发展对图书馆工作提出的要求。

图书馆参考咨询工作的组织，一般包括组织机构的设置、干部的培养、参考专藏的建立、馆藏目录的利用、卡片索引的编制、咨询档案的建立等。

（一）组织机构的设置

参考咨询机构的设置，应根据各自的具体任务和具体条件来安排，既要考虑便于工作领导，又要考虑方便读者，还要体现精简人力和节约物力的精神，一般有三种情况。

1. 单独设立专门机构，开展参考咨询工作。

2. 将参考咨询机构与本馆其他业务部门如流通阅览部门合并在一起工作。

3. 不成立专门机构，将参考咨询工作分散到各个有关业务部门去做。鉴于科学技术日新月异地向前发展，"四化"建设的需要和现实生活对图书馆的参考咨询工作的要求越来越高，因此，除北京图书馆，省、市、自治区公共图书馆，科学院图书馆应设立参考咨询机构外，高等学校图书馆也有设置参考咨询机构的必要。各馆可根据本身的具体任务、服务对象、藏书情况和人力物力具体条件设立相应的机构。

参考咨询部门必须有一个宣传和工作的阵地，要相应地开辟参考阅览室，设立参考专藏，有条件的最好配备一定的辅助书库。但考虑到图书馆的藏书和馆舍条件，此设施可以与流通阅览部门统一起来，成立参考阅览部，这是目前有些图书馆的做法。这样做有利于沟通部门之间的联系，给工作带来方便。

（二）参考咨询工作干部的培养和提高

参考咨询工作要满足广大读者的需要，不断提高工作质量，就需要具有一定的科学文化知识和一定的政治思想觉悟、热心为读者服务的参考咨询工作干部去完成，因此，培养、提高参考咨询工作干部应作为图书馆的重要任务之一。

参考咨询工作干部的培养和提高的目标应该是又红又专，其具体要求是：

1. 具备一定的思想政治觉悟和马克思列宁主义的理论水平，热爱图书馆事业和本职工作，具有热心为读者服务的思想。

2. 具有较为广阔的科学文化知识面，并在此基础上，根据本馆干部培养的长远计划和本人的专业化方向，侧重掌握一两门学科的基础知识以及发展动向。

3. 精通参考咨询工作业务，熟悉其他部门的工作，熟悉参考工具书和各种图书资料。

4. 科技图书馆的参考咨询工作干部还应努力掌握一至两门外语。

参考咨询的干部队伍，主要靠在工作中培养、在实践中提高，并通过业余教育和自学等方式加强培养和提高。

（三）参考专藏的设立

收集和整理各种工具书，设立参考专藏，这对开展参考咨询工作有着重要的作用。熟悉并善于运用参考工具书是做好参考咨询工作的重要条件。在编制书目资料与解答咨询问题时，它可以帮助我们迅速、准确地查找、收集资料，提供文献线索。离开了工具书，就很难了解和利用数量众多、性质复杂而又分散的图书资料。

参考专藏的范围有：

1. 指导性出版物。包括马克思列宁主义经典著作，党和国家领导人的报告和著作，党和政府的重要文件、决议、政策、法令汇编，等等，这些是经常需要参考的具有指导意义的出版物。

2. 工具书。工具书种类很多，如书目索引、字典、词典、类书、百科全书、年鉴、手册、表谱、地图等。这些是宣传图书、辅导阅读、解答疑难问题和提供资料所不可缺少的工具。

3. 文献参考资料。它包括革命文献，地方文献，各学科的史料、代表著作，报刊，资料汇编，等等。它是介于工具书和普通阅读用书之间的参考作用较大的参考资料，其性质和编制体例一般与普通图书相仿，但内容大都比较丰富，范围比较全面、广泛，或具有特殊意义，可根据工作需要适当选择。

参考专藏的范围和设立方式，可根据各馆性质、规模、条件、地区、服务对象等特点和工作需要等因素决定。参考专藏的主要来源是从馆藏中提取，也可制订长期补充计划，通过采购、交换和复制等方式进行补充。

4. 馆藏目录的利用。图书馆的馆藏目录是参考咨询工作中经常利用的重要工具之一，是查找和收集资料的依据。为了更好地利用和宣传馆藏，参考咨询工作者必须熟悉本馆的目录组织和掌握各种目录的查找方法。

5. 卡片索引的编制。卡片索引是反映专门著作内容和报刊论文资料的工具，它不仅能帮助解决读者提出的各种现实问题，而且也是编制书本式专题资料索引的基础。它的好处是内容可随时增减，比较灵活。卡片索引的种类很多，有报刊资料索引、地方文献索引、专题资料索引和书目资料索引等。编制卡片索引要根据弥补工具书之不足和建立工具书体系的长远计划来确定。

一般来说，高等学校图书馆和科学院系统图书馆可根据本单位的教学、科学研究和生产任务的需要，编制有关专业和学科的参考性专题卡片索引。选材可包括书籍、论文及其他文献资料。

省、市、自治区公共图书馆为了满足本地区对地方文献资料的需要，可编制地方文献卡片索引，广泛收集有关本地区的文献资料，包括党政工作、历史文献、经济资源、人物传记、风土人情、民族生活、山川古迹等各个方面的书刊资料。

（四）咨询档案的建立

咨询档案是由咨询登记卡片（表）、解答咨询问题的结果（答案底稿或书目单）、图书馆与读者往返的信件，以及读者单位的介绍信等原始资料积累编排而成的。

咨询档案对查找资料过程中的特殊情况和较为复杂的问题有较详细的记载。因此，它可用于在回答性质相同、相近或相关的咨询问题时做参考，能节约时间和精力，也是编制同类性质问题的书目参考资料的基础。此外，它可作为研究总结工作的依据，特别是可以作为培训新管理人员的生动材料，而且还可以通过每件档案检查解答问题的质量和发现参考专藏的缺漏情况，以便进一步采取措施，提高工作质量。

咨询档案可按解答问题的先后顺序排列，另外还可编制一套分类或主题的咨询档案卡片索引，以便查考利用。

编后说明

本讲稿是为本校图书馆学大专班"读者工作"课程而编写的。以江苏省图书馆学会王可权同志所编《读者工作》为蓝本，参考了中国科学院万良春等同志所编《读者服务工作》和北京大学、武汉大学图书馆学系合编《图书馆学基础》第六章"图书馆的读者服务"，以及近年来在图书馆学刊物上发表的关于"读者工作"方面的文章，并结合本馆"读者工作"的实践经验整理编成的。

讲稿内容属于传统的基础理论，但这门课程实践性很强。通过学习，既要掌握读者工作的基本理论，又要学会怎样做好这一工作，因此，要始终贯彻理论联系实际的学习方法。

由于水平所限，加上编写时间紧迫，讲稿内容难免存在不少问题和缺点，甚至可能有谬误之处，在讲授中将根据实践的情况及意见加以补充修订。

附录一：

××大学图书馆借书规则

为配合我校的教学和科学研究，加速书刊流通和加强书刊管理，特制定本规则。

一、借书证领取及使用办法

1. 教职工凭人事处报到表或工作证领借书证，进修或科研协作人员凭学校报到表（或系证明），并缴付押金后领借书证。新领借书证需交一寸免冠半身相片一张。新入学的学生和研究生的借书证由系办公室收集相片，开列名单一份，送图书馆集体办理。留学生由外事处证明领取，旁听人员不发借书证。

2. 借阅书刊凭本人借书证，不得代借或转借。教职工因故不能来馆，托他人前来借书，除借书证外，还应带备本人的私章或委托书。

3. 借书证必须妥善保管，只限本人使用，如发现有转借、冒借、涂改、缺页等情况，本馆将借书证扣留，查明情况分别处理。

4. 借书证如有遗失，应书面说明理由，经所在单位证明无误，方可向流通组挂失。在挂失满一个月后，如无冒借情况，并还清挂失前所借书刊，经各有关借书部门盖章证明属实后，方予补发，并收取工本费2角。本学期第二次遗失借书证者，本学期不再补发。

5. 每学年结束时必须将所借书刊清还，检验借书证一次，如确需继续借阅者，于验证后办理再借手续。凡未检验的借书证，暂停借书。

6. 读者离开学校，事前应将借图书全部还清，并向本馆缴销其借书证，否则不予办理离校手续。进修等人员还清图书、缴回借书证后，可领回所交押金。

二、借阅册数、期限

7. 学生、职工借书5册，讲师以上教师借书20册，助教（包括未定职称的教师和进修教师）、研究生、科级以上干部借书10册（均包括在系图书资料室所借册数）。线装书属同一部者，以5本作1册计，散本期刊同卷（年）者3本作1册计。

8. 如因特殊需要，由所在单位证明，经馆领导批准，可临时酌情增加册数，一俟用毕，应即将多借书刊归还。

9. 教师集体编写教材、科学研究等，学生借用指定参考书和实习用书，可由本单位出具证明，指定专人负责，办理集体借书，按约定时间归还。集体借书应登入经手人借书证内，但不影响其本人规定借书册数。集体借书经手人中途如有变更，新旧经手人同时前来办清交接手续，否则，责任仍由原经手人承担。

10. 借阅长篇小说累积以2册为限。

11. 图书借期，文艺作品为1个月，其他书籍为2个月，期刊借期15天，读者应自觉遵守规定，按期归还。某些书刊因供求原因，临时缩短借期者另行规定。

12. 借书过期不还者，除批评教育外，暂停借其书权利；逾期超过1个月者，予以罚款，每天每本罚款人民币5分，俟逾期书刊还清后，始得恢复借书。每书逾期最高罚款额3元。同次（几本书）最高罚款额7元。

规定只供馆内借阅的书刊，不得携出馆外，违者加重处罚。

13. 任课教师授课所需的主要参考书，在规定册数内有5册可借用一学期（年），但必须在借书时注明。

14. 本馆借出图书以普通本为限，善本书、工具书、保存本图书、报纸以及无复份的剪报资料，只供馆内借阅，概不借出。如因特殊需要借出者，须经馆领导批准。

15. 无复份的期刊和交换得来的资料，一般不借出。如有特殊需要借出者，须经馆内有关组长批准。

16. 借出书刊因特殊需要，可随时收回。

17. 善本书、内部图书管理办法另行规定。

三、遗失或损坏书刊的处理

18. 读者借书应妥加爱护和保管，如有污损、缺页、遗失等情况，除按本馆制定的《遗失损坏书刊赔偿办法》负责赔偿外，要视具体情况报请有关方面严肃处理，必要时将给予纪律处分。

四、其他及附则

19. 校外单位除与本馆有互借协议者外，须有该单位出具的正式函件，并缴验工作证，经馆长同意后始得借阅本馆图书。

20. 本规则经校长批准后施行。

附录二：

××大学图书馆遗失损坏书刊赔偿方法

一、为保障本馆藏书安全，以利书刊的正常流通，更好地为全校的教学和科学研究工作服务，特制定本办法。

二、读者（包括集体借书经手人，下同）借阅书刊应当面检查，如发现污损等情况，要由本馆工作人员在污损处加盖印记，以分清责任。

三、读者借阅书刊必须注意爱护，妥善保管。如有损坏遗失等情况，除立即归还损坏书刊，并做书面检查外，应按本办法负赔偿责任。

四、读者对书刊如有批点、涂改、卷折、污损等情况，其损坏程度较轻、不影响内容完整者，要按原书价付10%～50%之赔偿金。如损坏程度较严重，必须加工整修始能继续流通，应该赔偿平装本每本人民币2元，精装本每本人民币4元。

五、读者对书刊如有严重污损、剪割、撕毁等情况，应和遗失损坏书刊一样处理，承担赔偿责任。

六、读者严重损坏或遗失书刊，应以原书的相同版本或经本馆同意的新版本赔偿，或静电复制赔偿（有些赔复制品后，要视具体情况是否加收赔金），否则，按下列规定，折付赔偿金。

甲、中文图书

1. 单卷本

（1）参考价值一般而添购困难的图书，按失书原价的 2～5 倍赔偿（原价不能查明时，根据该书版本大小、面数多少、参考价值、馆藏情况等由本馆做出适当的估价，下同）。

（2）参考价值较大的图书，按失书原价的 3～10 倍赔偿。

2. 多卷集

视失书参考价值及本馆复本数量多寡，按原价的 3～10 倍赔偿（原书以整套定价，遗失或损坏其中一册或数册者，按平均每册价格计算）。

乙、外文图书

1. 单卷本

（1）国内出版发行的影印本按失书原价的 2～4 倍赔偿。

（2）国外出版的原版本按失书原价的 5～10 倍赔偿。

2. 多卷集按失书原价的 5～10 倍赔偿（原书以整套定价，遗失或损坏其中一册或数册者，按平均每册价格计算）。

丙、中文报刊

凡遗失单行本期刊者，按全年合订本价格赔偿。凡遗失单张报纸者，按全月合订本价格赔偿。凡遗失合订本期刊或合订本报纸者，按合订本的 2～5 倍赔偿，另加装订费。

丁、外文报刊

凡遗失进口原版期刊的单行本者，按一年合订本价格的 2～5 倍赔偿。

凡遗失进口报纸的单张报纸者，按全月合订本的价格的 2～5 倍赔偿。

凡遗失进口合订本期刊和报纸者，按合订本价格的 3～5 倍赔偿，另加装订费。

七、精装书以平装书赔偿时，应赔偿精平装差价。

八、凡借出书刊不得拆散，否则，除付装订费外，应按罚款处理，平装本罚款 2 元，精装本罚款 4 元。

九、遗失或损坏特许借阅的善本书的单卷本、特藏书、保存本图书和工具书，按失书原价的 10～20 倍赔偿。遗失或损坏多卷集的全部或部分，按全套价格或平均每册价格 20 倍赔偿。

十、读者遗失或损坏书刊，应主动申请处理，并在 2 个月内办理赔偿手续。逾期不赔者，除给予严厉批评外，由本馆通知财务部门在其工薪或助学金内扣除之。未享受助学金者，停止其借书权直至赔偿时为止。故意拖延回避责任者，报请学校处理。

十一、损坏书刊，若以同版书刊赔偿时，被损坏的书刊要退给赔偿人；如系赔款，则不退给。

十二、遗失的书刊经赔款后，在从赔款之日起 2 个月内又找到原书且无损缺时，要将原书刊退回本馆，凭赔款收据退还所赔书款；如系赔偿与原版本相同的书刊，则不再退还，原书刊可经本馆盖章注销归赔书人所有。

十三、本办法经校长批准后施行。

附录三：

××大学图书馆图书出纳程序[①]

图书馆既要充分发挥书刊资料的作用，又要为国家保存文献，这是历史赋予图书馆工作者的光荣职责。对于图书的出纳，有如银行金库之票据支付，手续繁多，条理尤宜缜密，偶一错乱，即难检寻；对于公物保管，尤为责有未尽。兹将图书出纳程序编订如次，以资遵循。

一、备证手续

1. 每年12月（或1月）检查借书出纳各种表格用品应至少足敷全校一年之用。如预感不够，必须立即向馆反映及时订制，计开。

（1）关于发证补证者：①借书证申请单；②借书证；③临进借书证；④借书证登记簿；⑤借书证专用章；⑥补领借书证申请书；⑦打号机；⑧英文字母印；⑨阿拉伯数字印；⑩日期印；⑪接收押金通知单。

（2）关于借书还书者：①备用书卡、书卡袋及书标；②期限卡；③索书条；④日期印；⑤经手人小章；⑥续借一次印；⑦停止借书权印；⑧注销印；⑨预约单；⑩催还单。

（3）关于清洁赔补者：①清洁证审查卡；②遗失借书证通知单；③扣取助学金、薪金通知单；④赔款单；⑤罚款单；⑥退还押金通知单。

2. 借书证编号

（1）教职工：按系统编号，以汉字冠号。如，校本部："校"（学校办公室所属单位）、"教"（教务长所管单位）、"总"（总务长所管单位）、"政"（党委所属系统，包括人事处、保卫处、外事处）。另外，有些独立或人数较多的单位，也可单独编号。如"图"（图书馆）、"印"（印刷厂）、"幼"（幼儿院）、"附"（附小）等。各系，如"中"（中文系）、"历"（历史系）、"哲"（哲学系）、"外"（外语系）、"经"（经济系）、"法"（法律系）、"社"（社会系）、"人"（人类学系）、"力"（数学力学系）、"计"（计算机科学系）、"物"（物理系）、"电"（无线电电子系）、"化"（化学系）、"生"（生物系）、"地"（地理系）、"质"（地质系）、"气"（气象系）、"体"（体育教研室）等等。

（2）学生：按系统编号，以英文字母冠号。如，K（中文系）、H（历史系）、Y（哲学系）、F（外语系）、E（经济系）、L（法律系）、S（社会系）、A（人类学系）、M（数力系）、J（计算机科学系）、P（物理系）、R（无线电电子系）、O（化学系）、B（生物系）、G（地理系）、D（地质系）、Q（气象系）等。

（3）进修人员：以"进（ ）"顺序编号，括弧内注某系。如，进（中）1、进（历）2、进（力）3、进（物）4、进（中）5、进（地）6等。

---

① 本篇为刘少雄整理。

（4）临时人员：以临字顺序编号。

3. 新发借书证号码继续上期编发，凡已注销之号码不再用。

二、发证手续

4. 校本部职工和各系教职工以及进修等人员初到者凭报到表按系统分别发证。非初到者教职工凭工作证，学生、研究生凭学生证补领，但要查对是否领过，以免重发。

5. 借书证申请单由申请人按各项要求写清楚，并交一寸免冠半身相片一张。

6. 审查申请单所填各项是否完备。

7. 根据申请单按系统登在借书证登记簿上，申请单、借书证据和借书证登记簿编号。

8. 发证依照顺序编号，依次发出，切勿遗漏。教职工注明职称，学生注明年级。

9. 借书证上贴牢相片盖好印章后，即可发出。

10. 按姓名笔画多少为先后排列申请单。

11. 学生、研究生以系为单位，集体办理，不填申请单，由系办公室收集相片一张（相片背面应写清楚姓名及专业）开列名单一份，送流通组领取，登记编号手续同教职工。

12. 进修和临时科研协作等人员须凭本馆通知到财务科缴交押金，凭押金收据填申请表（填明原单位及进修专业）发临时借书证，进修人员凭证借书10册。

13. 借书证办好后交领证人或存出纳处并通知领证人来领。

14. 每日发出的借书证份数及注销数应列入工作日志，月终填报。

三、验证手续

15. 每学年结束或学年开始，借书证应检验一次。

16. 验证时应将所借书刊清还。如因教学、科研仍需参考者，应将书刊清还后，再办理续借手续，验证时一定要核对借书证和户口是否清楚。

17. 检验借书证手续，流通组各借书口均可办理。

18. 凡经检验的借书证，应由检验人在该证上盖"借证已验"章及验证日期章。

19. 限期已过，凡未经检验的借书证，不得借书。

四、指定参考书手续

20. 每学期结束前，阅览部门即须函请各系转告各教师到馆或开列指定各科本学期参考书，指定参考书，应在开学前办理，过期未经指定者即照章借出。

21. 对各科参考书，该科教师要随时到馆指定或更换。

22. 指定参考书的书单，阅览部门应加注索书号，亦可来借书处会同出纳管库人员共同检出，按规定手续办理后，移到阅览室。

23. 将移存的书卡取出注明去处后，依号排在移存书卡箱内备查。

24. 不再做指定参考的书，由阅览部门退回借书处销账。

五、入库手续

25. 一般闭架书库，讲师以上教师可以进入。馆内工作人员如因工作关系需进入书库者，应与借书处工作人员说明来意后，才可以进入。

26. 除上述人员外，其他人员如确因特殊需要要求进库者，须经本馆各业务组长

（或借书处负责人）同意，（必要时还要经馆长批准）方得进库。

27. 国内国外来宾参观书库，须事先与馆办公室联系，经同意后，由馆领导或其他指定的专人陪同入库参观。

28. 入库时应在进库人员登记簿上填写进出库时间和工作内容，并缴存借书证，以便查考。手续办好后发给隔书条一张，然后入库。

29. 凡进库查阅资料，应属指定范围，不得随意翻动其他图书。

30. 从书架上取阅图书，应即放上隔书条，以便依位放回原处；如记不清原处，应交给书库管理人员或指定的地方，以防乱架。

31. 凡拟借阅的书刊，必须向借书处办理借阅手续。凡未办理借阅手续的书刊，任何人都不得擅自携带离馆，否则以违章处理。

32. 书库管理人员对入库者应给予协助和指导，并经常巡视书库，检点图书。

33. 入库人员如发现异常现象，应立即向管理人员报告，协助图书馆做好书库的安全保卫工作。

34. 离库时缴回隔书条，领回借书证。

35. 善本书库、保存本书库、内部书库、提存书库、旧报纸库非本书库管理人员及借书处指定人员不得进入。

36. 不准携带书包、手提袋等进入书库。

37. 书库内严禁抽烟和夹带任何易燃易爆物品。库内不准吃东西或丢弃其他食品和纸屑，保持库内清洁。

38. 离库前于必要时本馆要进行检查。

六、借书手续

39. 借书须凭借书证。

40. 借书人借书须先检查目录，填写索书条（索书条应有索书号和书名），连同借书证交借书处人员入库取书（没有索书号的索书条，如出纳人员比较熟悉的，亦可代找）。

41. 收取索书条后，应先查看借书证是否有效。①对照片；②本年度借书证是否已经检验；③有无超过册数；④长篇小说是否超过规定；⑤有无停止借书权；⑥代借是否符合手续。

如发现有不合规定之处，此证应暂停借书。经办人要严格遵守规定，不得任意借出。

42. 非本人借书证不得借书，教职工代他人借书，应带备借书证和本人的私章或委托书。

43. 借书时，借书证和借出书卡由借书人填写，工作人员认真核对借书证是否本人的，书卡号码与原书是否相符，书卡上所填借证号和姓名是否准确，借书证所填索书号和登录号是否无误，日期是否准确。

44. 借书证不得涂改。如填写错误，应由出纳人员盖注销章后重写。

45. 借出图书插上期限表。

46. 检查借出图书如有缺页、损坏等情况，应于封面底及书卡上详细注明，加盖验章。附图尤应当面计明。

47. 借书拥挤时，不要忙乱，借书柜台应有人在。借者未选定拟借的书，应将书卡抽出夹在借书证内，以免关照不到，使图书散失。

48. 借书手续办好后，借书证和图书交给借者，借出书卡留下，统计后排入户口内。双轨制借出的图书另一张书卡按分类排入借出卡箱内。

49. 各种借书凭证依规定放好，不得随手乱放，以免散乱；借书用品应放在指定的地方，使任何借书人员都能操作。

50. 出纳箱应严加保管，如遇特殊情况，应将出纳箱先行抢救。

51. 图书续借时，应携书向出纳员申请办理续借手续，找出书卡，在书卡和借书证重写一次。

52. 每日根据借出书卡分别做借书分类统计和读者分类统计，月终合计，于下月3日前填表送组长汇报馆办公室。

53. 出纳人员本身借书须互相核对，以明手续。

七、调借手续

54. 各系图书资料室申请调借图书，分两种情况办理。

（1）临时性的。由借书处人员办理。先由图书室申请，派图书资料员来借，在借书条上注明归还时间，登入经手人借书证，书卡排入户口（但不计经手人应享借书册数）。到期后，经手人应将书归还销账。

（2）永久性的。由调度人员办理（并知会借书出纳人员）。图书资料室应先列单，或来馆商定，经馆领导核准后，由图书室经手人办理调出手续。

55. 凡永久性调出的图书，总馆库存目录应注明，并将书卡排在调出卡箱内，清单放入专夹。

56. 总馆调出图书应做记录，月终统计上报。

57. 图书室调入图书，应列入本单位库存目录及编入读者目录。

58. 各图书室调（存）图书不用时，可退总馆销账或交由总馆处理。

八、馆际互借手续

馆际互借，我馆以下列图书馆为主要对象：

（1）重点综合性大学和重点师范大学图书馆。

（2）省、市公共图书馆。

（3）中国科学院、中国社会科学院及其分院图书馆和对口专业研究所图书室。

（4）本地区大专以上院校图书馆及对口科研机构图书馆。

（一）申请外借手续

59. 凡本校教学和科研人员因工作需要参考的书刊，而这些书刊本馆尚未入藏者，可向本馆流通组申请向外代替。

60. 填写拟借书刊申请单（先检查其借书证是否有效，如属失效或被停止借书权的不办向外借书）。

61. 据申请单在馆际互借登记簿（1号簿）上编号登记，填写借书函盖章后封发。

62. 申请单编号后留存放好。

63. 当收到寄来的图书后，找出原申请单，在登记簿上注明收到日期、册数，并将申请单夹在书内，附上期限条及借书情况调查表，随即通知借书人前来借阅，书交出纳处待办借阅手续。

64. 收书收据盖章和签注日期后即寄回借出馆。

65. 馆际借书期限规定从收到之日起，图书1个月，期刊15天（作特殊期限者不在此例），但本馆附上的期限条应缩短3天，以便有时间办理归还手续。

66. 借者借用时应在借书证上登记，并在申请单上签名作为借据，交馆际借书经办人收存，还书时当面注销。

67. 还书时收回借书调查表（作为研究借书效果之用），并在登记簿上注明归还日期及经收人。

68. 在书内附上还书通知，妥为包扎，按原来编号填写专用递送簿送办公室按印刷挂号寄出，并将邮局收据黏附保存。

69. 收到收书回单，在登记簿上做记号，回单保存。

70. 对方馆答复没有入藏或不能外借时，应即在"1号簿"上注明，撤销借书申请单及通知原申请借书人。

71. 借者如迫切需要拟亲自到本市图书馆借书，本馆可开列馆际借书函交借者前往，但须将本人借书证交馆际互借处。回来时应立即汇报情况，如书借到，须将书携来办理借用手续；如没有借到，应将借书函缴回注销，然后领回本人借书证。还书时，借者可径自将书交回该馆，但必须取回还书凭据（或原借函）到借书处销账，或将书交由借书处寄去。

72. 借来的图书应特别爱护，不得污损和遗失，并须依时归还，保证良好信用。如有污损或遗失，按对方规定赔偿。

73. 经办馆际借书人，应每星期定期检查一次借书登记簿，凡已过期或将到期的立即办理催还手续。

74. 本校各单位径自向外借书，本馆不负追查及还书责任。

75. 复制图书资料不属于互借范围，应由本馆复制部门办理。

（二）校外图书馆（或单位）借阅手续

76. 校外图书馆一律凭该馆（室）借书函办理馆际互借手续。

77. 凡没有建立互借关系的，如因急需，亦可暂照馆际互借办法办理。

78. 一般机关团体可凭介绍函前来查阅，但不外借，如确需借出者，须经馆领导批准。

79. 一切中外文的普通书及有复本的期刊均可借出，但以当地不易借到者为限，没有复本的期刊，经组领导研究后认可者，亦可借出。

80. 凡来借书的单位，应注明地址，并明确借书期限。其必须延长借期者，须于到期前来函说明理由，续借期半个月，只能续借一次。

81. 借出用"2号簿"登记编号，手续参照"1号簿"规定办理。

82. 借出的书刊如遇特殊需要时，无论到期与否，均可随时收回。

83. 图书邮递费用，借出时由出借处负担，归还时由寄还处负担，邮递手续如前。

84. 收到还书后，检出借函并在馆际互借登记簿（2号簿）上注销，借据退回还书单位。原书送原藏处所，取回调书凭据。

85. 凡借出书刊，借阅单位不得损坏或遗失。如有上述情况，按借出馆规定办法赔偿。

86. 学年结束时，应对馆际互借工作进行总结，对借来借出书刊在教学、科研工作起的作用、有何问题等进行分析，以便改进互借工作。

九、预约手续

87. 图书借出未交还，如确因参考必需，借书人要申请预约。
88. 填写预约单夹在借出之书卡上。
89. 借出图书预约后，如逾期不还者，应即函催。
90. 图书交还时，将预约单正张夹在书内另架保留，发出预约通知单（即副张）。
91. 预约通知后3天未见到借者，取消其预约权，图书归架流通。

十、还书手续

92. 还书时应缴交借书证。
93. 无借书证者暂不收还。
94. 检查书页有无污损、附图附表有无缺少。
95. 检查借书日期，如有逾限，照章处罚。
96. 依号抽出书卡，经校对无误后，在借书证上盖经手人还章，书卡插回书袋。
97. 双轨制借出的书要分别抽出借据和书卡。
98. 借书证交还借书人。
99. 每日还书应记注册数，列入统计后入库。
100. 书卡上如有预约单者，抽出该单夹在书内，以便通知预约人。

十一、催还手续

101. 根据借出图书情况，如多人查找的书应予催还。催还方式可使用催还便函或用黑板写等。
102. 催还工作多在学期中较少人借书时办理。凡双轨制借出的图书多注意催还。
103. 学期结束时向各单位普遍发出催还通知（过期才还的，按还书过期规定处理）。

十二、补证手续

104. 遗失借书证须具文申述理由，经所在单位证明无误后，向流通组挂失。
105. 询查下列单位有无欠书（询查后交流通组）。
（1）有关系的图书资料室。
（2）总馆阅览室。
（3）总馆资料室。
（4）总馆期刊室及现刊室。
（5）总馆各借书口。
106. 各借书阅览口接到遗失借书证询查事件后，应即查复，并记录在案，以备查考。

107. 申请补发借书证时，必须将以前借阅的书刊清还，由各有关部门盖章证明属实后，方予办理。

108. 申请补发的借书证，须在流通组挂失之日起，满一个月后始得补发。

109. 收一寸免冠半身相片一张及工本费2角（发回收据）。

110. 补发的借书证仍用原来编号，但须注明"遗失补发"字样。

111. 遗失补发申请单补证后，放入专夹存查。

112. 补证收费，每学期结束时上缴。

十三、赔罚手续

113. 凡借书逾期不还者，除批评教育外，还要暂停其借书权。逾期超过一个月者，予以罚款，每天每本人民币5分。每书逾期最高罚款额3元，同次（几本书）最高罚款额7元。

114. 缴交逾期罚款时给回收据。

115. 过期超过一月而又不交罚款者，停止其全部借书权，并追回欠书，待缴交罚款后始能恢复借书，必要时呈报学校在其工薪或助学金内扣除所欠罚款。

116. 损坏或遗失图书，须买回版本相同的书赔偿或按借书规则赔偿办法办理。

117. 赔款时，由本人申报，原借书单位签具意见，总馆核定赔价后，由图书登录员填写赔款通知单交借者到财务部门缴款。如属过期者，应缴交过期部分罚金。

118. 借者凭缴款收据到原借书处在借书证上注销所借书号。

119. 借书处将书卡及赔款收据夹在一起，在"遗失图书赔款登记簿"登记（应记录索书号、书名、著者、版期、定价、赔款倍数、金额、缴款收据号），并注销库存目录。然后将赔书后的书卡送采编部门注销各项记录。

120. 遗失图书经赔款后在两个月内找回原书者，得凭赔款收据连同无损的原书交来，退回赔款。原书有损但还可使用者，可酌退赔金。超过两个月的不予收回（但经研究后认可的，亦可作收回处理），原书可由馆盖注销图章归赔款人所有。

121. 凡无正式收据者，付款人得拒绝交款。

122. 所有收入赔款、罚款均作为补购原书或添购新书之用。款项解入校库后，由本馆财务人员每月向财务部门核对，作图书费领用。

十四、清洁手续

123. 凡本校教职员工调动工作、学生毕业以及进修人员进修期满离校前，应向原借出书刊部门清还所借书刊，带备借书证和办理离校手续表到流通组办理离校手续。

124. 检出借书证申请单，翻转背面做清洁审查单用。

125. 核对借书证与离校手续表姓名是否相符。

126. 检查借书证各项是否清楚，系图书资料室已否盖章，借书户口如无欠书，即撤销户口。

127. 如未领新借书证，应查对有无旧欠，务求手续清楚。

128. 借证如已遗失，应先办询查手续后，再予审查；如有欠书，应先办归还或赔偿手续。

129. 在离校登记簿编号登记，并将离校号写在清洁证审查单上。

130. 填写清洁证审查单,在离校手续表上盖清还图书专用章后交给读者。
131. 依借书证号注销借书证登记簿。
132. 将借书证注销,按号扎起,保留6个月后,经组长核准决定销毁或利用方法。
133. 清洁证审查单照姓名笔画多少排列备查。
134. 毕业班办理离校手续采用定时集中办理。
135. 事前把毕业班办理离校情况了解清楚,先出催还图书通知。
136. 组织有经验和负责的人员及配备足够的人力承担此项任务,并知会采编组留人办理赔款工作。
137. 检查各种用具是否齐备:清还图书专用章、印色盒、经手人小章、圆珠笔、纸条、借书户口书卡、学生借书证登记簿、绳索、大纸盒等。
138. 分工合作,工作要细致认真,核对清楚,不要忙乱。
139. 归还图书较多时,要适时将书扎好运回图书馆。
140. 下班暂停时,应将各项证件、书刊保管好。
141. 集中手续办完后,回来即清理各项未完工作。

十五、统计手续

142. 每日流通数量及有数字统计的工作都应列入工作日志。
143. 每月编列下列统计。
（1）借书分类统计。
（2）读者分类统计。
（3）还书统计。
（4）馆际互借统计。
（5）新入藏图书统计。
（6）调借图书统计。
（7）各项注销统计。
1）调拨图书统计。
2）借失赔款图书统计。
3）遗失、损坏图书统计。
4）淘汰撤销图书统计。
（8）发证补证统计。
（9）修补图书统计。
（10）古籍穿线修补统计。
（11）写书脊标贴统计。
（12）查找疑难图书统计。
（13）接待咨询、情况了解人次统计。
（14）接待参观人次统计。
（15）其他统计。

附录四：

论读者工作的语言艺术

宁国誉　降绍瑞

在"五讲""四美"活动深入开展的今天，认真探讨图书馆服务工作的语言艺术，提高服务质量，更好地为建设社会主义的精神文明和物质文明服务，具有重要的意义。

本文仅就读者工作语言艺术的几个问题，发表一些粗浅的意见，抛砖引玉，希望能引起大家注意，共同探讨。

一、读者服务工作中语言不美的种种表现

读者工作区别于图书馆其他工作的最显著的特征，就是它直接接触读者、直接为读者服务。这一特征，决定了从事读者服务的工作人员，要和广大读者发生最经常、最密切的联系。然而，图书馆工作人员在为读者服务时，不讲究语言艺术、不讲究文明礼貌的现象比比皆是，因此常常因为语言不美而伤害了读者的感情，影响读者服务工作的开展。根据我们的调查，当前在读者服务工作中，语言不美的表现，大体可归纳为以下几点。

（1）说话生硬。

招呼读者不称"同志"，不称"您"，而称"咳！""嗳！""喂！"或叫读者的特征，如"戴眼镜的！""穿皮猴的！"等；读者请求帮助选借图书，工作人员不体谅读者的心情，只是简单答曰："查号去！""查不着？查不着别借！"读者提出问题，往往不假思索，不加解释，只答："没有！""不知道！"问急了，他们竟不耐烦地呵斥："你问我？我问谁去！"

（2）发号施令。

有些工作人员对待读者态度傲慢，好用"不行！""不能！""你明天再来！""你等着吧！"等命令口气说话。

（3）语言尖刻。

特别是当读者多的时候，某读者要求多挑选几本书刊，工作人员往往不说明情况，一律严词拒绝："图书馆不是为你一个人开的！""就这几本，爱借不借，不借拉倒！"。

（4）训斥读者。

本来是由于自己工作马虎造成的差错，硬赖读者；遇到个别读者违反了借阅制度，更是得理不让人，不是进行说服教育，而是一味地训斥。

（5）讽刺挖苦。

遇到读者说错书名或话中带有错字时，要笑读者说："就你这个模样儿，还配到图书馆来？快回家拿镜子好好照照吧！"；若与读者发生口角，其他读者好心相劝，工作人员竟恶语伤人："狗拿耗子——多管闲事！"

（6）语言粗野。

个别工作人员，语言粗野，竟谩骂读者，甚至大打出手，等等，严重地败坏了社会主义图书馆的声誉。

上述种种表现，怎能不引起读者对工作人员产生对立情绪呢？又怎能搞好读者服务工作呢？这些丑陋的语言、恶劣的作风，既破坏了图书馆工作人员与读者之间的友谊，又污染了社会主义图书馆文明和谐的气氛，造成了很坏的社会影响。因此，我们认为，在读者服务工作中，要大力提倡讲究语言艺术，学会和读者说话，使语言真正成为沟通图书馆工作人员与读者之间关系的桥梁，成为两者相互联系和团结的纽带。只有这样，才能密切图书馆工作人员与读者的关系，才有利于改善读者服务工作。

二、读者工作的语言艺术举要

我们提倡图书馆工作者讲究语言艺术，既不是要求追求表面上那些娓娓动听的华丽辞藻，也不是靠虚情假意的客套来应酬，而是要大家都来讲纯洁、健康、诚实质朴、谦虚温和、文明礼貌的语言——社会主义图书馆的服务语言。

那么，读者工作的语言艺术，最基本的要求从哪些方面考虑呢？我们认为，起码要在接待读者时做到"三要""三不"，"三要"是：说话一要和气，二要文雅，三要谦逊；"三不"是：一不说粗话、脏话，二不强词夺理，三不恶语伤人。

根据"三要""三不"的要求，结合图书馆读者工作的实际情况，我们试为读者工作的服务语言做了简单的设计，现举例说明如下：

（1）读者来馆离馆时的迎送语。工作人员与读者见面时，主动热情地打招呼，说表示欢迎的话，如"请进""您来了""您借书？请到这边儿来""请到二楼参观""请您到里边坐"等；读者离去，要说欢送的话，如"您慢走""欢迎您再来""好，再见"等，总之，要使读者高兴而来，满意而去。

（2）和读者谈话时的习惯语。工作人员接待读者时，要根据读者的年龄和职业等特征，注意选择和使用语言。对年长的读者，可称"老同志"，或视其职业称"×老师""×工（即工程师）"；对中小学生说话，可称"同学""小朋友"，使读者感到我们工作人员说话亲切，对读者尊重、有礼貌。同时还要认真学会用"请""您""谢谢""对不起""请原谅""没关系""不要紧""别客气""您好"等，要把这些话逐渐当作工作人员的习惯用语。

（3）办完手续要有交代。读者借还书刊办完手续后，工作人员要仔细交代，如说："您的书还完了，请看看借书证是您的吗？""您借的这本书已经办完手续，请在×月×日前把书还回。""您借的书如到期看不完，请您及时来馆或打电话办理续借手续。""这本书是预约借阅的图书，请您务必按时还书，免得影响其他读者借阅。"

（4）读者提问要有问必答。一些新读者来馆，他们往往会向工作人员提出一连串问题。工作人员一定不要怕麻烦，而要体贴读者，耐心地回答他们所提的各种问题，如，怎样查目录，怎样写索书条，怎样预借图书，借书期限多长，图书馆几时开馆，几时闭馆，能否代别人借书，等等。如有的读者问："同志！我要借空调方面的书，怎样查目录？"一些业务熟悉的工作人员能脱口回答："请您到×号目录屉中去查找。"回答得既快又具体，读者很满意。

（5）读者多时要"接一、问二、三招呼"。有时很多读者一齐涌到出纳台前，这时，工作人员要先接待第一位读者，边办手续，边问第二位读者："您要借什么书？写好索书条了吗？……"同时还要招呼第三位读者："对不起，请您稍等一下。"这样既可以使读者感到我们没有冷落他，又可以使他们安心等候。轮到后面读者借阅时，应再致歉意，招呼一声："今天读者多，我们人手少，让您久等了。"这样的言谈话语自然、合理，能够使读者谅解。反之，如果一味地责怪读者："别吵！别闹！"往往会引起读者不满，甚至会发生口角，结果秩序更乱了。

为减少读者的等候时间，工作人员可以一边给读者甲办理手续，一边向读者乙口头推荐图书，如："您要的××书已经借出，这里有一本××书也是这个作者所写的，您看可以吗？"向读者介绍时，要吐字清晰，使读者听得明白。

（6）发生矛盾，耐心解释。有时读者的要求与规章制度发生矛盾、读者不满意时，工作人员应该耐心解释。如，当有的读者要将馆内阅览的珍贵画册、工具书借走时，我们要耐心地向读者讲清不外借的理由，也可设法帮助他抄录或复印他所需要的内容。

处理读者丢失损坏图书的问题，最容易发生争吵。这时，说话要有耐心，用词要恰当，要针对读者的各种心理状况，分门别类地解决问题，而不能生硬地简单压服。

（7）说话要简短、准确、通俗。图书馆有图书馆的专业术语，但是工作人员在与读者谈话时尽量不讲，非讲不可时，要交代清楚。如，读者不会填写索书条，可告诉他："请把索书号、书名、卷次写在索书条上，索书号就是目录卡片左上角的两排号码，工作人员就是按这个号码为您查找图书。"又如，读者并不知道图书馆藏书组织和书库的划分，有的工作人员对读者说："这是二参书""这本书还没有解参""这本书是基藏库的"等，读者听后不知所云。因此，工作人员说话要注意通俗易懂，使读者听得明白。

（8）工作失误，表示歉意。由于工作疏忽出现差错，工作人员切不可强词夺理，而应向读者道歉，读者是会谅解的。

（9）发生争吵应礼让三分。有时工作人员与读者之间免不了发生误会，出现口角。在这种情况下，工作人员要高姿态，要让读者讲话。读者的批评意见，即使情节有出入，也要掌握态度，耐心听完再进行解释。我们理直不一定要气粗，自己得理也要让人几分，做到言谈话语不失礼节。

（10）受到表扬，态度谦虚。当有的读者对我们的读者服务工作提出表扬、表示感谢时，工作人员可选用一些表示客气的词语，如，"这是我们应该做的，不必客气！""谢谢您对我们的鼓励！""我们做得还不够，请多提意见！"

上述列举的读者工作服务语言十例，尽管挂一漏万，极不成熟，但从中也不难看出图书馆工作人员与读者交往中的言谈话语是大有学问的。我们希望，通过大家认真研讨，在不久的将来制定《公共图书馆读者服务工作语言艺术规范（草案）》，这也是我们撰写本文的目的之一。

三、加强语言艺术修养

从事读者服务工作的人员要加强语言艺术的修养，从哪些方面去考虑、去努力呢？

（1）语言美与心灵美。言为心声，只有树立高尚的情操，培育美好的心灵，才能

"对待同志像春天般的温暖",谈吐文雅,待人和气、谦虚。对图书馆工作人员来说,只有热爱图书馆工作,树立坚定的事业心,甘愿为广大读者服务,才能做到急读者之所急,想读者之所想,接待读者时,一定会服务生动、热情、耐心。反之,如果认为做读者服务工作"没意思""低人一等""大材小用",整天愁眉苦脸,那么,在服务工作中就很难全心全意为读者服务。

(2)语言与工作作风。艰苦朴素的工作作风,是做好读者服务工作的前提。如果一个工作人员平日作风懒散,对待工作吊儿郎当,缺乏责任感,他在接待读者时就很自然地表现出敷衍塞责、得过且过的态度,根本谈不上讲究语言艺术。所以,要向工作人员进行语言艺术修养的教育,决不能忽视工作作风的培养和锻炼。

(3)语言与业务知识。工作人员文化水平低、业务生疏,尽管他和读者谈话很有礼貌、很客气,也不过讲讲表面上的客套话而已,绝不可能很好地帮助读者解决实际问题,所以读者是不会欢迎的。因此,在加强语言艺术修养的同时,还必须加强科学文化知识和图书馆专业知识的学习。

(4)语言与读者研究。从事读者服务工作的人员,对自己的服务对象缺乏了解和研究,不熟悉他们的心理,不了解他们的阅读兴趣、爱好和需要,就很难掌握不同类型读者的特点和阅读规律。要认真总结服务工作的点滴经验,从而更好地为读者服务,就必须了解读者,研究他们的情况,掌握阅读规律。

总之,图书馆工作人员加强语言艺术修养,除了学习好图书馆学专业知识外,有必要学一点读者心理学、读者教育学,还可以学习其他行业优秀服务员、售货员的经验。另外,也要多看书、看戏、看电影、学字画,提高鉴赏艺术水平和审美能力,这也有利于纯洁自己的语言,锻炼自己的表达能力。正如毛泽东同志教导的那样:"语言这东西,不是随便可以学好的,非下苦功夫不可。"

原载天津《图书馆工作与研究》1981年第4期

实行图书资源共享　搞好馆际互借工作[*]

现代科学发展日新月异，高等院校图书馆要更好地适应"四化"建设的要求，卓有成效地为教学和科学研究服务，一方面固然需要不断地改进工作，加强藏书建设，加强科学管理，提高工作效率；另一方面还必须从整体利益出发，实行图书资源共享，做好馆际互借工作。搞好馆际互借是充分发挥图书资料为高等院校教学和科研服务的重要措施之一。

目前，我国高等院校的藏书量是历史上最大的，但是，随着人类科学文化的不断发展，出版物激增，任何一个图书馆都不可能将全部出版物收藏无遗，不可能完全满足其服务对象的多种多样的要求。客观形势的发展，迫切要求我们实行图书资源共享，搞好馆际互借工作，提高图书资料的利用率，充分发挥全国范围内图书馆藏书的作用，最大限度地满足读者的要求，节约图书购置费用，减轻国家负担。这不仅是科学文化发展的要求，也是高等院校图书馆工作发展的必然结果。

一

院系调整后，在党的领导下，我馆在实行图书资源共享、搞好馆际互借方面，曾做过一些工作，取得了一点经验。在"文化大革命"中，由于林彪、"四人帮"的严重破坏，这一工作完全陷于停顿。1972 年重新开馆后，这一工作得以恢复。从 1973—1980 年，在馆际互借方面，我馆向外发函共 470 起，借到图书 364 种 566 册，有 244 次借不到书；收到商借信 567 件，借出图书 978 种 2189 册，有 138 起无书可借。

国内图书馆对旧报刊一般不外借，我馆也不例外，本地和外地读者来我馆查阅中文旧报刊资料极为频繁，其中不少要求代为复制，原件出借者甚少。

几年来，尽管我们的这项工作还没有达到以前的水平，甚至存在这样或那样的问题，但我们重视它，因而较好地满足了读者的要求，对教学科研起到了一定的作用。

首先，我馆为本校教师借到了我馆缺藏的图书资料，为他们解决了教学或科研的急需。例如，我校黄友谋副校长为哲学系自然辩证法专业研究生开设讲座，急需搜集有关参考资料，我们从北京图书馆借来了俄、西文图书六册，其中如 Physical Thought from the Presocratics to the Quantum Physicists（《从苏格拉底前到量子物理学家的物理思想》）、Микроанатомия Великого Открптия（《伟人发现的显微解剖学》）、Science since Babylon（《巴比伦以来的科学》）等书，对其开设讲座、研究科学思想史和方法论，都有重要的参考价值。我们为中文系商承祚教授从北京图书馆借来王先谦《鲜虞中山国事表疆域

---

[*] 本文与周石合写，刘少雄为主要撰写人，作为中山大学图书馆工作经验于 1981 年在全国高等学校图书馆工作会议上交流介绍，并收入 1981 年《全国高等学校图书馆工作会议文集》。

图说》一种，解决了他研究有关"中山国"的一些问题，商老极为满意。中文系接受注释鲁迅《而已集》的任务后，我们提供了大量有关参考资料，但其中两本重要参考书《国际劳动问题》（［日］浅利顺次郎著，张月澄译，广州国际研究所 1927 年出版）和《尘影》（中篇小说集，黎锦明著，开明书店 1927 年出版）我馆及广州地区都无收藏。函询北京图书馆、上海图书馆和南京图书馆，均无所得。北京图书馆主动寄来前一书之不同译本。后来我们一再去函向北京图书馆说明版本详情，请求认真查对，始知该书已列入新善本，不能借出，最后以复制办法解决了。《尘影》一书，我们考虑到四川在抗日战争时期是大后方，解放战争时期又是和平解放地区，旧藏比较稳定，有可能找到。于是便向四川大学图书馆发信求援，结果不出所料，川大图书馆很快将书寄来，中文系得此书如获至宝，解决了注释《而已集》中的两个棘手的难题。历史系教师蔡鸿生，致力于研究中俄关系和沙俄文化、宗教侵华问题，我们为他从北京图书馆、上海图书馆以及中央民族学院图书馆先后借来不少俄、西文书。他看完 Историко-Статистическое Обозрение Морговых Отнощений России с Китаем（《中俄商业来往的历史统计述评》，1857）、Русская Торговля в Тнхом Океане（《俄国在太平洋的商业》，1883）二书后，对我馆有关同志说，这些书出版已 100 多年或将近 100 年，你们千方百计为我借来，实属难得，太感谢了。生物系副教授黄溢明、李宝健等由于编写教材的需要，我们为他们借来一批外文书刊。黄溢明老师在使用了 Laboratory manual of mammalia physiology（《哺乳类生物学实验手册》）之后说，该书的特点是附有实验报告及问题，对我们目前准备开设动物生理学实验课有很大的参考价值。他又说，俄文本《高等植物受精的电生理学》和《植物的电生理极性》是介绍植物电的专著，目前国内很少人研究，对我们编写《生物电》一书有很大帮助。许实波讲师说，承蒙你们借来 Physiology of the heart（《心脏的生理学》，1977），此书对近年来的新资料和成果处理较好，概括性和推理性较强，对我们编写生物学专门化课程心血管生理学很有帮助，我们已将书中较有代表性的图复制成幻灯片，以备专门化教学之用。

其次，几年来，我馆为国内兄弟院校、科研机关、学术团体提供了一定数量的图书资料，工作上做到了快速、及时，尽可能满足他们的要求。例如《少年中国》杂志，全国收藏不多，属罕见本，我们曾应北京图书馆要求借出该刊第 3 卷第 11 期（1932 年），解决了该馆补缺需要。上海图书馆向我馆借用《十日小说》第 1、3～12 期（1909—1912）、《砭群丛报》第 7 期（1910）、《华工杂谈》第 41、42、45、46 期（1919—1920），上述三刊已属孤本，为了协助该馆编印《近代期刊篇目》，我馆及时借出。外交部通过广东省外事办向我馆借用《张文襄公电稿》和《张文襄公督粤电稿》等善本书，为了解决外交部特殊需要，我馆破例借出。福建师范大学图书馆为该校教师搜集资料，向我馆借用 The Chinese Recorder（《中国纪录》第 6～72 卷，1857—1941）这一卷帙浩繁的珍贵旧期刊。为了满足他们对这些资料的需要，我馆在一年时间内，分多次给予借用。广东省政协为编印《红巾军资料》，需要在两广地方志及有关古籍中找寻有关资料，我馆在一年半时间内，借给他们如《浔州府志》《恩平县志》及《堂匪总录》等古籍 60 种 484 册，对他们编印工作给予了有力的支援。中央民族研究所研究员罗致平，接受国家任务，为论证我国西北边境某地区属于我国领土的问题查找资料，从北京、上海、昆明一直查寻到广州，最后在我馆找到一些出版年代较早、较难找到的外文图书，如德文版《东亚史》、法文版《从康熙到乾隆》、英文版《中国纪录》、英文版《中国图织》、英文版《中国史》等。我们派专人把这些珍贵图书送到广东科技情报所代为静电复制（当时我馆尚无复制设备），罗先生从这些珍贵图书中找到大量的资料，有力地证明了这个边境地区自古属于我国，揭露了苏联企图霸占该地区的野心。他满意地说："我走了那么多地方，最后在母校图书馆获得这些珍贵资料，完成了国家交给我的任务，实在高兴。"中央民族学院杨成志教授委托我校历史系梁钊韬教授为他查寻1926年大革命时期他在广州所编的《毋忘台湾》的小册子。该书收录当时在广州的一个台湾爱国青年张秀哲（又名张月澄）所写的《一个台湾人告中国同胞书》，表现了台湾青年的爱国热忱和台湾同胞在日本帝国主义铁蹄下所受的苦难。书中还有杨教授所写的《读后感》及当时在广州的郭沫若同志写的一篇序言，这本小册子今天还很有现实意义，但在国内已很难找到，我们在馆藏革命文献里找到此书，并拍成缩微胶片寄去。之后，我们考虑到杨教授年事已高，视力不佳，又把这份难得的文献原件寄中央民族学院图书馆转给杨教授参考。杨教授得此书后当即复印两份，并将其中一份转送郭老，郭老非常高兴，确认此书文序为他所写，当时由于北伐戎马倥偬，郭老对此早已淡忘，故后来未收入文集，在回忆录中亦未提及（现获悉此序将收入新编的《郭沫若文集》）。

此外，茅盾同志写回忆录，我们还代他复制馆藏香港《华商报》等旧报刊有关资料，代许德珩同志复印馆藏《黄埔日刊》合订本全部资料，并为解放军、兄弟院校、公共图书馆、科研单位、学术团体等复制了不少旧书刊，有利于他们完成各项工作任务。

以上是我馆近几年来在实行图书资料共享、搞好馆际互借方面的一些事例。这些事例说明，馆际互借工作，不论借入或借出，对教学和科研的开展都起了很好的作用。

二

怎样才能做好馆际互借工作？我们的体会是：

（一）要提高图书馆工作人员对馆际互借工作的认识，发扬共产主义协作精神

实行图书资源共享，搞好馆际互借工作，必须对担任这一工作的人员随时进行必要的思想教育，不断提高他们对这项工作重要性的认识，从而克服各种思想障碍，发扬共产主义协作精神。

我馆开展馆际互借之初，由于担负这一工作的人员对此工作认识不足，缺乏共产主义协作精神，妨碍了这一工作的进行。有的认为借出的书刊多，影响本校师生的使用；有的认为我们是大馆，借出的多，借入的少，吃了亏；有的甚至怕麻烦，认为多一事不如少一事；等等。针对这些思想状况，我们先后组织他们学习了文化部、高教部《关于全国图书馆必须加强馆际互借工作》等文件，组织他们参加了广东省中心图书馆委

员会举办的关于大力开展馆际互借的讨论会和广州地区馆际互借经验交流会，并在这个基础上对他们进行思想教育，使他们逐步树立起全局观点，发扬协作精神，保证了这一工作的顺利进行，并不断提高服务质量，做出新的成绩。

（二）要建立必要的制度

馆际互借大多是比较罕见、难得或价值高昂的珍贵书刊资料，绝对不能丢失和污损。为了保证书刊资料安全到达读者手上，并安全寄回借出馆，我们除了教育经办人员加强政治责任感之外，还建立了一套登记、检查制度，如设立签收簿传送单，寄出寄回均用挂号邮递或派专人送还，等等，并向借用者进行宣传教育，加强他们的责任心，保证做到不丢失、不污损。

（三）要有效地提高借书率，减少拒绝率

在馆际互借工作中，必须有效地提高借书率，减少拒绝率。为此，我们采取了如下几种办法：

（1）充分利用各种联合目录、各馆藏书目录和新书目录，尽可能设法了解各大馆的历史沿革和藏书特点，分析哪些馆入藏哪方面的书刊较多，这样，才能做到有的放矢，得心应手，收到预期的效果。

（2）根据不同的情况，选择不同的单位。比如，同一种期刊，知道几个馆均有入藏，我们的做法是：①向缺期较多的馆借。因为不大完整或缺期较多的杂志，一般容易借出。②向一般馆借，少向大馆借。因为大馆的任务重，而且常是全国借书之地，较难借到。③多向大专院校借，少向科研机构借。因为大专院校对专业期刊的需求往往不如科研机构的多，而且兄弟院校的相互支援义不容辞。

（3）选择若干个与本校专业设置比较相近的馆，加强联系和协作，互相关心，互通有无，以期有求必应。

（4）对于不同的要求，采取不同的借书方式。比如，借用一般的书刊，可用普通印备的借书函件；借用较多或要求迫切或估计不易借出的书刊，应用专函详细说明情况（包括借用者的身份和工作任务）以引起对方的重视。必要时，还要派专人持书函前往办理。

（四）要重视随时记录馆际互借书刊的使用效果，据以总结经验，改进工作

图书馆为读者从外馆借来的书刊资料，读者使用后，有些什么帮助，解决了什么问题，收到了什么效果，经办人员在借用者交还图书时要随时调查并记录下来。调查互借书刊的使用效果，不仅可以帮助我们熟悉书刊，而且使我们进一步认识馆际互借的意义和作用，鼓舞工作热情，更重要的是据以总结经验，不断改进工作。

三

几年来，我馆在实行图书资料共享、搞好馆际互借上虽然做了一些工作，取得一些成绩，但由于我们的经验不足，还存在不少问题。下面着重谈谈我们在工作中碰到的几个主要问题。

（一）对兄弟馆馆藏情况不明，借书拒绝率高

各种全国性期刊联合目录和一些馆藏书目录，大多是20世纪50年代编成的，60年代以来，各馆入藏情况不大清楚，无从查找。因此，向外借用书刊，往往心中无数，以致拒绝率较高。

（二）借用书刊，逾期不还

馆际借书期限，一般规定图书一个月，期刊半个月（邮途时间除外）。这个规定是比较合理的，但不少图书馆往往执行不严，过期不还，又不办理续借。我馆曾向北京图书馆借了几本书，由于暑假和借用者的种种原因，过期没还，因而受到该馆的警告，并被停止了一段借书时间。此事引起了我们的高度关注，除向北京图书馆做出检讨外，并以此教育工作人员和借用者要严格执行制度。在兄弟馆方面，借书过期的情况也相当严重。这个问题应引起重视，否则对馆际互借工作将产生严重的影响。

（三）借用书刊要求过多

有些馆只顾自己方便省事，只要借用者提出，便不加考虑地把一大串书目开列出来，这是很容易遭到借出馆的拒绝的。对待这种情况，应当区别先后缓急，分次来借，这样，才能解决借用者的需要，而又不影响书刊的流通率。

（四）缺乏高度的政治责任感，办事马虎

申请馆际互借时，书刊尤其是外文期刊的各项著录理应填写详细具体。但有些馆开列书单很随便，造成对方查对困难而又不能解决问题，结果只能退回。例如，同一种外文期刊分有 section A、B、C、D，而有些馆开列的书单却没有注明哪一 section，以致无从检寄。更有个别的馆，把借用外文期刊的工作交给不懂外文的工作人员去做，不仅错漏很多，甚至连外文字母也写错了。有些馆寄还书刊时竟忘记用挂号。有些读者对所借书刊使用时不够爱护，经办人员邮寄时包装不牢，因而造成书刊的污损，等等，所有这些，都是由于经办人员和借用者缺乏高度的政治责任感、办事马虎所致。

（五）馆际互借速度慢、时间长

应当指出，地理上的距离不是馆际互借迟滞的原因，而主要是因为有些馆首先考虑的是本馆读者的需要，所以不能很好地组织力量为他馆提供快速服务。

（六）复制设备不足

书刊使用频繁，必定会有所损耗折旧。普通版本补充较易，问题不大，但是，对于一些年代久远而又较为难得的书刊，经常借出是存在一定问题的。而珍本特藏，规定不借出，但这些书刊毕竟是要使用的，要解决这些问题，非要利用复制设备、开展复制服务不可，复印既可延长这些书刊的寿命，又可满足借入单位的要求。目前不少图书馆复制设备不足，因而添置必要的复制设备确刻不容缓。

随着高等教育和科学技术的迅猛发展，对图书资源共享、馆际互借的要求必然是越来越迫切，为使这一工作在为教学和科研服务中发挥更大的作用，我们建议：

（1）继续编印各种全国性期刊联合目录和专题图书联合目录。

（2）各大馆争取编印书本式藏书目录。

（3）制订全国统一的馆际互借工作条例，各馆遵照执行。

原载《高校图书馆工作》1981年第4期

中山大学图书馆《馆藏广东文献目录》

（一九八四年十二月）

说　明

1. 《馆藏广东文献目录》是收录清末以前线装古籍中广东人的著作和外省人有关广东的著作。其中，广东方志和宗谱则全部收录，丛书不列子目。

2. 目录以经史子集四库分类体系编排，由于经部、子部图书较少，分类标题从简；史部、集部图书较多，分类标题稍详。外省人有关广东著作，都已按类入目，不再另列。

3. 清末以后线装书中有关广东文献，在此次整理过程中亦已列目，作为附录，提供参考。

4. 本馆线装古籍比较复杂，有八种不同目录。其中有些著录彼此出入较大，合并整理时，查核编排颇费功夫。而下达任务时间只有两个月，因此错漏一定难免。将来条件具备，再作修订补充。

5. 本目录编制小组由刘少雄、陈修纮担任正副组长，邓贵忠、何永钟等同志参加此项工作。

经部

索书号	书　名	册数	著者	版本	备注
O/121.14/716	周易爻物当名,二卷	2	〔明〕黎遂球撰	清刻本	
经（乙）570	杨文懿公书义传稿,不分卷	2	〔明〕杨起元撰	清光绪二十一年（1895）刻	
经（乙）0065	尚书集注述疏,三十二卷,末二卷,附读书堂答问,一卷	18	〔清〕简朝亮撰	清光绪二十九年（1903）广东刻	
经（乙）0066	广州俗话书经解义,五卷	2	〔清〕麦仕治撰	清光绪十九年（1893）广州文宝阁排印	
经（乙）0094	诗经便览,五卷	2	〔清〕潘炳纲辑	清乾隆五十九年（1794）养正家塾刻	
经（乙）0118	毛诗古音谐读,五卷	2	〔清〕杨恭桓撰	民国五年（1916）京华印书局排印	
善0968	读诗日录,不分卷	4	〔清〕陈澧撰	清同治元年（1862）陈澧手稿袖珍本	
经（丙）023	读诗日录,一卷	1	〔清〕陈澧撰	民国十九年（1930）刻	
经（乙）0097	诗毛郑异辨,二卷	2	〔清〕曾钊撰	曾氏面城楼刻	
经0359	礼记子思子言郑注补正,四卷	4	〔清〕简朝亮撰	读书堂刻	
经（乙）0174	柱楣绝记,（南雅堂集,第三编）六卷	1	〔清〕凌扬藻撰	清同治刻	
善908	乐典,三十六卷	8	〔明〕黄佐撰	明嘉靖三十六年（1557）卢宁重刻本	
善0914	琴律谱,一卷	1	〔清〕陈澧撰	清抄本	
D J632.31/1	琴律谱	1	〔清〕陈澧撰	番禺陈氏刊本	
善137	春秋正传,三十七卷,末附春秋修后鲁史旧文、答门人高简春秋正传辨疑	12	〔明〕湛若水撰	清乾隆六年（1741）湛氏红荔山房重刻本	

续上表

索书号	书名	册数	著者	版本	备注
经0472	春秋正传,三十七卷,卷末一卷	10	〔明〕湛若水撰	清同治丙寅(1866)刻	
经0463	春秋公本注疏质疑,二卷	1	〔清〕何若瑶撰	清光绪二十年(1894)广雅书局刻	
善141	春秋究遗,十六卷,总说一卷,比例一卷	6	〔清〕叶酉撰	清乾隆耕余堂刻本	
经0480	春秋董氏学,八卷,附传一卷	4	康有为撰	广州演孔书局刻	
经0525	春秋笔削大义微言考,十一卷	10	康有为撰	万木草堂刻	
经0533	四书备旨,十卷	4	〔明〕邓林编	上海共和书局石印	
经0534	四书备旨,十卷	6	〔明〕邓林编	清宣统二年(1910)广州福芸楼刻	
经(乙)284	四书补注备旨,十卷	8	〔明〕邓林撰〔清〕杜定基增订	清宣统元年(1909)上海南洋官书局石印	
经(乙)0284.1	四书补注备旨,十卷	6	〔明〕邓林撰〔清〕杜定基增订	扫药山房石印	
O/121.2126/235	(新订)四书补注备旨	2	〔明〕邓林撰	上海锦章图书局石印	
经(乙)0283	四书补注备旨,十卷	6	〔明〕邓林撰,〔清〕杜定基增订	清宣统元年(1909)广东石印	
经(乙)284.2	四书补注备旨题窍汇参,十卷	存4期(缺大学中庸)	〔明〕邓林撰,〔清〕祁文友等增补	翰文堂书局石印	
经(乙)0308	大学纲目决疑,二卷,附中庸直指,一卷	1	〔明〕释德清撰	清刻	
O/121.25127/50	古本大学解,二卷	1	〔清〕温飚撰	清同治张氏刻榕园丛书本	

续上表

索书号	书名	册数	著者	版本	备注
经0582	朱子大学章句释疑，一卷	1	〔清〕简朝亮撰	顺德读书堂刻	
经（乙）0315	中庸直指，一卷	1	〔明〕释德清撰	清光绪十年（1884）金陵刻经处刻	
经（乙）0317	中庸注，一卷	1	康有为撰	中国图书公司排印	
经0592	论语注，十六卷	6	康有为注	万木草堂刻	
经0590	论语纂注补正述疏，十卷	16	〔清〕简朝亮述疏	读书堂刻	
经（乙）0327.1	孝经集解，一卷	1	〔清〕桂文燦撰	民国三十年（1942）上海道德书局排印	
经（乙）0331	孝经集注述疏，不分卷，附读书堂答问，不分卷	2	〔清〕简朝亮撰	广东读书堂刻	
经（乙）0331.1	孝经说，三卷	1	〔清〕陈伯陶撰	香港奇雅排印	
O/802.23/378	六书辨	1	〔清〕徐绍桢撰	清光绪三十三年（1907）刻本	
O/802.27/378.2	说文部首述义，八卷，附六书辨	1	〔清〕徐绍桢撰	1928年万寿堂石印本	
O/802.27/716	说文通检，十四卷，卷首一卷，卷末一卷	2	〔清〕黎永椿编	广州富文斋刻本	
O/802.27/716-2	说文通检，十四卷，卷首一卷，卷末一卷	2	〔清〕黎永椿编	上海商务据清光绪五年（1879）番禺陈氏刻景印	
O/802.27/716-3	说文通检，十四卷，首末各一卷	2	〔清〕黎永椿编	上海中华四部备要本	
经0620	切韵考，六卷，外编三卷	5	〔清〕陈澧撰	光绪十年（1884）刻	
O/802.408/674	切韵考，六卷，外编，三卷	3	〔清〕陈澧撰	（见"音韵学丛书"第54～56册）	
O/8022.44/271	切韵考，六卷，外编，三卷	2	〔清〕陈澧撰	1929年成都书局用东塾丛书本校刊	

续上表

索书号	书名	册数	著者	版本	备注
经（丙）086	切韵考外篇，三卷，附勘误表	共1	〔清〕陈澧撰	排印本	
经（乙）0579	六经图，二十四卷	12	〔清〕郑之侨辑	清乾隆九年（1744）述堂刻	
O/090/1181/1-2	经学博采录，六卷	2	〔清〕桂文灿撰	1941年赵诒琛、王大隆辑，辛巳丛编排印本	
L/090.9/415	新学伪经考，十四卷	6册（合订2册）	康有为撰	清光绪十七年（1891）万木草堂刻本	
经0676	新学伪经考，六卷	6	康有为撰	清光绪辛卯武林望云楼石印	
经0677	新学伪经考，十四卷	6	康有为撰	民国六年（1917）张伯桢重刻本（"万木草堂丛书"）	
经（乙）0263 改B222.1/76	论语公车相通说，一卷	1	梁启超撰	清光绪二十三年（1897）刻	

史部

索书号	书名	册数	著者	版本	备注
L/950/80	世史正纲，三十二卷	10	〔明〕丘濬撰，郭新、陆达节校	南京中国仿古印书局1935年	
史068	两汉书注考证，二卷	1	〔清〕何若瑶撰	清光绪二十年（1894）广雅书局刻本	
史525	南汉书，十八卷，附：南汉考异，十八卷，南汉文字，四卷，南汉丛录，二卷	8	〔清〕梁廷枏撰	清道光九年（1829）刻本	
D/K243.24/1	南汉纪，五卷	1	〔清〕吴兰修撰	清道光十四年（1835）郑氏淳一堂刻本	
O/624.2/369	南汉春秋，十三卷	4	〔清〕刘应麟撰	清道光三十年（1850）刻本	

六、书城著述　337

续上表

索书号	书名	册数	著者	版本	备注
O/625.5/76	辽史纪事本末诸论	1	〔清〕谭宗浚撰	1931年刻本	
D/625.74/9921	元朝秘史，十五卷	4	不著撰人，〔清〕李文田注	清光绪二十九年（1903）上海文瑞楼石印本	
善351	皇明从信录，四十卷	46	〔明〕陈建辑	明万历刊本	明太祖至神宗编年存卷一至三十九
善352	皇明从信录，四十卷，皇明从信录，三十五卷	共32	〔明〕陈建辑，沈国元补订〔明〕沈国元辑	明末刻本	通纪自明太祖至崇祯元年毅宗登位（两朝从信录十人八册）
O/626.04/227	西园见闻录，一〇一卷	72	〔明〕张萱辑	杭州古旧书店1983年11月据民国哈佛燕京学社排印本复印	
O/626.9/780	安龙逸史，二卷	1	〔清〕屈大均撰	吴兴刘氏嘉业堂刊本	
O/626.04/2	粤行纪事，一卷	1	〔清〕瞿昌文撰	民国上海进步书局石印本	与沈荀蔚蜀难叙略合刻本
O/627.64/682	粤行纪事，一卷	1	〔清〕瞿昌文撰	1921年上海古书流通处据长塘鲍氏刊本影印	与陈鼎滇黔土司婚礼记合刻本（"知不足斋丛书本"）
史（2）0232	平定交南录，一卷	1	〔明〕丘濬撰	清道光二十五年（1845）伍氏刻本	（岭南遗书本）
史（乙）0255	元祐党籍碑考，不分卷	1	〔明〕海瑞撰	清道光二十五年（1845）伍氏刻本	（岭南遗书本）
O/629.33/559	触藩始末，三卷	1	〔清〕华廷杰撰	清刻本	

续上表

索书号	书　名	册数	著者	版本	备注
D/K296.5/1	嘉应平寇纪略	1	〔清〕谢国珍述	抄本	
D/K254/5	粤匪始末纪略，二卷	2	〔清〕杏花樵子编	稿抄本	
善0482	夷氛闻记，五卷	5	〔清〕梁廷枏撰	清同治间刻本	
O/627.65/407-2	夷氛闻记，四卷	1	〔清〕梁廷枏撰	1939年崦庐聚珍本	崦庐本缺第五卷，但作完本印行
史（乙）0230	戊戌政变记，九卷	3	梁启超撰	排印本	
史（乙）2061	朱九江论史口说，一卷	1	〔清〕朱次琦撰	清光绪二十六年（1900）粤东学院前宝经阁刻本	
史（乙）1006	广东考古辑要，四十六卷	10	〔清〕周广等辑	清光绪十九年（1893）刻本	

传记类

索书号	书　名	册数	著者	版本	备注
善437	史传事略，一卷	1	〔清〕宋湘撰	清嘉庆二十年（1815）富文斋刻本	
史0476	广州人物传，二十四卷	4	〔明〕黄佐撰	清道光十一年（1831）南海粤雅堂刊本	（岭南遗书本）
D/K827.3/1	广州乡贤传，四卷，首一卷	4	〔清〕潘梅元辑	清嘉庆刻道光十九年（1839）重修本	
史（丙）100.2	广州乡贤传，四卷，首一卷，附续编，二卷	2	〔清〕潘梅元辑，续编，谭莹生辑	清光绪六年（1880）广州经韵楼校刻本	
史（丙）100	南越五主传，三卷；附南越丛录，二卷	1	〔清〕梁廷枏撰	民国二十三年（1934）顺德中和园排印本	（自〔明〕"诚瘘丛书"本）
史（丙）100.1	元广东遗民录，二卷	2	清溪渔隐辑	民国十一年（1912）刻本	
史（乙）0485	革除遗事节本，六卷	1	〔明〕黄佐撰	清刻本	

续上表

索书号	书名	册数	著者	版本	备注
史（丙）106	白沙门人考，不分卷	3	〔清〕阮榕龄编	清道光二十二年（1842）刻本	
O/782.633/1812	明季东莞五忠传，二卷	2	〔清〕陈伯陶撰	1923年东莞养和书局排印本	（原题九龙真逸著）
史0391	国朝诗人徵略，六十卷	14	〔清〕张维屏辑	清道光十年（1830）粤东省城超华斋刻本	
史0392	国朝诗人徵略二编，不分卷	8	〔清〕张维屏辑	清道光二十二年（1842）刻本	根据初编补充
O/782.1/468	实学考，四卷	2	〔清〕云茂琦辑	清咸丰元年（1851）刻本	
O/782.7/9	诵芬录，一卷	1	〔清〕汪兆镛辑	清光绪三十四年（1908）番禺汪氏刻本	
D/782.17/682	本朝从祀三先生传，不分卷	1	〔清〕罗惇衍编	手抄本	
O/782.267/954	百将图传，二卷	2	〔清〕丁日昌辑	清同治八年（1869）江苏书局刻本	
史（乙）0535	胜朝粤东遗民录，四卷，附录，一卷	5	〔清〕陈伯陶辑	民国五年（1916）刻本	
O/782.633/109	东莞遗民录，四卷，附录，一卷	4	〔清〕陈伯陶编	1916年陈氏自刊本	原题九龙真逸编
善442	宋丞相崔清献公全录，十卷	4	〔宋〕崔与之撰，〔明〕崔字璲辑、崔晓增辑	明嘉靖十三年（1534）唐胄、邵炼刻本	
史（乙）0349	宋广东制置使凌公死事本，末一卷	1	凌孟徵撰	民国三年（1914）刻本	
子（乙）0778	东坡事略，二十二卷	8	〔清〕梁廷枏辑	清刻本	
O/782.868/475	袁督师遗稿遗事汇辑，六卷	1	张江裁纂	1941年拜袁堂排印本	
O/847.6/226	花甲闲谈，十六卷	4	〔清〕张维屏著	清光绪十年（1884）上海同文书局石印本	

续上表

索书号	书名	册数	著者	版本	备注
D/K828.49/1	永思录，不分卷	1	〔清〕黄培芳著	清嘉庆六年（1801）抄本	
史（乙）0380	关彩衢寿言，不分卷	1	〔清〕黄培芳等撰	清道光间刻本	
史（乙）417	正学续，四卷	2	〔清〕陈遇夫撰	清道光三十年（1850）粤雅堂刻本	
O/782.877/203	国史大臣传——杨颐	1	〔清〕伍铨萃著	1919年广州又新堂排印本	
史（乙）0391	业师榴樵先生家传，一卷	1	邬庆时撰	清宣统二年（1910）刻本	附五德堂诗话，一卷
O/782.87/506-2	李鸿章	1	梁启超撰	清光绪二十七年（1901）刻本	
O/782.87/506-3	李鸿章（一名中国四十年来大事记）	1	梁启超撰	清光绪二十七年（1901）石印本	
史（乙）0401	康南海传，不分卷	1	梁启超撰	排印本	
O/782.7/425	聊自娱斋遗稿	1	〔清〕容作黎撰	容庚辑抄本	

年谱

索书号	书名	册数	著者	版本	备注
史（乙）0354	白沙先生年谱，二卷，附：门人考，一卷丛考，一卷	4	〔清〕阮榕龄编	清咸丰元年（1851）新会阮氏梦菊堂刻本	
史（乙）356	森珊公年谱，一卷	1	〔清〕梁廷枏编	清刻本	
史（乙）0352	广元遗山年谱，二卷	2	〔清〕李光廷编	清同治五年（1866）刻本	
史（乙）0373	吴荷屋自订年谱，一卷	1	〔清〕吴荣光撰	清刻本	
L/950.99/184	吴荣光年谱，一卷	2	〔清〕吴荣光手订	墨水笔抄本	

续上表

索书号	书　名	册　数	著　者	版　本	备　注
史（乙）0353	倪高士年谱，一卷	1	〔清〕沈世良编	清宣统元年（1909）重刻本	
O/782.87/233-2	骆文忠公年谱，二卷	1	〔清〕张荫桓编	清光绪二十一年（1895）重刻本	

日记

索书号	书　名	册　数	著　者	版　本	备　注
善0455	望凫行馆宦粤日记，不分卷	原40（缺第2册）	〔清〕杜凤治撰	稿本	杜凤治，山阴人，宦广宁、四会、南海、佛冈、罗定，第1～37册为宦粤日记，第38～41册为家居日记
善0457	邓和简公日记，十卷	存8	〔清〕邓华熙撰	稿本（存卷一至四、七至十）	日记从咸丰至民国五年(1916)
L/920.8/37	鸿爪前游日记，六卷	6	〔清〕孔广陶述	清光绪十八年（1892）广州富文斋刻本	
L/910.8/749	出使九国日记，不分卷	1	〔清〕戴鸿慈著	清光绪三十二年（1906）北京第一书局排印本	

宗谱

索书号	书　名	册　数	著　者	版　本	备　注
史（乙）2020	古谱纂例，六卷	—	〔清〕黄任恒纂辑	清光绪三十年（1904）排印本	

续上表

索书号	书名	册数	著者	版本	备注
D/K829/2	（番禺）陈氏家谱，九卷，卷首，一卷	1	〔清〕陈澧撰	清咸丰元年（1851）六月修成陈氏家抄本	缺抄卷六篡图卷八祭日记 附：从明洪武二十六年（1393）至民国三年（1914）按年纪事一卷
史（乙）507	（番禺）张氏宗谱，十一卷	1	〔清〕张德明编	清光绪二十三年（1897）刻本	
L/950.991/37	（番禺小龙）孔氏家谱，十二卷	7	〔清〕孔昭湘编	清光绪二十三年（1897）刻本	
史465	（番禺）重修高氏世谱，十卷	10	〔清〕高长年重修	清同治元年（1862）刻本	
D/K829/1	（番禺）河南潘氏谱，不分卷	1	〔清〕潘福燊辑	1910年抄本	
L/950.991/402	南海梁氏家谱，四卷	4	〔清〕梁文选等编	清宣统三年（1911）刊本	
L/950.991/441	广东新会外海乡陈氏族谱稿，不分卷	1	陈云𪈘重修	1937年铅印本	
L/950.991/622	（南海）潘氏兴堂族谱，六卷	9	潘华发等编	1924年重修清同治六年（1867）特本	
史（乙）506	（南海）学正黄氏家谱印本，	2	黄任恒编	清宣统三年（1911）保粹堂刻本	
史（乙）505	南海学正黄氏家谱，十二卷，卷首、卷末各一卷	8	黄任恒编	清宣统三年（1911）保粹堂刻本	
史（乙）505.1	南海平地黄氏族谱，十五卷	1	黄溥礼总纂	民国十四年（1925）铅印本，存一册（卷一至六）	
史452	南海朱九江朱氏家谱，十二卷	12	〔清〕朱次琦续修	清同治八年（1869）刻本	

续上表

索书号	书　名	册数	著者	版本	备注
史 452.1	南海朱泽信祖派下子孙族谱，第二辑	1	朱寿漆、朱寿海编纂	民国十七年（1928）铅印本	有历代先人遗像及各房子孙小照
史（乙）509	南海九江吴树德堂家谱，二十卷	18	〔清〕吴兆熙等编	清光绪三十三年（1897）刻本	
O/789.2/228	南海城西堡张氏家谱，不分卷	1	〔清〕张正纪订，（民国）张展续修	1930年广州排印本	
L/950.1991/758.02	（顺德）简岸简氏家谱，五卷	2册（合订1册）	简朝亮编纂	1928年排印本	
L/150.991.211	（顺德）文海林氏家谱，五卷	5	〔清〕林天照等编	清同治七年（1868）林嗣德堂刻本	
史 487	（顺德）陆氏专德论，六卷	3	〔清〕陆师彦、陆朵瓒辑	清光绪元年（1875），民国二十一年（1932）补修	
史（乙）453（1）	新会潮莲芦鞭卢氏族谱，二十五卷	21	卢子骏纂修	清宣统三年（1911）刻本	
史（乙）453	新会潮链芦鞭卢氏族谱，二十六卷	13	卢子骏纂修	1949年排印本	
史 0464	（东莞）梁氏崇桂堂族谱，十卷	10	〔清〕梁活阶、梁朝泰续修	清光绪三十三年（1907）东莞蟹溪勤贻堂刻本	
史 0464.1	（东莞）大汾何草澡堂族谱	1	〔清〕何廷蛟编	乾隆二年（1737）重修民国二十六年（1937）铅印本	存卷首一卷
O/782.88/226	（东莞）篁溪家谱，附录二	1	王树柚等说	民国刻本	篁溪——东莞张伯桢别号
O/782.7/4252	东莞容氏家乘，不分卷	1	容庚辑录	1938年稿本	

续上表

索书号	书名	册数	著者	版本	备注
O/782.7/425.2-2	东莞容氏族谱，不分卷	1	容庚纂	稿本	
L/950.991622.12	（三水）潘氏家乘，三卷	2	潘斯濂编	清光绪年间刊本	
史463	（广东苏氏）武功书院族谱，三卷	4	〔清〕苏镜南等修，（民国）苏天祥重修	民国十八年（1929）刻本	即武功书院世谱
L/950.99/7841-4	苏氏族谱，十卷	4	〔清〕苏廷鉴辑	清光绪二十五年（1899）刻本	以蜀山苏氏为主兼涉广东苏氏
史（乙）464	（广东）余绍贤堂族谱全集，三十卷	14	余根新等编	1911年石印本	
L/950.991/428	（广东）清河族谱，五卷	4	〔清〕张华椿等纂修	清光绪六年（1880）刊本	
L/950.991/758	粤东简氏大同谱，十三卷，卷首一卷	12册（合装2册）	简宾保等辑	1928年刊本	
L/950.991/263	岭南冼氏宗谱，九卷	8	冼宝干编	1910年刊本	
史（乙）508	（广东）关氏族谱，不分卷	7	〔清〕关瑞龙等编	清光绪十五年（1889）翰元楼刻本	
L/950.991/7845-8	（广东苏氏）武功书院世谱，三卷	4	〔清〕苏镜南等修	清光绪二十六年（1900）武功书院德有邻堂刻本	

氏姓、科举

索书号	书名	册数	著者	版本	备注
D/G675/1	广雅书院同舍录（1888—1897）	3	广雅书院编	清光绪二十三年（1897）刻本	
O/782.633/9385	广东同乡同官录	1	—	手抄本	

续上表

索书号	书名	册数	著者	版本	备注
L/950.99/784-2	胜朝东莞题名录	5	〔清〕苏泽东编辑	清光绪十八年（1892）祖坡吟馆刻本	
L/950.99/975	广东乡试录，不分卷	1	〔清〕王荫槐等编	清光绪二十年（1894）刻本	

地理类

索书号	书名	册数	著者	版本	备注
史（乙）1100	新广东（一名：广东人之广东），一卷	1	〔清〕欧榘甲撰	刻本	原题太平洋岩著
史（乙）1098	新广东（一名：广东人之广东），一卷	1	〔清〕欧榘甲撰	排印本	
史（乙）1084	岭南丛述，六十卷，附目录，二卷	24	〔清〕邓淳编	清道光十年（1830）刻	
史（乙）0932	岭南实事记，二十卷	存6	〔清〕徐琪奉知撰	清光绪二十二年（1896）刻	缺卷九至二十，"香海盦丛书"本
O/623.3304/261	岭表录异，三卷	1	〔唐〕刘恂撰	清乾隆中武英殿活字排印本	
D/K928.967/1	赤雅，三卷	1	〔明〕邝露撰	清道光五年（1825）南海邝瑞重刻本	
DK920.765/3	南海百咏，一卷	1	〔宋〕方信儒撰	清光绪八年（1882）学海堂据江氏影钞元本重刻	
D928.765/2	南海百咏续编，四卷	2	〔清〕樊封撰	清道光二十九年（1849）刻本	
什（乙）0939	南海百咏续编，四卷	1	〔清〕樊封撰	清光绪十四年（1888）翠琅玕刻	
善0591	南汉地理志，一套，金石志，二卷	1	〔清〕吴藏修撰	清道光十四年（1834）郑廷松淳一堂刻本	
善0590	元史地名考目录，一卷	4	〔清〕李文回撰	诗抄本	

一、方志

索书号	书　名	册数	著者	版　本	备注
善0607	粤大记，三十二卷	24	〔明〕郭棐编	明万历刻本（卷二、三十至三十二，静电复印补配）	缺第一卷
志0001.1	（雍正）广东通志，六十四卷	40	〔清〕郝玉麟修，鲁曾煜纂	清雍正九年（1731）刻本	
志0001	（道光）广东通志，三百三十四卷，首一卷	120	〔清〕阮元、江藩修，陈昌齐、刘彬华纂	清同治三年（1864）重刻道光本	
6-1619	（道光）广东通志，三百三十四卷，首一卷	5（精装）	〔清〕阮元、江藩修，陈昌齐、刘彬华纂	民国二十三年（1934）商务影印同治重刊道光本	附四角号码索引
O/673.3/46	广东通志列传，四卷	4	温敬廷辑纂	民国二十二年（1933）广东通志馆铅印本	
O/673.38/498	（道光）粤小记，四卷	1	〔清〕黄芝纂	清道光十二年（1832）刻本	
O/673.38/498-2	（道光）粤小记，四卷	1	〔清〕黄芝纂	1960年广东省中山图书馆油印清道光本	
史626	广东乡土历史教科书，二卷	存上	〔清〕黄映奎编	清光绪三十二年（1906）附中学校刻本	
L/929.33/114	广东乡土地理教科书，三卷	2	国学保存会编	清光绪三十三年（1907）铅印本	
L/929.33/174	广东乡土地理教科书，二卷	2	蔡铸编	清宣统元年（1909）广州粤东编译公司铅印本	
L/929.33/174	广东乡土地理教科书	2	岑锡祥、黄培堃编	清宣统二年（1910）广州文兴资社铅印本	
广州市					
D/K296.53/1	（乾隆）广州府志，六十卷，首一卷	22	〔清〕全烈修，沈廷芳纂	清乾隆二十四年（1759）刻本	

续上表

索书号	书名	册数	著者	版本	备注
志0003	（光绪）广州府志，一百六十卷	60	〔清〕戴肇辰、苏佩词修，史澄、李光廷纂	清光绪五年（1879）刻本	
史/929.33/194	广州乡土地理教科书	2	林骏编	清宣统元年（1909）广州萃大书报社铅印本	
O/673.35/129.2	（康熙）花县志，四卷	6	〔清〕王永名修，黄士龙、黄虞纂	1981年静电复制清康熙刻本	
志0034	（康熙）花县志，四卷	4	〔清〕王永名修，黄士龙、黄虞纂	清同治五年（1866）重刻，康熙二十五年（1686）本	
志0035	（康熙）花县志，四卷	4	〔清〕王永名修，黄士龙、黄虞纂	清光绪十六年（1890）重刻康熙二十五年（1686）本	
志0036	（宣统）花县志，十三卷	6	孔昭度、符知存修，利章纂	民国十三年（1924）铅印本	叙事至宣统二年(1910)
O/673.35/309	（雍正）长宁县志，十卷	6	〔清〕李绍膺修，吴观光纂	1981年静电复印清乾隆二十一年（1756）赵士元校刻雍正九年（1731）本	长宁即今新丰县
善0609	（道光）长宁县志，十卷	5（有图）	〔清〕高炳文等修，冯兰等纂	清道光十九年（1839）重修刻本	
志0043	（同治）增城县志，二十五卷，首一卷	12	〔清〕赵俊修，李宝中、黄应桂纂	清同治十年（1871）增补嘉庆二十五年（1820）本	
志0043	（民国）增城县志，三十一卷，首一卷	13	王思章等修，赖际熙等纂	民国八年（1919）修，十年（1921）刻本	
O/673.35/111-2	（民国）增城县志，三十一卷，首一卷	28	王思章修，赖际熙纂	1959年广东中山图书馆复制油印本	
志0040	（雍正）从化县新志，五卷	5	〔清〕郭遇熙纂修，蔡廷麟续修，张经纶续纂	清宣统元年（1909）重刻，雍正八年（1730）本	

续上表

索书号	书名	册数	著者	版本	备注
O/673.35/113-2	（康熙）龙门县志十二卷	4	〔清〕成玉佐修，乐安成纂	1981年按康熙二十六年（1687）刻本静电复印	
志0041	（道光）龙门县志，十六卷，首一卷	5	〔清〕毓雯、张经赞修，张维屏纂	清道光二十九年（1849）修，咸丰元年（1851）刻本	
志0042	（民国）龙门县志，二十卷，首一卷	1	招念慈修，邬庆时纂	民国二十五年（1936）广州汉元楼铅印本	
O/673.35/103-2	（乾隆）番禺县志，二十卷	20	〔清〕任果、常德修，檀萃、凌鱼纂	1981年静电复印清乾隆三十九年（1774）刻本	
O/673.35/101-2	（嘉庆）羊城古钞，八卷，首一卷	5	〔清〕仇巨川纂	清嘉庆十一年（1806）大齐堂刻本	番禺县古名羊城
志0019（3）	（同治）番禺县志，五十四卷，首一卷	16	〔清〕李福纂修，史澄、何若瑶纂	清同治十年（1872）刻本	
志0020	番禺县续志，四十四卷，首一卷	16	梁鼎芬、卢维庆修，丁仁长、吴道镕、梁桂庆纂	民国二十年（1931）据宣统三年（1911）重刻本	起同治六年（1867）迄宣统三年（1911）
929.33/122	番禺县古坝乡志	合1	韩锋纂	民国二十六年（1937）铅印本（载南华月刊第一集第1～4卷）	
韶关地区					
志0006	（康熙）韶州府志，十八卷	18	〔清〕唐宗尧修，秦朝关纂	清康熙二十六年（1697）刻本	
志0007	（光绪）韶州府志，四十卷，首一卷	24	〔清〕林述训、段锡林修，郑兴诗纂	清光绪六年（1880）刻本	
志0079	（光绪）曲江县志，十六卷	8	〔清〕张希京修，欧樾华、冯翼之纂	清光绪元年（1875）刻本	

续上表

索书号	书名	册数	著者	版本	备注
929.32/852.4	（康熙）曹溪通志，八卷，首一卷	8	〔清〕马元修，贡模纂	民国二十一年（1932）据康熙十一年（1672）重刻	在曲江县
史（乙）0887	（道光）曹溪通志，八卷，首一卷	8	〔清〕刘学礼纂	清道光十六年（1826）怀善堂重刻本	在曲江县
志0084	（同治）乐昌县志，十七卷，首一卷	6	〔清〕徐宝符、殷纵传修，李秾、陈英藻纂	清同治八年（1869）刻本	
志0085	乐昌县志，二十二卷，首一卷	4	〔清〕刘运镗修，陈宗瀛纂	民国二十年（1931）铅印本	
O/673.35/209	（嘉靖）仁化县志，五卷	1	〔明〕胡居安纂	1958年广东省中山图书馆油印传抄嘉靖本	
O/673.35/209-2	（嘉靖）仁化县志，五卷	1	〔明〕胡居安纂	1903年上海古籍书店影印天一阁明抄本	
O/673.35/209-4	（康熙）仁化县志，二卷	2	〔清〕李梦鸾纂修	1984年静电复印清康熙二十五年（1686）刻本	
志0083	（光绪）仁化县志，八卷	8	〔清〕陈鸿修，刘凤样纂	清光绪九年（1883）刻本	
O/673.35/203-2	（乾隆）南雄府志，十九卷	5	〔清〕梁宏勋、图尔英额修，胡定纂	1958年广东省中山图书馆油印清乾隆十八年（1753）本	
志0082	（道光）直隶南雄州志，三十四卷，首一卷	16	〔清〕余保纯等修，黄其勤纂，戴锡伦、朱杨光增纂	清嘉庆二十四年（1819）修，道光四年（1824）增修刻本	
O/673.35/203-2	（乾隆）保昌县志，十四卷	6	〔清〕陈志仪纂修	1981年静电复印清乾隆十八年（1753）刻本	今南雄县
O/673.35/205	（嘉靖）始兴县志，二卷	1	〔明〕汪庆丹修，袁宝兴等纂	1958年广州古旧书店油印明嘉靖十五年（1536）袁宗兴刻本	
O/673.35/205-2	（乾隆）始兴县志，十六卷	8	〔清〕郑炳修，凌元驹纂	1981年静电复印清乾隆二十年（1755）刻本	

续上表

索书号	书　名	册数	著　者	版本	备　注
志 0080	（民国）始兴县志，十六卷，首一卷	10	陈庆虞修，陈凤对纂	民国十三年（1924）修，十五年（1926）铅印本	
O/673.35/215	（嘉靖）翁源县志，一卷	1	〔明〕李孔明纂	1958年广州古旧书店油印传抄嘉靖三十六年（1557）修明抄本	
O/673.35/215-2	（嘉靖）翁源县志，一卷	1	〔明〕李孔明纂	1963年上海古籍书店影印天一阁嘉靖三十六年（1557）修乌丝阑明抄本	
志 0078	（嘉庆）翁源县志，十二卷，首一卷，末一卷	4	〔清〕谢崇俊修，颜尔枢纂	清嘉庆二十五年（1820）刻本	
O/673.35/215-4	（乾隆）翁源县志，八卷	4	〔清〕杨楚枝修，郭正嘉纂	1981年静电复印清乾隆三十年（1765）刻本	
志 0039	（道光）佛冈直隶军民厅志，四卷	2	〔清〕龚耿光纂修	清道光二十三年修（1842），咸丰元年（1851）刊本	今佛冈县
志 0077	（宣统）英德县续志，十七卷，卷首一卷，卷末一卷	8	邓士芬修，黄佛颐纂	民国二十年（1931）铅印本	记事始道光二十三年（1843）迄宣统元年（1909）
志 0037	（光绪）清远县志，十六卷，首一卷	8	〔清〕李文烜、罗炜修，朱芸芳、麦瑞芳纂	清光绪六年（1880）刻本	
志 0038	（民国）清远县志，二十一卷	12	吴凤声、余荣谋修，朱汝珍纂	民国二十四年（1935）修二十六年铅印本	
志 0088	（道光）阳山县志，十五卷，首一卷	6	〔清〕刘向荣修，刘彬华纂	清道光三年（1823）刻本	
志 0089	（民国）阳山县志，十八卷	6	欧汝钧修，朱汝珍纂	民国二十七年（1938）铅印本	

续上表

索书号	书名	册数	著者	版本	备注
志0087	（民国）连山县志，十六卷	6	何一鸾修，臧承宣纂；凌锡华增修，彭徵朝增纂	民国四年（1915）修，十七年（1928）增修铅印本	1901年改称连山壮族瑶族自治县
志（丙）011	（道光）连山绥瑶厅志，一卷	1	〔清〕姚柬之编	清光绪三年（1877）上虞张权据道光本重刻	
志0086	（同治）连州志十二卷，首一卷	6	〔清〕裘咏钧、觉罗祥瑞修，军兴诗纂	清同治九年（1870）刻本	
O/673.35/211-2	（康熙）乳源县志，十二卷	4	〔清〕裘秉钫修，庞璋纂	据康熙二年（1663）刻本复写本	
O/673.35/211	（康熙）乳源县志，十二卷	2	〔清〕裘秉钫修，庞璋纂	1958年广东省中山图书馆油印康熙二年（1663）刻本	
丛226	（康熙）连阳八排风土志，八卷	1	〔清〕李来章纂	小方壶斋舆地丛钞据清康熙本重排印（作一卷）	
惠阳地区					
O/673.35/305-2	（嘉靖）惠州府志，十六卷	5	〔明〕姚良弼修，汤宗浦、杨载鸿纂	1961年上海古籍书店影印天一阁明嘉靖三十五年（1556）姚良弼校刻蓝印本	
O/673.35/305	（嘉靖）惠志略，一卷	1	〔明〕杨载鸿纂修	1959年广州古旧书店油印明嘉靖三十九年（1550）刻本	
O/673.35/305-4	（嘉靖）惠志略，一卷	1	〔明〕杨载鸿纂修	1961年上海古籍书店影印天一阁嘉靖本	
志0004	（光绪）惠州府志，四十五卷，首一卷	20	〔清〕刘溎年、张联桂修，邓伦斌、陈新铨纂	清光绪三年（1877）修，七年（1881）刻本	
志0047	（乾隆）归善县志，十八卷，首一卷	6	〔清〕章寿彭修，陆飞纂	乾隆四十八年（1783）刻本	今惠阳县

续上表

索书号	书名	册数	著者	版本	备注
志0081	（乾隆）博罗县志，十四卷	6	〔清〕陈商虞纂修	清乾隆二十八年（1763）刻本	
志0049	（同治）河源县志，十三卷	存4	〔清〕彭启毅修，赖以平纂	清同治十三年（1874）刻本	缺卷一至六、十五
志0050	（嘉庆）和平县志，八卷，前一卷	5	〔清〕罗天桂修，徐延翰纂	民国二十三年（1934）油印嘉庆本	
志0051	（嘉庆）龙川县志，四十卷	6	〔清〕胡瑃修，殷山纂	清嘉庆二十三年（1818）刻本	
志130.2	（康熙）永安县次志十七卷	2	〔清〕张进篆纂修	清康熙二十六年（1687）刻本	即今紫金县
志0052	（道光）永安县三志，五卷，首一卷，末一卷	4	〔清〕宋如楠、叶廷芳修，赖朝侣纂	清道光二十年（1840）刻本	即今紫金县
O/673.35/127	（康熙）新安县志，十三卷	4	〔清〕靳立谟修，邓文蔚纂	1962年广东省中山图书馆油印康熙本	今宝安县
志0048	（嘉庆）新安县志，二十四卷，首一卷	7	〔清〕王崇熙修，舒懋言纂	民国十九年（1930）铅印嘉庆二十四年（1819）本	
O/673.35/109-2	（雍正）东莞县志，十四卷	16	〔清〕周天成修，邓迁喆纂	1984年静电复印清雍正八年（1730）刻本	
志0045	（嘉庆）东莞县志，四十六卷，首一卷	8	〔清〕彭人杰、范文安修，黄时沛纂	清嘉庆三年（1798）刻本	
志0046	（民国）东莞县志，一百〇二卷，首一卷	21	陈伯陶纂修	民国十六年（1927）东莞善利书局铅印本	
志046.1	东莞县志初稿，四卷	1	中山大学历史系、东莞县人民委员会合编	1958年油印本	
志046.2	东莞新志	1	东莞县志编纂委员会编	1958年12月铅印本（内部资料）	此志在志046.1东莞县志初稿基础上整理排印

续上表

索书号	书 名	册 数	著 者	版 本	备 注
梅县地区					
志0071	（光绪）嘉应州志三十二卷，首一卷	14	〔清〕吴宗焯、李庆荣修，温仲和纂	〔清〕光绪二十四年（1898）修，二十七年（1901）刻本	
志0071.1	嘉应乡土地理教科书	1	〔清〕熊理编	清光绪三十二年（1906）淬香学堂铅印本	
志0073	（嘉庆）平远县志，五卷，首一卷	5	〔清〕卢兆鳌纂修	清嘉庆二十五年（1802）刻本	
志0074	（嘉庆）平远县志，五卷，首一卷	5	〔清〕卢兆鳌纂修	民国二十三年（1934）据嘉庆本铅印	
志0072	（乾隆）镇平县志，六卷	1	〔清〕潘承焯、吴作哲纂修	民国五年（1916）铅印乾隆本	
O/673.35/351	（光绪）镇平县志，九卷	4	〔清〕黄钊纂	民国十九年（1930）广东黄睦记铅印光绪八年（1882）本	是书一名石窟一征
O/673.35/337-2	（嘉靖）大埔县志，九卷	2	〔明〕吴思立修，陈尧道纂	1963年中山图书馆油印明嘉靖本	
O/673.35/337-2	（乾隆）大埔县志，十二卷	8	〔清〕蔺涛纂修	1981年静电复印乾隆九年（1744）刻本	
志0070	（同治）大埔县志，十八卷	6	〔清〕张鸿思纂修	清同治十二年（1873）修，光绪二年（1876）刻本	
O/673.35/337	（民国）大埔县志，十八卷	15	邹近之修，温廷敬纂	民国十九年（1930）修，三十二年（1943）铅印本	
志0069	（光绪）丰顺县志，八卷，首一卷	6	〔清〕葛曙纂修，许晋清续修，吴鹏续纂	清光绪十年（1884）刻本	清光绪志名门附于乾隆志各门之后
志0130.3	（道光）长乐县志，十卷	4	〔清〕侯坤元修，温训纂	民国铅印清道光二十五年（1845）刻本	今五华县

续上表

索书号	书名	册数	著者	版本	备注
O/673.35/347-2	（正德）兴宁县志，四卷	1	〔明〕祝允明纂修	1962年中华书局影印明正德稿本	
志0075	（咸丰）兴宁县志，十二卷，首一卷	8	〔清〕仲履振原本、张鹤龄增修，曾士梅增纂	清咸丰六年（1856）增补嘉庆十六年（1811）本	
志0076	（咸丰）兴宁县志，十二卷，首一卷	4	〔清〕仲履振原本、张鹤龄增修，曾士梅增纂	民国十八年（1929）兴宁书店铅印清咸丰本	
汕头地区					
O/673.35/301-3	（顺治）潮州府志，十二卷	8	〔清〕吴颖纂修	1957年广东省中山图书馆油印清康熙二年（1663）刻本	
O/673.35/301-4	（乾隆）潮州府志，四十二卷，首一卷	42	〔清〕周颂熙纂修，康基田增补	1984年静电复印清乾隆二十七年（1762）年刻本	
志0005	（乾隆）潮州府志，四十二卷，首一卷	25	〔清〕周颂熙纂修，康基田曾补	光绪十九年（1893）重刻乾隆四十年（1775）本	
志（乙）0025	（民国）潮州志略，不分卷	1	潘载和纂修	民国二十二年（1933）铅印本	
O/673.35/301	（民国）潮州志，三十卷	8	饶宗颐纂修	民国三十五年（1946）修三十八年（1949）汕头潮州修志馆铅印本	
O/673.35/303	（乾隆）澄海县志二十九卷，首一卷	9	〔清〕金廷烈纂修	1959年广州古旧书店油印清乾隆二十九年（1764）刻本	
志0065	（嘉庆）澄海县志，二十六卷，首一卷	8	〔清〕李书青等纂修	清嘉庆二十年（1815）刻本	
志0067	（光绪）海阳县志，四十六卷，首一卷	12	〔清〕卢蔚猷修，吴道镕纂	清光绪二十四年（1898）修二十六年（1900）刻本	

续上表

索书号	书　名	册　数	著　者	版　本	备　注
志0068	（光绪）饶平县志，二十四卷	8	〔清〕惠登甲修，黄德容，翁奎纂	清光绪九年（1883）刻本	
志0066	（乾隆）南澳志，十二卷	4	〔清〕齐翀纂修	清乾隆四十八年（1783）刻本	
O/673.35/329	（隆庆）潮阳县志，十五卷	4	〔明〕黄士龙修，林大春纂	1950年广州古旧书店油印明隆庆本	
O/673.35/329-2	（隆庆）潮阳县志，十五卷	4	〔明〕黄士龙修，林大春纂	1963年上海古籍书店影印天一阁隆庆本	
O/673.35/329-3	（康熙）潮阳县志，二十卷	8	〔清〕藏宪祖纂修	1984年静电复印清康熙二十六年（1687）刻本	
志0062	（嘉庆）潮阳县志，二十卷，首一卷	12	〔清〕唐文藻纂修	清嘉庆二十四年（1819）刻本	
志0063	（光绪）潮阳县志，二十二卷，首一卷	10	〔清〕周恒重修，张其翻纂	清光绪十年（1884）刻本	
志0064	（光绪）潮阳县志，二十二卷，首一卷	4	〔清〕周恒重修，张其翻纂	民国三十一年（1942）铅印光绪十年本	
O/673.35/335	（雍正）惠来县志，十八卷，首一卷	10	〔清〕张纽美纂修	1984年静电复制清雍正九年（1731）刻本	
志0061	（雍正）惠来县志，十八卷，首一卷	6	〔清〕张纽美纂修	民国十九年（1930）铅印清雍正九年（1731）本	
志0053	（乾隆）海丰县志，十卷，末一卷	3	〔清〕于卜熊修，史本纂	清同治十二年（1873）补印道光二十一年（1841）重刻乾隆本	第四册为"续编"
志0053.1	（同治）海丰县志续编，二卷	1	〔清〕蔡逢思修，林光斐纂	清光绪四年（1878）后补刻同治年	续编作为海丰县志之后合在一起

续上表

索书号	书名	册数	著者	版本	备注
志0053.2	（乾隆）（同治）海丰县正续编，十二卷	3	正编，〔清〕于卜熊修，史平纂（第1~2册），续编，〔清〕蔡逢恩修，林光斐纂（第3册）	民国二十年（1931）海丰海声书局铅印同治十二年（1873）本	
志0056	（乾隆）陆丰县志，十二卷	4	〔清〕王光正修纂	清乾隆十年（1745）刻本	
志0054	（乾隆）陆丰县志，十二卷	1	〔清〕王光正修纂	民国二十年（1931）铅印清乾隆十年（1745）本	
志0057	（乾隆）普宁县志，十卷，首一卷	8	〔清〕肃麟趾修，梅奕绍纂	清乾隆十年（1745）刻本	
志0058	（乾隆）揭阳县志，八卷，首一卷	10	〔清〕刘燕勤修，凌奂纂	民国二十六年（1937）铅印乾隆四十四年（1779）刻本	
志0059	（光绪）揭阳县续志，四卷，首一卷	8	〔清〕王崧修，李星辉纂	民国二十六年（1937）铅印清光绪十四年（1888）刻本	
志0060	（光绪）揭阳县续志，四卷，首一卷	8	〔清〕王崧修，李星辉纂	清光绪十四年（1888）修，十六年（1890）刻本	
佛山地区					
O/637.35/105-2	（大德）南海志，二十卷	2	〔元〕陈大震修，吕桂棣纂	1957年据元大德八年（1304）刻本复写本	存卷六至十
志0013	（道光）南海县志，四十四卷，末一卷	22	〔清〕潘尚梓修，邓士宪纂	清道光十三年（1833）修，十五年（1835）刻本	
志0014	（道光）南海县志，四十四卷，末一卷	12	〔清〕潘尚梓修，邓士宪纂	清同治八年（1869）重刻道光十五年（1835）本	
志0014.1	（同治）南海县志，二十六卷，首一卷	12	〔清〕郑梦玉修，梁绍献、李微蔚纂	清光绪二年（1876）广州富文斋补刻同治本	

续上表

索书号	书 名	册 数	著 者	版 本	备 注
O/673.35/105-3	(同治)南海县志,二十六卷,首一卷	12	〔清〕郑梦玉修,梁绍献,李微蔚纂	广州留香斋刻印本壬申续修本	
志0015	(宣统)(续修)南海县志,二十六卷,末一卷	15	〔清〕郑荣修,何炳堃纂	清宣统三年(1911)刻本庚戌续修	
史(乙)0890	(光绪)九江儒林乡志,二十一卷	10	〔清〕朱次琦、冯栻宗纂	清光绪九年(1883)羊城聚陆堂刻本	
志0016	(乾隆)佛山忠义乡志,十一卷	4	〔清〕毛维骐、陈炎宗纂	清乾隆十八年(1753)刻本	
志0017	(道光)佛山忠义乡志,十四卷	7	〔清〕吴荣光纂	清道光十一年(1831)刻本	
志0018	(民国)佛山忠义乡志,十九卷,首一卷	12	汪宗准、冼宝干纂	民国十二年(1923)刻本	
志0032	(嘉庆)三水县志,十六卷,首一卷	8	〔清〕李友榕、汪云任、王履祥修,郝云龙、董思成纂	清嘉庆二十四年(1819)刻本	
O673.35/123	(嘉庆)三水县志,十六卷,首一卷	8	〔清〕李友榕、汪云任、王履祥修,郝云龙、董思成纂	民国十二年(1923)影印清嘉庆二十四年(1819)本	
志0021	(咸丰)顺德县志,三十二卷	16	〔清〕郭汝诚修,冯奉初纂	清咸丰三年(1853)修,九年(1859)刻本	
志0022	(民国)顺德县志,二十四卷,末一卷	10	周元贞、冯葆熙修,周朝槐纂	民国十八年(1929)刻本	
史(乙)1080	(嘉庆)龙山乡志,十四卷,首一卷	6	〔清〕温汝能纂	清嘉庆十年(1805)金紫阁刻本	在顺德县西北78公里
善0611	(康熙)香山县志,十卷	4	〔清〕申良翰纂修	清康熙十二年(1673)刻本	志重修于康熙十二年(1673)

续上表

索书号	书名	册数	著者	版本	备注
O/613.35/119-2	（康熙）香山县志，十卷	4	〔清〕申良翰纂修	1958年广东省中山图书馆油印康熙本	今中山县
志0023	（道光）香山县志，八卷，首一卷，附卷一卷	9	〔清〕祝淮修，黄坊芳纂	清道光八年（1828）刻本	
志0025	（宣统）香山县志续编，十六卷，首一卷	6	厉式金修，汪文炳纂	民国十二年（1923）刻本	纪事至清宣统三年
史（乙）1200	（乾隆）澳门纪略，二卷，首二卷	4	〔清〕印光任修，张汝霖纂	清光绪六年（1880）江宁藩署重刻清乾隆本	
082/128 癸集	（乾隆）澳门纪略，二卷，首二卷	1	〔清〕印光任修，张汝霖纂	清道光年间吴江沈氏草楷堂刻	"昭代丛书"本
O/673.35/121	（康熙）新会县志，十八卷	10	〔清〕贾雏英修，薛起蛟纂	1960年广东省中山图书馆油印清康熙二十六年（1667）刻本	
O/673.35/121-2	（乾隆）新会县志，十三卷，首一卷	10	〔清〕王植纂修	1984年静电复印清乾隆六年（1741）刻本	
志0030	（道光）新会县志，十四卷，首一卷	12	〔清〕林星章修，黄增芳、曾钊纂	清道光二十一年（1841）刻本	
志0031	（同治）新会县续志，一卷，首一卷	4	〔清〕彭君毅、钟应元、李星辉纂	清同治九年（1870）刻本	
史（乙）973	（民国）潮莲乡志，七卷	1	卢子骏纂	民国三十五年（1946）香港林瑞英印务局铅印本	在新会县
志0125	（光绪）高明县志，十六卷，首一卷	6	〔清〕邹兆麟、蔡逢恩修，梁廷枏、区为梁纂	清光绪二十年（1894）刻本	

续上表

索书号	书 名	册 数	著 者	版 本	备 注
O/673.35/147	（道光）鹤山县志，十二卷，首一卷	4	〔清〕徐香祖修，吴应逵纂	1958年广州古籍书店油印清道光本	
673.35/147	高鹤县志，六编	1	高鹤县志编修委员会编印	1960年5月	
善610	（道光）鹤山县志，十二卷，首一卷	4	〔清〕徐香祖修，吴应逵纂	清道光六年（1826）刻本	缺第十二卷艺文志，第一至二卷为乾隆版
O/673.35/145-2	（康熙）开平县志，二十四卷	4	〔清〕陈远修，陈陌平纂	1981年静电复印康熙五十四年（1715）刻本	
志0109	（民国）开平县志，四十三卷，首一卷	8	余杰谋修，张启煌纂	民国二十二年（1933）香港民声印书局铅印本	叙事至民国二十年（1931）止，附勘误表一卷
志0026.1	（光绪）赤溪杂志，二卷	1	〔清〕金武祥纂	清光绪至民国间刻本	"粟香堂丛书"本。今台山县
志0026	（民国）赤溪县志，八卷，首一卷	5	王大鲁修，赖际熙纂	民国九年修（1920），民国十五年（1936）刻	今台山县
O/673.35/115-2	（嘉庆）新宁县志，十卷，附捐册一卷	8	〔清〕王嵩纂修	1981年静电复印清嘉庆九年（1824）续修乾隆三年（1738）刻本	今台山县
志0028	（光绪）新宁县志，二十六卷，卷首一卷	1	〔清〕何福海、郑来昌修，林国赓、黄荣熙纂	民国十年（1921）铅印清光绪本	
志0028.2	（宣统）新宁乡土历史	1	〔清〕雷泽蓝修	民国十七年（1928）据宣统元年刻本再印	
O/673.35/155	（乾隆）恩平县志，十卷	10	〔清〕曾萼纂修	1984年静电复印清乾隆三十一年（1766）刻本	

续上表

索书号	书名	册数	著者	版本	备注
志 0107	（道光）恩平县志，十八卷，首二卷	12	〔清〕杨学颜修，杨秀振纂	清道光五年（1825）广州西湖街富文斋刊本	
志 0108	（民国）恩平县志，二十五卷，首一卷	10	余丕承修，桂玷纂	民国二十三年（1934）铅印本	
海南行政区					
O/673.35/501-3	（正德）琼台志，四十四卷	12	〔明〕唐胄纂修	1964年上海古籍书店影印天一阁正德本	
志 0012	（道光）琼州府志，四十四卷，首一卷	24	〔清〕明谊修，张岳崧纂	清光绪十六年（1890）补刻道光二十一年（1841）本	
志 0012.1	（道光）琼州府志，四十四卷，首一卷	10	〔清〕明谊修，张岳崧纂	民国十三年（1923）海口书局据光绪本铅印	民国本附录石印《海南岛西沙群岛，海口市及各县全图》16幅
L/929.33/427	（民国）琼崖志略，三章	1	许荣灏纂修	民国三十四年（1945）纂三十六年（1947）上海正中书局铅印本	
6-1641	（民国）海南岛新志，十一章	1	陈桂纂	民国三十八年（1949）上海商务印书馆铅印本	
673.35/200	（民国）海南诸岛地理志略	1	傅尚今主编，郑资约编著	民国三十六年（1947）铅印本	
志 0099	（咸丰）琼山县志，三十卷，首一卷	16	〔清〕李文恒修，郑文彩、蔡藻纂	清咸丰五年（1855）修七年（1857）刻	
志 0100	（咸丰）文昌县志，十六卷，首一卷	8	〔清〕张霈、陈起礼修，林燕典纂	清咸丰八年（1858）刻本	
志 0101	（民国）文昌县志，十八卷	18	林带英修，李钟岳纂	民国九年（1920）刻本	

续上表

索书号	书 名	册 数	著 者	版 本	备 注
志0104	（光绪）定县志，十卷，首一卷	13	〔清〕吴应廉修，王映斗纂	清光绪四年（1878）刻本	
志0095	（嘉庆）会同县志，十卷	5	〔清〕陈述芹纂修	清光绪十七年（1891）补刻嘉庆二十五年（1820）本	
志0105	（嘉庆）会同县志，十卷	3	〔清〕陈述芹纂修	民国十四年（1925）王大鹏铅印清嘉庆十五年（1810）本	
O/673.35/511	（康熙）乐会县志，四卷，首一卷	2	〔清〕程秉慥纂修	1958年广东中山图书馆油印崇文乔抄康熙二十六年（1687）本	
志0123	（道光）万州志，十卷	4	〔清〕胡瑞书修，柏士锦、吴鸣清纂	清道光八年（1828）刻本	
O/673.35/519	（道光）万州志，十卷	4	〔清〕胡端书修，杨士锦、吴鸣清纂	1958年广东省中山图书馆油印道光八年（1828）本	
善0608	（嘉庆）澄迈县志，十卷	6（有图）	〔清〕谢济韶修，李光先等纂	清嘉庆二十五年（1820）刻本	
志0103	（光绪）澄迈县志，十二卷，首一卷	6	〔清〕龙朝翊修，陈所能纂	清光绪三十四年（1908）刻本	
O/673.35/515	（康熙）儋州志，三卷	6	〔清〕韩佑纂修	1984年静电复印清康熙四十三年（1704）刻本	
志0102	（民国）儋县志，十八卷，首一卷	8	彭元藻、曾友文修，王国宪纂	民国二十五年（1936）海口铅印本	
K296.54/1	儋县志，十八卷，首一卷	2	彭元藻、曾友文修，王国宪纂	1982年儋县文史办公室图书馆据民国二十五年（1936）续修本重排印，林冠群点校	

续上表

索书号	书名	册数	著者	版本	备注
志 0096	（光绪）临高县志二十四志	8	〔清〕聂缉庆、张廷修，桂文炽、汪禄纂	清光绪十八年（1892）刻本	
海南黎族苗族自治州					
O/673.35/521	（康熙）陵水县志，不分卷	1	〔清〕潘廷侯纂修	1957年广东省中山图书馆油印康熙二十七年（1688）本清光绪三十四年（1908）修	
志 0102.1	（光绪）崖州志，二十二卷	10	钟元棣修，张隽、邢定编纂	民国三年（1914）铅印本	
志 0106	（民国）感恩县志，二十卷，首一卷	4	周文治修，卢宗崇纂	民国十八年（1929）修，二十年（1931）海口海南书局铅印本	
O/673.35/525	（康熙）昌化县志，五卷	3	〔清〕方岱修，琼云璨纂	1963年广东省中山图书馆油印清康熙三十年（1691）本	
志 0491	（光绪）昌化县志，十一卷，首一卷	3	〔清〕李有益纂修	清光绪二十三年（1897）刻本	
湛江地区					
O/673.35/400	（乾隆）高州府志，十六卷	12	〔清〕王棨纂修	1984年静电复印清乾隆二十四年（1759）刻本	
志 0009	（光绪）高州府志，五十四卷，卷首，卷末各一卷	24	〔清〕杨霁修，陈兰彬纂	光绪十六年（1890）刻本	
O/673.35/401	（康熙）茂名县志，四卷	4	〔清〕钱以恺纂修	1984年静电复印清康熙三十八年（1699）刻本	
志 0021	（光绪）茂名县志，八卷，首一卷	7	〔清〕郑业崇修，许汝韶纂	清光绪十四年（1888）刻本	
志 0130	（光绪）石城县志，九卷，首一卷，末一卷	8	〔清〕蒋廷桂修，陈兰彬纂	清光绪十八年（1892）刻本	

续上表

索书号	书　名	册数	著者	版本	备注
志（乙）0004	（民国）石城县志，十卷，首一卷，末一卷	10	钟喜焯修，江珣纂	民国二十年（1931）铅印本	
O/673.35/411	（民国）石城县志，十卷，首一卷，末一卷	6	钟喜焯、江珣纂	1900年油印，民国二十四年（1935）铅印	
O/673.35/407	（乾隆）化州志，十卷	3	〔清〕杨芬纂修	1984年静电复印清乾隆十三年（1784）刻本	
志0126	（光绪）化州志，十二卷	8	〔清〕彭贻荪、章毓桂修，彭步瀛纂	清光绪十六年（1890）刻本	
O/673.35/405	（乾隆）信宜县志，十三卷	4	〔清〕刘启江修，李东绍纂	1984年静电复印清乾隆二十一年（1756）刻本	
志（丙）020	（光绪）信宜县志，八卷，附旧录一卷，拾遗一卷	8	〔清〕敖武樵修，梁安甸纂	光绪十五年（1889）刻本	
志0114	（道光）阳春县志，十四卷，首一卷	4	〔清〕陆向荣修，刘彬华纂	清道光元年（1821）广州六书斋刻本	
O/673.35/421	（宣统）阳春县志，十四卷	8	蓝荣熙修，吴英华纂	民国三十年（1941）修，三十八年（1949）铅印本	记事至清宣统三年（1911）止
O/673.35/414	（乾隆）阳江县志，八卷	4	〔清〕庄大中纂修	1984年静电复印清乾隆十一年（1746）刻本	存卷三至卷八
志0110	（道光）阳江县志，八卷	4	〔清〕李云修、区启科纂，李应均续修，胡光裕续纂，胡彦再续修	清嘉庆七年（1802）修，二十三年（1818）续修，道光七年（1827）再续刻本	叙事至道光十二年（1832）止
志0111	（民国）阳江县志，三十九卷，首一卷	10	张以诚修，梁观善纂	民国十四年（1925）刻本	

续上表

索书号	书 名	册数	著 者	版 本	备注
志（乙）0021	（光绪）电白县志，三十六卷，首一卷	8	〔清〕孙铸修，邵祥龄纂	清光绪十四年（1888）修，十八年（1892）刻本	
O/673.35/403	（民国）电白县新志稿，十章	6	邵桐孙等纂	民国三十五年（1946）油印本	
O/673.35/409	（雍正）吴川县志，十卷	6	〔清〕盛熙祚纂修	1984年静电复印清雍正九年（1731）刻本	
O/673.35/409-2	（乾隆）吴川县志，十卷	8	〔清〕沈峻纂修	1984年静电复印清乾隆五十五年（1790）刻本	
志0119	（道光）吴川县志，十卷	5	〔清〕李高魁、叶戴生修，林泰宓纂	清道光五年（1825）刻本	
志0120	（光绪）吴川县志，十卷，首一卷	10	〔清〕毛昌善修，陈兰彬纂	清光绪十四年（1888）修十八年（1892）启寿刻本	
志0115	（宣统）徐闻县志，十五卷，首一卷	8	〔清〕王辅之纂修	清宣统三年（1911）刻本	
志0115.1	（民国）徐闻县概况	1	陈桐编纂	1942年油印本	
志0010	（嘉庆）雷州府志，二十卷，首一卷	10	〔清〕雷学海、陈昌齐纂	清嘉庆十六年（1811）刻本	
O/673.35/413	（康熙）海康县志，三卷	6	〔清〕郑俊修，宋绍启纂	1984年静电复印清康熙二十六年（1687）刻本	
O/673.35/413	（康熙）海康县志，三卷	3	〔清〕郑俊修，宋绍启纂	民国十八年（1929）铅印康熙二十六年（1687）本	
志0119	（嘉庆）海康县志，八卷	5	〔清〕刘邦炳修，陈昌齐纂	清嘉庆十六年（1811）刻本	
志0122	（道光）遂溪县志，十二卷	7	〔清〕喻炳荣修，德华、杨翊纂	清道光二十九年（1849）刻本	

续上表

索书号	书名	册数	著者	版本	备注
肇庆地区					
O/673.35/131-3	（乾隆）肇庆府志，二十八卷	26	〔清〕吴绳年修，何梦瑶纂	1984年静电复印清乾隆二十五年（1760）刻本	
志0008	（道光）肇庆府志，二十二卷，首一卷	22	〔清〕屠英修，江藩纂	清道光七年（1827）修，清光绪二年（1876）重刻本	
志0093	（道光）高要县志，二十二卷，首一卷	10	〔清〕韩际飞修，何文、彭泰来纂	清道光六年（1826）刻本	
志0094	（宣统）高要县志，二十六卷，附志二卷	11	〔清〕马呈图纂修	民国二十五年（1936）修，民国二十七年（1938）和发印务局铅印本	
志0142	（民国）怀集县志，十卷	4	周赞元修，林铂畴纂	民国五年（1916）应经堂铅印本	
志0091	（道光）广宁县志，十七卷	6	〔清〕黄思藻修，欧阳振时纂	清道光四年（1824）刻本	
志0092	（光绪）四会县志十卷，首二篇，末一篇	12	〔清〕陈志喆、唐盛松修，吴一献纂	清光绪二十二年（1896）刻本	
O/673.35/139	（乾隆）新兴县志，三十卷	14	〔清〕刘芳纂修	1984年静电复印清乾隆二十三年（1758）刻本	
志0127	（民国）东安县志，四卷	2	〔清〕汪兆柯纂修	民国二十五年（1936）铅印本	今郁南县
志0112	（雍正）罗定州志，六卷，首一卷	12	〔清〕王植纂修	清雍正九年（1731）刻本	
志0113	（民国）罗定直隶州志，十卷	6	〔清〕周学仕修，马呈图纂，陈树熙续纂修	民国二十四年（1935）铅印本	
志0128	（民国）西宁县志，三十四卷，首一卷	9	何天瑞修，桂贴纂	民国二十四年（1935）修，民国二十六年（1937）铅印本	

续上表

索书号	书　名	册　数	著　者	版　本	备　注
志 0124	（光绪）德庆州志，十五卷，末一卷	10	〔清〕杨文骏修，朱一新、黎佩兰纂	清光绪二十五年（1899）刻本	
O/673.35/151	（康熙）封川县志，二十二卷	10	〔明〕方尚祖纂修，胡潘校订	1984年静电复印清康熙二十四年（1685）重刻天启二年（1622）本	
O/673.35	（康熙）开建县志，十卷	4	〔清〕邵龙元纂修	1984年静电复印清康熙三十一年（1692）刻本	
附录：钦州地区（原属广东省，现属广西壮族自治区）					
O/673.35/601-2	（嘉靖）钦州志，九卷	4	〔明〕林希元纂修	1961年上海古籍书店影印天一阁嘉靖本	
志 116	（道光）钦州志，十二卷，首一卷	8	〔清〕朱椿年修，杜以宽、叶轮纂	清道光十四年（1894）刻本	
O/673.35/601	（民国）钦县县志，十六卷，首一卷	4	陈公佩修，陈德周纂	民国三十六年（1947）石印本	
志 0097	（嘉庆）灵山县志，十三卷	12	〔清〕张孝诗修，梁灵纂	清嘉庆二十五年（1820）刻本	
志 0098	（宣统）灵山县志，二十二卷	存2（存一至十三卷）	刘运熙纂修	民国三年（1914）铅印本	叙事至宣统三年（1911）止
志 0011	（道光）廉州府志，二十六卷，首一卷	20	〔清〕张堉春修，陈治昌纂	清道光十三年（1833）刻本	
志 130	（民国）合浦县志，六卷	6	廖国器修，刘润纲、许瑞棠纂	民国三十一年（1942）铅印本	

二、专志

索书号	书　名	册　数	著　者	版　本	备　注
L/950.99/37-1	文庙从祀录	3	〔清〕谭锡朋辑	清同治二十年（1881）稽古书	

续上表

索书号	书名	册数	著者	版本	备注
善0628	（乾隆）光孝寺志，十二卷	6（有图）	〔清〕颜光保修，杨保纂辑，温开源参订（释），成鉴校修	清抄本	
志（乙）931（1）	光孝寺志，十二卷	4（有图）	〔清〕顾光综修，何淙纂辑、温开源参订（释），成鉴校修	民国抄本	
史（乙）0833	鼎湖山庆云寺，八卷，卷首一卷	4	〔清〕丁易修，释成鹫纂	清康熙五十六年（1717）刻本	书名页和书口作《鼎湖山志》
史（乙）0928	悦城龙母庙志，二卷，卷首一卷，卷末一卷及附刻	1	〔清〕黄应奎辑	清咸丰元年（1851）刻	
L/929.33/491	悦城龙母庙志，二卷，卷首一卷，卷末一卷及附刻	1	〔清〕黄应奎辑	清光绪十三年（1887）广州锦书堂刻本	
D K928.765/1	粤秀书院志，十六卷	6	〔清〕梁廷枏辑	清咸丰二十年（1852）刻本	
O/529.99/195	学海堂志 应元书院志略	合1	〔清〕林伯桐编 〔清〕王凯黎编	清同治刻本	
史（乙）1096	端溪书院志，七卷	2	〔清〕傅维森编	清光绪二十六年（1900）端溪书院刻	
L/929.01/491	新会修志条例，一卷	1	〔清〕黄培芳撰	清道光乙亥刻本	
O/673/780-7	广东新语，二十八卷	12	〔清〕屈大均撰	民国广州启智书局儒雅堂刻本	

续上表

索书号	书 名	册 数	著 者	版 本	备 注
O/673/780-3	广东新语，二十八卷	6	〔清〕屈大均撰	木天阁刻本	
L 929.53/300	粤中见闻	8	〔清〕范端昂编辑	清嘉庆六年（1801）五典斋刻本	
史（乙）1231	广州城坊志，六卷（附六脉渠图一卷）	6	黄佛颐纂	民国三十七年（1949）影印	广东丛书第3集本
善1399	羊城西关纪功录，不分卷	2（有图）	〔清〕黄培芳等撰	清咸丰四年（1854）杨正文堂写刻本	书名据书名页著录
史（乙）1066	粤东葺胜记，八卷，首二卷	6	〔清〕徐琪撰	清光绪二十五年（1899）刻	
史（乙）1044	龙川见闻录，十卷	4	〔清〕汪孟捐编	清乾隆二十七年（1762）刻，附宋僧元净外传，二卷	
善0522	粤海关志，三十卷	16（有图）	〔清〕梁廷枏纂修	清道光刻本	

三、山水志

索书号	书 名	册 数	著 者	版 本	备 注
史（乙）0786	白云越秀二山合志，四十九卷	20	〔清〕崔弼初编、陈标清总辑	清道光二十九年（1849）刻本	
善0624	（乾隆）海珠志，十一卷	3	〔清〕李琯朗纂修	清抄本	
善0125	（康熙）珠海小志，六卷	4	〔清〕李文焰辑	清抄本	
善0626	波罗列纪，八卷	4（有图）	〔清〕崔弼辑	清光绪八年（1882）崔氏补刻本	
史（乙）0753	蜀峡山志，四卷	4	〔清〕孙绳祖编	清同治元年（1862）重刻本	在清远县

续上表

索书号	书名	册数	著者	版本	备注
L/929.33/304	惠阳山水纪胜，四卷（罗浮山纪胜，二卷，西湖纪胜，二卷）	8	〔清〕吴骞编辑	清康熙六十一年（1722）刻本	
史（乙）0889	罗浮志，十卷	2	〔明〕陈链撰	清道光三十年（1850）粤雅堂刻	（存有遗书）
L/929.33/122	罗浮山志会编，二十二卷，卷首一卷	10	〔清〕宋广业纂辑	清康熙五十六年（1717）刻本	
L/929.33/305-2	罗浮志，十五卷，卷末一卷	4	〔明〕陈琏撰，〔清〕陈伯陶补	民国初年铅印本	罗浮志补即罗浮指南，附于罗浮志后
史（乙）0801	罗浮指南，一卷	1	陈伯陶撰	民国九年（1920）罗浮山酥醪观道国图书馆刻本	原题罗浮补志（九龙真逸撰）
史（乙）0758	浮山小志，三卷，首一卷	1	〔清〕黄培芳辑	清嘉庆十八年（1813）广州富文斋刻本	
史（乙）0765	浮山志，五卷	5	〔清〕陈铭洼辑	清光绪辛巳（1881）广州富文斋刻本	原显酥醪沿主撰
史（乙）0750	桑园围总志，十四卷	8	〔清〕卢维球辑	清同治九年（1870）刻本	
史（乙）0745	桑园围志，十七卷	6	〔清〕何如铨修	清光绪十五年（1889）刻本	
子（乙）0604	黄公院即桑园围基段之确据，一卷	1	不著编者	广东东雅邮务公司排印	
善 0646	西樵志，六卷	1（有图）	〔清〕罗国器修，马符录编	清雍乾间马氏自刻本	存四卷：第一卷至第四卷

续上表

索书号	书名	册数	著者	版本	备注
史（乙）1069	西樵白云洞志，五卷	1	〔清〕黄亨辑	清光绪十三年（1887）据同治本重刻	
史（乙）0809	西樵白云洞志，五卷	1	〔清〕黄亨辑	民国二十年（1931）重排印本	
史（乙）0891	西樵白云洞志，五卷，附诗三卷	4	〔清〕黄亨辑	清道光十八年（1838）刻	1. 白云洞志（五册，即五卷） 2. 白云洞唱和诗 3. 白云洞游览诗 4. 白云洞诗合编（所差卷是第二、三种刻后续及唱和游览诗，合为一卷）
D K928.9351	西樵游览记，十四卷	8（有图）	〔清〕刘子秀辑	清乾隆年间刻道光十三年（1833）黄亨、谭乐晨修补本	第八卷有缺页
史（乙）1117	纪游西樵山记，不分卷	1	〔清〕梁念祖撰	清光绪十九年（1893）寿真山房刻	
O/673.35/691	五山志林，八卷	3	〔清〕罗天尺撰	清道光三十年（1850）南海伍氏粤雅堂文学欢娱堂刊本	（岭南遗书本）
善0647	（万历）崖山志，五卷	5（有图）	〔明〕黄淳纂修	清抄本（陆丞相象、张太傅象崖山总图祠庙陈设拜经之图为明刻原本）	
L 929.33/598	续崖山志	1	〔清〕赵兆麟等编辑	广州文缘印务局	
经0181	禹贡水道论，一卷	1	〔清〕关远光撰	粤东九经阁刻	

续上表

索书号	书名	册数	著者	版本	备注
史（乙）0701	禹贡川泽考，二卷	1	〔清〕桂文灿撰	民国三十五年（1947）广州利莱印务局排印	
史（乙）0746	水经注西南诸水考，三卷	1	〔清〕陈澧撰	道光二十七年（1847）刻	附弧三角平祝清及摹印述，一卷
史（乙）0157	水经注西南诸水考，三卷，附摹印述，一卷	1	〔清〕陈澧撰	光绪刻	"求实斋丛书"本
史 0665	汉书·地理志水道图说，七卷	2	〔清〕陈澧撰	清道光二十八年（1848）刻，末附陈宋谊考正德清胡氏禹贡图，一卷	
D K928.4/1	汉书·地理志水道图说，七卷	1	〔清〕陈澧撰	清道光十八年（1848）番禺陈氏自刻本，佚名朱笔校注，附陈宋谊、孝正德清湖氏禹贡图，一卷	
史（乙）1152	广东省海防案览，四十二卷	16	〔清〕卢坤等修	清刻	
善 0533	水师撮要，一卷	1	—	清抄本书中有关虎门炮台之设置方位等材料	

四、游记

索书号	书名	册数	著者	版本	备注
L/822.17/428-3	庐秀录，四卷	1	〔清〕张维屏编	清道光十六年（1836）刻本	
L/929.34/5	桂游日记	1	〔清〕张维屏撰	清道光十七年（1837）广州富文斋刻本	
L/910.8/415	欧洲十一国游记第二编（法兰西游记）	1	康有为撰	清光绪二十三年（1897）上海广智书局	
L/910.8/402	新大陵游记	1	梁启超撰	民国八年（1919）上海商务印书馆	

五、外纪

索书号	书名	册数	著者	版本	备注
O/629/838	全边略记,十二卷	6	〔明〕方孔炤辑	民国十九年（1931）国立北平图书馆铅印本	
善0539	粤闽巡视纪略,粤纪,三卷,闽纪,二卷,附纪澎湖台湾,一卷	6	〔清〕杜臻撰	清康熙三十八年（1699）经绅堂刻本	存四卷：粤纪,三卷,附纪澎湖台湾,一卷（缺图）
O/693/186/1-3	粤闽巡视纪略,六卷	3	〔清〕杜臻撰	上海古籍书店1979年2月据孔氏岳香档影抄本影印	
善1995	海国四说	4	〔清〕梁廷枏撰	清道光二十四至二十六年（1844—1846）刻本（有的已抄）	
善0523	粤道贡国说,六卷	3	〔清〕梁廷枏编	清道光间刻本	
O/730.89/916	岭外代答,十卷	2	〔宋〕周去非撰	民国上海进步书局石印	
O/730.89/916-2	岭外代答,十卷,附南窗纪谈,一卷	1	〔宋〕周去非撰	1921年上海古书流通处据清长塘鲍氏刊本影印	岭外代答仅存九、十卷（"知不足斋丛书"）
O/730.89/916-3	岭外代答,十卷,附南窗纪谈,一卷	3	〔宋〕周去非著	"知不足斋丛书"本	
O/730.9/563	星槎胜览,前集一卷,后集一卷	1	〔明〕费信撰	广州中山大学排印本	
O/739.06/203	海录一卷	1	〔清〕杨炳南撰	清咸丰元年（1851）海山仙馆丛书本	
史（乙）1211	日本国志,四十卷	10	〔清〕黄遵宪编	清光绪十六年（1890）富文斋刻	
史（乙）1212	日本国志,四十卷	4	〔清〕黄遵宪编	清光绪二十七年（1891）上海书局石印	

续上表

索书号	书名	册数	著者	版本	备注
史（乙）1209	日本国志，四十卷	10	〔清〕黄遵宪编	清光绪二十四年（1898）浙江书局重刊本	

六、舆图

索书号	书名	册数	著者	版本	备注
O/667.034/329	皇舆全图	1	〔清〕邹伯奇绘	清同治十二年（1873）广州萃文堂刻本	
Z/920/775	中国近世舆地图说，二十三卷	8	〔清〕罗汝楠编，方利绘	清宣统元年（1909）广东教忠学石印附各省土司	
O/599.4/271	虎门炮台图说	1	〔清〕陈坤著	复制油印本	
K992.65/1	嘉应州图	合订1	钟焕彬等绘	清光绪二十二年（1896）刻本，此图为光绪嘉应州志卷一	
O/676.1/507	汉西域图考，七卷	4	〔清〕李光廷撰	清同治九年（1870）刻本	
史（丙）153	广东图，二十三卷	3	未注编辑人	清同治五年（1866）刻	
史（乙）0863	广东舆地全图，不分卷	2	〔清〕张人骏编	清光绪二十三年（1897）广州石经堂石印	
L/920.9133/814	广东舆地全图	7	广东省参谋处测绘科编印	清宣统元年（1909）刻	
史（乙）0997	广东舆地图说，十四卷	4	〔清〕李瀚章等修	宣统元年（1909）粤东编译公司排印	
O/673.3/963	广东图志，九十二卷	18	〔清〕毛鸿宾编绘	广州萃文堂刊本	
善0657	广东全省海图总说，不分卷	4	—	清抄本，此为广东徐信符南州书楼藏书	
史（乙）0663	广东海图说，一卷	1	〔清〕张之洞、秦牧撰	清光绪十五年（1889）广雅书局刊	

续上表

索书号	书名	册数	著者	版本	备注
善0615	广州十四属地图，十三幅	合一大	〔清〕禹之鼎绘	清康熙三十六年（1697）禹氏彩色精绘折叠式本13幅，前后护页各一幅	
史（乙）0896	广东省城图	1	不著编辑人	清光绪三十一年（1905）粤东省城舆学印局石印	
政书类					
善1900	黄炳堃先生遗稿，不分卷	27	〔清〕黄炳堃撰	稿本	
O/571.29/759.3	大同书，甲部，入世界观众告	1	康有为撰	排印本（《不忍》杂志汇编，初集，卷四）	
善0104	文公家礼仪节，八卷	8	〔明〕丘濬撰，杨廷筠订	明万历三十七年（1609）钱氏刻本	
善1997	文公家礼仪节，八卷	4	〔明〕丘濬撰	朝鲜仁祯四年（1626）灵光郡刻本	
L/368.5/80	文公家礼仪节，八卷	4	〔明〕丘濬撰	清乾隆三十五年（1770）广东琼山宝勒楼重刊本	
L/368.5/491	泰泉乡礼	1	〔明〕黄佐撰	顺德陈奇两乡证善社，清道光二十二年	
O/534/195-2	士人家仪考，四卷	1	〔清〕林伯桐撰	清道光二十四年（1844）刻	（"修本堂丛书"本）
O/534/195	人家冠昏丧祭考，四卷	1	〔清〕林伯桐撰	清道光二十四年（1844）刻	（"修本堂丛书"本）
善0546	张文襄公督粤电稿，不分卷	20	〔清〕张之洞撰	清光绪十年至十五年（1884—1889）公牍稿本	两广总督任内
善0547	张文襄公电稿，不分卷	40	〔清〕张之洞撰	清光绪十年至十五年（1884—1889）公牍稿本	两广总督任内
O/653.781/954-2	抚吴公牍，五十卷，附曾胡批牍，二卷	14	〔清〕丁日昌撰，沈葆桢选	清宣统元年（1909）南洋官书局石印本	

续上表

索书号	书名	册数	著者	版本	备注
史（乙）1719	驻粤八旗志，二十四卷，卷首，一卷	16	〔清〕长善等纂修	清光绪五年（1879）刻	
D G695/2	朱次琦先生殿试卷	1	〔清〕朱次琦	1930年影印本	
善0549	广东提学使办理留洋学生公牍	1	〔清〕广东提学使司	清光绪三十四年至宣统元年（1908—1909）经折式裱本原稿	
史（乙）1424	陈、陈、杨三家代理派回粤路股银始末记，不分卷	1	陈赓虞、陈希儒、杨西岩同编	清光绪三十四年（1908）香港中华印务有限公司排印	
史（乙）1430	商办广东粤汉铁路有限公司辛亥全年总结册，不分卷	1	前粤汉铁路有限公司编	民国元年（1912）广州排印	
史（乙）1429	商办广东粤汉铁路有限公司庚戌全年总结册，不分卷	1	前粤汉铁路有限公司编	宣统三年（1911）省城文茂印务局排印本	
史（乙）1428	商办广东粤汉铁路有限公司甲寅全年总结册	1	前粤汉铁路有限公司编	民国四年（1915）广州顺盛印务局排印	
O/552.233 204	杨议郎著书，一卷（异物志）	1	〔汉〕杨孚撰	清道光三十年（1850）南海伍氏粤雅堂文字欢娱室刊本	
O/561.32/403	新镌银洋精论发秘，三卷	2	〔清〕梁恩泽撰	清光绪七年（1881）刻	巾箱本
史（乙）1445	两广盐法志，三十五卷	20	〔清〕阮元等纂修	清道光十五年（1835）刻	
史（乙）1629	粤蹉蠡测编，一卷	1	〔清〕陈铨衡撰	清光绪八年（1882）刻	
史（乙）1441	广东财政说明书，十六卷	16	前广东清理财政局编	民国十七年（1929）国税管理委员署印刷局排印本	

续上表

索书号	书名	册数	著者	版本	备注
史（乙）1418	广东财政司收支报告，不分卷	2	〔清〕李煜堂编	民国二年（1913）羊城粤华公司排印	自辛亥年（1911）9月19日起至民国元年（1912）5月31日止
史（乙）1439	广东调查陆军财政说明书，十三卷	8	〔清〕广东调查财政局编	宣统三年（1911）排印	
史（乙）1651	粤垣源源水局议，一卷	1	［英国］柯则域撰	清光绪八年（1882）森宝阁排印	
O/552/2079/684	农学杂俎，十四种	1	罗振玉辑	清光绪三十年（1904）石印本	其中有关广东的七种：①调查广州府新宁县实业情形报告；②广东实业调查概略；③徐闻县实业调查概略；④潮州糖业调查概略；⑤南海西樵塘鱼调查问答；⑥粤闽南澳实业调查概略；⑦南海县蚕丝业调查报告
史（乙）1523	粤东省例，八卷	2	〔清〕黄恩彤编	清道光二十六年（1846）刻	

续上表

索书号	书名	册数	著者	版本	备注
史（乙）1500	粤东省例新纂，八卷	4	〔清〕陶复谦等编	清道光二十六年（1846）刻	
史（乙）1552	各级审判厅办事规例，不分卷	1	前广东高级检察所编	排印本	
O/652.671/934	东粤疏草	1	〔明〕王以宁撰	1958年依照浙江图书馆精装刊本传抄油印本	
史（乙）1596	诒荫堂（黎半樵）奏议，不分卷	1	〔清〕黎攀镠撰	清光绪十八年（1892）刻本	
史0889	邓和简公奏议，九卷	4	〔清〕邓华熙撰	民国二十年（1931）刻本	
D K249.65/1	奏议及条陈摘抄，一卷	1	〔清〕胡燏棻、康有为等撰	清末抄本，佚名、朱墨笔校改	书名由本馆据所录内容拟定
史（乙）1635	吾学录初编，二十四卷	8	〔清〕吴荣光撰	清道光十二年（1832）南海吴氏筠清馆刻	
史（乙）1479	岭西公牍汇存，十卷	10	〔清〕方浚师撰	清光绪四年（1878）刻	
史（乙）1457	东粤藩储考，十二卷	12	〔清〕高崇荃等编	清光绪十三年（1887）刻	
史（乙）1657	袁政府伪造民意密电书后，一卷	1	梁启超撰	排印本	
史（乙）1503	广东谘议局第一期会议速记录，不分卷	1	〔清〕广东谘议局编	清宣统元年（1909）排印	
史（乙）1714	广东谘议局第一次报告书，不分卷	1	〔清〕广东谘议局编	清宣统元年（1909）粤东编译公司排印	
史（乙）1715	广东谘议局第二次常年会议报告书，不分卷	2	〔清〕广东谘议局编	清宣统二年（1910）排印	

续上表

索书号	书名	册数	著者	版本	备注
史（乙）1717	广东谘议局协会决议办理事项，不分卷	18	〔清〕广东谘议局编	清宣统二年（1910）油印本	
D K892.465/1	惠来县民情风俗民事暨绅商诉讼事	1	—	抄本	
史（乙）1716	编查录，二卷	3	〔清〕广东谘议局编	清宣统二年（1910）排印	
目录类					
史（乙0110）	通鉴纲目前编窃议，二十五卷	9	〔清〕易其霈撰	清光绪十五年（1889）鹤山易氏四蓋友楼刻	
O/011.7/402	古书真伪及其年代	1	梁启超演讲，周传儒、姚名达笔记	油印本	
D Z88/1	粤东诗海序目，一卷	1	〔清〕温汝能撰	蓝丝栏抄本	
L/028.3/402-2	中西门径书七种	3	梁启超编	清光绪二十四年（1878）石印本	
史（乙）1753	西学书目表，四卷，谈西学书法	1	梁启超编著	清光绪二十二年（1896）时务报馆刻本	
史（乙）1754	梁氏饮冰室藏书目录，不分卷	4	北京图书馆编	民国十二年（1923）该馆排印	
L/088.6/590	广雅书院藏书目录，七卷	3	〔清〕朱鼎甫编	清光绪二十七年（1901）广雅书局刻本	
O/622.2/339	补后汉书艺文志，四卷	1	〔清〕侯康撰	清道光三十年（1850）南海伍氏粤雅堂文字欢娱室刻本（残存一册（卷一至二）岭南遗书本	
O/622.3/339	补三国艺文志，四卷	1	〔清〕侯康撰	清道光三十年（1850）南海伍氏粤雅堂文字欢娱室刊本残存一册（卷二至四）岭南遗书	

续上表

索书号	书名	册数	著者	版本	备注
O/013.255/501	补辽史艺文志	1	〔清〕黄任恒辑	民国十四年（1925）广州聚珍印务局铅印本	
金石类					
O/791.2/868	粤东金石略，九卷，卷首，一卷，附录，二卷	4	〔清〕翁方纲撰	石印本	
史（乙）1811	粤东金石略，九卷，附录，二卷	4	〔清〕翁方纲撰	清光绪十七年（1891）广州石经堂书局影印	
O/791.2/507	和林金石录，一卷	1	〔清〕李文田撰	1929年上虞罗氏石印本	
史1174	高要金石略，四卷	1	〔清〕彭泰来编	彭氏家刻本	
史1177	筠清馆金石文字，五卷	5	〔清〕吴荣光撰	清道光二十二年（1842）南海吴氏刻本	
史1178	筠清馆金石文字，五卷	5	〔清〕吴荣光撰	宜都杨氏刻	"邻苏园金石丛书"本
史（乙）1997	石例简钞，四卷	1	〔清〕黄任恒撰	清刻	
子（乙）1238	端溪砚史，三卷	1	〔清〕吴兰修编	清道光十四年（1834）刻	
史（丙）232	端溪砚史，三卷	1	〔清〕吴兰修编	民国二十五年（1936）点峰斋排印	
子部					
善739	大学衍义补，一百六十卷	40	〔明〕丘濬撰	明弘治刻本	卷前抄补万历三十三年御制重刊大学衍义补叙及目录，存第一至一百三十四卷

续上表

索书号	书名	册数	著者	版本	备注
善740	大学衍义补，一百六十卷，补前书一卷，目录三卷	20	〔明〕丘濬撰	明翻刻弘治本	
L121.2480	大学衍义补，一百六十卷，首一卷	40	〔明〕丘濬撰	清道光丁酉年芸香堂重刻本	
子（乙）0082	大学衍义补，一百六十卷，卷首一卷	20	〔明〕丘濬撰	民国二十年（1931）琼州海南书局排印本	
善0759	庸言，十二卷	6	〔明〕黄佐撰	清康熙二十一年（1682）重刻本	
子（乙）0002	圣学格物通，一百卷，目录一卷	20	〔明〕湛若水撰	清同治五年（1866）资政堂刻	
O122271	汉儒通义，七卷	2	〔清〕陈澧撰	刻本	
DB244.2711	朱子语类，日钞，五卷	1	〔清〕陈澧撰	番禺陈氏刊本	
子0029	朱子语类，日钞，五卷	1	〔清〕陈澧撰	光绪庚子广雅书局刻	
子0400	孔子改制考，二十一卷	6	康有为撰	民国九年（1920）万木草堂重刻	
子0399	孔子改制考，二十一卷	10	康有为撰	上海大同译书局刻	
DB221.3721	公孙龙子注，一卷，校勘附录，一卷	1	〔战国〕公孙龙撰，〔清〕陈澧注	1925年番禺汪氏微尚斋校刊本	
善988	双槐岁钞，十卷	6	〔明〕黄瑜撰	明嘉靖刻本	
D857.16497.2	双槐岁钞，十卷	4	〔明〕黄瑜撰	清道光十三年（1833）南海伍氏粤雅堂文字欢娱室刊本	缺第三册卷六至八（岭南遗书）

续上表

索书号	书　名	册数	著　者	版本	备注
子（乙）0365	虎坊杂识，四卷	1	〔清〕黄培芳辑	清刻	附粤岳子，二卷
O 072.7 62	蠡勺编，四十卷	10	〔清〕凌杨藻撰	清同治二年（1863）南海伍氏粤雅堂文字欢娱室刊本	
子0068	白沙丛考，不分卷	3	〔清〕阮榕龄编	刻本	
子（乙）0007	桂学答问，一卷	1	〔清〕康国器撰	清光绪二十年（1894）广州全经阁刻	
O 856.9 9	旅谭，五卷	2	〔清〕汪瑔撰	清光绪刻本	
L 829.2 81	五百石洞天挥尘，十二卷	6	〔清〕邱炜萱著	清光绪二十四年（1898）广州富文斋刊	
子（乙）0077	读书堂答问，不分卷	2	简朝亮撰	刻本	
子（乙）0221	朱九江先生讲学记，一卷	1	简朝亮辑	清光绪二十三年（1897）读书草堂刻	
L 829.8 428.16	忏盦随笔	2	沈泽棠著	清宣统二年（1910）	
L 829.8 80	邱园随笔	1	〔清〕邱诰桐	清光绪二十年（1894）邱氏自刊	
子（乙）0566	粤音指南，四卷	存1	不著编人	清宣统二年（1910）香港排印	缺卷一至二
L 829.8 441.16	邝斋杂记	1	〔清〕陈昙著	清道光九年（1829）度帆楼	
子（乙）0133	圣谕广训疏义，不分卷	16	〔清〕粤东广仁善堂编	清光绪十六年（1890）刻	

续上表

索书号	书名	册数	著者	版本	备注
子（乙）0390	棕窗杂记，四卷	1	汪兆镛撰	民国十五年（1926）排印	
子（丙）066	棕窗杂志，四卷	1	汪兆镛撰	民国三十二年（1943）排印	
O 193 780	治家要义，一卷	1	〔清〕屈凤竹撰	1928年番禺邬氏家刻本	
L 500 915	物质救国论	1	康有为著	清光绪三十四年（1908）上海广智书局刻	
O 802.258 242	叠文三例	1	邓尔雅撰	稿本	
子（乙）0527	中国魂，二卷	2	梁启超撰	上海广智书局刻	
D03 1	国家学纲领，三部	1	梁启超译	清光绪二十八年（1902）上海广智书局	
L 320.1 402	政治学新论	1	梁启超撰	清光绪二十九年（1903）上海广智书局	
L 320.99 402	中国六大政治家，第五篇	1	梁启超撰	清光绪三十四年（1908）上海广智书局初版	
L 320.9 402	近世欧洲四大政治学说	1	梁启超撰	清光绪二十八年（1902）上海广智书局	
子（乙）0626	广东农事试验场第一年报告，一卷	1	区柏年编	清石印	
子（乙）0890	岭南逸史，十卷二十八回	5	〔清〕题花溪逸士编	清咸丰丁巳（1857）刻	
善1056	异谈瑕笔，不分卷	2	原题半峰氏勉之校订	宛平尚勤氏润田手录清抄本	此书多辑广东故事

续上表

索书号	书名	册数	著者	版本	备注
L 829.8 164	我佛山人笔记	1	〔清〕吴趼人著	民国四年（1915）上海瑞华	
L 829.8 491	学服斋笔记	1	黄任恒著	民国二十年（1931）南海保粹堂丛刊	
L 827.87 661.8	剑侠传，四卷，续剑侠传，四卷	4	郑官应校	刊本	
子（乙）0905	中国兵器沿革，一卷	1	前广东军事研究社编	民国元年（1912）排印	
子（乙）1030	邹征君遗书，三卷	3	〔清〕邹伯奇撰	清同治十三年（1874）刻本	
子（乙）1036	广州府太阳高弧表，一卷	1	〔清〕左兰舫编	清光绪四年（1878）刻	
O 311 55	经莫杂说，一卷，莫学杂识，十卷	4	〔清〕潘应琪撰	清光绪二十四年（1898）广州刻本	
O 327.39 243	中西四千年纪历，正统改元附	1	〔清〕孔昭焱编	清光绪二十三年（1897）广州万木草堂刻本	
子（乙）1025	三统术评说，四卷	1	〔清〕陈澧撰	清刻	
D 0121.5 1	陈宝兴孙法，三卷	3	〔清〕陈宝兴撰	稿本	
O 292 242	卦为数目字表	1	邓尔雅撰	稿本	
L 742 402	藤花亭书画跋，四卷	4	梁廷枏著	清咸丰五年（1855）顺德龙氏中和园印	

续上表

索书号	书　名	册　数	著　者	版　本	备　注
善0694	摹印述，一卷	1	〔清〕陈澧撰	清光绪抄本	佚名朱墨圈点
O 941.1 245	岳雪楼书画录，五卷	5	〔清〕孔广陶编	清光绪十五年（1889）广州刻本	
子（乙）1121	万木草堂藏画目，不分卷	1	康有为辑	民国七年（1918）上海长兴书局影印	
O 943.5 655/1-6	筠清馆法帖，六卷	6	〔清〕吴荣光辑	清道光十年（1830）吴荣光摹勒拓本	
O 943.4 655.3	吴荣光真迹字	1折	〔清〕吴荣光书	裱贴篆本	
O 943.4 507	李文田六朝书法	1	〔清〕李文田书	上海尚古山房	
O 943.6 507	李文田书韬楼	1	〔清〕李文田书	尚古山房石印	
O 943.6 507-2	李若农唐碑十二则	1	〔清〕李文田书	石印本	12页
O 941.3 16	岭南画征略，十二卷	2	汪兆镛纂	民国十七年（1928）铅印本	
O 931.7 242	邓尔雅印可	1	邓尔雅集	铃印本	
O 942 838	广艺舟双楫，六卷	2	康有为撰	刻本	
L 743 415	广艺舟双楫，六卷	1	康有为著	广艺书局1916年	

续上表

索书号	书名	册数	著者	版本	备注
O 943.4 759	康南海先生自写开岁忽六十寿诗	1	康有为书	石印本	
O 943.4 759-2	康南海一天园诗稿	1	康有为书	1911年上海有正书局石印	
O 943.4 759-3	康南海一天园记	1	康有为书	1918年上海有正书局石印	
O 943.6 759	清一品太夫人南海康氏显妣劳太夫人墓表	1	康有为书	石印本	
O 943.6 759-2	康南海书镜诗	1	康有为书	拓本	
O 943.4 402	梁任公临王圣教序枯树赋	1	梁启超书	1916年上海商务印书馆	
O 373.56 310	南方草木状，三卷	2	（晋）嵇含著	刻本	
史（乙）1883	藤花亭镜谱，八卷	2	〔清〕梁廷枏撰	民国二十三年（1934）顺德龙氏中和园排印（自"明城楼丛书"本）	
善919	言禽录，一卷	1	〔清〕梁松年撰	稿本墨笔校补	
子（乙）1299	医碥，七卷	6	〔清〕何梦瑶辑	乾隆十六年（1751）刻	
O 413.363 497	鼠疫非疫六经条辨	2	黄仲贤著	清宣统元年（1909）羊城黄氏致和堂刊本	
子（乙）0253	道德经解，二卷	2	〔明〕释德清撰	清光绪十二年（1886）金陵刻经处刻	

续上表

索书号	书名	册数	著者	版本	备注
O 222.9 110	肇论略注,四卷	2	〔明〕释德清著	清光绪十四年(1888)金陵刻经处刊本	
子(乙)0430	楞严通议十卷,附道楞严经悬镜,一卷	6	〔明〕释德清撰	清光绪二十年(1894)金陵刻经处刻	
什(乙)0347	憨山大师梦游全集,二十二卷,附录,二卷	22	〔明〕释德清撰	清宣统二年(1910)端州鼎湖刻	
善1116	憨山大师梦游记,不分卷	6	〔明〕释德清	清抄本	书名据书签所题
子(乙)1533	砚楞伽阿跋多罗宝经记,十八卷,首一卷,补遗一卷	6	〔明〕释德清撰	民国三年(1914)金陵刻经处刻	
子(乙)1508	妙法莲华经通文,二十卷	5	〔明〕释德清撰	清光绪三十四年(1908)金陵刻经处刻	
子(乙)1622	法华击节,一卷	1	〔明〕释德清撰	刻本	
子0661	北堂书钞,一百六十卷	20	〔唐〕虞世南撰 〔清〕孔广陶校注	清光绪戊子三十有3万卷堂刻	
丛0320	"经学丛书",十五种	6	〔清〕桂文灿撰	咸丰七年(1857)刻	
L 086.33 106	岭南遗书,六集	78	〔清〕伍崇曜辑	清同治二年(1863)南海伍氏粤雅堂校刊	
丛0002	"粤雅堂丛书",初编,60种,二编,59种,三编,60种	360	〔清〕伍崇曜辑	清咸丰三年(1853)伍氏刻(巾箱本)	
L 086.33 876	"学海堂丛刻",11种	14	〔清〕阮元等编	清光绪三年(1877)广州镕铸史斋印	

续上表

索书号	书　名	册数	著　者	版　本	备　注
L 082 590	"广雅丛书"，154种	600	徐绍棨辑	1920年广州广雅书局修补汇印	
丛0139	"海山仙馆丛书"，56种	120	〔清〕潘仕成辑	清道光二十九年（1849）番禺潘氏刻	
O 086.33 6582	"广东丛书"，第一集，7种，附，5种；第二集，3种，附，1种；第三集，12种	28 9 10	广东丛书编印委员会	民国三十年至三十七年（1941—1948）陆续出版	
L 082 491.02	"清代学术丛书"，第一、二集	24	香山黄氏古愚室辑印	民国十四年（1925）石印本	
L 089 211.07	"修本堂丛书"	16	〔清〕林柏桐撰	清道光二十四年（1844）番禺林氏藏板	
L 088 393	"学寿堂丛书"	26	〔清〕徐灏、徐绍桢编	清光绪间徐氏家刻本	
L 082 683.14	"知服斋丛书"	16	〔清〕龙凤镳辑	清光绪十九年（1893）顺德龙氏知服斋刻本	
O 082.78 63/1-10	"翠琅玕馆丛书"	10	〔清〕冯兆年辑	清光绪中羊城冯氏刻本	
丛0279	"螺树山房丛书"，八种	17	〔清〕龙裕光辑	清光绪二十七年（1901）顺德龙氏刻	
O 083 236	风雨楼秘笈留真	10	邓实辑	清宣统至民国间顺德邓氏风雨楼影印本	
O 083 146	"龙溪精舍丛书"	120	郑国勋辑	1917年潮阳郑氏刊本	

续上表

索书号	书名	册数	著者	版本	备注
丛（丙）0035	"聚德堂丛书"，原十四种	存20	陈伯陶辑	民国十八年（1929）东莞陈氏刻	两种未刊、缺学部通辨十二卷一种
L 083 441	酥醪洞注丛刻	14	陈伯陶编	广州富文斋印	
O 086.11 226	"燕都风土丛书"，4种	1	张江裁辑	1943年东莞张氏拜堂排印	一名"双肇楼丛书"
丛0105	湛甘泉先生全集，一百六十九卷	40	〔明〕湛若水撰	清同治五年（1866）资政堂重刻	
L 089 402.07-2	藤花亭十种	12	〔清〕梁廷柟著	清道光十年（1830）刊本	
L 089 402.07	梁廷柟著述四种	7	〔清〕梁廷柟著	清道光二十一年（1841）序	
子0058	东塾读书记，原二十五卷	4	〔清〕陈澧撰	清光绪年间广州刻本	未成十卷（第十三、十四卷、十七至二十卷、二十二至二十五卷）
子（乙）214	东塾读书记，原二十五卷	6	〔清〕陈澧撰	民国十二年（1923）上海扫叶山房石印	石印时把原十五、十六、二十一卷改作三、十四、十五卷（原未成有十卷）
子57	东塾读书记，原二十五卷	3	〔清〕陈澧撰	上海中华书局排印四部全要本	存卷同光绪刻本

续上表

索书号	书　名	册　数	著　者	版　本	备　注
D Z429.5 11-2	东塾类稿，一卷	1	〔清〕陈澧撰	抄本	
善1029	东塾遗稿，无卷次	486	〔清〕陈澧撰	清抄本，佚名朱笔校正	书名据本馆旧目著录
善0986	东塾杂组，卷二	1	〔清〕陈澧撰	第一次清稿本	
善0985	东塾杂组，不分卷	17	〔清〕陈澧撰	清光绪七年（1881）稿本，通篇朱墨蓝三色批校删改	
D Z124.5 1	番禺陈氏东塾丛书，初画，4种，附考正德清胡氏禹贡图说，一卷	9	〔清〕陈澧撰 〔清〕陈宗质撰	清咸丰至光绪间刻本	
D Z124.5 1-1	东塾遗书	2	〔清〕陈澧撰	清光绪年间刻"广雅书局丛书"本	
L D82 611.08	告蒙编，十卷	4	〔清〕黎佩兰重辑	清光绪二十九年（1903）志轩刊	
L 088 486	彭氏诗义堂集，五种	7	〔清〕彭泰来辑	彭氏家刻本	
集部					
别集，唐至明					
善1427	唐丞相曲江张先生文集，十二卷，附录，一卷	10	〔唐〕张九龄撰	明万历十二年（1584）曾弘、周日灿刻本	有图像一幅
善1428	唐张文献公典江集，十二卷，附录，一卷	8	〔唐〕张九龄撰	明天启四年（1624）顾懋光刻本，棉纸	有图像一幅

续上表

索书号	书名	册数	著者	版本	备注
O 844.14 226-2	唐丞相曲江张文献公集，十二卷	4	〔唐〕张九龄著	清雍正十二年（1734）张世纬等重刻本	
L 821.141 428	张曲江集，十二卷，附录，一卷	8	〔唐〕张九龄著	清顺治十四年（1657）刻	
什（乙）0133	曲江集，十二卷，附录，一卷，千秋金鉴，五卷	8	〔唐〕张九龄撰	清绍风堂刻	
什（乙）0132	曲江集考证，二卷，附年谱，一卷	2	〔清〕温汝适撰	清嘉庆二十三年（1818）珍恕堂刻	
D 844.14 226-4	唐丞相曲江张文献公集，十二卷，附：考证，二卷，年谱，一卷	存1、7、8	〔唐〕张九龄撰、考证，〔清〕温汝适撰	1946年上海商务据清雍正十二年（1734）张氏祠堂刊本影印，有岑仲勉批注	
O 844.14 226-4	唐丞相曲江张文献公集，十二卷	存2（一至九卷）	〔唐〕张九龄撰	上海中华书局据祠堂本校刊，1936年（四部备要本）	
O 844.14 226-3	唐丞相曲江张文献公集，十二卷，附考证，一卷	6（缺第1册）	〔唐〕张九龄撰	民国影印本	
集0566	曲江张先生文集，二十卷，附录，一卷	4	〔唐〕张九龄撰	上海涵芬楼影印南海潘氏藏明成化九年韶州刊本	
集0565	曲江集，十二卷，千秋金鉴，五卷，附录，一卷	4	〔唐〕张九龄撰	中华排印四部备要本	
D I214.22 1	杜工部集，二十卷，卷首一卷	10	〔唐〕杜甫撰，〔清〕卢坤集评	清光绪二年（1876）粤东翰墨刻五色套印五家评本	
D I222.742 1.1	李长吉集，四卷，外一卷	2	〔唐〕李贺撰，〔明〕黄淳耀评，〔清〕黎简批点	清光绪十八年（1892）叶衍兰写刻朱墨套印本	

续上表

索书号	书名	册数	著者	版本	备注
集 1095	李长吉集，四卷，外一卷	2	〔唐〕李贺撰，〔明〕黄淳耀评，〔清〕黎简批点	清宣统二年（1910）扫叶山房石印	
善 1517	武溪集，二卷	10	〔宋〕余靖撰，〔清〕高登科、陈廷策等校	清康熙三十六年（1697）曲江署（韶州府）刻本	
L 821.15 194	武溪集，二十卷	4	〔宋〕余靖著	1931年广东编译公司排印	
O 845.14 870/1-6	武溪集，二十卷，附：补佚，一卷，余襄公奏议，二卷	6	〔宋〕余靖撰	1946年商务印书馆据常熟瞿氏铁琴铜剑楼藏明成化本影印	
善 1534	（重校宋）苏文忠公寓惠录，四卷	4	〔宋〕苏轼撰	明嘉靖二十三年（1546）惠州府学余世忠重刻蓝印本	有图像30幅
什（乙）0168	居儋录，四卷	4	〔宋〕苏轼撰	清光绪二十二年（1896）刻	
善 1572	海琼玉蟾先生文集，六卷，续集，二卷	11	〔宋〕葛长根撰，〔明〕朱权重辑	明万历间刻本	
L 821.152 79	白真人全集，十卷	10	〔宋〕白玉蟾著	清同治八年（1869）刻	原名葛长庚
什（乙）14701	琴轩集，十卷	5	〔明〕陈琏撰	1930年东莞陈氏聚德堂刻	
什（乙）0191	邱文庄公集，十卷	5	〔明〕邱濬撰	清乾隆二十年（1755）重刻	
什（乙）0497.7	邱文庄公集，八卷	4	〔明〕邱濬撰	清乾隆刻	

续上表

索书号	书名	册数	著者	版本	备注
O 846.5 365	邱文庄公集，十卷	6	〔明〕邱濬撰	清同治十年（1871）重刻	
善1630	琼台诗文会稿重编，二十四卷	13	〔明〕邱濬撰	明天启三年（1625）刻本	卷二十四祭文以后缺
什（乙）0424	琼台会稿，二十四卷	12	〔明〕邱濬撰	清光绪六年（1880）重刻	
善1635	白沙子全集，九卷，附录白沙先生行状铭表，一卷	10	〔明〕陈献章撰	明万历四十年（1612）何熊祥等重刻本	有图像
善1634	白沙子全集，九卷，附白沙先生行状铭表，一卷	21	〔明〕陈献章撰 〔明〕黄淳撰	明重刻万历四十年（1612）何熊祥本	有图像
集0791	白沙子全集，六卷	12	〔明〕陈献章撰	清康熙四十九年（1700）新会何氏刻	
什（乙）0349	白沙子全集，十卷，附卷之十册末及古诗教解，二卷	10	〔明〕陈献章撰	清乾隆三十六年（1771）碧玉楼重刻	
善1636	白沙先生诗教解，十卷	2	〔明〕陈献章撰，湛若水辑解	明隆庆元年（1567）丽泽书院重刻嘉靖本	存一至八卷
O 846.5 271	白沙子古诗教解，二卷	2	〔明〕陈献章撰，湛若水注	清刻本	
O 846.5 271-2	陈白沙文粹，三卷	3	〔明〕陈献章著	日本文久三年（1863）东京嵩山堂新刻本	
集0625	白沙子，八卷	8	〔明〕陈献章撰	上海涵芬楼据明嘉靖刊本影印	
L 821.16 211	林南川集，十二卷	8	〔明〕林光著	清咸丰元年（1851）刻本	

续上表

索书号	书　名	册　数	著　者	版　本	备　注
集1351	郁州遗稿，十卷	存3	〔明〕梁储著	清咸丰刻	缺卷一
L 821.16 402	郁州遗稿，十卷	4	〔明〕梁储撰	民国元年（1912）刻本	
善1641	湛甘泉先生文集，三十二卷	10	〔明〕湛若水撰	清康熙二十年（1681）重刻本	
什（乙）0411	甘泉文集，三十二卷	10	〔明〕湛若水撰	清同治资政堂刻	
什（乙）0379	霍文敏公全集，十卷，附石头录，八卷	16	〔明〕霍韬撰	清同治元年（1862）石头书室刻	
善1672	泰泉集，六十卷	14	〔明〕黄佐撰	清康熙二十一年（1682）黄氏重刻本	
L 821.16 396	稽愆集，四卷	上下	〔明〕翁万达撰、翁辉东辑	民国二十四年（1935）潮安翁氏排印"涵晖楼丛书"本	
善1695	海忠介公先生备忘集，十卷	8	〔明〕海瑞撰，王元士补遗，朱子虚辑	清康熙海廷芳刻本	有图像
什（乙）479	海忠介公集，六卷	3	〔明〕海瑞撰	清乾隆十八年（1753）重刻	
什（乙）0192	海忠介公集，六卷	4	〔明〕海瑞撰	清同治刻本	
善1698	百可亭摘稿文集，四十七卷，诗集，二卷	8	〔明〕庞尚鹏撰	明万历二十七年（1599）庞英山刻本	
L 821.16 337	醉经楼集，六卷	3	〔明〕唐伯元著	清乾隆刻道光校补重刻	
集0267	区太史诗集，二十七卷	5	〔明〕区大相撰	清道光二十年（1840）伍元薇刻（粤十三家集本）	

续上表

索书号	书名	册数	著者	版本	备注
O 846.9 167	朵云山房遗集，十一卷	6	〔明〕韩上佳著	清嘉庆二十一年（1816）朵云山房刻本	
善1745	漱玉斋文集，三卷	3	〔明〕邓云霄撰	清乾隆十八年（1753）邓明镜等刻本	
什（乙）0464	北燕岩集，四卷	5	〔明〕黄公辅撰	清道光杜阮万卷楼刻	
什（乙）0438	袁大将军督师遗集	2	〔明〕袁崇焕撰	清光绪三十四年（1908）刻	
O 846.8 475.2	袁督师遗集，三卷	1	〔明〕袁崇焕撰，张伯桢辑	1932—1934年东莞张氏刻"沧海丛书"本	
集0264	中州草堂遗集，二十三卷，卷末一卷	4	〔明〕陈子升撰	清道光二十年（1840）伍元薇刻	
O 846.9 350	元气堂诗集，三卷	6	〔明〕何吾骓著	清嘉庆二十四年（1819）广东聚英堂重刻本	
什（乙）0342	莲须阁集，二十六卷	7	〔明〕黎遂球撰	清广东诗雪轩刻	
L 821.17 441.22	陈严野先生全集	4	〔明〕陈邦彦著，〔清〕温汝能编	清嘉庆十年（1805）听松阁刻本	
什（乙）0494	独漉堂集，文集十五卷，续集，一卷，诗集，十五卷（缺卷五），年谱，一卷	存9	〔明〕陈恭尹撰	清广东刻本	
什（乙）0367	独漉堂诗选，八卷	1	〔明〕陈恭尹撰	民国二十五年（1936）黄华出版社排印	
什（乙）0462	海雪集笺，十二卷	4	〔明〕邝露撰，〔清〕邝廷瑶注	清咸丰元年（1851）绮错楼刻	

续上表

索书号	书　名	册　数	著　者	版　本	备　注
什（乙）0460	峤雅集，二卷，附赤雅，三卷	3	〔明〕邝露撰	清道光五年（1851）番禺邝瑞海雪堂重刻	
D 847.2 226.2	铁桥集，不分卷	1	〔明〕张穆撰，容庚、汪宗衍补遗同辑	1974年香港何氏至乐楼影印本	
D 846.9 646	南枝堂稿，不分卷	1	〔明〕薛始亨撰	1974年5月香港何耀光至乐楼影印本	
善1773	翁山诗外，十八卷	32	〔明〕屈大均撰，〔清〕陈阿平编	清初凌凤翔校刻本	目录第十八卷为词三，原注嗣出
D 847.1 780	道援堂集，十三卷	8	〔明〕屈大均撰	清广州刻本	
L 821.17 223	翁山文外，十六卷	5	〔明〕屈大均撰	清宣统二年（1910）上海国学扶轮社排印本	
L 822.17 223-2	翁山诗外，二十卷	12	〔明〕屈大均撰，屈明洪编	清宣统二年（1910）上海国学扶轮社排印本	
集1148	戈馀诗草，二卷	1	〔明〕张嗣纲撰	香港排印本	
别　集					
D I214.929	不去庐集，十四卷	3	〔清〕何绛撰	抄本	
O 847.2 318	海日堂集，诗五卷，文二卷	4	〔清〕程可则撰	清道光五年（1825）一经书室重刻本	
集0352	六莹堂集，初集九卷，二集八卷	6	〔清〕梁佩兰撰	清道光二十年（1840）伍元薇刻	粤十三家集本

续上表

索书号	书　名	册　数	著　者	版　本	备　注
L 822.17 864	膳堂诗集，二十卷	4	〔清〕函昰禅师著	清刻本	
O 847.5 498-2	秋盫遗稿，一卷	1	〔清〕黄易撰，黄润等辑	清宣统二年（1910）石印本	
O 847.5 498	秋盫遗稿，一卷	1	〔清〕黄易撰，黄润等辑	1918年上海聚珍仿宋印书局排印本	
D I222.749 6	菊芳园诗钞，八卷	6	〔清〕何梦瑶撰	清乾隆十七年（1752）刻本	
O 847.1 271	莲山续文稿，三卷	3	〔清〕陈衍虞撰	清刻本	
L 822.17 441.13	莲山诗集，九卷	12	〔清〕陈衍虞撰	清道光十九年（1839）凤城铁巷世馨堂藏版	
集502	陈遇夫著述，四种，共九卷	7	〔清〕陈遇夫撰	清光绪二十四年（1898）校刻	
L 822.17 441.19	海康陈清端公集，十卷，附，海康陈清端公年谱，上下卷	4	〔清〕陈滨著	清道光六年（1826）刻	
L 821.17 590	二十七松堂集，十卷	10	〔清〕廖燕撰	民国十七年（1938）韶城利民印务局重印排印	卷九、卷十为诗
L 822.17 441.101	小莲亭诗草，六卷	2	〔清〕陈学典著	清道光二十九年（1849）刻本	
L 821.17 722	东隼草堂文集，十卷	3	〔清〕韩海著	清乾隆三十年（1765）刻本	胡蓉编

续上表

索书号	书名	册数	著者	版本	备注
什（乙）0592	鸿桷堂诗文集，诗，五卷，文，一卷，附：梅花四体诗，一卷，附录，一卷	4	〔清〕胡方撰	同治三年（1864）勋学斋重刻	
D I222.749 12	花隐诗集，八卷	8	〔清〕胡方诚撰，胡贞翰等编校	清嘉庆十五年（1810）写刻本	
什（乙）0539	安舟遗稿，一卷，附录，一卷	1	〔清〕苏珥撰	清嘉庆十九年（1814）钟德堂刻	
什（乙）0603	岭南集，八卷	2	〔清〕杭世骏撰	清光绪七年（1881）岭南重刻	
L 821.17 491.11	仰山堂遗集，三卷，卷首一卷	1	〔清〕黄绍统著	清嘉庆十九年（1814）家刻本	
什（乙）0683	赐书楼诗草，一卷	1	〔清〕胡亦常撰	清嘉庆十八年（1813）五山胡崇木堂刻	
什（乙）0605.1	宦游草，一卷，附：陵阳别言，一卷，秋浦骊歌，一卷	1	〔清〕苏正学撰	清乾隆十三年（1748）写刻本	
L 822.17 491.14	自然堂遗诗，三卷	3	〔清〕黄宽著	民国十五年（1926）重刊本	
什（乙）0760	小罗浮草堂文集，九卷，卷首一卷	存7	〔清〕冯敏昌撰	清道光二十六年（1846）刻	缺卷首一册
什（乙）0689	小罗浮草堂诗集，四十卷	12	〔清〕冯敏昌撰	清嘉庆刻	
L 822.17 598	四百三十二峰草堂诗钞，十四卷	4	〔清〕赵希璜著	清乾隆五十八年（1793）刻	
L 823.17 598	研筱斋文集，二卷	2	〔清〕赵希璜著	清乾隆五十八年（1793）安阳宦署刊本	

续上表

索书号	书名	册数	著者	版本	备注
L 822.17 164.14	古人今我斋诗，八卷	4	〔清〕吴维彰著	清光绪六年（1880）刻	
L 823.17 151	海门文钞，不分卷	1	〔清〕李符清著	清嘉庆元年（1796）镜古堂藏版	
什（乙）0677	南垞诗钞，四卷	1	〔清〕温汝骥撰	清嘉庆二十年（1815）刻	
什（乙）679	灵渊诗钞，二卷附行略	1	〔清〕温汝骥撰行略、〔清〕温汝适等撰	清嘉庆二十三年（1818）刻	
什（乙）0675	即可斋诗钞，二卷	2	〔清〕温汝适撰	清嘉庆二十四年（1819）刻	
集1400	携雪斋诗文钞，文钞二卷，诗钞六卷，诗续一卷	存5	〔清〕温汝适撰	清刻本	缺卷一
什（乙）0680	携雪斋诗钞，六卷	2	〔清〕温汝适撰	清道光刻本	
L 821.17 683	敬学轩文集，十二卷	4	〔清〕龙廷槐著	清道光二十二年（1842）刻	
L 822.17 540.6	和陶合笺，四卷	1	〔清〕温汝能撰	民国八年（1919）上海扫叶山房石印	
什（乙）0653	五百四峰堂诗钞，二十五卷	8	〔清〕黎简撰	清同治十三年（1874）广州儒雅堂刻	
什（乙）0654	五百四峰堂诗钞，二十五卷	8	〔清〕黎简撰	清光绪六年（1880）黎启堂刻	
什（乙）0620	五百四峰堂续集，二卷	1	〔清〕黎简撰	民国三年（1914）汪氏微尚斋刻	
L 822.4 441	江上万峰楼诗钞，四卷	2	〔清〕何元撰	清道光六年（1826）刻本	

续上表

索书号	书名	册数	著者	版本	备注
什（乙）0917	敝帚斋诗钞，四卷，附文钞，二卷	3	〔清〕廖卓然撰	清咸丰五年（1855）顺德敝帚斋刻本	
什（乙）0796	敝帚斋诗钞，四卷，附文钞，二卷	4	〔清〕廖卓然撰	清光绪二年（1876）重刻	
D I222.7497	寸知堂遗草，一卷	1	〔清〕梁翰撰，梁九图编	清道光二十六年（1846）梁氏十二石山斋写刻本	
什（乙）0921	游琼草，一卷	1	〔清〕吴家树撰	清刻本	
L 822.1737.20	岳雪楼诗存	1	〔清〕孔继勋著	清咸丰十年（1860）广东南海孔氏家刻本	
L 822.1737-2	养真草庐诗集，二卷	2	〔清〕孔继勋著	民国八年（1919）广东超华斋刻本	
D I214.927	岱云编，三卷，续编，三卷；归云编，一卷，续编，二卷	9	〔清〕吴梯撰	清道光年间刻本	
D I222.7423	读杜姑妄，二十六卷	25	〔清〕吴梯撰	清咸丰五年（1855）刻本	
善1846	迟删集，八卷	4	〔清〕吕坚著	清光绪七至八年间（1881—1882）刻本，潘飞声墨笔题识	
什（乙）0662	岭南诗集，八卷，附李静叔遗文	3	〔清〕李文藻撰	清乾隆刻本	
O 847.5688	岭南集，七卷	5	〔清〕罗含章撰	清道光元年（1821）刻本	初姓罗，后改姓程即程含章
L 821.17535	岭南集钞，不分卷	1	〔清〕罗含章撰，李长荣辑	清咸丰十年（1860）刻本	

续上表

索书号	书名	册数	著者	版本	备注
D I222.749 13	风佩轩遗草，一卷，附录行状	1	〔清〕方天根撰	清道光二十九年（1849）刘嘉谟重刻本	佚名，墨笔圈批
什（乙）0638	红杏山房诗钞诗，十二卷，赋一卷	4	〔清〕宋湘撰	清同治八年（1869）刻	
D I222.749 20	樱宁山房遗稿，一卷	1	〔清〕王亮撰	清道光十六年（1836）写刻本	
善1885	石云山人集，不分卷	11	〔清〕吴荣光撰	清抄本，邓屺望墨笔题识	
D I214.92 6	石云山人集，三十四卷	14	〔清〕吴荣光撰	清道光二十一年（1841）南海吴氏筠清馆刻本	
什（乙）0868	片云行草，一卷	1	〔清〕释纯谦撰	清道光二十七年（1847）刻	
集05·16	子良诗存，二十二卷	10	〔清〕冯询撰	清同治元年（1862）刻	
L 822.17 477.13	子良诗录，上下卷	2	〔清〕冯询著	清同治二年（1863）刻	
L 822.17 654.12	甘泉北轩诗钞，不分卷	1	〔清〕蔡云湘著	清咸丰五年（1855）刻	
D I222.749 18	拙园诗选，一卷	1	〔清〕冯赓飏撰，冯询辑	清同治元年（1862）家刻本	
L 822.17 654.11	养和堂诗钞，不分卷	1	〔清〕蔡球著	清咸丰刻本	
D I222.749 24	紫藤馆诗钞，一卷	1	〔清〕梁九图撰	清道光二十四年（1844）梁氏家刻本	

续上表

索书号	书 名	册数	著 者	版 本	备 注
822.07 402-2	十二石山斋丛录，九卷	2	〔清〕梁九图辑	清刻本	
集（乙）0987	寸心草堂诗钞，六卷，集外诗，二卷	4	〔清〕李欣荣撰，汪曾本辑	清光绪十六年（1890）海幢经坊刻	
什（乙）0878	海鹤巢诗草，五卷	1	〔清〕欧阳汉撰	清咸丰十一年（1861）刻	
什（乙）0861	蒇劳山人诗集，五卷	2	〔清〕岑澂撰	清咸丰七年（1857）梁氏刻	
D I222.749 16	无怠懈斋诗稿，一卷	1	〔清〕梁蔼如撰，梁邦俊编	清道光三十年（1850）家刻本	
L 822.17 462	珍帚编诗集，十卷	4	〔清〕崔弼著	清嘉庆十五年（1810）刻	
集0880	珍帚编诗集，十卷	3	〔清〕崔弼著	清嘉庆十五年（1810），刻光绪八年（1882）修补	
L 821.07 491.22	粤岳山人稿，3种，共十一卷	6	〔清〕黄培等撰、黄乔松编	清嘉庆十八年（1813）刻	此书书名页题岭海楼语钞
L 822.17 674	仿舫诗钞，八卷	2	〔清〕刘熊著	清道光元年（1821）刻本	
L 822.17 164.19	抢榆小阁诗略，十卷	2	〔清〕吴绳泽著	清道光刻本	
L 822.17 693.21	色香俱古之室诗钞，七卷	2	〔清〕赖瀛著	清光绪七年（1881）刻本	

续上表

索书号	书名	册数	著者	版本	备注
什（乙）0803	七十二峰堂文勺，四卷	2	〔清〕陈在谦撰	清同治十三年（1874）刻	
847.6 226.3	磨瓦斋文存，一卷	1	〔清〕张杓撰	清光绪十三年（1887）刻本	
什（乙）0778	荔村吟草，三卷	1	〔清〕吴兰修撰	民国二十三年（1934）中华书局排印	
什（乙）0986	笃心堂诗集，四卷，附外集四卷	4	〔清〕张岳崧撰	清道光十四年（1834）刻	
823.17 486	昨梦斋文集，四卷	2	〔清〕彭泰来著	清同治四年（1865）刻本	
什（乙）0907	天问阁外集，一卷	1	〔清〕彭泰来著	清刻，民国六年（1917）重印	
L 821.17 343	海雅堂集，二十二卷	10	〔清〕凌扬藻著	清刻本	
L 823.17 428.14	松心文钞，十卷	3	〔清〕张维屏著	清道光三十年（1850）刻本	
什（乙）0690	松心诗集，十集	10	〔清〕张维屏著	清道光三十年（1850）刻	附咸丰刻松心诗录
L 822.17 428	松心诗集，十集	6	〔清〕张维屏著	清道光三十年（1850）刻	缺燕台三、五集草堂集
集1167	松心诗录，十卷	1	〔清〕张维屏撰	清咸丰四年（1854）刻	
什（乙）0768	听松庐诗钞，十六卷	6	〔清〕张维屏撰	清嘉庆刻	
什（乙）901	听松庐骈体文钞，四卷，附诗论，一卷	1	〔清〕张维屏撰	清刻	

续上表

索书号	书 名	册 数	著 者	版 本	备 注
L 822.17 618	吉羊溪馆诗钞，三卷	1	〔清〕熊景星著	清同治五年（1866）广州萃文堂	
什（乙）0941	岳雪楼诗存，四卷	1	〔清〕孔继勋撰	清咸丰十年（1860）刻	
什（乙）0981.2	闻香馆学吟，四卷	1	〔清〕伍有庸撰	清道光七年（1827）刻	
什（乙）0900	闻香馆续吟，三卷	1	〔清〕伍有庸撰	清道光十七年（1837）刻	
什（乙）0867	秘图山馆诗钞，六卷	2	〔清〕伍观澜撰	清道光二十四年（1844）刻	
什0843	螺涌竹窗稿，一卷	1	〔清〕梁信芳撰	清道光桐花馆刻	
什（乙）1054	仰蘧书屋诗稿，一卷	1	〔清〕岑灼文撰	清同治七年（1868）广州富文斋刻	
L 823.17 540	登云山房文稿，二卷	1	〔清〕温训著	清道光三年（1823）刻	
什（乙）0802	梧溪石屋诗钞，六卷	2	〔清〕温训撰	清道光十二年（1832）刻	
L 823.17 211	见星庐古文稿，三集	1	〔清〕林联桂著	清道光九年（1829）刻	
L 821.17 211.15	见星庐骈体文稿，二集	1	〔清〕林联桂著	清道光十五年（1835）刻	
O 847.7 278	月波楼琴言，三卷	1	〔清〕陈其锟著	清刻本	
什（乙）1042	味镫阁诗钞，二卷	1	〔清〕罗珊撰	清同治七年（1868）刻	

续上表

索书号	书　名	册　数	著　者	版　本	备　注
什（乙）1057	味镫阁咏史，不分卷	2	〔清〕罗珊撰	清味镫阁写刻本	
集0123	倚松阁诗钞，十五卷，附：长虚阁诗萃，一卷，试帖，一卷	4	〔清〕冯锡镛撰，冯炽宗撰	清道光十七年（1847）刻	
L 822.17 654	挹甕斋诗草，三卷	2	〔清〕蔡惠清著	清咸丰元年（1851）刻	
L 822.17 684.17	识桐轩诗钞，四卷	1	〔清〕蔡锷铱著	清同治六年（1867）刻	
L 822.17 645.12	知不足斋诗草，十卷	2	〔清〕邓翔著	清咸丰十年（1860）广州富文堂刻本	
什（乙）0846	诵芬堂诗草，一卷	1	〔清〕罗廷琛撰	清光绪二十三年（1897）刻	
O 847.7 561-2	斜月杏花屋诗钞，四卷	2	〔清〕叶英华撰	1936年番禺叶氏排印本	
集，0964	巢蚊睫斋诗稿，二卷	2	〔清〕陈谦撰	清同治六年（1867）鹤堂书屋刻	
L 822.17 617	榕荫亭诗草，不分卷	1	〔清〕凤梧冈编	清同治七年（1868）刻	宦粤时唱和诗集
D I215.2 6	东塾集，六卷，附申范，一卷	3	〔清〕陈澧撰	清光绪十八年（1892）菊坡精合刻本	
善1890	旧时文，不分卷	4	〔清〕陈澧撰	稿本陈澧朱墨圈点并校改	
什（乙）0928	东塾先生诗钞，一卷	1	〔清〕陈澧撰	民国二十三年（1934）排印	

续上表

索书号	书　名	册　数	著　者	版　本	备　注
D I222.7492	陈东塾先生遗诗，一卷	1	〔清〕陈澧撰，汪兆镛辑	1931年汪兆镛校刊本	
D I222.7492.1	陈东塾先生诗词	1	〔清〕陈澧著	香港案文书店，1972年9月	
什（乙）0805	有不为斋诗存，四卷	2	〔清〕招广涛撰	清咸丰六年（1856）刻	
什（乙）1166	岭南杂事诗钞，八卷	6	〔清〕陈坤撰	清光绪刻本	
L 822.17 402.07	藤花亭诗集，四卷	4	〔清〕梁廷枏著	清刻	
集1000	守柔斋诗钞，初集，四卷，续集，四卷	2	〔清〕苏廷魁撰	〔清〕同治三年（1864）刻	
什（乙）I175	化柔堂集，二十六卷	4	〔清〕陈淦撰	清同治刻	
什（乙）0978	集义轩咏史诗钞，六十卷	24	〔清〕罗惇衍编	清同治十三年（1874）刻	
什（乙）0980	罗文恪公遗集，二卷，附谢恩折一卷	3	〔清〕罗惇衍撰	清刻	
集0374	罗文恪公遗集，奏议，三卷，（缺卷中）文，一卷、试律，一卷	5	〔清〕罗惇衍撰	清光绪间刻本	
集0470	怀古田舍诗节钞，四卷	12	〔清〕徐荣撰	清同治三年（1864）成都刻	
什（乙）1049	梅窝诗钞，三卷，附：词钞，一卷，遗稿，一卷	2	〔清〕陈良玉撰	清光绪元年（1875）南海黄劭学斋刻	

续上表

索书号	书名	册数	著者	版本	备注
什（乙）1181	乐志堂集，文集，十八卷，续集，二卷，诗集，十二卷	12	〔清〕谭莹撰	清咸丰九年（1859）吏隐园刻	
什（乙）1182	乐志堂文略，四卷	2	〔清〕谭莹撰	清光绪元年（1875）刻	
什（乙）1120	乐志堂诗略，二卷	1	〔清〕谭莹撰	清光绪元年（1875）刻	
什（乙）0965	啸碧池馆诗草，六卷	3	〔清〕翁清撰	清咸丰七年（1857）刻	
O 847.7 82	聊闲缘轩诗钞	1	〔清〕谭玉撰	清同治十年（1871）南海谭氏聊闲缘轩写刻本	
什（乙）1080	滋园粤游尺牍，二卷	1	〔清〕刘家柱撰	清同治九年（1870）刻	
L 823.17 359	小潜楼诗文集，四卷	2	〔清〕袁梓贵著	清光绪元年（1875）南海孔氏刻本	
L 823.17 178	存诚斋文集，十四卷	4	〔清〕何日愈著	清同治五年（1866）皖江藩署刻本	
集0341	朱九江先生集，十卷，卷首年谱，一卷	4	〔清〕朱次琦撰	清光绪二十三年（1897）刻	
集0342	朱九江先生集注，年谱注，一卷，诗注，一卷，文注，一卷	2	〔清〕朱次琦撰，张启煌注	南海关氏校刻	
L 823.17 178.4	锄月山房文钞，上下卷	2	〔清〕何仁山著	清光绪十六年（1890）刻	
D Z429.61	桂文灿丛稿 桂坫丛稿	11	〔清〕桂文灿著 〔清〕桂坫著	抄本	

续上表

索书号	书　名	册数	著　者	版　本	备注
D I215.22	晦木轩稿，一卷	1	〔清〕桂坛撰 桂坫重编	抄本	
什（乙）1130	四益友楼文钞，五卷，附易氏前谱考证，一卷	2	〔清〕易其霈撰	清光绪十八年（1892）刻	
什（乙）1073	尺冈草堂遗集，诗，八卷，文，四卷	6	〔清〕陈璞撰	清光绪十五年（1889）息庐刻	
L 823.17 151.061	宛湄书屋文钞，十一卷	4	〔清〕李光廷著	清光绪五年（1879）刻	
什（乙）1140	海云阁诗钞，一卷	1	〔清〕叶衍兰撰	民国十七年（1928）刻	
L 821.17 242.2	劬书室遗集，十六卷	5	〔清〕金锡龄著	清光绪二十一年（1895）刻	
什（乙）1136	庚园诗草，二卷	2	〔清〕何秀棣撰	清光绪九年（1883）刻	
O 847.8 713	静香阁诗存	1	〔清〕黎春熙撰	著者自用本，附南海黄任恒跋	
什（乙）1027	静香阁诗存，一卷	1	〔清〕黎春熙撰	清光绪二十四年（1898）顺德龙氏刻	
L 822.17 491.111	在山草堂烬余诗，十四卷	4	〔清〕黄绍宪著	清宣统三年（1904）刻	
集 0233	四百三十二峰草堂诗	4	〔清〕黄璟撰	清光绪十三年（1887）写刻本	
L 822.17 622	梅花集古诗，上卷	1	〔清〕潘恕著	清光绪七年（1881）刻本	

续上表

索书号	书名	册数	著者	版本	备注
集0806	海容诗文杂存，五卷	5	〔清〕陈乔森撰	民国九年（1921）雷州道南印务局排印本	
什（乙）1059	海容诗文杂存，五卷	5	〔清〕陈乔森撰	民国二十三年（1934）赤坎华文印务局重排印本	
O 847.8 53	清芬集，二卷	1	〔清〕潘誉徵撰	清宣统三年（1911）广州潘氏刻本	
L 823.17 636	师竹山房文集，二卷	2	〔清〕欧阳锴著	清光绪十七年（1891）刻本	
L 822.17 402.14	迁斋诗钞，八卷，后附迁斋外集	2	〔清〕梁煦南著	清光绪十四年（1888）刻本	
集0146	逢吉堂焚余稿	1	〔清〕黄锡深撰	清光绪二十八年（1902）刻	
O 847.8 369	瑶溪二十四景诗，二卷	1	〔清〕刘彤撰，杨永椒编	清光绪三年（1877）广州杨椒坪刻本	
L 822.17 645.4	小雅楼诗文集，诗集，八卷，遗文，二卷	5	〔清〕邓方著	清光绪二十年（1894）广州刻本	
什（乙）1019	心远小树集，文，三卷，诗，二卷	4	〔清〕梁松年撰	清光绪十一年（1885）刻	
L 822.17 462-2	拾叶山房诗钞，不分卷	1	〔清〕崔必钰著	清道光八年（1828）刻	
L 822.17 693	虚舟诗草，四卷	4	〔清〕赖学海著	清光绪二十年（1894）刻	
集1260	蔼倬诗钞，一卷	1	〔清〕梁玉森撰	清光绪二年（1876）羊城富文斋刻	

续上表

索书号	书名	册数	著者	版本	备注
集1086	海目庐诗草，六卷	2	〔清〕冯栻宗撰	清光绪二十年（1894）刻	
L 822.17 741	煮葵堂诗词合钞，不分卷	1	〔清〕颜师孔著	清刻本	
什（乙）1282	随山馆丛稿，五种，十九卷	8	〔清〕汪瑔辑	清光绪十年（1884）刻本	
O 847.7 9-2	随山馆诗简编，四卷	2	〔清〕汪瑔撰	清光绪年间刻本	
L 823.17 765	希古堂集，甲集，二卷，乙集，六卷	4	〔清〕谭宗浚著	清光绪十六年（1890）刻	
L 822.17 765-2	荔村草堂诗钞，十卷	5	〔清〕谭宗浚撰	清光绪十八年（1892）广州萃古堂刻本	
O 847.8 82	荔村草堂诗续钞，一卷	1	〔清〕谭宗浚撰	北京清宣统二年（1902）刻本	
L 823.17 765	止庵笔语，不分卷	1	〔清〕谭宗浚撰	出版年与出版者不详，谭祖任校刊	
L 822.17 562	击蒲诗集，九卷	4	〔清〕叶应魁著	1917年广东嘉应奇珍阁刻本	
L 822.17 449	惜分阴斋诗稿，不分卷	1	〔清〕陶广荣著	民国二年（1913）刻本	
什（乙）1273	善木山房存稿，四卷	4	〔清〕陶炳熙撰	民国十年（1921）广州宏发印刷所排印	
什（乙）0912	春华集，二卷	1	〔清〕龙元任撰	清光绪十九年（1893）刻	

续上表

索书号	书名	册数	著者	版本	备注
什（乙）1139	经义堂诗钞，一卷	1	〔清〕胡衔撰	民国二十五年（1936）排印	
善1031	邓和简公手录奏议，一卷，诗文选，一卷，公余杂录，二卷，说文择录，一卷	5	〔清〕邓华照辑	邓华照手抄本	
集1461	希古堂集，骈文二卷，文存，八卷，词存，二卷，尽牍，二卷，诗存，十卷	10	〔清〕黄炳堃	民国二十年（1931）刻	
什（乙）1268	罗浮待鹤山人诗草，二卷	1	〔清〕郑观应撰	清光绪二十四年（1898）待鹤书屋刻	
O 848 142	罗浮待鹤山人诗草，二卷	2	〔清〕郑观应著	清宣统元年（1909）上海著易堂排印本	
集0966	倚剑楼诗草，四卷	2	〔清〕黄景棠撰	清光绪二十七年（1901）刻	
L 821.17 420	味苏斋集	2	〔清〕曹秉浚	民国十年（1921）广州刊	
L 822.17 428.14	铁画楼诗续钞，二卷	1	〔清〕张荫桓著	清光绪二十八年（1902）观复斋校刻	
什（乙）1155	海岳游客集，一卷	1	〔清〕劳伯言撰	清光绪小唐劳氏校刻	
什（乙）1035	小樊川诗钞，二卷	1	〔清〕杜隽撰	清光绪年间羊城随山馆刻	
O 847.7 501	听春楼诗文存	1	〔清〕黄昭融撰	1936年广州铅印	

续上表

索书号	书 名	册 数	著 者	版 本	备 注
集 0005	岭南海日楼诗钞,十三卷,附:选外集,二卷,行状记年谱,一卷	4	〔清〕丘逢甲撰	民国二十六年(1937)中山大学排印	
集 1188	黄公度先生诗笺,三卷	2	〔清〕黄遵宪撰 古直笺	民国十六年(1927)排印	
O 847.8 502	人境庐诗草,十一卷	4	〔清〕黄遵宪著	清宣统三年(1911)排印本	
集 0402	人境庐诗草,十一卷	2	〔清〕黄遵宪著	民国二十年(1931)再版,上海商务排印	
什(乙)1151	人境庐诗草笺注,十一卷,附年谱,一卷	3	〔清〕黄遵宪撰,钱萼孙注	民国二十五年(1936)商务印书馆排印	
L 822.17 402.13	节庵先生遗诗,六卷	2	〔清〕梁鼎芬著	民国十二年(1923)排印本	
O 847.8 403	节庵先生遗诗续编	1	〔清〕梁鼎芬撰,叶恭绰辑	铅印本	
D 12.429.63	梁节庵先生遗墨及题跋钞录,一卷	1	〔清〕梁鼎芬撰	抄本	
什(乙)1250	瓜庐文剩,四卷,附外编,一卷	4	〔清〕陈伯陶撰	排印本	
什(乙)1443	瓜庐诗剩,二卷	2	〔清〕陈伯陶撰	民国排印本	
L 821.17 598	赵鲁庵先生集,九卷,后附邓氏讲义摘抄附刻	6	〔清〕赵天锡撰,岑锡祥编	民国五年(1916)浮石澹志书屋刻本	
集 0237	读书堂集,十三卷,卷首,三卷,附诗文注,三卷,门人梁应扬撰	8	〔清〕简朝亮撰	清光绪二十九年(1903)刻	

续上表

索书号	书名	册数	著者	版本	备注
什（乙）1358	读书堂集，十卷，附诗注，三卷	8	〔清〕简朝亮撰	刻本	
L 823.1798	棣坨集，四卷，外集，三卷	2	〔清〕朱启连撰	清光绪十八年（1892）刻本	
D I215.25	棣坨集，四卷，外集，三卷	2	〔清〕朱启连撰	1944年泽存书库重刻校对本（外集三卷为稿抄本）	
D I222.751	万事好庐诗钞，一卷	1	〔清〕黄基撰	1924年罗香林依梅县谢氏藏本抄	
D 847.8506	绿绮阁诗钞	1	〔清〕李佩珍撰	清光绪二十六年（1900）刻本，广州蔡竹佐甘泉北轩	
D I222.754	吴阳女士诗	1	〔清〕李氏作	清抄本	李氏为化州茂才陈玉山之德配
D 847.81101	晦木轩稿，一卷	1	〔清〕桂坛著 桂坫重编	抄本	
D I215.23	四益堂文稿，一卷，诗草，一卷	1	〔清〕叶树蕃撰	清抄本	
O 847.8236.2-2	诵芬堂诗草	1	〔清〕邓蓉镜著	1934年东莞邓氏诵芬堂刻本	
O 847.8236.2	诵芬堂文存	1	〔清〕邓蓉镜著	1934年东莞邓氏诵芬堂刻本	
O 847.856	说剑堂集，四卷	1	〔清〕潘飞声撰	清光绪十四年（1888）番禺潘氏家刻本	

续上表

索书号	书名	册数	著者	版本	备注
L 822.18 622	说剑堂诗集，三卷，词，一卷	上下	〔清〕潘飞声撰	民国二十三年（1934）	
集1231	五山草堂初编，附蕉雨轩稿，一卷，龙吟芗撰	1	龙令宪撰	清光绪三十四年（1908）刻	
L 822.17 477.11	欲寡过斋诗集，上下卷	2	冯健著	清宣统二年（1910）刻	
什（乙）1469	南海先生四上书记，不分卷	1	康有为撰	上海时务报馆石印	
什（乙）1274	不忍杂志汇编（康有为集），八卷	4	康有为撰	民国四年（1915）石印	
集（丙）167	不忍杂志汇编（二集），六卷	6	康有为撰	民国三年（1914）上海书局石印	
O 848 759-3	康南海文集，八卷	2	康有为撰	1915年上海群学社石印	
O 848 759-4	康南海文钞，不分卷	12	康有为撰	1914年上海共和编局石印	
什（乙）1264	南海先生诗集，四卷	1	康有为撰	民国元年（1912）上海广智书局据梁启超手写本影印	
什（乙）1468.6	康南海先生自写开岁息六十寿诗，一卷	1	康有为撰书	影印本	又见艺术类
O 848 759-5	康南海遗稿	1	康有为撰	民国上海有正书局石印	
集1621	康南海书牍，二卷	2	康有为撰	民国四年（1915）上海文瑞书社石印	

续上表

索书号	书名	册数	著者	版本	备注
L 821.17 415	康南海先生戊戌遗笔	1	康有为著	影印本	
O/848/403-6	梁任公诗稿手迹	1	梁启超撰，康有为评	1957年上海古籍文学出版社影印本	
什（乙）1418	常识文范，四卷	4	梁启超撰	民国五年（1916）中华书局排印	
什（乙）1435	饮冰室文集，八十卷，五集	80	梁启超撰	民国十五年（1926）中华书局排印	
什（乙）1440	饮冰室全集，不分卷	48	梁启超撰	民国五年（1916）中华书局排印	
O 089.8 403	饮冰室文集全编，二十卷	4	梁启超撰	上海广智书局铅印	
什1620	饮冰室书牍，二卷	2	梁启超撰	民国八年（1919）上海尚友社石印本	
诗文总集					
善1262	六艺流别，二十卷	10	〔明〕黄佐编	明嘉靖四十一年（1562）黄氏家刻本（有缺页，抄配）	
什（丙）	唐音类选	1	〔明〕黄佐辑	清刻本	存二卷（卷一、卷二）
D I222.4/1	古赋首选	1	〔清〕梁夔谱辑	清同治八年（1869）梁镜古堂家刻本，佚名墨笔批注	
L/822.6/767	莲峰赋钞，二卷	1	〔清〕庞钰等著	清光绪霍履初辑刻本	
什（乙）I786	古文集宜，四卷	2	〔清〕魏起泰辑	清同福堂刻	
什1901	古文眉铨，七十九卷	26	〔清〕蒲起龙编	清光绪二十四年（1898）重刻本	

续上表

索书号	书名	册数	著者	版本	备注
善1392	岭南文献，三十二卷	6	〔明〕张邦翼辑	明万历四十四年（1616）刻本	存八卷：第三至第六卷、第十二卷、第二十四至二十六卷
善1393	岭南文献轨范补遗，六卷	6	〔明〕杨瞿崃辑	明刻本	
善1394	广东文选，四十卷	28	〔清〕屈大均辑	清康熙二十六年（1687）三阁书院刻本	
L/821/775	广东文献，四集，共七十卷	56	〔清〕罗学鹏辑	清同治二年（1863）春晖堂刻本	
什1875	国朝岭南文钞，十八卷	6	〔清〕陈杜谦辑	清道光十二年（1832）广州富文斋刻本	
什1995	端溪诗文述	10	〔清〕黄登瀛辑	清光绪二十七年（1901）刻本	
什（乙）2166	邱海二公合集	8	〔明〕邱濬、海瑞同撰	清同治十年（1871）可继堂重刻	邱文庄公集，十卷；海忠公集，六卷，初集，十六卷，二集，二十二卷，三集，二十四卷，四集，二十八卷
什（乙）1856	学海堂集	46	〔清〕阮元等辑	清道光至光绪年间启秀山房刻	
什2134	学海堂课艺，三卷	3	〔清〕黄之腴等辑	广州排印	
什（乙）1709	菊坡精舍集，二十卷	7	〔清〕陈澧辑	清光绪二十三年（1897）刻	

续上表

索书号	书名	册数	著者	版本	备注
L/822.099/402	岭表诗传	5	〔清〕梁九图,吴炳南辑	清道光二十年（1840）紫藤馆刻	岭表明诗传,六卷,国朝诗传,十卷
善1397	岭南风雅,三卷	12	〔清〕陈兰芝辑	清乾隆五十年（1785）陈氏刻本	
善1396	广州诗粹,十二卷,补编,一卷	12	〔清〕黄善长辑	清乾隆十二年（1747）达朝堂写刻本	
善1395	岭南五朝诗选,二十卷	8	〔清〕黄登辑	清康熙间自刻本	存十三卷：第一至四、九至十一、十五至二十卷
善1398	粤东诗海,一百卷,补遗,六卷	44	〔清〕温汝能辑	清嘉庆十八年（1813）文会堂刻本	
D I222/3	粤东诗海,一百卷,补遗,六卷	40	〔清〕温汝能辑	清同治五年（1866）聚文堂重刻本	
什1961	岭南群雅初集,三卷,二集三卷,初补二卷	14	〔清〕刘彬华辑	清嘉庆十八年（1813）刻	
O/831/551	峹诗泐补,二卷,续补三卷	2	〔清〕范端昂泐补	1958广州中山图书馆复写本	
O/831/551-2	峹制续泐,五卷	2	〔清〕范端昂泐补	1958年广州中山大学图书馆复写本	
O/831/925	南园前五先生诗,五卷,南园后五先生诗,二十五卷,附南园花信诗	5	—	清同治九年（1870）南海陈氏重刻本	前五先生为：①赵介；②孙蕡；③王佐；④李德；⑤黄哲。后五先生为：①欧大任；②梁有誉；③黎民表；④吴旦；⑤李时行

续上表

索书号	书名	册数	著者	版本	备注
O/831.17/935	岭南三家诗选，二十四卷	4	〔清〕王隼辑	清康熙三十一年（1692）刻本	
什1964	岭南三家诗选，二十四卷	5	〔清〕王隼辑	清同治七年（1868）南海陈氏重刻	
L/822.07/428.16	岭南四家集	4	〔清〕刘彬华辑	清嘉庆十八年（1813）刻	
L/822.07/530	粤东七子诗，六卷	2	〔清〕盛大士辑	清道光二年（1822）刻	
L/821/106	粤十三家集，一百八十二卷	30	〔清〕伍元薇撰	清道光二十五年（1845）伍氏诗玉轩刻	
什2061	粤东三子诗钞，十四卷	4	〔清〕黄玉潜编	清道光二十二年（1842）广州刻	
O/831.7/276	四先生诗存，四卷	1	〔清〕陈廷光等撰	清宣统元年（1909）编诗楼刻本	
D I222.749	清六家诗抄，不分卷	1	—	抄本	细目：乔松年，蒋迁恩，孙星衍，俞思穆，洪良品，朱启连（广东人）
什（乙）2169	柳堂师友诗钞，不分卷	20	〔清〕李长荣辑	清同治二年（1863）羊城富文斋刻	
L/822.07/671	寄南园二子诗钞，共四卷	2	〔清〕许应荣辑	清同治十三年（1874）刻本	
什（乙）1857.3	柳堂友评录，四卷	4	〔清〕李长荣辑	清同治二年（1863）刻	
什（乙）1546	同门诗钞，四种四卷	3	〔清〕倪消远等撰	清道光十六年（1836）刻	
O/832.7/561	枕泉仙馆赋钞诗钞，二卷	1	〔清〕叶蔼生辑	清咸丰四年（1854）广州杨罡文堂刻本	

续上表

索书号	书名	册数	著者	版本	备注
什1896	南园寄杜诗草,一卷	1	〔清〕许应铣辑	清同治刻	
O/831.7/226.3	露波楼诗钞,一卷,附绮云山馆诗一卷	1	〔清〕张耀枃辑	清光绪二十年（1894）番禺张氏家刻本	
O/831.7/272	容山鹏贤诗社汇草,一卷	1	〔清〕陈寿清辑	清光绪二十七年（1901）陈景安重印本（广州翰章印书局铅印）	
什（乙）1611	香山诗略,十二卷	6	〔清〕黄绍昌、刘熽芬同辑	民国二十六年（1937）排印	
什（乙）1840	海云禅藻集,四卷	2	〔清〕徐作霖等辑	民国二十四年（1935）逸社排印	
O/831.7/497	粤闽诗汇,六种：①绿窗庭课；②凝香阁诗钞；③静香阁诗存；④蕉雨轩稿；⑤飞索阁遗稿；⑥绮云楼诗钞	2	①〔清〕邱学珠撰；②〔清〕黄芝台撰；③〔清〕黎春熙撰；④〔清〕龙吟乡撰；⑤〔清〕梁霱撰；⑥〔清〕刘月娟撰	清光绪二十二年（1896）龙山邱园刻本 清同治五年（1866）家刻本 清光绪二十四年（1898）顺德龙氏螺树山房丛书本 清光绪三十四年（1908）凤城龙氏清晖园刻本 清光绪二十六年（1900）番禺潘飞声刻本 民国元年（1912）广州啸园刻本	黄任恒辑订
什（乙）1604	楚庭耆旧遗诗,前集,二十一卷,后集,二十一卷,续集,三十二卷,潮州耆旧集,二十种,三十七卷,	13	〔清〕伍崇耀辑	清道光二十三年（1843）刻	

续上表

索书号	书名	册数	著者	版本	备注
O/839.33/07	细目： 李宫詹文集，一卷，〔明〕李龄撰 萧给谏湖山集，一卷，〔明〕萧龙撰 萧太史铁峰集，一卷，〔明〕萧与成撰 薛御史中离集，三卷，〔明〕薛侃撰 林殿撰东莆集，二卷，〔明〕林大钦撰 翁襄敏东涯集，共六卷，〔明〕翁万达撰 萧乡史同野集，二卷，〔明〕萧端蒙撰 王别驾半憨集，一卷，〔明〕王天性撰 饶副使三溪集，一卷，〔明〕饶相撰 薛孝廉拯庵文集，一卷，〔明〕薛雍撰 陈侍郎玉简山堂集，一卷，〔明〕陈一松撰 林提学井丹集，四卷，〔明〕林大春撰 唐选部醉经楼集，二卷，〔明〕唐伯元撰 周大理明农山堂集，三卷，〔明〕周光镐撰	16	〔清〕冯奉初辑	清光绪三十四年（1908）重刊本	

续上表

索书号	书　名	册　数	著　者	版　本	备　注
O/839.33/07	林尚书城南书庄集，三卷，〔明〕林熙春撰 谢御史文集，一卷，〔明〕谢正蒙撰 郭忠节宛在堂集，一卷，〔明〕郭之奇撰 罗吏部瞻方堂集，一卷，〔明〕罗万杰撰 谢给谏霜崖集，一卷，〔明〕谢元忭撰 黄处士遥峰阁集，一卷，〔明〕黄一渊撰	16	〔清〕冯奉初辑	清光绪三十四年（1908）重刊本	
什（乙）1636.2	琼台耆旧诗集，三十六卷（缺卷一至三，卷十四至十六，卷十九至二十三，卷三十一至三十二）	存9	〔清〕王国宪等辑	清刻本	
O/831.7/661	绥江伟铗集，一卷	1	〔清〕吴大猷辑	清光绪二十二年（1896）四会吴氏求益斋刻本	
O/830.7/350	岭南即事全集，共七集	3	〔清〕何惠群等撰	清光绪二十七年（1901）禅山翰文堂刻本	
什2051	蜀秀集，九卷	8	〔清〕谭宗浚辑	清光绪五年（1879）成都试院刻	
D I214.91/2	温氏家集，十二卷	4	〔清〕温飏、温承恭撰	清咸丰元年（1851）刻本，近人徐信符题识	

续上表

索书号	书 名	册 数	著 者	版 本	备 注
O/839.8/497/1-4	岭海楼黄氏家集,共十一卷	4	〔清〕黄绍统、黄培芳撰	上海古籍书店据清嘉庆本复印	
O/831.7/507	庚申修禊集,一卷	1	〔清〕李长荣、谭寿衢辑	清咸丰十年(1860)广州萃文堂刻本	
什1948	朱氏传芳集,八卷	5	〔清〕朱次琦辑	清咸丰十一年(1861)刻	
什(乙)1602	番禺潘氏诗略,不分卷	4	〔清〕潘仪增辑	清光绪二十年(1894)刻	
善1401	番禺屈氏家集,十三卷	3	〔清〕屈泰士等撰	清抄本	
善0896	(御定)历代题画诗类,一百二十卷	32	〔清〕陈邦彦等编	清康熙四十六年(1707)写刻石印本	
L/822.07/391	东莞袁崇焕督道饯别图诗	1	伦明辑	1935年影印本	
O/831.7/140.2	梦红图题句	1	〔清〕郑纪常、张维屏等撰	清道光间刻本	
O/831.7/410	竹湾题赠录,卷上	1	〔清〕宁洪澜辑	清道光七年(1827)东莞宁氏万竹山房刻本	
O/831.7/789	文明里诗会诗,一卷	4	〔清〕卢福普辑、张维屏评阅	清道光二十八年(1848)顺德卢氏校刻本	
什(乙)1826	旧雨联吟,一卷	1	〔清〕叶衍兰等辑	清光绪刻本	
O/831.7/226.2	咏沙溪洞玉乐寺八景诗	1	〔清〕张维屏编	清咸丰八年(1858)广州翰文堂刻本	
O/831.7/242	杏庄题咏,一集四卷,二集二卷	1	〔清〕邓大林辑	清道光二十六年(1846)至二十九年(1849)广州邓氏家刻本	

续上表

索书号	书名	册数	著者	版本	备注
什（乙）0783	粤台徽雅咏，一卷	1	〔清〕罗焕撰	清道光三十年（1850）南海伍氏刻	
O/831.78/560	秦淮八艳图咏	1	〔清〕叶衍兰等著	清光绪十八年（1892）广州刻本	
O/831.7/705	银儿墓题词	1	〔清〕简熊去等撰	清同治十二年（1873）广州简氏柳书堂刻本	
L/822.3/491.14	黄花晚节图题词，不分卷	1	黄荣康编	清光绪二十八年（1902）黄云初堂藏刊本	
什2137	纪风七绝，二十一卷	2	〔清〕梁九图辑	清光绪十九年（1893）刻	
O/831.7/115	肆城舆颂，一卷，增江舆颂，一卷	1	〔清〕龙泉辑	清光绪八年至十年（1882—1884）广州增城肆城书院龙氏刊本	
O/831.7/497.4-6	流光别墅联吟，一卷	1	〔清〕黄位中辑	清光绪十五年（1889）黄氏家刻本	
O/831.7/271.2	（鹏搏家塾）并蒂白莲诗，一卷	1	〔清〕陈汝桢等辑	清光绪十三年（1887）番禺陈氏刻本	
什（乙）1851	萌溪罗竹坡游草，一卷	1	〔清〕罗竹坡辑	清文经堂刻求志草庐藏版	
O/831.7/226.2-2	新春宴游唱和诗，一卷	1	〔清〕张维屏辑	清道光二十六年（1846）刻本	
L/822.17/428-2	春游唱和集，不分卷	1	〔清〕张维屏编	清道光二十六年（1846）刻本	
L/822.17/749	灵芝唱和集，上中下卷	1	〔清〕戴肇辰编	清同治十年（1871）刻本	
L/822.17/15	粤兰唱和集，不分卷	1	〔清〕方濬师集	清同治十二年（1873）刻本	
什（乙）1475.1	龙殿撰粤兰唱和集，不分卷	1	〔清〕龙启瑞辑	写刻本	
O/831.7/497.3	连居阁亲朋唱和诗录，一卷	1	〔清〕黄维杰辑	清光绪三十四年（1908）番禺黄氏重刻本	

续上表

索书号	书名	册数	著者	版本	备注
O/847.8/1211.2	珠江酬唱集	1	赤竹村人撰	清光绪二十五年（1899）广州宝珍楼刻本	
什（乙）1471.5	珠江送别诗，一卷	1	〔清〕冯兆年辑	刻本	
O/831/497.2	梅花书屋联吟集，二卷	2	〔清〕黄位中编	清光绪十三年（1887）黄氏家刻本（广州成文堂藏版）	
O/831/210	草色联吟，二卷	1	〔清〕杨永衍编	清光绪十三年（1887）广州杨氏古雪楼刻本	
O/831.7/497.4	流光别墅联吟诗集，三卷	1	〔清〕黄鸿远等撰，〔清〕黄钟和辑，〔清〕何炎朕鉴定	清光绪十五年（1889）增城黄氏家刻本，广州西湖街成文堂藏版	
什（乙）2013	桐花阁词钞，一卷	1	〔清〕吴兰修撰	清光绪七年（1881）刻	
O/847.6/655-2	桐花阁词，一卷	1	〔清〕吴兰修撰	清宣统三年（1911）刻本	
什（乙）2016	桐花阁词钞，一卷，附外词	1	〔清〕吴兰修撰	民国三年（1914）排印	
L/822.5/428	听松庐词钞，三卷	1	〔清〕张维屏著	清刻本	番禺人
善1917	席月山房词	1	〔清〕桂文耀著	清抄本	书内有陈澧朱笔点窜及序言、汪兆镛题识、叶恭绰题识
O/847.7/561	花影吹笙词钞，二卷，附小游仙词，一卷	1	〔清〕叶英华撰	清光绪三年（1877）广州叶氏家刻本	
D I222.85/1	忆江南馆词	1	〔清〕陈澧撰	1914年番禺征尚斋刊本	

续上表

索书号	书名	册数	著者	版本	备注
DI222.85/1-2	忆江南馆词	1	〔清〕陈澧撰	1922年陈之达石印本	
O/847.6/1128	剑光楼词，一卷	1	〔清〕仪克中撰	清咸丰十年（1860）仪文峦校刻本	
O/847.7/273	虞苑东斋词钞，一卷	1	〔清〕陈良玉撰	清同治十一年（1872）顺德伍氏刻本	
O/847.7/273-2	梅窝词钞，一卷	1	〔清〕陈良玉撰	清光绪元年（1875）南海孔昭仁刻本	此书同治十一年（1872）伍氏刻本，名虞苑东乔词钞，此刻坛词三首，改名梅窝词钞
什（乙）2008	梅窝词钞，不分卷，附梅窝遗稿	1	〔清〕陈良玉撰	清刻	
O/847.7/952	百兰山馆词	1	〔清〕丁日昌著	清刻本	
O/847.7/8	楞华室词抄，二卷	1	〔清〕沈世良撰	清咸丰四年（1854）刻本	
L/822.5/562	秋亭盦词抄，二卷，附词续一卷	1	〔清〕叶衍兰撰	清光绪十六年（1890）刻本	
L/822.5/316	景石斋词略，不分卷	1	〔清〕姚诗雅撰	清光绪七年（1881）刻本	
O/847.8/662	竹林词钞，二卷	1	〔清〕吕洪、吕鉴煌撰，〔清〕戴鸿慈、关桂月辑	清光绪十九年（1893）鹤山吕氏刻本	
O/847.7/9	随山馆词汇，一卷，续稿，一卷	1	〔清〕汪瑔撰	清同治七年（1868）汪氏家刻本	
O/847.8/497.2	希古堂词存，二卷	1	〔清〕黄炳堃撰，（民国）黄寔编校	民国二十一年（1932）香港黄氏刻本	

续上表

索书号	书名	册数	著者	版本	备注
O/947.8/504	痴命斋词草，一卷	1	〔清〕黄玉堂撰	民国四年（1915）广州石印本	
什（乙）2053	粤东词钞，不分卷	1	〔清〕许玉彬、沈世良辑	清道光十九年（1839）广州艺芳斋刻本	
O/833.17/8	粤东三家词钞 细目： 楞华室词，〔清〕沈世良撰 随山馆词，〔清〕汪瑔撰 秋梦盦词，〔清〕叶衍藻撰	1	〔清〕沈世良等撰	清光绪二十二年（1893）晏伽刻本	
O/831.7/1125/1	羊城竹枝词，卷一	1	〔清〕吟香阁主人辑	清光绪三年（1877）刻本	
什2164	羊城竹枝词，二卷	2	题吟香阁主人辑刻	巾箱本	
D I237.1/4	藤花亭四梦，不分卷，昙花梦，江梅梦，断缘梦，园香梦	3	〔清〕梁廷枏撰	抄本	
D I237.1/4.1	园香梦杂剧	2	〔清〕梁廷枏撰	清道光年间刻本	
D I237.1/4.2	江梅梦杂剧	1	〔清〕梁廷枏撰	清道光年间刻本	
D I237.1/4.3	昙花梦剧，一卷四折，附录西河集爱珠葬铭、合绒完从葬铭	1	〔清〕梁廷枏撰，周宝英校	清道光年间刻本	
O/853.537/402	断缘梦杂剧	1	〔清〕梁廷枏撰	清道光间刻本	
什（乙）0863	粤讴，不分卷	1	〔清〕招子庸撰	清道光八年（1828）刻	
O/858.8/1183	粤讴	1	〔清〕招子庸撰	清光绪十七年（1891）广州石经堂书局影印	

续上表

索书号	书名	册数	著者	版本	备注
O/858.8/1183-3	（校本）正粤讴	1	〔清〕拓子庸撰	广州五桂堂藏版	
O/858.8/1183-5	粤讴	1	〔清〕拓子庸撰	清刻本	
诗文评					
O/821.1831/45	陶诗汇评，四卷	4	〔清〕温汝能纂订	1928年扫叶山房影印本	
L/122.2/491-2	香山诗话，四卷	1	〔清〕黄培芳著	清嘉庆十六年（1811）重刊本岭海楼藏版	
L/822.4/491	粤岳草堂诗话，二卷	1	〔清〕黄培芳著	清宣统二年（1910）排印本	
O/821.175/497	香石诗说，不分卷	1	〔清〕黄培芳著	1915年求在我轩刻朱墨套印本	
L/822.157/784-2	纪批苏诗择粹，十八卷	6	〔清〕赵古农辑	清嘉庆二十七年（1822）刻	
O/821.187/226	艺谈录，二卷	2	〔清〕张维屏著	清咸丰间番禺张氏刻本（松心十录庚集）	
L/822.2/758	读书草堂明诗，四卷	1	〔清〕简朝亮著	民国十八年（1929）上海中华书局排印	
O/821.18/507	海山诗屋诗话，十卷	5	〔清〕李文泰著	清光绪四年（1878）广州嘉宝阁治字版	
L/822.4/693	雪庐诗话，不分卷	1	〔清〕赖学海著	清光绪十八年（1892）刻	
O/823.1/226	词征，六卷	1	〔清〕张德瀛纂	清刻本	
附录　经部					
O/831.11/203	铭心斋经说	6	杨鸿光撰	红栏精抄本	
经（乙）0068	洪范征，二卷	1	张其淦撰	民国十九年（1930）排印本	附明代千遗民诗咏，一卷
经0608	孝经道论，四卷	1	邬庆时编撰	民国十九年（1930）刻本	

续上表

索书号	书名	册数	著者	版本	备注
经（乙）120	诗旨纂辞，五卷	2	黄节撰	北京大学铅印本	
O/802.5233/366	番禺隐语解，（存卷一）	存1	邬庆时撰	1922年排印本	
O/802.17/271	元秘史译音用字改	1	陈垣著	1934年北平中央研究院刻本	
O/802.258/425	简体字典，不分卷	1	容庚撰	民国二十五年（1936）影印本	
O/802/425-2	中国文字学	2	容庚撰	燕京大学油印本	
O/802.258/425	说文重文中所收古文录	1	容庚撰	抄本	
O/802/425	中国文字学形义篇	2	容庚撰	1931年燕京大学石印本	
O/802/1281	殷墟文字研究，中国文字学	1	商承祚编	清华大学铅印讲义	
O/802.5233/868	潮汕方言	2	翁辉东撰	1943年毅庐校刊	
O/802.527/684-2	客方言，十二卷	4	罗翙云撰	民国二十一年（1932）中山大学铅印本	
O/802.7/330.2	古文法纲要，上中下编	1	何家昇编	1923年澳门经香学社排印本	
O/802.7/497.3	史记文法举例	1	黄炳照撰	排印本	
附录　史部					
O/610.7/5188	史学专刊	1	中山大学文科研究所历史学部编	中山大学出版组排印	
史（乙）2016	中国史学史，不分卷	1	不著撰人	广东高师排印本	讲义
L/955.7/441.9-3	元西域人华化考，八卷	2	陈垣著	1934年励耘书屋刻本	

续上表

索书号	书名	册数	著者	版本	备注
史 1250	元也里可温考，一卷，开封一赐乐业教考，一卷	1	陈垣著	1921年排印本	（增订三版）
O/624.2/271	旧五代史辑本发覆，三卷，附薛史辑本避讳例	1	陈垣撰	1937年辅仁大学刻本	
O/625.5/501	辽痕五种	6	黄任恒辑	民国十四年（1925）广州聚珍印务局排印本	
史（乙）0317	辽代年表，一卷	1	黄任恒编	"辽痕五种"本	
L/950.7/441	史讳举例，八卷	1	陈垣撰	1933年励耘书屋刻本	
传记类					
O/782.1/491.2	古孝汇传，二卷	1	黄任恒编辑	1925年广州聚珍印务局排印本	
O/782.633/301	明季潮州忠逸传，六卷	2	温廷敬撰	民国二十二年（1933）汕头补读书庐排印本	
O/782.633/659-2	广东文征作者考	2	吴道镕撰	民国三十年（1941）排印本	
O/782.633/659	广东文征作者考	2	吴道镕纂，广东省中山图书馆改编	1958年该馆油印本	
O/016.9435/425	丛帖人名通检	3	容庚编	稿本	
L/950.99/330	海忠介公年谱	1	王国宪辑	墨水笔抄本	
史（乙）0359	袁督师集附录，不分卷	1	张伯桢辑	"沧海丛书"本	
O/782.87/977	礼山遗泽录，一卷	1	何翙高辑	1918年顺德何氏排印本	

续上表

索书号	书名	册数	著者	版本	备注
O/782.88/680	易兰地荣哀录	1	易连琮、陈森沅同辑	1920年广州易氏排印本	
O/782.1/840	清封武义都尉云石金公，家传，清封淑人金女施太淑人	1	商衍鎏撰	民国十二年（1923）影印本	
O/782.88/531	夏重民先生纪念	1	胡汉民等撰书	民国十六年（1927）石印本	
O/782.88/275	陈少白先生哀思录	1	陈德芸、陈景农编	民国二十四年（1935）排印本	
O/782.88/967	（集魏志字）史坚如先生传略	1	韩德溥编集	民国二十五年（1936）正中书局石印本	
O/782.88/72.2	更生记	1	冼玉清著	1948年重刻本	
O/782.88/759	南海先生遗墨及附录	1	丙寅杂志社编	1927年丙辰志第二期特刊	
史（乙）0360	天然和尚年谱，附天然和尚著述考一卷	1	汪宗衍编	民国三十二年（1943）排印本	
O/782.88/563	叶遐庵先生年谱	1	遐庵年谱汇稿编印会编印	民国三十五年（1946）排印本	
史（乙）0454	崇正同仁系谱，十四卷，附崇正总会职员一览表，一卷，同仁录，一卷	共10	赖际熙等编	民国十四年（1925）香港崇正总会排印本	
地理类					
D/K296.54/2	广东省南雄地理调查表，不分卷	1	刘殿臣纂	民国四至五年（1915—1916）南雄县府进呈抄本	
史（乙）0900	广东省定安县地理调查表，不分卷	1	沈镕编	民国四年（1915）定安县府进呈抄本	

续上表

索书号	书名	册数	著者	版本	备注
史（乙）0899	广东省陵水县地理调查表，不分卷	1	不著编辑人	民国四至五年（1915—1916）陵水县府进呈抄本	
史（乙）0901	广东省感恩县地理调查表，不分卷	1	黄炳煊编	民国四至五年（1915—1916）感恩县府进呈抄本	
史（乙）0908	广东省阳山县地理调查表，不分卷	1	不著编辑人	民国四至五年（1915—1916）阳山县府进呈抄本	
史（乙）0907	广东省海康县地理调查表，不分卷	1	张祖栻编	民国四至五年（1915—1916）海康县府进呈抄本	
史（乙）0906	广东省新兴县地理调查表，不分卷	1	白传幹编	民国四至五年（1915—1916）新兴县府进呈抄本	
史（乙）903	广东省郁南县地理调查表，不分卷	1	不著编辑人	民国四至五年（1915—1916）郁南县府进呈抄本	
史（乙）904	广东省封川县地理调查表，不分卷	1	邹兆夔编	民国四年（1915）封川县府进呈抄本	
O/684.133/153	六榕史料	1	胡告甫编	1956年广州油印本	
史（丙）140	广州石室始末记，一卷	1	李泰初撰	民国十九年（1930）广州东昇中西印务局排印本	
史1136	敦煌劫余录	存第1～5	陈垣辑	民国二十年（1931）中央研究院历史语言研究所排印本	
史（乙）1081	藏霞集，三卷	3	朱汝珍辑	民国四年（1915）刻	清远
史（乙）0857	潮州西湖山志，十卷，卷首，一卷	2	饶锷编著	潮州梁永昌印刷所民十三年（1924）排印	

续上表

索书号	书名	册数	著者	版本	备注
史（乙）1015	南村草堂笔记，四卷	1	邬庆时撰	民国九年（1920）刻	
史（乙）0868	番禺末业志，四卷	1	邬庆时编	民国十八年（1929）刻	
史（乙）0979	白鹅洲小志，一卷	1	邬庆时撰	民国十八年（1929）刻	
史（乙）0980	九峰采兰记，一卷	1	邬庆时撰	民国十八年（1929）陈氏超华斋刻	
史（乙）0875	燕喜述略，六卷	1	杨芝泉编	民国三十五年（1946）广州中国印书局排印	连县
O/673.35/135-3	星岩今志，六卷	2	黎杰编	1936年广州登云阁铅印本	
史（乙）0698	惠州西湖志，十三卷，首一卷	2	张友仁编纂	民国三十六年（1947）丰湖图书馆排印本	
政书类					
O/573.157/271	沈刻元典章校补	6	陈垣撰	民国二十年（1931）国立北京大学研究所国学门刻本	
L/955.7/441.9	元典章校补释例，六卷	1	陈垣撰	1934年北平国立中央研究院历史语言研究所	
O/520.128/272	陈子褒先生教育遗议	1	陈荣衮撰	香港陈子褒先生教育遗议编辑委员会	
什（丙）143	陈子褒先生遗集（教育遗议），不分卷	1	陈荣衮撰	1952年排印	
史（乙）1693	广东航政汇编，不分卷	1	前广东航政总辑	民国十一年（1922）石印	
史（乙）1701	广东市政公所办理电车路公牍撮要，不分卷	1	前广东市政公所编	前粤东编译公司排印	

续上表

索书号	书名	册数	著者	版本	备注
O/552.233/3613	广东省五年建设计划纲要	1	广东省五年建设计划起草委员会编	民国三十五年（1946）油印本	
D552.233/9938	广东各省物产志	8	岑仲勉辑	岑仲勉教授所赠手抄本	
O/552.233/170	调查琼崖实业报告书	1	彭程万、殷汝骊编著	民国九年（1920）广州东雅印务有限公司铅印本	
史（乙）1532	广州省城大沙头工程章程，不分卷	1	广州大沙头工程局编	民国三年（1914）排印	
史（乙）1507	律例通铨，不分卷	2	〔清〕陈融撰	广东法政学堂排印	
DK258.63/1	统率办事处致广东巡按署公牍	1	—	民国四年（1915）（裱稿本）	
史0669	筹潦汇述	1	广东地方自治研究社辑	民国七年（1918）排印	
史（乙）0881	粤省民族考原，一卷	1	钟用稣撰	民国十年（1921）石印本	
O/535.2/498	珠玑巷民族南迁记	1	黄慈博辑	1957年广东中山图书馆油印本	
O/545.73/655	乡事纪实（广肇公所风潮始末记）	1	吴冕伯撰	民国抄本	
史（乙）1437	省港澳救灾公所戊辛年徵信录，二卷	1	省港澳救灾公所编	民国八年（1919）排印	（缺下卷）存一册
目录类					
史（乙）1735	校雠新义，十卷	2	杜定友撰	民国十九年（1930）上海中华书局排印	
O018.433/7938	广东省立图书馆图书总目	5	广东省立图书馆编	1930年该馆铝铅本	

续上表

索书号	书名	册数	著者	版本	备注
O 018.88/581	五十万卷楼藏书目录初编，二十二卷	22	莫伯骥编藏	民国二十六年（1937）东莞莫氏铅印本	
史（乙）1803	五十万卷楼藏书目录初编序，一卷	1	莫伯骥撰	民国二十年（1931）排印	
史 1010	五十万卷楼群书跋文，十五卷	7	莫伯骥撰	民国三十七年（1948）重修排印本	
O 0/8.88/127	番禺叶氏遐庵藏书目录	1	顾廷龙重编	民国三十七年（1948）上海合众图书馆石印本	
O 011.6/561	矩园馀墨序跋，第一辑	1	叶恭绰著	1949年刻本	
O 014.12/53	宝礼堂宋本书录，四卷	4	潘宗周撰	民国二十七年（1938）广东南海潘氏铅印本	
L/017.2/673	学海书楼藏书，总目录	1	赖际熙编	香港学海书楼排印书	
L/017.4/151	香港华南商总会图书馆图书，目录	1	李启若编	1936年香港华商总会图书馆	第一辑
金石类					
史 1126	金石书目录，十卷，附：金石志目，一卷，金石丛书目，一卷，通帖，一卷	1	容媛辑	民国二十五年（1936）上海商务印书馆排印	
O/797.33/9/1-3	番禺金石志，七卷	3	汪兆镛分纂	1931年番禺县续志（卷三十三至三十九）刻本	
O/793.2/425-2 1-5	金文编	5	容庚撰	1939年上海商务印书馆影印本	
O/793.2/425-2.3	金文续编	2	容庚撰	1935年上海商务印书馆	
O/793.2/425-2.6	金文编，附录	1	容庚撰	稿本	

续上表

索书号	书名	册数	著者	版本	备注
O/791.3/427	武英殿彝器图录	1	容庚编辑	燕京大学哈佛燕京学社影印本，1934 年	
O/793.5/425-4 1-2	武英殿彝器铭文花纹拓本	2	容庚集	颂斋藏拓片集贴本	
O/793.2/425	秦汉金石录，八卷	5	容庚编	1931 年北京研究院历史语言研究所	
O/793.2/452-2	汉金文录，七卷，附录一卷	4	容庚著	1931 年北平国立中央研究院历史语言研究所影印本	
O/793.2/940	宋代金文著录表	1	王国维辑录，容庚重编	1965 年重校 1928 年付排红格稿本	
史（乙）2000	宝蕴楼彝器图录，不分卷	2	容庚编	民国十八年（1929）北京京华印书局影印	
O/793.2/425-3.2	颂斋吉金文字	1	容庚编	1934 年容氏拓印集贴本	
D 793.3/425	颂斋吉金图录	1	容庚撰	1933 年影印宣纸本	
D 793.3/425-2	颂斋吉金续录	2	容庚编	1936 年影印宣纸本（考古学社生集第十四种）	
O/793.2/425-4	澂秋馆金文	1	容庚编藏	1933 年拓片集贴本	
O/793.2/425-5 1-2	延图阁金文	2	容庚集	1933 年 8 月容庚重装拓片集帖本	
D 793.5/425	西消彝器拾遗	1	容庚编	1940 年考古字社影印本	
D 793.5/425-2	善斋彝器图录	3	容庚编辑	1936 年燕京大学哈佛燕京学社影印本	
D 793.5/425-3	海外吉金图录	3	容庚编述	1935 年影印本	

续上表

索书号	书　名	册　数	著　者	版　本	备　注
O/793.61/425	古镜景	1	容庚编	1935年拓印	
O/791.2/840	古器物铭释	1	商承祚集	中山大学出版组油印本	
O/793.3/840	浑元彝器图	1	商承祚编	1936年南京金陵大学中国文化研究所影印	
O/793.3/840-2	十二家吉金图录	2	商承祚辑	1935年金陵大学中国文化研究所影印本	
O/793.3/236	簠吉金录	8	邓实编	1918年风雨楼影印本	
O/793.3/564	番禺叶氏遐盦藏器	1	叶恭绰藏	民国影印本	
史1189	"岭南玉社丛书"，第一集	2	岭南玉社编	民国十四年（1925）黄州该社排印	
石　刻					
O/794.3/425	汉武梁祠画像录	2	容庚撰	1936年北平燕京大学考古学社	
O/791.7/376	竹园陶说古玉考合编	1	刘子芬撰	1925年石印本	
O/794.66/563	遐庵先生重修越中先茔记	1	叶恭绰撰	民国三十六年（1947）影印本	
O/794.2/425/2-6	全汉碑文	5	容庚录	容庚颂斋绿栏抄本	存五册（第二至第六册，缺首册）
O/794.7/425	古石刻零拾	1	容庚著	1934年北平铅印本	
O/796.2/425	玲珑石室藏瓦	1折	容庚鉴藏	1936年拓本折叠装	
O/794.2/840	石刻篆文编，十四卷	2	商承祚编	1957年北京科学出版社	
甲　骨					
D 792.2/425	殷契卜辞附释文及文编	3	容庚、瞿润缗辑释	1933年北京哈佛燕京学社石印本	
O/792.2/840	殷契佚存	2	商承祚撰	1933年金陵大学中国文化研究所	

续上表

索书号	书名	册数	著者	版本	备注
O/792.2/840-2	殷墟文字汇编	4	商承祚撰	1923年决定不移轩刻本	
O/792.2/840-3	殷墟文字待问编,十三卷	1	商承祚录	1925年决定不移轩刻本	
O/792.7/840	甲骨文字研究,上下篇	1	商承祚撰	1932年石印本	
O/792.7/840-4	福氏所藏甲骨文字	1(有图)	商承祚编	南京金陵大学中国文化研究所1933年4月排印	金陵大学中国文化研究所丛刊,甲种
附录,子部					
子(丙)047	韩非子考证,不分卷	1	容肇祖撰	民国二十五年(1936)商务印书局排印	
O/112.6/425	明代思想史	1	容肇祖编	民国北京大学排印本	
O/192.8/560	遇庭百录	1	叶佩玱述,叶恭绰录	民国三十一年(1942)铅印本	
O/536.2/471	客人对,二卷	1	古直撰	民国十九年(1930)梅县古氏仿宋精印本	
子(乙)0772	听雨楼随笔,四卷	1	邬庆时撰	刻本	
子(乙)0019	齐家浅说,一卷	1	邬庆时撰	民国十八年(1929)刻	
子(乙)0507	中国思想史参考资料,不分卷	1	容肇祖撰	民国二十四年(1935)北京大学出版组排印	
子(乙)0463	东斋什志,一卷	1	邬庆时撰	民国十七年(1928)排印	
子(乙)0414	白桃花馆什忆,一卷	1	邬庆时撰	民国十四年(1925)排印	
子(乙)0391	穷忙小记,一卷	1	邬庆时撰	民国十七年(1928)排印	

续上表

索书号	书名	册数	著者	版本	备注
O/228.2/271	清初僧诤记,二卷	1	陈垣著	1944年励耘书屋刻本	
O/275/271	火祆教入中国考	1	陈垣著	民国石印本	
O/279.1/271	摩尼教入中国考	1	陈垣著	油印本	
L/910.8/174	佛游天竺记考释	1	岑仲勉著	民国二十三年(1934)商务	
子(乙)1010	天文学讲义,不分卷	1	徐甘棠辑	广东大学排印	
子(乙)0616	副热带特产作物学,一卷	1	丁颖撰	排印本	
子(乙)1246	延寿新法,一卷	1	伍廷芳撰	民国四年(1915)上海商务印书馆石印	
子(乙)1274	奉天万国鼠疫研究会始末,一卷	1	陈垣编	清宣统三年(1911)光华医社排印	
O/479.92/565	四家藏墨图录	1	叶恭绰编	民国影本	
O/943.6/659	屈翁山先生墓碑	1	吴道镕撰书	民国石印本	
O/943.6/52	陈道人墓志铭	1	温肃书	广州梁俊生石印	
O/943.6/329	广州辛亥三月二十九日革命记	1	邹鲁撰书	1939年长沙商务石印本	
子(乙)1120	碑学提纲,不分卷	1	麦华三编	民国二十三年(1934)广州圣贤林祀书庄影印	
O/942/516	古今书法汇通,(又名:中国书法艺术史)	1	麦华三编述	1937年广州奇文印务公司	
O/942/516-2	王羲之书法	1	麦华三著	1951年油印本	
O/942/813	书谱译注	1	马国权著	1964年油印本容庚朱笔批注	
O/941.2/425	颂斋读画记	2	容庚录	1939—1941年稿本	
O/941.11/425-2	颂斋书画别录	1	容庚辑录	稿本	
O/931.7/425	牧埔甫印存	1	容庚藏	钤印本	

续上表

索书号	书名	册数	著者	版本	备注
O/931.7/425-2	虫书印集存	1	容庚集	1927年钤印，1952年后记	
O/931.7/840	契斋古印存	10	商承祚集	1936年	
子（乙）1226	杨之光画集，不分卷	1	杨之光绘	影印	
D089.8/693	岑仲勉教授遗稿，九十八种	218	岑仲勉著	1962年中山大学图书馆整理	
丛（丙）021	园巷最近丛刻，九种	4	陈垣辑	民国九年（1920）排印	
O/089.2/271	励耘书屋丛刻，第一、二集	16	陈垣著	1934年励耘书局刊本	
O/089.8/271-2	励耘五种	10	陈垣著	民国刊本	
O/089.8/561	矩园余墨，附印，四种	4	叶恭绰著	1949年排印本	
别集（诗文）					
L/823.17/178	照中楼文集，不分卷	1	何焱著	刻本	
什（丙）277	同怀兄弟会试墨卷，不分卷	1	商衍瀛、商衍鎏撰	刻本	
什0758	微尚斋诗，二卷，词，一卷	1	汪兆镛撰	清宣统三年（1911）刻	
什（丙）181	微尚斋诗续稿，一卷	1	汪兆镛撰	民国排印本	
什（乙）1403	澳门杂诗，一卷	1	汪兆镛撰	民国七年（1918）排印	题憼叟撰
什（乙）1318	微尚斋杂文，六卷	1	汪兆镛撰	民国三十一年（1942）排印	
L/822.18/671	劫余近草，上、下	2	黎壁溰著	民国八年（1920）	
L/822.18/491.9	闲忙诗草，二卷	1	黄炳枢著	民国十年（1920）	

续上表

索书号	书名	册数	著者	版本	备注
什1111	南归草,二卷	1	徐绍桢撰	民国十二年(1923)刻	
L/822.18/486	趣园诗钞初集,二卷	1	彭炜瑛编	民国十二年(1923)梅县新群公司排印本	
L/822.18/418	西园诗草,甲、乙编	2	区达名著	民国十三年(1924)广东新会区氏刊本(排印)	
O/848/196.2	桥梓诗林初集	1	林家滫著	民国十四年(1925)汕头文明书局石印	
L/822.18/211.9	桥梓诗林初续集	4	林家滫、林延玉著	民国十四年(1925)汕头文明书局石印本	初集,八卷,续集,七卷
什(丙)194	隅楼集,六卷	1	古直撰	民国十六年(1927)排印	
什(乙)0779	汪容甫文笺,三卷	2	古直笺	民国十七年(1928)中华书局排印	
什(乙)0738.14	汪容甫文续笺,一卷	1	古直笺	排印本	
什1393	鼎楼诗草,二卷	1	邬庆时撰	民国十六年(1927)刻	
O/848/371	花雨楼诗草	1	刘翰棻撰	民国十六年(1927)东莞刘氏莱春笺刻本	
O/848/329	听泉山馆诗钞初集	1	邹浚明著	民国十六年(1927)铅印本	
L/822.18	蛰庵诗存,不分卷	1	曾刚甫著	民国十六年(1927)	番禺叶氏遐庵丛刊
O/848/160	研露轩诗钞,一卷	1	韩绮如撰	1927年容氏铅印本	书名页题:容韩女士诗钞
O/848/350.4	青萝蛰存室吟草,四卷	4	何其幹著	1928年广州铅印本	

续上表

索书号	书名	册数	著者	版本	备注
O/848/684.3	瘿庵诗集	1	罗惇曧撰	1928年刻本	
什（乙）1384	丁潜客先生遗诗	1	丁仁长撰	1929年刻本	
O/848/211.9	寒绿吟草	1	陈树人撰	上海和平社1929年排印本	
什（丙）172	朱执信先生自书诗遗墨，不分卷	1	朱执信撰	民国十九年（1930）影印	
什（乙）1325	遐庵汇稿	4	叶恭绰撰	民国十九年（1930）排印	三编
O/847.8/141	丹桂轩诗集	1	郑芷朋著	1931年刻本	
O/848/226.3	榘园诗文钞	2	张锡麟著	1932年铅印本	
什2173	雪鸿吟馆诗存，二卷	1	陈锡恭辑	民国二十三年（1934）排印	
O/848/569	粤游诗草	1	肖治震著	广州1933年晒印本	
L/822.6/151	清史百咏，不分卷	1	李钧鳌著	民国二十四年（1935）鸿泥楼校刊	
O/848/498	求慊斋骈文	3	黄荣康著	1934年排印本	
D I222.76/1	蒹葭楼诗稿，别附晦闻丙寅诗，一卷	1	黄节撰 李沧萍集录	稿本	
L/822.18/491（2）	蒹葭楼诗，二卷	1	黄节著	民国二十三年（1934）排印本	
L/822.12/491	曹子建诗注，二卷	1	黄节注	民国二十二年（1933）上海商务排印本	
L/822.17/705	鲍明远诗注，上卷	1	黄节补注集说	民国排印本	
L/822.135/717-2	谢康乐诗注，四卷	1	黄节注	民国排印本	
L/822.131/162	阮步兵咏怀诗注，不分卷	1	黄节注	民国排印本	

续上表

索书号	书名	册数	著者	版本	备注
什（乙）1432	明史乐府，七卷	1	吴道镕撰	民国二十三年（1934）广州蔚兴印刷场排印	
什（乙）1386	澹庵诗存，一卷	1	吴道镕撰	民国二十六年（1937）刻	
什（乙）1723	澹盦文存，二卷	1	吴道镕著	民国三十一年（1932）排印	
L/822.18/271.14	不匮室诗抄，八卷	1	胡汉民著	民国二十五年（1936）排印	
O/848/459	曾传轺遗稿	1	曾传轺著	民国二十五年（1936）广州天南社影印本	
O/848/807	画荻吟草，一卷	1	马雅文撰	广州冯澂校刊1936年仿宋铅印本	
O/848/872	苴盦遗翰	1	余肇湘撰	民国二十六年（1937）影印本	
O/848/349	无赫斋诗草	1	何晓柳著	1937年铅印本	
什（乙）1454.2	自明诚瘘题跋零篇，一卷	1	龙官崇撰	民国二十六年（1937）顺德龙氏中和园排印	
O/848/348	静庵诗稿	1	傅敦教撰	民国三十年（1941）铅印本	
什（丙）144	岑学吕诗略，二卷	1	岑学吕撰	民国三十一年（1942）排印	
O/848.2/272	鱼尾集，三卷	1	陈寂著	1942年稿抄本	
O/848/186	埍篪集，三卷 第一卷，懒云簃觚剩，杜耀垣撰 第二卷，剑壁楼诗纂，杜衡撰 第三卷，绿海棠轩吟草，杜之莫撰	1（3）	杜耀垣等撰	民国三十二年（1943）铅印本	
O/848/203	明善堂初集，二卷	1	杨志英撰	民国三十四年（1945）广州新夏出版社铅印本	

续上表

索书号	书名	册数	著者	版本	备注
O/848/497	黄叶诗钞	1	黄海章著	1945年7月排印本	
O/848/507	壬丙间旅途诗录	1	李景康著	1946年排印本	
O/848/350	琴轩诗存	1	何琴樵著	民国三十五年（1946）新会文明书局排印本	
什1599	偕隐簃乱离吟草两种，乱稿，一卷，噫稿，一卷	1	胡熊锷撰	民国三十五年（1946）排印	
O/848/685.2	乙堂文存	1	罗香林撰	1946年广州希山书藏铅印本	
O/848/506	秀萍室诗稿	1	李锡祯著	广州中国印务局民国三十六年（1947）铅印本	
O/848/204.2	不絮舟诗钞	1	杨寄尘撰	民国三十六年（1947）铅印本	
L/822.18/242	澄宇斋诗存，不分卷	1	金曾澄撰	民国三十七年（1948）广州蔚兴印刷场	
O/848/871	珠峰诗集，五卷	1	余觐光撰	民国三十八年（1949）台山铅印本	
O/848/271	黄梅花屋诗稿	1	陈融撰	1948年铅印本	
O/848/471	古湘勤先生手书遗稿	1	古应芬著，陈融编	广州登云阁现代仿宋印刷所1932年影印本	
总 集					
什（乙）1475.3	古诗歌读本	1	黄节辑	清宣统元年（1909）国学保存会排印本	
什1897	宋台秋唱，一卷	1	苏泽东辑	民国五年（1916）排印本	
O/831.8/438	鹅洲枝隐寿言	1	方启华编	1920年广州刻本	

续上表

索书号	书 名	册数	著 者	版 本	备 注
什（乙）1623	东莞诗录，六十五卷	22	张其淦辑	民国十年（1921）张氏寓园刻本	
O/831.57/227	元代八百遗民诗咏，八卷	2	张其淦编	1933年排印本	
O/848/232	明代千遗民诗咏，初编十卷，二编，十卷，三编，十卷	6	张其淦编	民国十九年（1930）排印本	三编易志为明代三千遗民诗咏
什（乙）1472.7	西园酒家古木棉征诗，一卷	1	黄日坡辑	民国十年（1921）粤东编译公司排印本	
O/831.8/340	松苔馆花甲唱酬集，一卷，花甲介寿集，一卷	1	伍德彝辑	民国二十三年（1934）南海伍嘉泰校刊排印本	
O/831.8/497.2	杜斋七十唱和诗，二卷	1	黄映奎等著	1925年活字本	此书为九老延庆诗合订
什（乙）1614	岭南诗存，不分卷	8	何药翔辑	民国十四年（1925）商务印书馆排印	
O/831.8/271	补过轩生朝唱和集，一卷	1	陈树镣辑	1927年东莞陈氏石印本	
O/831.8/498	松荇双庆集	1	黄元辑	民国十七年（1928）黄氏家刊铅印本	
什2135	客人三先生诗选，三卷	1	古直辑	民国十九年（1930）广州排印	
什（丙）271	客人骈文选，三卷	1	古直辑	民国二十年（1931）排印	
O/831.8/5188	诗词专刊，六卷	1	国立中山大学中国语言文学研究会辑	1931年广州中山大学铅印本	
L/822.18/37	阳春县观风诗文选	1	孔昭度辑	民国二十年（1931）阳江同文印务局线装铅印本	
O/831.8/891	周甲和诗，第一卷	1	金保权辑	上海金氏铅印本	

续上表

索书号	书 名	册数	著 者	版 本	备注
什（乙）1857.4	广东文献辑览，不分卷	1	黄梓林辑	民国二十一年（1932）排印	
L/821/396	潮州文概，四卷	1	翁辉东编	民国二十一年（1932）铅印本	
D Z429.5/2	吴道镕，吴履泰遗文	1	〔清〕吴道镕、吴履泰撰	1934年间吴履泰抄本稿本	
L/822.5/684	苏曼殊诗酬韵集、梵月碧冷词	1	洁尘编著	民国二十三年（1934）尘影斋排印本	
什（丙）229	秋灯课子图题辞，一卷	1	黄荫普辑	民国二十四年（1935）排印	
L/822.08/491.4	岭南小雅集，三卷	1	黄文宽编	民国二十五年（1936）广州天南金石社	
O/831.8/7422	寿苏吟社诗课，一卷	1	寿苏吟社辑	1936年该社铅印本	
O/831.8/193	棉市春光图题咏录	1	杜文英辑	民国三十二年（1943）广东杜氏自刊铅印本	
什2128	汇山遗雅，十二卷	2	饶鼎华辑	民国三十三年（1944）排印	
D I218.65/1	广东文征，二百四十卷	27	吴道镕辑，张学华续辑	1948年广东省文献委员会油印本	
什1755	三朝东莞遗民咏，二卷	1	祁正编	民国十九年（1930）东莞鉴文楼排印本	
O/835.8/474	珠海拾遗	1	袁功甫辑	1953年油印本	
O/835.8/7928	南方鼓吹	1	广东文史研究馆编	1963年打印本	
	词 曲				
O/848/9-4	雨屋深镫词，三卷	1	汪兆镛撰	清宣统三年（1911）刻本	
什（乙）1960	雨屋深镫词，一卷，附续稿及三编	1	汪兆镛撰	民国排印本	

续上表

索书号	书名	册数	著者	版本	备注
O/848/60	弱盦词，蜕庵词	1	潘之博、麦孟华著	刻本	本书为粤雨生集卷之三和卷之五
D 848/1113	瞰江楼词，一卷	1	沧海老渔撰	抄本	
D I222.86/2	海绡词	1	陈洵撰	朱疆村手校底本	
D I222.86/2-1	海绡词，卷二	一盒七十一纸	陈洵撰	手稿零页	内有海绡手札海绡词稿海绡词说，另附陈洵照片一幅
D I222.86/2-2	海绡词，卷二	1	陈洵撰	稿本	张孟劬眉批
O/848/271.3	海绡词，二卷，海绡说词	1	陈洵撰	1923年刻本	
O/848/271.3-2	海绡词，续集	1	陈洵撰	1956年手抄本	
O/848/272.5	十万金铃馆词，二卷	1	陈步墀撰	1912年饶平陈氏石印本	此书与刘鸿翱绿野斋制艺合订一册
O/848/404	长明词（一名抑斋词选）	1	梁广照著	1915年石印本	
O/848/765	双清词草	1	廖仲恺著	1928年开明书店金属版影印本	
O/848/369.4	花雨楼词草	1	刘翰棻著	1929年刻本	
O/848/766	忏盦词，八卷	1	廖恩焘撰	1931年惠阳廖氏自刊铅印本	

续上表

索书号	书名	册数	著者	版本	备注
O/848/766-2	扪虱谈室词,一卷,集外词,一卷	1	廖恩焘撰	1929年廖氏自刊铅印本	《半舫斋词集》之三、之四
O/848/232.2	笔花草堂词	1	张逸著	1932年广州刊本	
O/848/56	说剑堂词集	1	潘飞声著	1934年石印本	
L/822.5/164	（改正）梦窗词选笺释,二卷	1	杨铁夫著	民国二十二年（1933）上海人文印书馆	
什（乙）1944	广箧中词,四卷	4	叶恭绰撰	民国二十四年（1935）排印	
什（乙）2159.32	遐庵词,一卷	1	叶恭绰撰	民国三十二年（1933）排印本	
什（乙）1958	无盦词,一卷	1	詹安泰撰	民国二十六年（1937）汕头艺文印务局排印	
O/848/564	遐翁词赘稿	1	叶恭绰著	1956年刊本	
O/848/982	分春馆词	1	朱庾撰	民国三十七年（1948）铅印本	
O/848/715	玉鬟楼词钞,五卷	1	黎国廉撰	1929年铅印本	
什（乙）1469.13	新粤讴解心,二卷	1	忏盦主人撰	民国十三年（1924）刻	
L/822.11/834	龙舟歌,第三	1	五桂堂编	广州五桂堂印本	
L/822.17/271	兴宁竹枝杂咏,不分卷	1	胡曦编纂	民国二十二年（1933）排印本	
			诗文评		
O/820.33/272	中国文学导论讲义,初稿	1	陈受颐编	民国铅印本	
O/820/955/501	辽代文学考,二卷	1	黄任恒辑	民国十四年（1925）广州聚珍印务局铅印本	

续上表

索书号	书　名	册　数	著　者	版　本	备　注
O/821.18/498	诗学	1	黄节编	1932年国立北京大学出版部	
O/856.9/564	遐庵谈艺录	1	叶恭绰撰	排印本	
O/821.188/780	粤东诗话，四卷	1	屈向邦（原题诵芬居士）著	1948年涌清芬室排印本	
L/822.52/402	词学，上下篇	2	梁启勋著	民国二十一年（1932）北京图书馆	

主编书目

刘少雄编：《中山大学图书馆珍藏文物清册》（字画为主，列图86件），1997年7月

《中山大学图书馆馆藏广东文献目录》，1984年12月油印本

《中山大学图书馆馆藏家谱目录》，1985年3月油印本

《中山大学图书馆馆藏保存本图书目录》，1957年2月油印本，1册合编图书

陈流求、陈美延、刘少雄编：《陈寅恪集·书信集》，2001年生活·读书·新知三联书店，291页

参编书目

周连宽主编：中山大学图书馆编印《中山大学图书馆古籍善本书目》，1982年，16开，507页

骆伟主编：《广东文献综录》，中山大学出版社2000年版，698页（"岭南丛书"）

中山大学图书馆馆藏家谱目录

(1985年3月)

说　明

一、本目录系根据1984年11月20日国家档案局、教育部、文化部发出国档会字〔1984〕7号文件关于协助编好《中国家谱综合目录》的通知，由刘少雄负责编制。

二、以下编辑的几例主要收录各种具有家族世系图表的谱簿，同时还酌收有关族姓历史的专门记述，如世德录、氏族源流、清芬录等。

三、从本馆1985年3月20日以前入藏的线装古籍和平装书中录出家谱81种（其中属于广东的有35种）。

索书号	书　名	册数	著　者	版　本	备　注
V/K829/3	（山东）东莱瞿氏家乘，不分卷	4	〔清〕东莱瞿氏修	清抄本	
史（乙）455	（江苏）屠氏毗陵支谱，二十卷，卷首，一卷，卷末，一卷	20	〔清〕屠寄等重修	清光绪三十年（1904）敬齐堂木活字排印本	
史467	（江苏）长洲宋氏族谱，十二卷，卷首一卷，卷末一卷	存7	〔清〕宋廷玑纂辑	清道光四年（1824）刻本	存七卷：第一至四、九、十一至十二卷
史471	（江苏）云阳周氏东分宗谱，二十八卷，卷首二卷，卷末一卷（此书书口题：云阳周氏宗谱、序目题：云阳周氏东分十一修宗谱，本题据旧目所定）	20	〔清〕周友松修	清光绪八年（1882）刻本	

续上表

索书号	书 名	册数	著 者	版 本	备 注
史（乙）494	（江苏）蚬江陈氏家谱，八卷	1	陈去病编	民国四年（1915）"百尺楼丛书"本	
V/K829/6	（安徽）新安程氏统宗世谱墓图，二卷	4	〔清〕新安程氏修	清程氏树本堂抄本	
V/K829/2	（安徽泾县）朱氏一线谱，不分卷	4	佚名纂	清抄本	
L/950.991/151	岐阳世家文物考述（本书收有岐阳王裔明代世系记、岐阳王裔入清以后世系记、李氏族谱世系表、岐阳世家图像考等篇，注：岐阳王是明开国功臣李文忠，安徽盱眙人，明太祖外甥）	1	中国营造学社编印	民国二十一年（1932）铅印本	
D/K829/2	（安徽）歙西汪氏重辑支谱，四卷	6	汪宗海辑纂	民国八年（1919）抄本	
L/950.99/135.10	汪氏谱略，不分卷（汪氏谱略为历代汪氏世系，不限于一地。汪原渠为汪氏九十一世孙，世居安徽休宁）	1	汪原渠编辑	民国二十年（1931）铅印本	
史（乙）454	（安徽婺源）龙腾俞仕宜公支谱，十六卷	12	俞桂彬等纂修	清宣统三年（1911）睦伦堂刻本	
史（乙）468	（安徽桐城）姚氏先德传，六卷	1	〔清〕姚莹编	清刻本	

续上表

索书号	书 名	册 数	著 者	版 本	备 注
史 466	（浙江）临海屈氏世谱，十九卷	4	〔清〕屈廷钺等编	清道光十年（1830）三间祠堂刻本	
789.2/514	明清两代嘉兴的望族，不分卷	1	潘光旦	1947年上海商务铅印本	
史 458	（浙江）萧山长巷沈氏续修宗谱，四十卷，附：系图备考，一卷，家属说略，一卷	32	〔清〕沈荇重修	清光绪十九年（1893）沈氏承裕堂刻本	
史 740	（浙江）清溪沈氏六修家乘，二十卷	20	〔清〕沈应奎纂	清光绪十二年（1886）追远堂刻本	
史（乙）456.1	（浙江象山）舫前王氏宗谱，不分卷	4	王世祺编辑	民国二十九年（1940）排印本	封面题像为西舫前王氏宗谱
史 478	（浙江吴兴）姚氏家乘世系，一卷，支系，一卷，谱牒，四卷，卷首，一卷	4	〔清〕姚世锡纂修	清红栏格抄本	
7-1591	（浙江平湖）乍浦东陈氏族谱稿，不分卷	1	陈甸编	1948年铅印本	
V/K829/2	（福建）莆田林氏九牧大宗族谱，不分卷	2（有图像）	〔清〕莆田林氏重修	清抄本	
V/K829/5	（福建泉州）龙氏族谱，不分卷	2	〔清〕湘乡龙氏修	清抄本	原福建泉州龙氏，后迁江西、湖南一带
L/950.991/21	（福建）西清王氏族谱，不分卷	1	王仁棠编	民国十九年（1930）排印本	
史 511	（河南）南阳张氏先芬录，一卷	1	张清涟辑	民国三十六年（1947）熊氏陶然斋排印本	

续上表

索书号	书 名	册 数	著 者	版 本	备 注
L/950.991/21-12	（湖南湘潭）泉冲王氏五修族谱存，一卷（书名页题：本原志。封面墨笔题：湖南湘潭泉冲王氏本原图表。本书名据书口所题而定）	1	王道纯编	民国间槐荫堂铅印本	此书是族谱卷一
V/K829/4	（湖南）梁氏支谱，不分卷	4	〔清〕善化梁氏修	清定安堂抄本	
史（乙）462	（湖南武陵）瑞芝室家传，一卷	1	〔清〕杨琪光撰	清光绪十一年（1885）刻本	
789.2/7181	广西土官岑氏莫氏族谱，不分卷	1	广西民族研究所编	1965年3月铅印本	
L/950.991/1	金文世族谱	2	吴其昌著	民国二十五年（1936）商务铅印本	
史（乙）316	三国志世系表，一卷	1	周明泰撰	民国十九年（1930）排印本	
史461	姚氏百世源流考，上下卷（上卷叙述中古以来传世源流及氏姓源流，下卷叙述各省府州县城镇姚氏源流）	4	〔清〕姚振宗等纂	清光绪三十年（1904）快阁木活字排印本	
史（乙）454	崇正同仁系谱，十五卷	10	赖际熙等纂	民国十四年（1925）香港奇雅排印本	此书为广东客家人系谱
V/K833.129/1	潭阳田氏族谱，五卷，附录，二卷	6	（朝鲜）田云祥等编	1747年朝鲜蔚山兵营刻本	（朝鲜家谱）

续上表

索书号	书名	册数	著者	版本	备注
789.2/271	（越南嘉定）承天明乡社陈氏正谱，全编，考略	1	陈元烁编辑，陈荆和撰	1964年10月香港中文大学新亚研究所	东南亚研究专刊之四 此正谱为明末陈姓遗民移居安南承延会安铺的家谱（今属越南嘉定县）
D/K829/2	（番禺）陈氏家谱，九卷，首一卷	1	〔清〕陈澧撰	清咸丰元年（1851）六月修成陈氏家抄本	缺卷七墓图，卷八祭田记，附：从洪武二十六年（1393）至民国三年（1914）按年纪事一卷
史（乙）507	（番禺）张氏宗谱，十一卷	1	〔清〕张德明编	清光绪二十三年（1897）刻本	
L/950.991/37	（番禺小龙）孔氏家谱，十二卷	7	〔清〕孔昭湘编	清光绪二十三年（1897）刻本	
史465	（番禺）重修高氏世谱，十卷	10	〔清〕高长年重修	清同治元年（1862）刻本	
D/K829/1	（番禺）河南潘氏谱，一卷	1	〔清〕潘福燊辑	1910年抄本	
O/782.7/9	（番禺汪氏）诵芬录，一卷	1	〔清〕汪兆镛辑	清光绪三十四年（1908）番禺汪氏刻本	
L/950.991/402	（南海）梁氏家谱，四卷	4	〔清〕梁文选等编	清宣统三年（1911）刻本	
L/950.991/622	（南海）潘式典堂族谱，六卷	9	潘华发等编	民国十三年（1924）重修清同治六年（1867）本	

续上表

索书号	书名	册数	著者	版本	备注
史（乙）505	南海学正黄氏家谱，十二卷，卷首，一卷，卷末，一卷	8	黄任恒编	清宣统三年（1911）保粹堂刻本	
史（乙）505.1	南海平地黄氏族谱，十五卷	存1（卷一至六）	黄溥礼总纂	民国十四年（1925）铅印本	
史452	南海朱九江朱氏家谱，十二卷	12	〔清〕朱次琦续修	清同治八年（1869）刻本	
史452.1	南海朱泽信祖派下子孙族谱，第二辑	1	朱寿添、朱寿海编纂	民国三十七年（1948）铅印本	有历代先人像及各房子孙小照
史（乙）509	南海九江关树德堂家谱，二十卷	18	〔清〕关兆熙等编	清光绪三十三年（1897）刻本	
O/789.2/228	南海城西堡张氏家谱，一卷	1	〔清〕张正纪订，（民国）张屏续修	民国十九年（1930）广州排印本	
L/950.991/758.02	（顺德）简岸简氏家谱，五卷	2	简朝亮编纂	民国十七年（1928）排印本	
L/950.991/211	（顺德）文海林氏家谱，五卷	5	〔清〕林天照，等编	清同治七年（1868）林嗣德堂刻本	
史487	（顺德）陆氏世德记，六卷	3	〔清〕陆师彦、陆宗缵辑，清光绪元年（1875）刻	民国二十一年（1932）补修本	
史（乙）453	新会潮莲芦鞭卢氏族谱，二十五卷	21	卢子骏纂修	清宣统三年（1911）刻本	
史（乙）453.1	新会潮莲芦鞭卢氏族谱，二十六卷	13	卢子骏修	民国三十八年（1949）排印增修本	
L/950.991/441	广东新会外海乡陈氏族谱稿，不分卷	1	陈云翥重修	民国二十六年（1937）上海仓颉印务公司铅印本	

续上表

索书号	书名	册数	著者	版本	备注
史 464	（东莞）梁氏崇桂堂族谱，十卷	10	〔清〕梁活阶、梁朝泰续修	清光绪三十三年（1907）东莞蟹溪勤贻堂刻本	
史 464.1	（东莞）大汾何萃涣堂族谱	存一册（卷首）	〔清〕何廷蛟编	民国二十六年（1937）东莞养和书局铅印清乾隆二年（1737）重修本	
O/782.88/226	（东莞）篁溪家谱，附录二〔篁溪（东莞张伯桢别号），内容为：张园记、张篁溪生塘志铭等五篇〕	1	王树枏等撰	民国刻本	
O/782.7/425.2	东莞容氏家乘，不分卷	1	容庚辑录	民国二十七年（1938）稿本	
O/782.7/425.2-2	东莞容氏族谱，不分卷	1	容庚纂	稿本	
L/950.991/622.12	（三水）潘氏家乘，三卷	2	潘斯濂编	清光绪年间刊本	
史（乙）508	（广东）关氏族谱，不分卷	7	〔清〕关瑞龙等编	清光绪十五年（1889）翰元楼刻本	
L/950.991/7845-8	（广东苏氏）武功书院世谱，三卷	4	〔清〕苏镜南等修	清光绪二十六年（1900）武功书院德有邻堂刻本	
史 463	（广东苏氏）武功书院族谱，三卷	4	〔清〕苏镜南等修，（民国）苏天祥重修	民国十八年（1929）刻本	即武功书院世谱
L/950.991/7841-4	苏氏族谱，十卷	4	〔清〕苏廷鉴辑	清光绪二十五年（1899）刻本	以眉山苏氏为主，兼涉广东苏氏
史（乙）464	（广东）余绍贤堂族谱全集，三十卷	14	余振新等编	1911年石印本	
L/950.991/428	（广东）清河族谱，五卷	4	〔清〕张华椿等纂修	清光绪六年（1880）刻本	

续上表

索书号	书名	册数	著者	版本	备注
L/950.991/758	粤东简氏大同谱，十三卷，卷首一卷	12	简宾侯等辑	1928年刊本	
L/950.99/263	岭南冼氏宗谱，九卷	8	冼宝干编	1910年刊本	
增补					
O/789.2/935	春秋世族辑略，二卷	2	〔清〕王文源著	清道光二十五年（1845）陈氏敏求轩刊本	
O/789.2/273	春秋世族谱，一卷	1	〔清〕陈厚耀撰	清光绪二十五年（1899）两湖书院正学堂刻朱印本	
789.2/934	五朝门第，附高门世系婚姻表	2	王伊同著	金陵大学中国文化研究所1943年版	上册本文，下册高门世系婚姻表
K829.22	五朝门第附高门权门世系婚姻表	2	王伊同著	香港中文大学出版社1978年版	上册本文，下册高门权门世系婚姻表
O/782.2/749（历）	清皇室四谱，四卷	2	唐邦治辑	民国十二年（1923），上海聚珍仿宋印书局排印本	1. 列帝 2. 后妃 3. 皇子 4. 皇女
K829.26	闽台关系族谱资料选编	1	庄为玑、王连茂编	福建人民出版社1985年版	
O 639.247138（历）	泉州回族谱牒资料选编（收录丁氏谱牒、荣山李氏谱牒、清源金氏谱牒、燕支苏谱牒）	1	泉州市泉州历史研究会编印	油印本	
O/789.2/9988	（江苏太仓）弇山毕氏谱略	1	不署编撰人	清末刻本	

续上表

索书号	书名	册数	著者	版本	备注
O/610.83/293	（浙江海宁）钱氏考古录，十二卷	12	钱保塘编	1917年清风室刻本	
782.7/294（历）	（浙江）钱氏家乘	1	钱文选辑	1939年铅印本	《士青全集》之一
L/823.86/21	（浙江秀水）资敬堂家训，二卷	1	〔清〕王师晋撰，王大隆编校	清光绪六年（1880）刻本	
O/782.7/99（历）	旧德述闻，六卷	2	郭则沄著	1936年蛰园刻本	郭氏为闽望族
什（乙）1538	南海丹桂方氏族谱，（诗）此书书名作"丹桂方谱"，书名页署"方氏一家言"，此族谱现存诗部分	1	〔清〕方颖编	清乾隆十二年（1747）刻本	
什1946	（金陵）吴氏垂裕堂家训家规，一卷	1	〔清〕吴经撰	清乾隆四十一年（1776）刻本	
	书名为编者所定，此卷包括下列六种：垂裕堂家训、家规八则、五箴、三颂、乡约七戒、官常十要，均吴经所撰。吴氏为金陵望族，元有榜眼，明有状元。此卷见〔清〕吴居澳编《吴氏世德录》一书（第八册第一卷），清乾隆四十一年（1776）刊本				

附录　书城礼赞

广东图书馆学会和中山大学图书馆隆重举行刘少雄为中山大学图书馆服务六十周年暨八十华诞庆祝大会

向刘少雄颁授"杰出贡献奖"和"终身馆员"称号

邬和锱

为了弘扬"爱国、爱馆、爱书、爱人"图书馆精神,表彰刘少雄先生为图书馆事业做出的突出贡献,激励广大图书馆从业人员献身图书馆事业,广东图书馆学会和中山大学图书馆于9月14日上午,在中山大学小礼堂隆重举行了"刘少雄先生为中山大学图书馆服务六十周年暨八十华诞庆祝大会",并向刘少雄先生颁授广东图书馆学会最高荣誉奖之"杰出贡献奖"和中山大学图书馆第一个"终身馆员"的荣誉称号。参加大会的有广东图书馆学会会员、专家及中山大学图书馆全体馆员共300多人。中山大学党委副书记、副校长李萍,副校长陈汝筑,广东省立中山图书馆及广州市各高等学校图书馆馆长等应邀出席。中山大学校长黄达人教授在会前还专程到贵宾室看望刘少雄先生和各位嘉宾,并表达了对刘少雄先生的衷心祝愿。

庆祝大会由广东图书馆学会常务副理事长、广东省立中山图书馆馆长李昭淳主持,广东图书馆学会理事长、中山大学图书馆馆长程焕文讲话。他首先引用孙中山先生"学生要立志做大事,不可做大官"的训词说刘少雄先生一生虽然没有"做大官",却是在"做大事"——在图书馆平凡的岗位上做出了杰出的贡献,就是做大事;60年如一日勤奋工作,60年如一日为读者服务,创造了中国图书馆历史上鲜见的从业奇迹,就是做大事。他借用中国图书馆学教育之父沈祖荣和图书馆学大师杜定友两位先贤的名言及工作实践,介绍刘少雄先生的事迹。他说,刘少雄先生于20世纪40年代初的战争烽烟中参加图书馆工作,他以先贤为榜样,历经艰险,付出辛劳,他的工作体现了先贤所倡导的"爱国、爱馆、爱书、爱人"的图书馆精神。程焕文对刘少雄一生的工作给予了很高的评价,希望今日图书馆从业人员向刘少雄先生学习。接着,刘少雄先生致答词,表示谢意。

广东省资深图书馆学家连珍、张世泰、谭祥金先生均在会上讲话。他们以各自的经历和专业知识,说明图书馆事业重要,故一定要把图书馆事业和图书馆工作做好。中山大学副校长陈汝筑,校党委副书记、副校长李萍都在会上讲了话,他们充分肯定、热情赞扬刘少雄的工作成绩。他们说:刘少雄先生的工作虽然很平凡,但60年的成绩却很不平凡。他那热心为读者服务、甘为人梯、默默奉献的品德和精神值得我们学习和发扬!

会后,全体与会者合影留念;部分与会者至康乐园共进寿宴。

原载《图书馆论坛》2002年第6期

向刘少雄先生学习　弘扬图书馆精神

——在"刘少雄先生为中山大学图书馆服务六十周年暨八十华诞庆祝大会"上的讲话

(2002年9月14日)

程焕文

尊敬的李萍副校长、陈汝筑副校长，各位图书馆界的前辈、专家和同仁：

今天广东图书馆学会和中山大学图书馆在这里举行"刘少雄先生为中山大学图书馆服务六十周年暨八十华诞庆祝大会"，隆重庆祝刘老为中山大学图书馆服务六十周年暨八十华诞。这不仅是中山大学图书馆的一件盛事，而且也是广东图书馆界乃至全国图书馆界的一件盛事！

大约80年前，伟大的革命先行者孙中山先生曾在这里做过演讲，并给我们留下了著名的训词："学生要立志做大事，不可做大官。"这段训词就镌刻在中山大学小礼堂的正面墙壁上，它一直在激励着中山大学的学人，并成为中大精神的一部分。我们尊敬的刘老就是这种精神的典型代表。像千千万万个普通图书馆员一样，刘老一生没有做过任何大官，甚至连图书馆中的"小官"都没有做过，但是，作为一名普通的图书馆员，刘老一直在干着一件大事，这件大事就是平凡的图书馆事业。

为什么我们要为这样一位既没有任何官衔又没有任何高级学术头衔的普通图书馆员举行如此隆重的庆祝大会？这不仅仅是因为刘老已经为中山大学图书馆服务了整整六十周年，创造了中国图书馆历史上鲜见的从业奇迹，而且是因为刘老已经不再仅仅是刘老自己，他代表着千千万万的普通图书馆馆员，代表着千千万万普通图书馆馆员的崇高的图书馆精神。所以，与其说我们今天在这里召开大会是为了庆祝刘老为中山大学图书馆服务六十周年和八十华诞，毋宁说我们是借此机会在这里讴歌千千万万的普通图书馆馆员，颂扬他们的图书馆精神。为此，我谨代表广东图书馆学会全体会员向所有毕生致力于图书馆事业的前辈和同仁致以崇高的敬意。

一个人从事图书馆工作并不难，难的是一辈子从事图书馆工作，难的是在退休以后还一如既往地从事16年的图书馆工作，难的是60年如一日始终兢兢业业、默默无闻、充满激情地从事平凡的图书馆工作，难的是在平凡的图书馆工作中能够始终赢得读者和馆员的敬爱和颂扬！

为什么一位普普通通的图书馆馆员能够如此执着地追求图书馆事业、献身图书馆事业、服务士林学人？是因为图书馆工作职位高级、待遇优厚吗？不是。因为图书馆工作是平凡和清苦的。在图书馆既没有高官可做，更没有高薪可求。是因为图书馆地位崇高吗？不是。因为图书馆不过是普普通通的文化教育机构。图书馆太普通了，以至于在中国难以引起社会的重视，甚至还常常被人误解。既然如此，那么，为什么有那么多的图书馆从业人员都心甘情愿地为图书馆事业奉献毕生精力呢？答案只有一个，那就是精神，一种世代承传的图书馆精神。而刘老正是这种精神的代表之一。

到今天为止，刘老已经为中山大学图书馆整整服务了60周年。60年前，也就是1942年，刘老因为偶然的机会在粤北坪石结识了中山大学图书馆馆长杜定友先生，并开始投身于中大图书馆工作。1942年是一个什么样的年代？那可不是一个歌舞升平的年代，而是一个战火纷飞的年代，一个中华民族处于危亡时刻的年代，一个用我们的血肉筑成新的长城抗击日寇的年代！每当人们提到这个年代，提到这个年代的图书馆和图书馆员，我的脑海里总会浮现中国图书馆学教育之父——沈祖荣大师在抗日战争时所讲的不朽名言：

敌人强夺我土地，吸尽我资财，残杀我人民，犹不足以填其欲壑，而必将我们的国性铲除殆尽而后快。我们虽然不能执干戈以卫社稷，但是我们要负责保存文化的这种责任。""这不仅可以恢复我们的国性，而且可以使敌人看见吾民族非凉血动物。"[1] "抗日战争最紧张的时候，就是图书馆教育工作者最应紧张进行工作的时候。现在打仗不单是靠武力的；没有钱我们不能打仗，没有粮食我们不能打仗，没有教育文化的培养我们更不能打仗。没有钱，我们可以向别国借贷；没有粮食，我们也可以设法购运；可是教育力量不够，文化水平太低，致使国民没有国家民族的观念，没有现代知识，没有生产能力，即使有较好的国际友人，也将爱莫能助。""一个国家整体国力的养成，完全靠着教育。我们现在能向日寇面对面拼一气的，就是靠了过去和现在不断增强的教育力量。我们的武器不及敌人，我们的战士却有以血肉作长城的精神，这种精神就是由教育而产生的。"图书馆应担负起"前方将士精神粮食的供给""受伤将士休闲教育的顾及""难民的教育"和"一般民众的教育"的职责。[2]

只要我们稍微留意一下中山大学图书馆的历史，我们就不难理解中国图书馆学教育之父——沈祖荣大师的这些话的不朽意义。抗日战争爆发以后，为了保护中山大学图书馆的文化学术财产，在馆长杜定友先生的率领下，中大图书馆人奉命将重要书刊向粤北转移，当最后一船藏书即将离开珠江码头时，日寇的飞机便已经开始了对广州的轰炸。也就是说，中大图书馆人是在日寇的枪林弹雨中冒着生命危险抢救我们的文化学术遗产。中大图书馆转移到坪石时正是最困难的时期，馆员们风餐露宿，还时常要不断地转移藏书以避免日机的轰炸。刘老正是在这个时刻加入到中大图书馆行列里来的。后来，刘老在回忆他在坪石的工作时曾说：

> 1945年日寇为了打通粤汉铁路，中大首当其冲，我是最后一批随总务长撤退到连县三江的人。在撤离坪石的前一天，还冒险率职工二人赶回师范学院所在地管埠，将60箱图书迁离分馆。……抗日战争胜利后，众人急于复员南归，我本可以回穗，但考虑到坪石劫后图书工作艰巨，自愿与同事涂君接受分教处派回坪石办理图书馆善后事宜，搜集遗亡和迁移工作，历时半年。……1946年3月从北江迁运南旋，图书有4万余册600多箱，占全校公物三分之一。[3]

这不正是中国图书馆学教育之父——沈祖荣大师所倡导的图书馆员的精神吗！？这不正是"爱国、爱馆、爱书、爱人"的伟大图书馆精神吗！？

1998年6月，中山大学任命我做图书馆馆长，屈指数来，我只为中大图书馆服务了4年——相对于60年来说完全可以忽略的4年。记得1999年初我从美国返校正式履行馆职的头一个星期,刘老来到我的办公室,说有一批珍贵的文献要亲自移交给我。我当时很纳闷:学校任命我做馆长,从来没有哪位校领导说要将什么珍贵的图书移交给我保管,刘老有什么宝贝要交给我呢?后来我才知道:多年以前,刘老在我们图书馆八层旧书库的破旧书堆中发现了一大捆长期被人弃置的文献。这可不是普通的文献,它是中山大学的学者在20世纪初收集来的一批从宫廷中流出来的珍贵字画、扇面和图书。因为这批文献长期埋没在破旧书刊之中,没有编入我们的古籍目录,属于"无名资产",所以刘老一直担心如果保管不善就会遗失。为此,刘老亲自为这批文献做了详细的书目提要,并将这份书目提要交给了我的前任赵燕群馆长保管。后来刘老、赵馆长和我三人一起办理移交手续时,我才知道这批珍贵的文献并不收藏在我们的古籍部,而是分散收藏在刘老每天工作的校史室的旧书柜之中。那里的确是太不起眼了,没有人知道,更没有人相信在那样陈旧的书柜中还存放着如此珍贵的文献!那一刻,在我的心底涌出了一股对刘老无比的敬意,我钦佩刘老的智慧,更钦佩刘老的图书馆精神。现在我要告诉大家一个秘密:这么多年来,不少人一直不明白古籍部的保险柜中究竟存放着什么宝贝,过去甚至还有人告赵馆长的状,说她在搞什么秘不示人的阴谋。其实,那时的保险柜空空如也,什么也没有。现在里面存放的就是刘老当年所发现的、赵馆长准备存放的这批珍贵文献。

人们常说:人生七十古来稀。今天我们在这里庆祝刘老八秩华诞,可是,我从来就感觉不到刘老已经到了80岁,在我的眼里,刘老好像不是80而是18。他永远是那样年轻,那样充满生机和活力。去年,我告诉刘老:我想重走前辈的路,在羊城进行访书,但是苦于不得门径,想请刘老给予适当的点拨。利用今天这个机会,我想再告诉大家一个秘密,或者说一个喜讯:一年多来,这位八秩高龄的前辈像18岁的小伙子一样一直带着我这位40岁的年轻人在康乐园,在羊城走街串巷四处寻访书籍,现在我们已经取得了不错的效果。今年11月在中大校庆期间,我们将要举行隆重的接受捐赠仪式。目前已经确定的捐赠包括享有"岭南四大家"之一盛誉的国学大师商承祚祖孙三代的藏书、经济史大师梁方仲教授的全部藏书等。我不得不说的是:中大图书馆之所以能够获得如此珍贵的文献,除了大师们的亲属对中大的厚爱、信任和无私与慷慨以外,其中还有着一位八秩老人以18岁人的精力在其中付出的艰辛努力。

凡是在中大图书馆工作过的人,都知道刘老是中大图书馆的"活字典"。记得我刚刚到图书馆任职时,我曾专门请教赵燕群馆长有关图书馆的情况。赵老师告诉我:没有关系,慢慢来,不清楚的地方请教刘老就好了,他是图书馆的"活字典"。后来,我在给图书馆学专业的硕士研究生上课时曾经给学生布置过一道查找有关中大图书馆史料的作业,目的是培养他们检索资料的能力。学生们把作业交上来以后,我要大家谈一谈各自查找资料的方法。同学们列举了书目、索引、期刊、图书、档案,甚至数据库、网络等多种信息源,这当然是对的。但是,有一位史料目录做得很不错的同学告诉我:她根本就没有利用过上述信息源就完成了作业。我开始还以为她抄了同学的作业,没想到她告诉我:她到图书馆查资料时遇见了一位老馆员,一位非常友善亲和的馆员,他如数家珍般地把所有的资料及其来源都告诉给了这位同学。所以这位同学的作业完成得非常顺利和出色。这位馆员就是我们敬爱的刘老。我之所以要讲这个故事,其目的只有一个,那就是,一位真正合格的图书馆员,并不是看守藏书的"书倌",而是能够为读者答疑解惑、热忱帮助读者、至诚为读者服务的良师益友。刘老就是这样一位良师益友,因此,他倍受人们尊敬,倍受人们称赞。刘老曾说:"虽感慨无学历,又无后台,但不自卑。我热爱图书馆事业,以认真负责的态度,兢兢业业,埋头苦干,将勤补拙,做好本职工作。"[3] 正是因为有许许多多这样的馆员,我们的馆员才在平常中显露出智慧和崇高,我们的图书馆事业才在平凡中凸显出价值和伟大。

几年前,刘老在回忆他的图书馆生涯时曾经这样表达过"一个老图书馆工作者的心声":"我在杜定友先生培养下工作了8年,那8年都处于患难或困苦之中。我对杜先生的道德品质、为人处世和事业上的献身精神、一切为了读者的思想,极为崇敬。杜先生的言传身教,使我深受熏陶。50多年来,我能尽力于图书馆工作,甘为人梯,受杜先生热爱图书馆事业的思想影响最大。"[3]

大家知道,在20世纪的中国图书馆历史上素有"北刘南杜"的说法,所谓"北刘南杜",指的就是后来长期在北京大学工作的图书馆学大师刘国钧先生和我们南国广州的图书馆学大师杜定友先生。杜定友先生曾先后和同时担任过广东省立中山图书馆馆长、中山大学图书馆馆长和广州市立图书馆馆长,是广东近现代图书馆事业的先驱和奠基者。不仅如此,杜定友先生还是广东近现代图书馆精神的最重要缔造者,近一个世纪以来,这种图书馆精神一直在不断地承传和发扬光大。

今天,我要特别提到的是,今天在座的图书馆前辈中,除了刘老以外,还有一位杜定友先生图书馆精神的忠实继承者,他就是广东省立中山图书馆的张世泰先生,张老现在也已经年逾八秩,像刘老一样,张老一直跟随杜定友先生,在中山图书馆也一直德高望重,倍受人们尊敬。我1986年到中山大学以后也受过张老不少的教诲和提携。如今,杜定友先生已经逝世差不多30年了,但是我们在刘老和张老身上仍然能够强烈地感觉到杜定友先生所缔造的图书馆精神。正是因为我们拥有像刘老和张老这样的图书馆前辈,杜定友先生所缔造的图书馆精神才得以在广东图书馆界薪火相传,世代不熄,并不断发扬光大。

刘老在70岁的时候,曾经感赋《七十抒怀》七律一首,以表达自己的心声:

> 柱下传薪五十年,平生心力付芸编。
> 喜看新馆纷纷立,更感高楼片片连。
> 改革迎来丰硕果,翻番端赖倍加鞭。
> 小康指日惟安定,国运兴隆众信然。

相信所有读过这首七律的同仁,都会为这首诗歌中蕴含的图书馆精神所感动。广东图书馆事业、中山大学的图书馆事业之所以能够有今日的辉煌,除了党的改革开放政策和领导的重视以外,最为重要的就是我们的图书馆精神。我们非常幸运,因为我们正处在20世纪以来中国图书馆事业发展的黄金时代;我们非常幸运,因为我们的前辈为我们开辟了一条光明大道;我们非常幸运,因为我们的前辈为我们留下了最珍贵的文化遗产——"爱国、爱馆、爱书、爱人"的图书馆精神!

今天在座的还有许多图书馆界的前辈：我们的连老。中山大学图书馆的老馆长连珍先生今年已接近90岁高龄了，中大图书馆现有的馆舍就是连老亲自筹建的；不仅如此，连老在80年代以后历任两届广东图书馆学会理事长，并且亲自创办了广东第一个正规的图书馆学教育机构——中山大学信息管理系。因为连老的感召，一大批图书馆学人来到了广东，来到了中山大学。四年前去世的周老——中国近现代档案学的奠基人、著名图书馆学家、目录学家、史地学家周连宽教授，也一直在中山大学图书馆和信息管理系工作和执鞭任教，为我们树立了工作和学术的榜样。像他们这样的图书馆前辈在广东图书馆界还有许许多多，我们无时无刻都会被他们的精神所感动和感染。

为此，广东图书馆学会今年正式发起了一项非常有意义的活动，那就是评选图书馆事业"杰出贡献奖"。今年10月底，我们将在中山市举行的广东图书馆学会年会上集中颁发"杰出贡献奖"，充分地肯定我们的前辈为图书馆事业做出的杰出贡献，弘扬我们的图书馆事业，弘扬图书馆精神。刘老毫无疑问是当之无愧的"杰出贡献奖"获得者。我们很高兴能够在刘老为中山大学图书馆服务60周年和80华诞之际向刘老颁发广东图书馆界的最高荣誉奖——"杰出贡献奖"。

为了弘扬刘老的图书馆精神，激励全体图书馆从业人员，中山大学图书馆还决定授予刘老"中山大学图书馆终身馆员"荣誉称号，这是中大图书馆有史以来授予的第一个"终身馆员"荣誉称号。虽然，我们已经向刘老说明：从今天开始，我们在程序上会不再返聘刘老到图书馆工作了，作为后辈，我们真诚地希望刘老从今天起正式开始荣休，以颐养天年，但是，我们更加深深地知道：中山大学图书馆就是刘老的家，荣休以后，刘老始终是我们的"终身馆员"。

最后，我想以我今天这个讲话的题目作为我发言的结论：向刘少雄先生学习，弘扬图书馆精神！

谢谢大家！

参考文献

[1] 沈祖荣. 国难与图书馆. 文华图书馆学专科学校季刊. 1932, 4 (3): 223 – 234.

[2] 沈祖荣. 图书馆教育的战时需要与实际. 中华图书馆协会会报. 1939, 13 (4): 4 – 6.

[3] 刘少雄. 一个老图书馆工作者的心声. 图书馆论坛. 1997, 4 (2).

甘为人梯的服务精神

在"刘少雄先生为中山大学图书馆服务六十周年暨八十华诞庆祝大会"上的发言

谭祥金

今天是刘少雄同志从业六十周年和八十华诞庆祝大会,我之所以称刘少雄同志,是觉得对我们这一代人来说,称同志比称先生更亲切。在这里,我,也代表赵燕群,向刘少雄同志表示崇高的敬意,祝刘少雄同志健康长寿。

刘少雄同志1942年开始在中山大学图书馆工作,1986年办理退休手续,实际上退而不休,继续返聘,到现在整整六十年了。六十年来他呕心沥血,为中大图书馆事业的发展做出了杰出的贡献。我与刘少雄同志没有共过事,平时接触也不多,每次碰到他,觉得一个八十岁的老人对图书馆工作还是那样勤勤恳恳,兢兢业业,由衷地肃然起敬。

下面我谈两点感想。

第一点感想是,刘少雄同志的许多方面都值得我们学习,主要向他学习什么呢?我觉得是那种甘为人梯的服务精神。1997年他在《图书馆论坛》上发表了一篇文章,题目是《一个老图书馆工作者的心声》,文中说:"如果有人问,你在图书馆最愉快的事情是什么?我以为读者来图书馆急于找一本书或一种资料,遍寻不获、显得焦灼时,我通过多方努力,为读者找到所需要的资料,读者高兴,自己也觉得愉快。此所谓想读者之所想,急读者之所急吧。我常常记着杜定友先生的教导,务必对读者有求必应,使他们乘兴而来,满意而去,而且去而复来,永远是图书馆的朋友。"几十年来,他是这样想的,也是这样做的,我认为一个图书馆员能做到这样就算做到家了。

因为我们的工作说到底就是"为人找书,为书找人"。为人找到所需要的书,为书找到所需要的人,这是我们职业最简明的表述,也是图书馆工作的价值所在。为什么这样说?我们可以从图书馆的产生说起,为什么会产生图书馆?就是因为知识的生产是分散的、混乱的,而知识的利用又要求集中的、有序的,为了解决这种社会性的矛盾,就产生了图书馆。图书馆工作就是知识从分散到集中、从无序到有序、从贮存到传播的过程。图书馆被称为知识宝库,但宝藏只有利用才能发挥作用。而读者面对知识的海洋,不知所措,需要图书馆员利用自己的专业知识帮助他们找到所需要的知识。这个"找"字很重要,我们分类编目、参考咨询、编辑书目索引等都是进行"找"书的工作。当然,随着时代的发展和技术的进步,书就不只是纸质文献,还包括各种载体的文献资源,找的手段也是多种多样的。我们搞自动化、网络化、数字化的最终目的,还是为了帮助读者找到所需要的知识,只不过范围更加广泛,手段更加先进。当今数字化时代为我们的工作提供更好的条件。当前大家对数字图书馆谈论很多,有人说将纸质文献数字化就是数字图书馆,其实那不是真正意义的数字图书馆,有人说叫电子文库,我说叫电子书库更通俗一些。如果整天对着电脑看一本长篇小说,还不如拿一本书更舒服、更方便。数字图书馆主要的功能是能进行异地跨库检索，还能进行知识的组织和管理。将来我们可以进行"我的数字图书馆""我们的数字图书馆""因特网的数字图书馆"三个层次对读者服务。所谓"我的数字图书馆"，就是根据读者的专业和需要给他建立一个图书馆，包括世界各地在这方面的各种载体的文献资源，有文字、图片、多媒体。但这个图书馆不需要书库，就在你的计算机里，或几张光盘或软盘，还可以不断地更新。更重要的是不仅帮助你找到这些文献，而且还可以通过各种途径进行检索，帮助你进行知识组织。所谓"我们的数字图书馆"，就是根据一个单位的需要建立的基于局域网的数字图书馆。所谓的"因特网数字图书馆"，就是帮助读者在汪洋大海般的网上资源中找到他们所需要的资料。这样一来，我们就可以利用现代技术更好地为读者服务。

刘少雄同志那一代图书馆工作者主要是用传统的手段为读者服务，为什么他们能做得这样好？我认为有几点：

一是热心，热爱读者，乐意帮助读者。正如他自己说的，想读者之所想，急读者之所急，对读者的要求有求必应。这样的思想是做好工作的前提。相反，我们有些人对读者有一种厌烦感，希望读者越少越好，不来更好。有些人对读者爱理不理，或者一问三不知，使读者很反感。1980—1982年我在澳大利亚待了两年，工作之余常到图书馆去看书，在开架阅览室浏览的时候，馆员会走到身边问：需要帮助吗？我说谢谢，我先看看，他走开了。过一段时间又走来问需不需要什么帮助。如果你有什么问题，他会很耐心地告诉你，使你感到很亲切。我们的阅览室里很少听到这样的声音。如果"需要什么帮助吗"这种声音多了，我们的服务水平会上一个新的台阶。

二是恒心，诚心诚意帮助读者。有些问题不是一下子能解决的，要通过多种途径，可能要很长时间才能解决，这就要有千方百计、锲而不舍的精神。刘少雄同志就是这样做的，有不少例子可说明这一点。我记得有一次台湾的沈宝环教授作报告时谈到，美国图书馆参考咨询工作有一条不成文的规定，就是不轻易对读者说"没有，找不到"。他举一个例子，说很久以前，一个老人到图书馆说，地球上他去过很多地方了，想到太空去旅行，问图书馆有什么办法？对这样的问题，我们可能马上答复"不可能"，甚至可能会认为这是个神经病。但他们没有轻易回绝，经过反复查找，发现一本杂志上登了一条广告，说现在没有可能到太空旅行，但到一个地方可以登记到太空旅行，以后有可能时再通知你。工作人员这样答复了那位老人，老人很高兴。

三是有本事。刘少雄同志被称为中大图书馆的"活字典"。他们那一代图书馆工作者做参考工作，主要是靠自己的专业知识和深厚的功底，这一点令我很佩服。以前北京图书馆参考部也有一批"活字典"，连郭沫若、茅盾等人都请教他们。"文化大革命"中，大大小小的知识分子都下放到湖北咸宁"五七"干校去了。当时钓鱼台问题闹得很凶，钓鱼台本来是我国的领土，有的国家说是他们的。周总理指示要北图查资料，证明是我们的，但总是查不出来。总理问北图的那些人到哪里去了，说到湖北干校去了，总理说调他们回来。于是调了一些人紧急回到北京，结果圆满完成了任务。这样的例子不少，对这种功底，我们这一代人望尘莫及，也不能这样要求年青一代。现在可以用现代技术的手段去解决问题，但我觉得在我们图书馆界，现在缺乏的不是技术手段，而是甘为人梯的服务精神。

一代一代的图书馆工作者这样辛勤地工作，有什么意义呢？用一句话来说，我们的工作是"天增日月人增寿"，这不是我说的，是当时北京图书馆馆长刘季平参加全国人民代表大会会议后回来对我们说的。他说他分到科教组，讨论时有的代表说，你们的工作能使"天增日月人增寿"。他们说："我们搞科研要花很多时间找资料，如果你们的工作做好了，缩短了查资料的时间，我们就可以把更多的精力放在科研上，这实际上是延长了我们的寿命。而出更多的成果，推动社会的进步，就是天增日月嘛。"的确这样，不仅科研人员，就是一般老百姓，从少年儿童到古稀老人，多到图书馆读书，陶冶情操，增长知识，全民素质提高了，可以大大促进社会生产力的发展和社会进步，真的是"天增日月人增寿"。

我们的工作是平凡的。没有鲜花，没有掌声，更不会有什么轰动效应，人家出了成果也没有我们的份，但心里还是感到由衷的高兴，这就是甘为人梯的服务精神。正是这种精神鼓舞着千千万万个像刘少雄同志一样的图书馆工作者，几十年如一日地在平凡的岗位上默默耕耘。也正是这种精神，说明了我们职业的高尚和伟大。

第二个感想是关于今天的会议。今天的会议是弘扬"爱国、爱馆、爱书、爱人"的图书馆精神的会议，召开这个会议本身就有重要意义。这样的会要多开。每个时代，每个地区、每个图书馆都有自己的代表人物，开这样的会对本人是一种肯定和尊重，对别人也是一种激励。例如，杜定友先生就是中国图书馆事业史上一位了不起的人物，与同时代与他齐名的是刘国钧先生，有"北刘南杜"之说。1998年刘国钧先生100周年诞辰，北京大学举行了盛大的学术讨论会，内地、香港、台湾都有代表参加。会议出了一本书，题目是《一代宗师》。同年也是杜定友先生百年诞辰，我们也有活动，但相对于北京来说，就相差较大。其实在广东，在杜定友先生之前，康有为、梁启超、郑观应等都是中国近代图书馆的开拓者；杜定友之后也有代表人物，如在座的连老、张老等人，今后还会有这样的人物出现。他们的思想、精神、学识和业绩是我们的宝贵财富。人是要有一点精神的，特别是无权无势、处清水衙门的图书馆工作者，更需有高尚崇高的精神支柱。这些人就是最好的榜样，而榜样的力量是无穷的。

《图书馆论坛》的《从业抒怀》栏目办得很好，成为在全国有影响的品牌。总之，要用各种途径和形式做好这方面的工作。

再次祝愿刘少雄同志健康长寿，家庭幸福。

谢谢大家。

原载《图书馆论坛》2003 年第 1 期

我校图书馆为终身荣誉馆员刘少雄先生庆祝九十华诞

2012年9月15日,我校图书馆举行庆祝刘少雄先生九十华诞活动,我校图书馆终身馆员刘少雄先生,我校校长助理、图书馆馆长程焕文教授,资讯管理系原系主任谭祥金教授,图书馆原馆长赵燕群教授,副馆长罗春荣、周纯,图书馆离退休协会主席秦剑及刘少雄先生亲属等人共同出席了庆祝活动。

我校图书馆人与刘少雄老先生济济一堂,共庆其九十华诞

刘少雄老先生于1942年开始在我校图书馆工作。时值日寇入侵,我校从云南澄江迁至粤北坪石,刘老参加了抗日救亡运动。70年来,刘老呕心沥血,为学校图书馆的发展做出了杰出的贡献,亲身经历并见证了学校图书馆的发展。今虽已90高龄,但对学校图书馆的历史仍然如数家珍,被誉为我校图书馆的"活字典"。2002年,刘老八秩华诞时我校图书馆与广东图书馆学会曾举行"刘少雄先生八秩华诞暨服务中山大学图书馆60周年庆祝大会",并授予刘老中山大学图书馆"终身荣誉馆员"称号和广东图书馆学会最高荣誉"杰出贡献奖"。近十年来,刘少雄先生虽已退休,但仍然在为图书馆服务,令人感佩!

庆祝仪式上,我校校长助理、图书馆馆长程焕文教授致祝寿辞,并代表图书馆向刘少雄先生赠送了寓意平安的景德镇花瓶,图书馆离退休协会主席秦剑代表离退休同事向刘老献上了鲜花,大家共同祝福刘老福寿康宁。为庆贺刘少雄九秩华诞,学校图书馆还将为刘老出版个人文集,收录刘老的个人著述和图书馆工作日记,这将是一部极其珍贵的图书馆员生活史和中山大学图书馆史。目前,该文集正在编辑整理中。

原载中山大学新闻网(http://news2.sysu.edu.cn/news01/130971.htm,2012-09-18),作者:图书馆,编辑:蔡珊珊